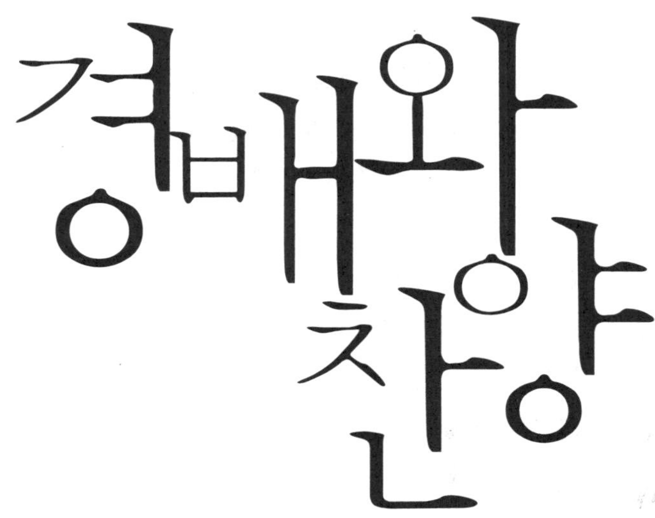

CCM2u.com

'경배와 찬양 best 600' 을 내면서…

세상에서 시달린 우리의 아픈 마음을 만지시는 주님의 손길을 느낄 수 있게 해준 찬송 곡들이 있습니다. 철야예배와 부흥회 때마다 하나님께 손뼉 치며 찬송하고, 눈물 흘리며 때론 성령의 불을 뜨겁게 사모하기도 하고, 전도할 때마다 예수님을 힘있게 증거할 수 있도록 해준 노래들이 있습니다. 또한 죄악의 고통가운데 신음하고 낙심한 우리들에게 소망을 주었던 찬양 곡들이 있습니다.

'경배와 찬양 best 600'은 철야예배, 수요예배, 기도집회 등 모든 공예배와 구역예배, 성경공부, 소그룹 모임, 경건회, 교사회 등을 가질 때 찬양집으로 활용하시면 매우 좋습니다. 찬송 곡 중에는 청년들이 선호하는 곡들 또한 포함시켜서, 더욱 은혜로운 모임을 가질 수 있습니다.

또한 각 곡마다 함께 부를 수 있는 찬송, 3곡을 메들리로 추가하여 더욱 풍성한 찬양으로 하나님께 영광이 되며, 모임중에 은혜를 체험하도록 기획하였습니다.

이 찬양집을 통해서, 교회의 청장년들이 하나님과의 첫사랑을 회복하고, 잊혀진 은혜를 다시 한번 상기하며 주님을 더욱 뜨겁게 사랑하는 은혜가 있기를 소망해봅니다. 잊혀졌던 눈물이 다시 한번 우리 마음속에 흐르고, 주님께 다시 한번 뜨겁게 찬양하고 기도하는 한국교회가 되길 소망합니다.

모든 성도들은 주님 다시 오실 때까지 이 땅에서의 찬양을 멈추지 말아야 합니다.

어느 때든지 어디에서든지 날마다 주님을 찬송하시는 성도님 되시기를 진심으로 기도합니다.

"여호와 이스라엘의 하나님을 영원부터 영원까지 찬양할지어다 모든 백성들아 아멘 할지어다 할렐루야" (시편 106:48)

CCM2U

차례

가나다순 | 가사첫줄 · 원제목

가

F 가라 가라 세상을 향해 267
A 가서 제자 삼으라 506
E♭ 가시관을 쓰신 예수 256
A 갈릴리 마을 그 숲속에서 506
D 갈릴리 바닷가에서 85
F 갈보리 294
F 갈보리 십자가의 주님을 268
G 갈보리 언덕에 주님의 십자가 352
Gm 감당 못 할 고난이 닥쳐와도 600
Am 감사하며 그 문에 들어가 76
A 감사하신 하나님 507
E 감사함으로 그 문에 들어가며 183
G 감사해 353
G 감사해 시험이 닥쳐올 때에 353
D 감사해요 87
D 감사해요 깨닫지 못했었는데 86
D 감사해요 주님의 사랑 87
E 강물같은 주의 은혜 185
C 거룩하신 성령이여 1
F 거룩하신 하나님 269
G 겟세마네 동산에서 354
G 경배하리 주 하나님 355
A 고개 들어 508
Dm 고난이 유익이라 345
D 고백 131
D 고백 102
C 괴로울 때 주님의 얼굴 보라 2
E 구원열차 186
F 구원의 기쁨 276
C 구원이 하나님과 3
D 귀하신 나의 주 171
Em 그가 찔림은 우리의 허물을 495
G 그 길고 긴 방황의 늪을 지나 356
A 그날 540
A 그날이 도적 같이 509
D 그 누가 문을 두드려 88
D 그는 나를 만졌네 89
Em 그는 여호와 창조의 하나님 496
D 그대는 아는가 90
C 그들은 모두 주가 필요해 22
F 그때 그 무리들이 270
A 그리스도의 계절 537
G 그리 아니하실지라도 357
G 그 모습 그대로 오시오 428
E 그사랑 201
G 그 사랑 얼마나 382
F 그 아무도 내게 271
Dm 그 어느날 새가 그물에 344
F 그의 생각*요엘에게 341
D 그 이름 135
F 그 크신 주 사랑 273
Em 글로리아 497
C 금과 은 나 없어도 4
D 기다리시는 구세주 151
C 기대 58
E 기도 204
D 기도 147
D 기도하세요 지금 91
G 기도하자 우리 마음 합하여 358
G 기도할 수 있는데 359
E 기뻐하며 승리의 노래 부르리 184
G 기뻐하며 왕께 노래 부르리 360
Em 기쁜 노래 주께 드리자 498
Dm 기적의 하나님 344
Bm 길 182

E 깨끗이 씻겨야 하리 205
E 깨뜨릴 옥합이 내게 없으며 193
F 깨어라 성도여 272
D 꿈 결 같은 이 세상에 92
F 끝나지 않은 예배 329
F 끝 없는 사랑 343

나

A 나 가진 재물 없으나 510
G 나 기뻐하리 361
C 나는 가리라 25
E 나는 구원열차 186
E♭ 나는 길 잃은 나그네였네 258
D 나는 믿음으로 93
C 나는 순례자 5
D 나는 주를 부르리 94
A 나는 찬양하리라 511
A 나는 행복해요 576
C 나로부터 시작되리 49
D 나를 받으옵소서 154
F 나를 사랑하시는 주님 274
D 나를 세상의 빛으로 95
C 나를 위해 오신 주님 6
E 나를 지으신 주님 187
E 나를 향한 주의 사랑 189
D 나 무엇과도 주님을 96
C 나 비로소 이제 깊고 8
Am 나 아무것 없어도 77
D 나 어느날 괴로워서 97
C 나에게 건강있는 것 7
D 나에겐 알 수 없는 힘 98
G 나의 가는 길 457
A 나의 가장 낮은 마음 512
A 나의 나됨은 573
E 나의 등 뒤에서 188
E 나의 마음을 190
D 나의 맘 속에 온전히 99
A 나의 모든 기도가 513
A 나의 모든 행실을 514
F 나의 모습 나의 소유 275
A 나의 반석이신 하나님 515
E 나의 발은 춤을 추며 191
A 나의 백성이 516
E 나의 부르심 192
G 나의 사랑 나의 생명 362
Cm 나의 아버지 263
A 나의 안에 거하라 517
A 나의 영혼이 잠잠히 519
G 나의 예수님 362
C 나의 입술의 모든 말과 9
E 나의 주 나의 하나님이여 193
D 나의 참 친구 136
G 나의 하나님 그 크신 사랑 363
C 나의 하나님 나의 구원자 10
A 나의 힘이 되신 여호와여 518
F 나 이제 주님을 알았으니 276
A 나 자유 얻었네 520
G 나 주님의 기쁨되기 원하네 364
F 나 주의 믿음 갖고 277
A 난 예수가 좋다오 530
F 난 죽어도 278
A 날 구원하신 주 감사 521
B 날마다 597
E 날마다 숨쉬는 순간마다 194
G 날 사랑하신 주님의 그 큰 사랑 365
G 낮엔 해처럼 밤엔 달처럼 366

D	낮은 데로 임하소서	89
A	낮은 자의 하나님	512
C	내가 걷는 이 길이 혹 굽어	11
G	내가 고난 받을 때	367
D	내가 그리스도와 함께	100
E♭	내가 너를 도우리라	261
D	내가 너를 지명하여	101
A	내가 만민 중에	522
G	내가 먼저 손 내밀지 못하고	368
C	내가 산을 향하여	12
Gm	내가 승리 하리라	600
E	내가 어둠 속에서	195
D	내가 주님을 사랑합니다	102
G	내가 주를 위하여	369
G	내가 주인 삼은	370
C	내가 처음 주를 만났을 때	13
E	내 갈급함	196
F	내 감은 눈 안에	280
G	내게 강 같은 평화	371
G	내게로 와서 마셔라	380
C	내게 오라	50
D	내게 있는 향유 옥합	103
G	내게 주어진 하루를	373
C	내 구주 예수님	14
Cm	내 기도 들어주소서	262
G	내 눈 주의 영광을 보네	374
D	내 마음에 사랑이	105
A	내 마음에 주를 향한 사랑이	523
A	내 모든 것 나의 생명까지	524
G	내 손을 주께 높이 듭니다	372
D	내 안에 계신 주 예수의 이름이	106
C	내 안에 사는 이	15
D	내 안에 있는 그 이름	104
D	내 안에 있는 예수	104
E	내 영이 주를 찬양합니다	197
C	내 영혼아 여호와를 송축하라	16
G	내 영혼이 내 영혼이	375
D	내 영혼이 주를 따르리	107
E	내 이름 아시죠	187
G	내 인생 여정 끝내어	376
G	내 일생 다가도록	377
C	내일 일은 난 몰라요	17
C	내 입술로 하나님의 이름을	18
E	내 주 같은 분 없네	198
E	내 주는 반석이시니	199
F	내 주의 은혜 강가로	279
D	내 평생 사는 동안	108
D	내 평생 살아온 길	109
F	너는 내 것이라	281
D	너는 내 것이라	101
C	너는 내 아들이라	75
D	너는 너의 하나님을 바라라	120
C	너는 담장 너머로 뻗은 나무	19
G	너는 무엇을 보았길래	379
F	너는 부유해도 가난해도	281
E	너는 시냇가에	200
D	너 어디 가든지 순종하라	110
Bm	너의 가는 길에	180
Bm	너의 푸른 가슴 속에	181
A	너의 하나님 여호와가	525
G	너 주님의 가시관 써 보라	378
A	너희가 회개하고 예수 이름의	526
A	너희는 가만히 있어	591
E♭	넘지 못 할 산이 있거든	257
E♭	네 입을 넓게 열라	259
Dm	네 짐이 무겁고	345

G 누구든지 목마르거든 380
G 누군가 널 위해 기도하네 384
C 눈물만 흘렸다오 57
F 눈물의 참회록 337
D 눈으로 사랑을 그리지 말아요 111
C 눈을 들어 주를 보라 20
D 늘 노래해 177

다

G 다 와서 찬양해 381
G 다 표현 못해도 382
G 달리다굼 486
D 당신은 사랑받기 위해 112
E 당신은 알고 있나요 201
G 당신은 영광의 왕 383
A 당신은 지금 어디로 가나요 527
E 당신은 하나님의 언약안에 202
C 당신을 향한 노래 33
A 당신의 그 섬김이 529
G 당신이 지쳐서 384
F 당신이 힘들다는 걸 알아요 282
Cm 더러운 이 그릇을 260
F 돈으로도 못 가요 284
A 돌아온 탕자 532
D 두렵지 않아 178
F 두 마리의 물고기와 283
E 두 손 들고 찬양합니다 203
F 들풀에 깃든 사랑 306
D 때가 차매 113
G 때로는 너의 앞에 385
D 또 하나의 열매를 바라시며 86
A 똑바로 보고 싶어요 528

마

D 마음의 예배 172
F 마음이 상한 자를 285
E 마음이 어둡고 204
G 마지막 날에 386
A 만세 반석 568
F 만족함이 없었네 287
A 많은 사람들 530
D 말씀하시면 155
C 매일 스치는 사람들 22
A 머리들라 문들아 531
C 먼저 그 나라와 의를 구하라 21
A 멀고 험한 이 세상 길 532
G 메마른 뼈들에 생기를 450
Cm 멸망의 죄악에서 262
A 모두 승리하리 553
A 모든 능력과 모든 권세 535
A 모든 민족과 방언들 가운데 533
G 모든 민족에게 388
A 모든 상황 속에서 534
G 모든 열방 주 볼 때까지 374
G 모든 영광을 하나님께 387
G 모든 영혼 깨어 일어날 때 388
D 모든 이름 위에 뛰어난 이름 114
G 모든 지각에 뛰어나신 389
Em 목 마르고 지친 영혼 499
D 목마른 사슴 115
G 목마른 사슴이 시냇물 찾 듯 390
G 목자의 심정 390
B♭ 목적도 없이 598
A 무화과 나뭇잎이 마르고 536
G 문들아 머리 들어라 391
G 문을 열어요 활짝 392

E 물가로 나오라 240
A 물결 일어 파도치는 538
G 물댄동산 462
G 물이 바다 덮음 같이 404
F 미움으로 얼어붙은 286
A 민족의 가슴마다 537
G 믿음의 눈으로 보라 379
F 밀알 292

바

G 바다 같은 주의 사랑 393
Dm 반드시 내가 너를 축복하리라 346
D 베드로의 고백 119
A 보내소서 571
D 보라 그 날이 116
G 보라 너희는 두려워 말고 396
G 보라 세상 죄를 지고 가는 394
A 보리라 555
G 보혈을 지나 397
C 복음 들고 산을 23
C 복음을 심었습니다 24
A 볼찌어다 내가 문 밖에 539
E 부서져야 하리 205
A 부흥 560
D 부흥 2000 143
D 불 같은 성령 임하셔서 144
F 불 속에라도 들어가서 322
Cm 불이야 성령의 불 264
C 비바람이 갈 길을 막아도 25
A 비전 554
A 비추소서 570
E 빛 되신 주 206
E 빛이 없어도 207

사

C 사나 죽으나 45
F 사람을 보며 세상을 볼 땐 287
D 사랑 117
F 사랑송 325
D 사랑은 더 가지지 않는 것 118
D 사랑은 언제나 오래 참고 117
D 사랑은 참으로 버리는 것 118
Am 사랑의 기 높이 들고 78
G 사랑의 나눔 395
C 사랑의 손길 6
E 사랑의 종소리 232
D 사랑의 주님이 121
C 사랑하는 나의 아버지 27
E 사랑하는 자여 209
D 사랑하는 주님 119
G 사랑합니다 398
G 사랑합니다 나의 예수님 399
F 사랑합니다 나의 위로 되신 주 288
E 사랑해요 목소리 높여 208
Dm 사막에 샘이 넘쳐 흐르리라 347
A 사망의 그늘에 앉아 540
Am 사명 82
F 사명선 278
D 사슴이 시냇물을 찾기에 120
E 산과 바다를 넘어서 189
C 살아 계신 성령님 26
A 살아계신 주 583
G 살아계신 하나님 400
A 삶의 옥합 543
F 삶의 작은 일에도 290
D 새롭게 하소서 122
G 새롭게 하소서 493

G 생명 나무 352
G 생명 주께 있네 401
Dm 서로 용납하라 348
A 선포하라 541
D 선하신 목자 123
G 성경 목록가 483
G 성령님이 임하시면 402
F 성령 받으라 289
A 성령을 선물로 526
F 성령의 불길 340
E 성령의 불로 218
A 성령의 불로 582
G 성령의 불타는 교회 402
Am 성령의 비가 내리네 79
G 성령의 열매 439
A 성령이여 내 영혼에 542
C 성령이 오셨네 74
F 성령 충만으로 291
C 성령 충만을 받고서 28
F 세 개의 못 270
D 세상 때문에 눈물 흘려도 124
G 세상 모든 민족이 404
D 세상 부귀 안일함과 125
C 세상에서 방황할 때 29
G 세상은 평화 원하지만 403
F 세상을 구원하기 위해 292
G 세상의 유혹 시험이 405
G 세상이 당신을 모른다하여도 406
E♭ 세상 일에 실패 했어도 261
E 세상 향락에 젖어서 210
F 세상 흔들리고 293
F 소원 290
D 손 내 밀어 주를 만져라 126
G 손에 있는 부귀보다 407
E 손을 높이 들고 211
Em 수 없는 날들이 500
G 순례자의 노래 451
A 순전한 나의 삶의 옥합 543
A 스바냐 3장17절 525
F 슬픔 걱정 가득 차고 294
C 승리관을 쓰신 주님 30
G 승리는 내 것일세 408
G 승리 승리 나에게 주셨네 409
G 승리하였네 410
A 시편 118편 548
E 시편 23편 215
C 시편 40편 69
G 시편 57편 438
C 시편 8편 36
G 시편 92편 412
D 신실하게 진실하게 127
A 신실하신 하나님 572
D 신실한 나의 하나님 128
C 실로암 34
C 심령이 가난한 자는 31
A 십자가 군병들아 544
Em 십자가의 길 505
A 십자가의 길 순교자의 삶 523
Em 쓴 잔 504

아

G 아름다운 사랑을 나눠요 411
G 아름다운 이야기가 있네 414
D 아름다웠던 지난 추억들 129
D 아름답게 하리라 170
A 아름답고 놀라운 주 예수 545

F 아름답다 예수여 295
G 아무것도 염려치 말고 389
E 아바 아버지 212
E 아버지 내 아버지 213
Cm 아버지 불러만 봐도 263
F 아버지 사랑합니다 296
G 아버지 주 나의 기업 되시네 413
C 아주 먼 옛날 33
D 아침 안개 눈 앞 가리 듯 130
D 아침에 나로 주의 134
G 아침에 주의 인자하심을 412
D 알 수 없는 힘 98
Dm 알았네 나는 알았네 297
C 야곱의 축복 19
C 약한 나로 강하게 32
F 약할 때 강함 되시네 298
Cm 어느 길 가에 서 있는 265
D 어느날 다가온 주님의 131
C 어두운 밤에 캄캄한 밤에 34
E 어두워진 세상 길을 214
G 어린 양 찬양 415
Cm 어머니 성경책 265
A 언제나 강물 같은 주의 은혜 547
C 언제나 내 모습 35
D 언제나 주님께 감사해 130
Em 얼마나 아프셨나 501
E 에바다 214
A 에벤에셀 하나님 507
A 엠마오 마을로 가는 546
A 엠마오의 두 제자 546
G 여기에 모인 우리 417
G 여기에 모인 우리 416
G 여호와 나의 목자 418
E 여호와는 나의 목자시니 215
A 여호와는 선하시며 548
G 여호와 영광이 온 세상 가득하게 419
C 여호와 우리 주여 36
D 여호와의 산에 올라 142
G 여호와 이레 461
A 여호와 이스라엘의 구원자 549
F 열어주소서 299
G 영광 높이 계신 주께 420
D 영광 영광 영광 어린 양 132
G 영광을 돌리세 421
D 영광을 주께 132
F 영광의 길 너 걷기전에 300
D 영광의 주 이름 높이세 133
G 영광 주님께 422
F 영원하신 나의 목자 274
D 영원한 사랑 111
G 영원한 생명의 주님 424
D 영혼의 노래 140
G 예배 474
F 예배합니다 308
E 예수 가장 귀한 그 이름 216
C 예수 감사하리 주의 보혈 37
A 예수 결박 푸셨도다 550
E 예수 귀하신 이름 217
E 예수 귀한 그 이름 216
D 예수 그 이름 135
F 예수께 가면 338
G 예수 나의 견고한 반석 425
G 예수 나의 기쁨 423
F 예수 날 위하여 301
F 예수는 나의 영광 302
G 예수는 왕 예수는 주 426

F 예수는 평강의 왕 303
G 예수님 가신 길 427
C 예수님 날 위해 죽으셨네 38
E 예수님 목 마릅니다 218
G 예수님 십자가에 달리셨네 428
G 예수님 안에 492
F 예수님은 생명의 참 포도나무 304
G 예수님의 보혈로 429
D 예수님의 사랑 신기하고 놀라워 139
G 예수님이 말씀하시니 430
E 예수님이 좋은 걸 219
A 예수님 찬양 551
G 예수님 품으로 448
A 예수 믿으세요 527
A 예수보다 580
D 예수보다 더 좋은 친구 136
C 예수 사랑해요 41
C 예수 안에 생명 51
G 예수 안에서 431
G 예수 안에 있는 나에게 432
G 예수 예수 거룩한 433
A 예수 우리 왕이여 552
G 예수의 이름으로 434
F 예수 이름으로 305
D 예수 이름이 온 땅에 137
E 예수 이름 찬양 220
G 예수인도하셨네 376
G 예수 전하세 427
D 예수 하나님의 공의 138
D 오 나의 자비로운 주여 140
B 오 나의 주님 597
G 오늘 나는 368
E 오늘 내가 221
E 오늘 내가 미워한 사람이 있고 221
Am 오늘 내게 한 영혼 80
Bm 오늘도 하룻길 182
G 오늘 이 하루도 373
D 오늘 집을 나서기 전 141
F 오늘 피었다 지는 306
D 오라 우리가 142
G 오소서 435
D 오소서 진리의 성령님 143
D 오순절 거룩한 성령께서 144
C 오 신실하신 주 71
G 오 예수님 내가 옵니다 436
C 오 이 기쁜 날 59
G 오 이 기쁨 주님 주신 것 437
G 오 주여 나의 마음이 438
F 오직 믿음으로 293
G 오직 성령의 열매는 439
G 오직 주님만 440
A 오직 주만이 519
D 오직 주의 사랑에 매여 145
C 오 하나님 받으소서 40
D 옥합을 깨뜨려 103
Em 온 땅이여 주를 찬양 502
F 온 맘 다해 324
F 온 맘 다해 주 사랑하라 307
A 온 세상 창조 주 553
A 온전케 되리 578
F 완전하신 나의 주 308
C 왕국과 소명 44
C 왕께 드리는 제사 40
E 왕의 궁전에 들어가 222
G 왕의 왕 주의 주 441
E 왕의 지성소에 들어가 222

F 왕이신 나의 하나님 309
F 왕이신 하나님 높임을 받으소서 310
G 왜 442
C 왜 나만 겪는 고난이냐고 39
C 왜 날 사랑하나 38
G 왜 슬퍼하느냐 442
D 외롭지 않아 124
G 요나의 기도 367
D 요한복음 3장16절 174
F 요한의 아들 시몬아 311
C 용서하소서 53
C 우리는 모두 다 42
F 우리는 주의 백성이오니 312
C 우리는 한 가족 43
F 우리들의 무기는 육체가 313
E 우리 모두 함께 251
D 우리 모일 때 주 성령 임하리 146
A 우리 보좌 앞에 모였네 554
F 우리 안에 사랑을 314
E 우리에게 향하신 223
A 우리 오늘 눈물로 555
E 우리 우리 주님은 224
C 우리의 만남은 주님의 은혜라오 44
A 우리 죄 위해 죽으신 주 556
Em 우리 주의 성령이 503
G 우리 함께 488
G 우리 함께 걸어요 443
E 우리 함께 기도해 225
E 우리 함께 기뻐해 226
G 우리 함께 모여 444
A 우린 이 세상에서 할 일 많은 557
A 우린 할 일 많은 사람들 557
A 우물가의 여인처럼 558
F 우 주를 찬양하나이다 315
Am 울고 있는 형제여 81
E 위대하고 강하신 주님 227
F 위로송 282
A 유월절 어린양의 피로 559
E 은보다 더 귀하신 주 228
C 은혜로만 들어가네 46
F 은혜의 강가로 279
Cm 이 그릇을 주님 쓰시려고 260
F 이 날은 317
F 이 땅에 오직 주 밖에 없네 318
G 이 땅 위에 오신 445
C 이 땅의 동과 서 남과 북 47
A 이 땅의 황무함을 보소서 560
G 이 믿음 더욱 굳세라 416
A 이 산지를 내게 주소서 574
G 이 세상은 내 집 아니네 453
G 이스라엘 하나님 찬양 446
A 이 시간 너의 맘 속에 561
D 이 시간 주님께 기도합니다 147
D 이와 같은 때엔 148
F 이전엔 왜 모르고 있었을까 319
G 이제 356
C 이제 내가 살아도 45
F 이제는 내게 316
G 이젠 고난의 끝에 서서 447
G 인생길 험하고 마음지쳐 448
D 인생 모 경가 92
F 일사각오 272
E 일어나 걸어라 188
G 일어나라 찬양을 드리라 449
A 일어나 새벽을 깨우리라 585
G 일어나 찬양 449

C 임마누엘 48
D 임하소서 160

자

C 저 높은 하늘 위로 밝은 태양 49
G 저 멀리 뵈는 나의 시온성 451
Dm 저 성벽을 향해 349
G 저 죽어가는 내 형제에게 450
A 전능하신 나의 주 하나님은 562
F 전부 280
D 전심으로 156
E 전심으로 주 찬양 229
G 정결한 마음 주시옵소서 452
E 존귀 오 존귀하신 주 230
F 존귀 주는 존귀 320
E 좋으신 하나님 233
F 좋으신 하나님 너무도 내게 321
E 좋으신 하나님 인자와 자비 231
E 좋은 일이 있으리라 249
G 죄 많은 이 세상은 453
D 죄송해요 149
F 죄악된 세상을 방황하다가 322
G 죄악에 썩은 내 육신을 454
C 죄에 빠져 헤매이다가 50
C 죄인들을 위하여 51
A 주가 보이신 생명의 길 563
B♭ 주기도문 599
A 주께 가까이 날 이끄소서 564
G 주께 가까이 더욱 가까이 455
A 주께 가오니 565
C 주께 경배해 63
A 주께 구속된 자들이 566
E 주께 두 손 모아 232
A 주께 드리는 나의 시 513
F 주께서 내 길 예비하시네 323
Dm 주께서 전진해 온다 350
C 주께 와 엎드려 52
D 주께 힘을 얻고 150
F 주 나의 모든 것 298
D 주 네 맘에 들어가시려 151
C 주는 나의 70
A 주는 나의 힘이요 593
E 주는 평화 234
A 주님 538
G 주님 가신 길 456
A 주님 같은 반석은 없도다 568
C 주님 것을 내 것이라고 53
A 주님 곁으로 날 이끄소서 567
E 주님 계신 곳에 나가리 235
G 주님과 같이 458
Dm 주님과 담대히 나아가 351
F 주님과 함께하는 324
G 주님께서 주시는 459
F 주님께서 주시는 그 사랑으로 325
D 주님께 알렐루야 152
D 주님께 영광을 152
G 주님께 찬양하는 460
A 주님 나라 임하시네 569
D 주님 나를 부르셨으니 153
A 주님 나를 택하사 571
D 주님 내가 여기 있사오니 154
D 주님 내게 오시면 125
G 주님 내 길 예비하시니 461
G 주님 내 길을 457
E 주님 내 아버지 236
C 주님 내 안에 35

G 주님 너를 항상 인도하시리 462
C 주님 다시 오실 때까지 54
A 주님 당신은 사랑의 빛 570
E 주님되신 참 포도나무 237
C 주님 뜻대로 55
F 주님만 사랑하리 326
D 주님만을 섬기리 99
F 주님만 주님만 주님만 사랑하리 326
D 주님 말씀하시면 155
A 주님 보좌 앞에 나아가 572
F 주님 사랑 온누리에 330
F 주님 사랑 전하리라 283
D 주님 손에 맡겨 드리리 156
C 주님 손 잡고 일어서세요 39
D 주님 안에 살겠어요 157
G 주님여 이 손을 463
D 주님 예수 나의 생명 157
Dm 주님은 나의 구원의 반석 327
D 주님은 너를 사랑해 158
G 주님은 신실하고 464
E 주님을 따르리라 210
D 주님을 무엇보다 더 159
F 주님을 송축하리 328
Cm 주님을 의지합니다 266
G 주님을 찬양하라 378
F 주님의 그 사랑 329
G 주님의 빚진 자 454
G 주님의 사랑 놀랍네 414
F 주님의 사랑이 이 곳에 330
D 주님의 성령 지금 이곳에 160
G 주님의 손으로 465
G 주님의 솜씨 489
C 주님의 시간에 56
Em 주님의 쓴 잔을 맛보지 504
G 주님의 영광 421
G 주님의 영광 나타나셨네 467
F 주님의 영광이 임하여서 331
A 주님의 은혜가 아니면 573
C 주님의 증인 42
D 주님 이곳에 161
C 주님이 주신 기쁨 60
A 주님이 주신 땅으로 574
Am 주님이 홀로 가신 82
A 주님 큰 영광 받으소서 575
F 주님 한 분 만으로 295
G 주님 한 분 만으로 466
A 주님 한 분 밖에는 576
D 주 다스리네 162
G 주를 높이기 원합니다 468
C 주를 멀리 떠나 살면서 57
G 주를 사랑하는가 407
G 주를 찬양 405
F 주를 찬양하며 332
C 주를 처음 만난 날 13
E 주를 향한 나의 사랑을 238
A 주만 바라 볼찌라 592
F 주 말씀 내 발의 등이요 333
G 주 말씀 향하여 490
A 주 보혈 날 씻었네 577
D 주신 자도 여호와시요 163
C 주 안에 우린 하나 58
A 주 앞에 나와 제사를 드리네 578
E 주 앞에 엎드려 239
D 주여 오소서 116
C 주여 이 죄인을 29
G 주여 인도하소서 480

D 주여 작은 내 소망을 164
A 주 여호와는 광대하시도다 579
F 주 여호와 능력의 주 334
G 주 예수 기뻐 찬양해 469
E 주 예수 나의 당신이여 207
C 주 예수를 찬양합시다 59
A 주 예수보다 귀한 것은 580
C 주 예수 사랑 기쁨 60
E 주 예수 오셔서 240
G 주 예수의 이름 높이세 470
C 주와 함께라면 가난해도 61
G 주 우리 아버지 471
C 주의 강한 용사들 62
C 주의 거룩하심 생각할 때 63
E 주의 거룩한 이름 높이려 241
E 주의 긍휼로 242
G 주의 나라 이 땅 위에 472
A 주의 도를 581
A 주의 도를 내게 알리소서 581
A 주의 도를 버리고 582
G 주의 사랑 신기하고 놀라워 473
Am 주의 사랑 온누리에 80
F 주의 사랑으로 사랑합니다 335
D 주의 사랑을 주의 선하심을 165
C 주의 신을 내가 떠나 64
G 주의 십자가 지고 474
G 주의 영광 위하여 369
E 주의 위엄 이곳에 235
G 주의 이름 높이며 475
E 주의 이름 높이며 다 경배 243
G 주의 이름 송축하리 476
D 주의 이름 안에서 166
D 주의 인자는 끝이 없고 167
G 주의 인자하심이 생명보다 477
D 주의 자비가 내려와 168
E 주의 찬송 세계 끝까지 229
A 주 임재 안에서 524
F 주 임재하시는 곳에 336
D 주 찬양합니다 169
C 주 품에 품으소서 65
A 주 하나님 독생자 예수 583
G 죽임 당하신 어린 양 478
A 지극히 높으신 주님 안에 584
F 지금껏 내가 한 일이 337
D 지금 우리가 주님 안에 170
F 지금 우리는 286
A 지금 우리는 마음을 합하여 585
A 지금은 엘리야 때처럼 586
G 지존하신 주님 이름 앞에 479
G 지치고 상한 내 영혼을 480
F 짐이 무거우냐 338

차

D 찬바람 부는 갈보리산 171
G 찬송을 부르세요 481
G 찬송의 옷을 주셨네 372
E 찬송하라 여호와의 종들아 244
F 찬양 알렐루야 339
C 찬양을 드리며 66
D 찬양의 열기 모두 끝나면 172
D 찬양의 제사 드리며 166
A 찬양이 언제나 넘치면 587
A 찬양 찬양 588
G 찬양하라 내 영혼아 482
A 찬양하세 589
E 찬양해 주님의 종들아 245

F 참참참 피 흘리신 340
Em 참회록 500
G 창세기 출애굽기 레위기 483
Em 창조의 하나님 496
A 창조의 하나님이 나의 아버지 547
G 천년이 두 번 지나도 485
C 초가 삼간도 나는 만족하네 67
G 축복가 417
G 축복송 385
D 축복의 사람 150
E 축복의 통로 202
G 축복하소서 우리에게 484
E 축복합니다 주님의 이름으로 246
D 친구의 고백 129

카

G 캄캄한 인생길 486
E 크신 주께 영광돌리세 247

타

E♭ 탕자의 눈물 256

파

Bm 파송의 노래 180
A 평강의 왕이요 590
D 평안을 너에게 주노라 173
D 평화의 노래 97
F 포도나무 304

하

G 하나님께로 더 가까이 487
G 하나님께서는 우리의 만남을 488
C 하나님 오른편에 앉아 계신 68
Am 하나님 우리와 함께 하시오니 83
F 하나님은 너를 만드신 분 341
E 하나님은 너를 지키시는 자 248
C 하나님은 실수하지 않으신다네 11
A 하나님은 우리의 피난처가 되시며 591
E 하나님을 아버지라 부르는 249
C 하나님을 위하여 7
A 하나님의 사랑을 사모하는 자 592
G 하나님의 어린 양 394
C 하나님의 음성을 듣고자 69
D 하나님이 세상을 이처럼 사랑하사 174
C 하나님이시여 70
C 하나님 한번도 나를 71
F 하늘보다 높은 주의 사랑 343
B♭ 하늘에 계신 아버지 599
A 하늘 위에 주님밖에 593
C 하늘 위의 집 67
G 하늘을 바라보라 489
G 하늘의 나는 새도 490
D 하늘의 해와 달들아 175
A 하늘이여 외치라 594
Em 한걸음 또 한걸음 무거운 505
C 한라에서 백두까지
백두에서 땅 끝까지 47
E 할렐루야 전능의 주 250
G 할렐루야 주가 다스리네 491
E 할렐루야 주 다스리시네 250
E 할렐루야 할렐루야 251
D 할 수 있다 하면 된다 176
C 할 수 있다 하신 이는 72
D 할 수 있다 해 보자 176
E 항상 기뻐하라 할렐루야 252
C 항상 진실케 73

C 항해자 8
A 해 같이 빛나리 529
E 해 뜨는 데부터 253
G 해방되었네 492
G 해 아래 새 것이 없나니 493
A 햇빛보다 더 밝은 곳 595
C 허무한 시절 지날 때 74
D 험하고 어두운 길 헤매일 때 177
D 험한 세상길 나 홀로 가도 178
B♭ 험한 십자가 능력있네 598
A 형제여 우리 모두 다 함께 596
D 형제와 함께 사는 것 179
F 형제의 모습 속에 보이는 342
Am 호렙산 떨기나무에 84
G 호산나 494
D 호흡이 있는 자마다 175
E 확정 되었네 254
E 흙으로 사람을 255
C 힘들고 지쳐 낙망하고 75

(미 586)

거룩하신 성령이여

(Holy Spirit we welcome You)

1

Chris A. Bowater

C Dm/C Cmaj7 1. F2/C
거 룩 하 신 - 성 령 이 여 - -
우 리 에 게 - 임 하 소 서 -
2. B♭/C C7 Fmaj7 G/F Em7
- 성 령의 - 불 - 로 오 셔서
Am7 Dm7 G7 Cmaj7
- 세 상 헛 된마 - 음 태 우 소 서
B♭/C C7 Fmaj7 G/F
- 손 들고 - 주 를
Em7 Am7 Fmaj7
바 랄 때 - 성 령 이 여 -
Fmaj7 C/E Am7 Dm7
- 성 령 이 여 - - 성 령 이 여 -
F/G Gsus4 G7 C 1. C F/G 2. C
- 임 하 소 서 - -
D.C
Fine

메들리곡 • 구원이 하나님과 (3) • 살아계신 성령님 (26) • 주의 거룩하심 생각할때 (63)

2 괴로울 때 주님의 얼굴 보라 (미 1027)

(In these dark days lift up your eyes)

Harry Bollback

C F Dm
괴 로 울 때 주 님 의 얼 굴 보 라 평 화 의
힘 이 없 고 네 마 음 연 약 할 때 능 력 의
G7 C
주 님 바 라 보 아 라 - 세 상 에 서 시 달 린 친 구
주 님 바 라 보 아 라 - 주 의 이 름 부 르 는 모 든
F C G7 C
들 아 위 로 의 주 님 바 라 보 아 라 -
자 는 힘 주 시 고 늘 지 켜 주 시 리 -
G C
눈 을 들 어 - 주 를 보 라 - 네 모 든
Am D7 G C C7
염 려 주 께 맡 겨 라 - 슬 플 때 에 주 님 의 얼 굴
F C G7 C
보 라 사 랑 의 주 님 안 식 주 리 라 -

메들리곡

- 세상에서 방황할 때 (29)
- 왜 나만 겪는 고난이냐고 (39)
- 주의 신을 내가 떠나 (64)

(미 1621)

구원이 하나님과

(Salvation unto our God)

Kenneth Jackson

C F C Dm G7
*구 원 이 하 나 님 과 보 좌 위 의 어 린 - 양
C G7 C F C B♭ G7 C
께 *구 원 이 하 나 님 께 영 원 토 록 -

* 구원이
찬양을
존귀를
영광을

메들리곡

- 거룩하신 성령이여 (1)
- 살아 계신 성령님 (26)
- 하나님 오른편에 앉아 계신 (68)

4 금과 은 나 없어도

금 과 은 나 없 어 도 - 내 게 있 는 것
베 드 로 와 요 - 한 이 - 기 도 하 - 러
네 게 주 니 - 곧 나 사 렛 예 - 수
올 라 갈 새 - 성전 미 문 에 앉 - 은
이 름 으 로 일 어 나 걸 - 으 라
앉 은 뱅 이 구 걸 을 하 - 였 네
- 그 는 걸 었 네 뛰 었 네 찬 양 했 네 그 는
걸 었 네 뛰 었 네 찬 양 했 네 곧 나 사 렛
예 - 수 이 름 으 로 일 어 나 걸 - 으 라 -

메들리곡
- 내 영혼아 여호와를 송축하라 (16)
- 내가 처음 주를 만났을 때 (13)
- 심령이 가난한 자는 (31)

(미 1190)

나는 순례자

5

JOYCE. LEE
C E7 F
1. 나는순 례 자 - 이 세 상 에 서 - 언 젠 가
2. 나는순 례 자 - 방 황 하 지 만 - 예 수 내
3. 나는순 례 자 - 피 곤 한 몸 을 - 하 늘 나
C D7 G7 C E7
집 에 - 돌아가 리 - 어두운 세 상 - 방 황 치
구 주 - 이끄시 네 - 영광의 나 팔 - 소 리 들
라 에 - 누이시 네 - 주볼때 마 다 - 영 광 나
F C G7 C
않 고 - 예 수 와 함 께 - 돌 아 가 리 -
릴 때 - 천 사 날 위 해 - 찾 아 오 리 -
타 나 - 승 리 를 위 해 - 찬 양 하 리 -
G7 C7 F C
나 는 순 례 자 - 돌 아 가 리 - 날 기 다
D D7 G7 C E7
리 는 - 밝 은 곳 에 - 곧 돌 아 가 리 - 기 쁨 의
F C G7 C
나 라 - 예 수 와 함 께 - 길 이 살 리 -

메들리곡

- 나의 입술의 모든말과 (9)
- 초가삼간도 나는 만족하네 (67)
- 복음을 심었습니다 (24)

6 나를 위해 오신 주님

(미 913)

(사랑의 손길)

문찬호

1. 나를위 해 오신주 님 나의죄 를 위하여 서 유대민
말 도-없 이 우리에 게 사-랑 을 보여주
2. 이세상 에 오신주 님 나의죄 를 위하여 서 로마병
말 도-없 이 우리에 게 평-안 을 약속하

족 들-에 게 잡히시 던 -- 그날밤 에 아무런
신 주님예 수 십자가 를 -- 지-셨
정 창과칼 에 찔리시 던 -- 그날오 후 아무런
신 주님예 수 십자가 에 -- 못박혔

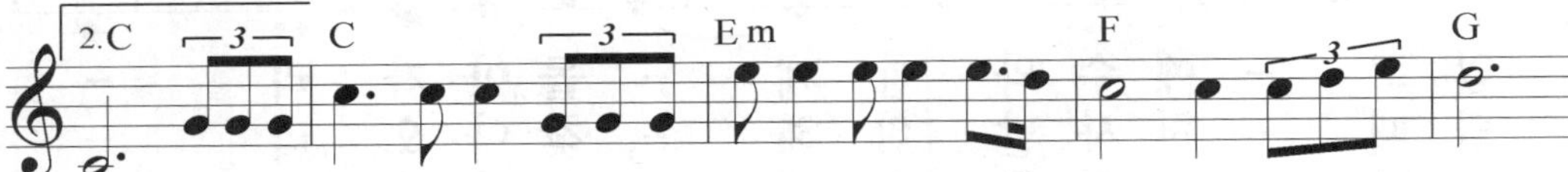

네 그러나언 젠가 주님을 부인하며 원망하 고 있을때 에

나에게 오 셔서 사랑의 손 길로 어루만 지 셨 네

거절할 수 없어외면할 수 없어주님의그 손을잡 았었 네

주 님의 사 랑에 뜨거운 눈 물을 흘리고 야 말았 다 네

메들리곡

- 내가 처음 주를 만났을 때 (13)
- 심령이 가난한 자는 (31)
- 이제 내가 살아도 (45)

(미 1673)

나에게 건강있는 것

7

(하나님을 위하여)

김석균
1. 나에 게 건강있는 것 주님 일 하라준것인 데 나에
2. 나에 게 물질있는 것 주님 일 하라준것인 데 나에
3. 나에 게 하나님한 분 그것 으 로-족하지 요 한순
게 지식있는 것 주님 일 하라준것인 데 너희
게 명예있는 것 주님 일 하라준것인 데 재물
간 한-순간 이 은혜 와 감격뿐이지 요 먼-
는 청년의때 에 창조 주 -하나님 을 기억
과 하-나님 을 겸하 여 -섬-기 지 못하
저 그의나라 와 그의 의 -를구하 라 세상
하 라말씀하신 하 나-님 왜 -잊었는 가 금보
리 라말씀하신 하 나-님 왜 -잊었는 가 썩을
살 아가는법을 말 씀하신 나 -의하나 님 지금
다 귀 한세 월 나를 위 해무엇했느 냐 예수
것 위 해서 는 수많 은 시간을쓰면 서 주님
의 나 된것 은 주님 의 크신은혜이 니 일할
님 -나에게 물-으시니 회개 의 눈물 뿐이 네
을 -위해서 무얼했는지 부- 끄 러움 뿐이 네
수 -있을때 힘써일하라 하- 나 님을 위하 여

메들리곡
- 주님것을 내 것이라고 (53)
- 나의 하나님 나의 구원자 (10)
- 비바람이 갈 길을 막아도 (25)

8 나 비로소 이제 깊고

(미 1931)

(항해자)

조영준

C G/B Am Em
나 -비로소 이제- 깊고 넓은 바다간-다- 두려
나 -비로소 이제- 폭풍 우를 뚫고간-다- 비바
F/G Em Am 1.Dm G
움에 떨고있는-내손을주는-결 코 놓치지 않으셨다
람에 흔들리는-나약한나를-잡
2. Dm C/E F G C G/B
아 주시는 그분 은나의주 님 주나를놓치마 소서-
Am Em E F Dm
이깊고넓은 바다에--홀로-- 내삶에 항 해의 끝이되
D G F/G C
시는주 님이시 -여- 난 의지합니 다 --- 날 포기하지
G/B Am Em E F
마 소서- 나잠시나를 의지하--여도 -- 내 삶 의
Dm G C C
항 해에 방향을 잡아 주 시옵소 -서- 주나를놓치

G/B Am Em E F Em
마 - - 소서 - 이 깊고넓은 바다에 - - 홀로 - - 내 삶에
Dm D/F# G F/G
항 해의 끝이되 시는 주 님이시 - 여 - 난 의 지 합 니 다
C G/B Am Em E
- - - 날 포기하지 마 - - 소서 - 나 잠시나를 의 지 하 여도
F Dm G C
- 내 삶의 항해에 - 방 향을 잡아 주 시옵소 - 서 -
Am/D Dm G C
이 깊은 바다에 - 날홀로 버 려 두 지 마 소 서

메들리곡

• 내가 걷는 이 길이 (11) • 비 바람이 갈 길을 막아도 (25)
• 내 주의 은혜 강가로(279)

9 나의 입술의 모든 말과

(미 820)

(Let the words of my mouth)

Joe Mackey

C2 F/C C G G7 C2
나 의 입 술 의 모 든 말 과 나 의 마 음 의 묵 상 이
F/C C G C F C
주 께 열 납 되 기 를 원 하 네 –
Fine
F C C7
생 명 이 – 되 신 주 –
소 망 이 – 되 신 주 –
F Gsus4 G7
반 석 이 – 되 신 주 –
능 력 이 – 되 신 주 –
D.C.

메들리곡 • 내가 산을 향하여 (12) • 사랑하는 나의 아버지 (27) • 찬양을 드리며 (66)

(미 1738)

나의 하나님 나의 구원자

10

이유정
나의하나 님 나의구원 자 주 여 – 내모든생
님 나의피난 처 주 여 – 내모든생
각 주관하소 서 나의전부 를 주께드리
활 주관하소 서 나의영으 로 주께드리
기 원해 – 내게오셔 서 – 깨 우쳐주소 서 전능하신
기 원해 – 나의마음 을 – – 열어주소 서
주 유일하신 주 나의입술 로 주 찬 양 합 니
다 영원하신 주 살아계신 하 나 님 – 나의영으
로 주 경 배 합 니 다 나의하나 다

메들리곡 • 내가 걷는 이 길이 (11) • 임마누엘 (48) • 내 영혼이 내 영혼이 (376)

11 내가 걷는 이 길이

(미 2031)

(하나님은 실수하지 않으신다네)

A.M.오버톤 & 최용덕

내가걷는이길이 - 혹 굽어도는 - 수가있어도 내 - 심장이울렁이고 -
가슴 아파도 - 내 마음속 으로 - 여전히 기뻐하는까닭은 - 하나
님은실수 - 하지 않으 - 심일세 - - 내가 세운계획이 - 혹
빛나갈지모르며 - 나의 희망 덧 없이 - 쓰러질수있 지만 - 나
여전히인도하시는주님을 신뢰하는 까닭은 - 주께 서 내가 -가야할길을잘아 -
심일세 - - 어두운밤 - 어둠이 깊어 날이 다시는 -
밝지 않을것같아 보 여도 - 내 신앙 부여잡고 - 주
님께 모든것 -맡기 리니 하나 님을 -내가 믿 - 음일 세 - 지금

내가 걷는 이 길이

C/G Am F/C
은 내가 볼수 없 는것 너무 많 아서 – 너무 멀리 – 가물가물 –
C G C Em
어른거려도 – 운명 이여 – 오라 – 나 두 려워 – 아니 하리 – 만–
F C Am
사를 주 님 께 – 내어 맡기 리 – 차츰 차츰 – 안개는 걷히고 – 하나
D G C
님 지으신 – 빛이 뚜렷이 보이리라 – 가는 길이 온통 – 어–
F C G F C D.S.
둡게만 보여도 – 하나 님은 – 실수하지 않으신 – 다네 – 차츰
C G F G F C
님은 – 실 수 하 지 않 으 신 – 다 – 네 –

메들리곡
- 괴로울 때 주님의 얼굴 보라 (2)
- 나의 하나님 나의 구원자 (10)
- 비 바람이 갈 길을 막아도 (25)

12 내가 산을 향하여

(미 592)

김영기

C F C
1. 내 가 산 을 향 하 여 – 눈 을 들 리 라
2. 내 가 손 을 들 고 서 – 기 도 하 리 라
C G7 F C G7
나 의 도 움 이 어 디 서 올 – 꼬
나 의 응 답 이 어 디 서 올 – 꼬
C F C
천 지 지 으 신 여 호 와 – 나 의 왕 이 여
전 지 전 능 한 하 나 님 – 나 의 주 시 여
C G7 F G7 C
영 원 무 궁 히 지 키 시 리 로 다
나 의 출 입 을 지 키 시 리 로 다

메들리곡 • 나의 입술의 모든 말과 (9) • 주 예수 사랑 기쁨 (60) • 할 수 있다 하신 이는 (72)

(미 946)

내가 처음 주를 만났을 때

13

(주를 처음 만난 날)

김석균

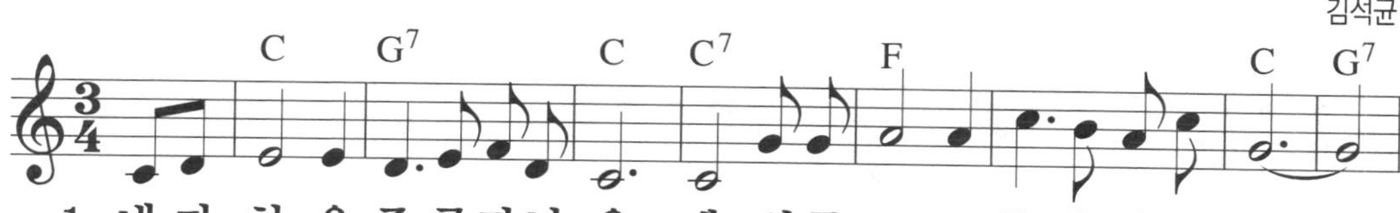

1. 내 가 처 음 주 를 만 났 을 때 외 롭 고 도 쓸 쓸 한 모 습 –
2. 내 가 다 시 주 를 만 났 을 때 죄 악 으 로 몹 쓸 병 든 몸 –
3. 내 가 이 제 주 를 만 남 으 로 죽 음 의 길 벗 어 나 려 네 –

말 없 이 홀 로 걸 어 가 신 길 은 영 – 광 을 다 – 버 린 나 그 네 –
조 용 히 내 손 잡 아 이 끄 시 며 병 – 든 자 여 – 일 어 나 거 라 –
변 찮 는 은 혜 와 사 랑 베 푸 신 그 – 분 만 이 – 나 의 구 세 주 –

정 녕 그 분 이 내 형 제 구 원 했 나 나 의 영 혼 도 구 원 하 려 나 –
눈 물 흘 리 며 참 – 회 하 였 었 네 나 의 믿 음 이 뜨 거 웠 었 네 –
주 예 수 따 라 항 – 상 살 리 로 다 십 자 가 지 고 따 라 가 리 라 –

의 심 많 은 도 마 처 럼 물 었 네 내 가 주 를 처 음 만 난 날 –
그 러 나 죄 악 이 나 를 삼 키 고 내 영 혼 갈 길 을 잃 었 네 –
할 렐 루 야 주 를 만 난 이 기 쁨 영 광 의 찬 송 을 돌 리 리 –

메들리곡 • 나를 위해 오신 주님 (6) • 죄인들을 위하여 (51) • 주님 뜻대로(55)

14

내 구주 예수님

(미 1614)

(Shout to the Lord)

Darlene Zschech

C G Am G F
1. 내 구 주 예 수 님 주같은분 - 없 - 네 - 내평생에
2. 위 로 자 되 시 며 피난처되 - 신주님 - 나의영혼
C/E F 1. C/G Am B♭ Dm7/A Gsus4 G7
- 찬 양 하 리 - - 놀라운주의 사 랑 을
- 온 맘 다 해
2. C/G Am B♭ B♭/A Gsus4 G7
- 주 를 경 배 합 니 다
C Am F Gsus4 G7 C Am Fmaj7 Gsus4 G7
온땅이여 - 주님께 - 외쳐라 - - 능력과위 - 엄의왕 - 되신주 -
Am F G Am G/B G7
산과바다 - 소리쳐 - 주의 - 이름 을 - - - 높 이 리 -
C Am F Gsus4 G7 C Am Fmaj7 Gsus4 G7
주행한일 - 기뻐노 - 래하며 - 영 원히주님 - 을사랑 - 하리라 -
Am F G7 C F/C C
신실하신 - 주의약 - 속나받 - 았 네 - -

메들리곡 • 내 안에 사는 이 (15) • 사랑하는 나의 아버지 (27) • 찬양을 드리며 (66)

(미 752)

내 안에 사는 이

(Christ in me)

Gary Garcia

C G/B Am Am/G F G C G
내 안 에 사 는 이 예 수 - 그 리 스 도 - 니
2nd time to Coda
C G/B Am Am/G F G C Csus4 C7
나 의 죽 음 - 도 유 익 - 함 이 라 나 의
Fmaj7 G/F Em7 Am7 Dm7 F/G Cmaj7 Csus4 C7
왕 내 노 래 내 생 명 - 또 내 기 쁨 나 의
Fmaj7 G/F Em7 Am7 B♭ F C G
힘 나 의 검 내 평 화 - 나 의 주 -
D.C
Coda F G G7 C
익 - 함 이 라

메들리곡 • 내 구주 예수님 (14) • 사랑하는 나의 아버지 (27) • 예수 사랑해요 (41)

16 내 영혼아 여호와를

(미 600)

(Bless the Lord O my soul)

Pete Sanchez Jr.

C Dm Fmaj7/C G7/B G C G/B Am Dm Fmaj7/C G7/B G
내영혼 아 - 여호와 를 - 송축하 라 - 내영혼
C Dm/C C Am7 Dm Fmaj7/C G7/B G C E7 F Dm7
아 - 거룩하 신 - 주-이 름 찬 양 내맘과
C/G Dm7/G C F/G C C/E
정 성다 해주 -찬양 해 송축하라
송축하 라 - 내 영
F2 F F/E♭ Dsus4 D/F♯ G2 G Gsus4/F G/F
내영혼 아 송축하라 내-영혼 아
혼 아 - 송축하 라 - 내-영 혼 아 - 송축하
Esus4 E/G♯ A2 Am/G F Dm7
송축하 라 내 영혼 송 축 하
라 - 내-영 혼 아 - 송 축 하

C/G
Dm/G
Em/G
F/G
라 내영혼아 송축하라 내영혼아 내맘과
C/G
Am7
Dm7
G7
C
정 성다 해찬 양 해 –

메들리곡 • 금과 은 나 없어도 (4) • 사랑하는 나의 아버지 (27) • 주께 와 엎드려 (52)

17 내일 일은 난 몰라요

(미 825)

(I know who holds my hand)

Ira F. Stanphill

C C7 F C
1. 내 일 일 은난몰라 요 하 루 하 루 살아 요 불행
2. 좁 은 이 길 진리의 길 주 님 가 신 그옛 길 힘이
3. 만 왕 의 왕예수께 서 이세 상 에 오셔 서 만백
F C Am D7/A G7 C
이 나요행함 도 내뜻대 로 못해 요 험 한 이 길가고가
들 고어려워 도 찬송하 며 갑니 다 성 령 이 여그음성
성 을구속하 니 참구주 가 되시 네 순 교 자 의본들받
C7 F C F C
도 끝은 없 고곤해 요 주님 예 수 팔내미 사 내손
을 항상 들 려주소 서 내마 음 은 정했어 요 변치
아 나의 믿 음지키 고 순교 자 의 신앙따 라 이복
C G7 C C7 F C D
잡 아주소 서 내일 일 은 난몰라 요 장래 일 도 몰라
말 게하소 서 내일 일 은 난몰라 요 장래 일 도 몰라
음 을전하 세 불과 같 은 성령이 여 내맘에 항 상계
G C C7 F C G7 C
요 아버 지 여 날붙드 사 평탄 한 길주옵소 서
요 아버 지 여 아버지 여 주신 소 명이루소 서
셔 천국 가 는 그날까 지 주여 지 켜주옵소 서

메들리곡 • 약한 나로 강하게 (32) • 오늘 집을 나서기 전 (141) • 내 주의 은혜 강가로(279)

(미 565)

내 입술로 하나님의 이름을

정종원

C G Am G F Dm Gsus4 G7
내입술로- 하 나님의 - 이 름을 -찬송하며 -
황소를드림보-다 진 정한예배를 기 쁘게받-아주시는 -주 님-
C G Am G F G C G7
내 맘으로- 하나님을- 즐 겁게 -찬양하네 -
찬송을부르며- 영 원히섬기리 주 님 께 영-광돌리 -리-
C G Am G F Dm Gsus4 G7
할 렐 루-야- 할 렐 루-야-할 렐루 -할 렐루야 -
C G Am G F G C F/C C
할 렐 루-야- 할 렐 루-야-할 렐루 -할 렐루야 -

메들리곡 • 내 안에 사는 이 (15) • 눈을들어 (20) • 언제나 내 모습 (35)

19 너는 담장 너머로 뻗은 나무

(미 1733)

(야곱의 축복)

김인식

C G/B A/C#

너 는 담장 너 머 로 뻗 은 - 나 무 가 지

는 어 떤 시 련 이 와 도 - 능 히 이 겨

Dm Dm7 C Dm C/E F

에 푸 른 - 열 매 처 럼 - 하 나 님 의 -

낼 강 한 - 팔 이 있 어 - 전 능 하 신 -

1.B/D# Em Am Dm

귀 한 축 - 복 - 이 - 삶 에 - 가 득 히 -

Dm/C F/G F/A G/B 2. B/D#

넘 쳐 날 - 거 - 야 - 너 하 나 님 - 께 - 서

Em Am Dm Dm/C G

- 너 와 - 언 제 나 - 함 께 하 - 시 - 니 -

G C G/B Am

- 너 는 하 나 님 의 - 사 - 람 - 아 름 다 운 하 나

Em/G F C/E

- 님 의 - 사 - 람 - 나 는 널 위 - 해 - 기 - 도 하 며

Dm F/G G7 C
– 네 길을 – 축 복할 – 거 야 너 는 하 나 님 의
G/B Am Em/G
– 선 – 물 – 사 랑 스 런 하 나 – 님 의 – 열 – 매
F C/E Am Dm G F/C C
– 주 의 품에 – 꽃 피운 – 나 무 가되 어 줘 – –

메들리곡 • 아주 먼 옛날 (33) • 당신은 사랑받기 위해 (112) • 너는 시냇가에 (200)

20 눈을 들어 주를 보라

(미 567)

(See His glory)

Chris Bowater

C G/B Am F C G7
눈을 들-어 주를 보-라 주의영 광을 보라 눈을
C G/B Am F C Am
들-어 주를 보-라 주의 영 광을 보 라 주는빛
F G/F Em7 Am7 F G
- 거룩과-진 리 능력의- 주의 영 광 나타나셨네
C C/E F G/F Em7 Am7 Dm G7
- 선포-하 라 선하-신 주 주의 인자는 영원함
C C/E F G/F Em7 Am7
이-라 선포-하 라 선하-신 주 주의
Dm G7 1. C G 2. C F/C C
인자는 영원함 이 -라 눈을 이 -라 -

메들리곡 • 내 입술로 하나님의 (18) • 사랑하는 나의 아버지 (27) • 임마누엘 (48)

(미 1098)

먼저 그 나라와 의를

(Seek ye first)

Karen Lafferty

1. 먼 저그나-라와 의를구하라 그 나라와 그의 를
2. 사 람이떡으로만 살것아니오 하 나님말 씀으 로
3. 구 하라너희에게 주실 것이요 찾 으면찾 으리 라

그 리하면이- 모-든것을 너희에게더 하시 리 라
그 리하면이- 모-든것을 너희에게더 하시 리 라
문 두드리면- 열릴것이라 할-렐-루 할렐 루 야

할 렐 루 야 할 렐 루 - 야

할 렐 루 야 할 렐- 루 할렐 루 야

메들리곡

- 나의 입술의 모든 말과 (9)
- 이 땅의 동과 서 남과 북 (47)
- 주님이 홀로 가신 (82)

22

매일 스치는 사람들

(미 1159)

(그들은 모두 주가 필요해 / People need the Lord)

Phil McHugh & Greg Nelson

매일스 치는사 람들- 내게무얼- - 원하나-
캄캄한 -세상 에서- 빛으로- -부 름받아-
공허한 그 눈 빛은 무엇으로 채우 나
잃어버 린 자 들과 나누라고 하시 네
모두자 기 고 통과- 두려움- 가 득
주의사 랑 으 로만- 사랑할수 있 네
감춰진 울 음 소리 - 주님들으 시 네 - -
우리가 나 눌 때에 - 그들알-겠 네 - -
그들은 모 두 주가 필 요 해
깨지고 상 한 마음 주가여 시 네 - -

C
Dm
C/E
F
그들은 모 두
주가 필 요 해
G
G/F
C/E
F C/E
1. Dm7
G
C
모 두 알 게 되리
사랑의 주 님
2. G
G/F
C/E
F
Dm7
G
C F/C C
모 두 알 게 되리사 랑 의 주 님 –

메들리곡
• 이 땅의 동과 서 남과 북 (47) • 주님 다시 오실 때까지 (54)
• 주님이 홀로 가신 (82)

23 복음 들고 산을

(미 1170)

(Our God Reigns)

Leonard E Jnr. Smith

C F G7 Cmaj7 C/B
4/4
복음들고 산 을 넘는자 들의발길
Am7 Dm G7 C
- 아름답 고 도 - 아름답 도 다
C7 F G7 Cmaj7 C/B
평화전 하 며 복 된소 식 을 외 치네
Am7 Dm7 G7 C F
- 주 다 스 - 리 시 네
C C7 F Fmaj7 C C/B
- 주 다 스 - 리 시 네
Am Em F G7 1. C F/C 2. C
- 주 다 스 - - - - 리 시 네 네

메들리곡 • 복음을 심었습니다 (24) • 우리는 모두 다 (42) • 오라 우리가 (142)

(미 1177)

복음을 심었습니다

C C7 C G7 C
1. 복음 을심었습니 다 복음 이싹이났네 요
2. 사랑 을심었습니 다 사랑 이싹이났네 요
3. 믿음 을심었습니 다 믿음 이싹이났네 요
C C7 F G7 C
복음 이자랐습니 다 30 배맺었습니 다
사랑 이자랐습니 다 60 배맺었습니 다
믿음 이자랐습니 다 100 배맺었습니 다

메들리곡 • 내가 산을 향하여 (12) • 복음들고 산을 넘는 자 (23) • 가라 가라 (267)

25 비바람이 갈 길을 막아도

(미 1028)

(나는 가리라)

김석균

비바람이갈길을 막 아 도 나는 가리 - 주의길을가 리
험한파도앞길을 막 아 도 나는 가리 - 주의길을가 리

눈보라가앞길을 가 려 도 나 는 가리 - 주의길을가 리
모진바람앞길을 가 려 도 나 는 가리 - 주의길을가 리

이 길은 영광의길 이 길은 승리 의길
이 길은 고난의길 이 길은 생명 의길

나 를구원 하신 주 님이 십 자가지고가신 길

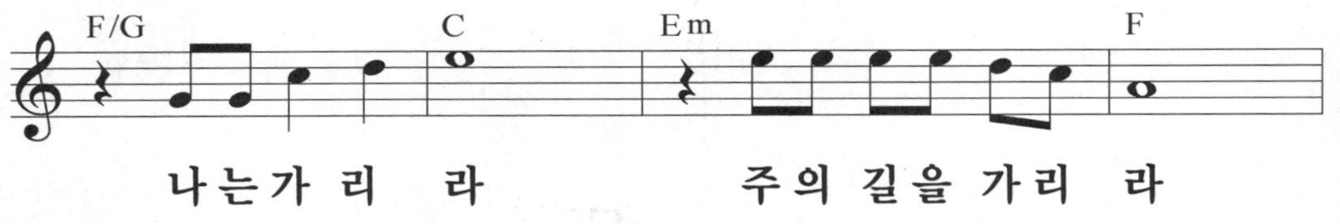

나는가 리 라 주의 길을 가리 라

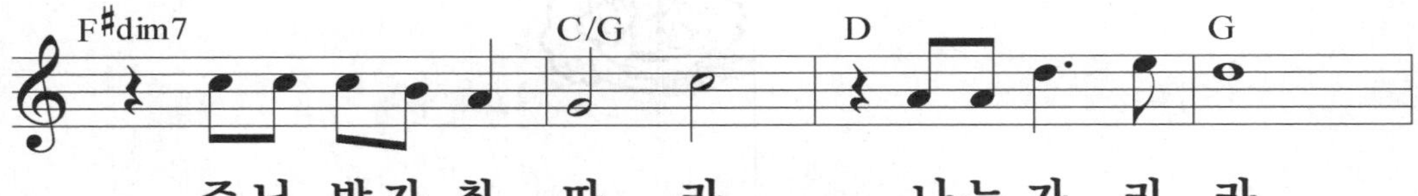

주님 발자 취 따 라 나는가 리 라

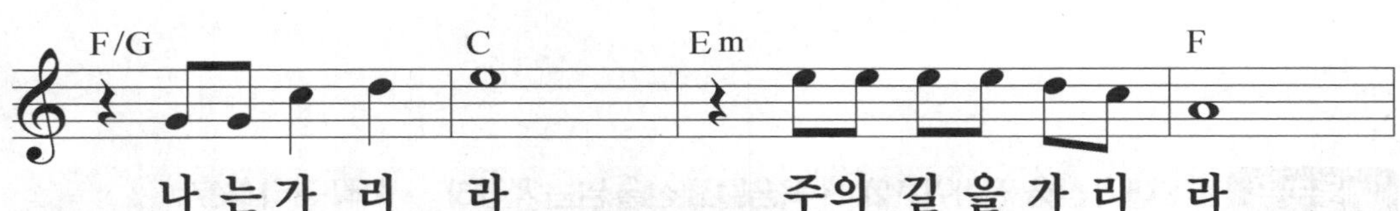

나는가 리 라 주의길을가 리 라

F#dim7
C/G
G
C
주님 발자취 따라 나는가리라

메들리곡 • 내가 걷는 이 길이 (11) • 왜 나만 겪는 고난이냐고 (39) • 이제 내가 살아도(45)

(미 2153)

살아계신 성령님 26

(Spirit of the living God)

Paul Armstrong

C G/D C/E F F/G
살 아 계 신 성 령 님 날 붙 드 – 소 서

C G/B Am Am7/G D/F# D7 G G7
살 아 계 신 성 령 님 날 살 피 소 서

C C/E F A D7 G G7/B
채 우 소 서 채 우 – 소 – 서

E E7/G# Am F Dm7/G G C
성 령 하 나 님 새 롭 게 하 소 서

메들리곡 • 거룩하신 성령이여 (1) • 언제나 내 모습 (35) • 예수 사랑해요 (41)

27 사랑하는 나의 아버지

(미 560)

(Blessed be the Lord God Almighty)

Bob Fitts

C C#dim7 Dm F/G G C F/G
사랑하는 나의 아버지- 이 름높여드립 니 다
C A7 Dm F/G C
주의 나라 찬양속에 임하 시니- 능력 의 주께 찬송하 네
G7 C C/E G/F F F/G G7 C
전능하-신 하 나 님 찬- 양 언 제나 동일하 신 주--
F/G C C/E G/F F Dm F/G G7 C (Bb/C C7)
전능하-신 하 나 님 찬- 양 영 원 히다 스 리 네
Fine
F G/F Em Am F G7 C B♭/C C7
나주의 이름높-이 리 나주의이 름높 -이 리---
F G E/G# Am
하 늘 높 이 올 린 깃 -발- 처 럼 ---
F G7 C F/G
주 의 이 름높 - 이 리 전 능하 - 신
D.S.

메들리곡 • 내 구주 예수님 (14) • 예수 사랑해요 (41) • 하나님이시여 (70)

성령충만을 받고서 28

신정의 & 이계자

C G7 C
성령충만을받고서 - 기도대장 - 될래요
성령충만을받고서 - 봉사대장 - 될래요
C G7 C
성령충만을받고서 - 전도대장 될래요
성령충만을받고서 - 순종대장 될래요
G7 C F G7
성령은 성령은 우리들을
C F C G7 C
대장으로- 대장으로- 만들어줘요

메들리곡 • 나 주의 믿음 갖고 (277) • 성령 받으라 (289) • 성령 충만으로 (291)

29 세상에서 방황할 때

(미 898)

(주여 이 죄인을)

안철호

C F C G7
1. 세 상 에 서 방 황 할 때 나 - 주 님 을 몰 랐 네
2. 많 은 사 람 찾 아 와 서 나 의 친 구 가 되 어 도
3. 이 죄 인 의 애 통 함 을 예 수 께 서 들 으 셨 네
4. 내 모 든 죄 무 거 운 짐 이 젠 모 두 다 벗 었 네
C F C G7 C
내 맘 대 로 고 집 하 며 온 갖 죄 를 저 질 렀 네
병 든 몸 과 상 한 마 음 위 로 받 지 못 했 다 오
못 자 국 난 사 랑 의 손 나 를 어 루 만 지 셨 네
우 리 주 님 예 수 께 서 나 와 함 께 계 신 다 오
G C C7 F 3 G7
예 수 여 이 죄 인 도 용 서 받 을 수 있 - 나 요
예 수 여 이 죄 인 을 불 쌍 히 여 겨 주 - 소 서
내 주 여 이 죄 인 이 다 시 눈 물 흘 립 - 니 다
내 주 여 이 죄 인 이 무 한 감 사 드 립 - 니 다
C C7 F C G7 C
벌 레 만 도 못 한 내 가 용 서 받 을 수 있 나 요
의 지 할 것 없 는 이 몸 위 로 받 기 원 합 니 다
오 내 주 여 나 이 제 는 아 무 걱 정 없 습 니 다
나 의 몸 과 영 혼 까 지 주 를 위 해 바 칩 니 다

메들리곡 • 괴로울 때 주님의 얼굴 보라 (2) • 내일 일은 난 몰라요 (17) • 언제나 내 모습 (35)

승리관을 쓰신 주님

30

(Victor's crown)

Rob Packer
C F C Am7 G Dm7 G C E/B
승리 관 을쓰 신주 님 죄와 사 망권세이겼 네
Am D7 F C/G Dm/G G
그 이 름 높 이들 려 다 -스리시 네 주의
C F C G Dm7 G C E/B
이 름을 들을 때 악한 영 들두려워떠 네
Am D7 F C/G Dm/G G
교 회 인 우 리 들 그 승 -리누리 네 그-
Dm7 Gsus4 G/F Em7 Am7 F Esus4 E7 Am Am/G
영광의이름 그 찬란한이름 아 무것도 비교 할수없으리 예수
F F/E Dm7 G7sus G7 1.C G7 2.C Dm7/C C
그리 스도 우리 주 하 나 님 그- 님

메들리곡 • 내 구주 예수님 (14) • 눈을 들어 주를 보라 (20) • 하나님이시여(70)

31 심령이 가난한 자는

(미 826)

여명현

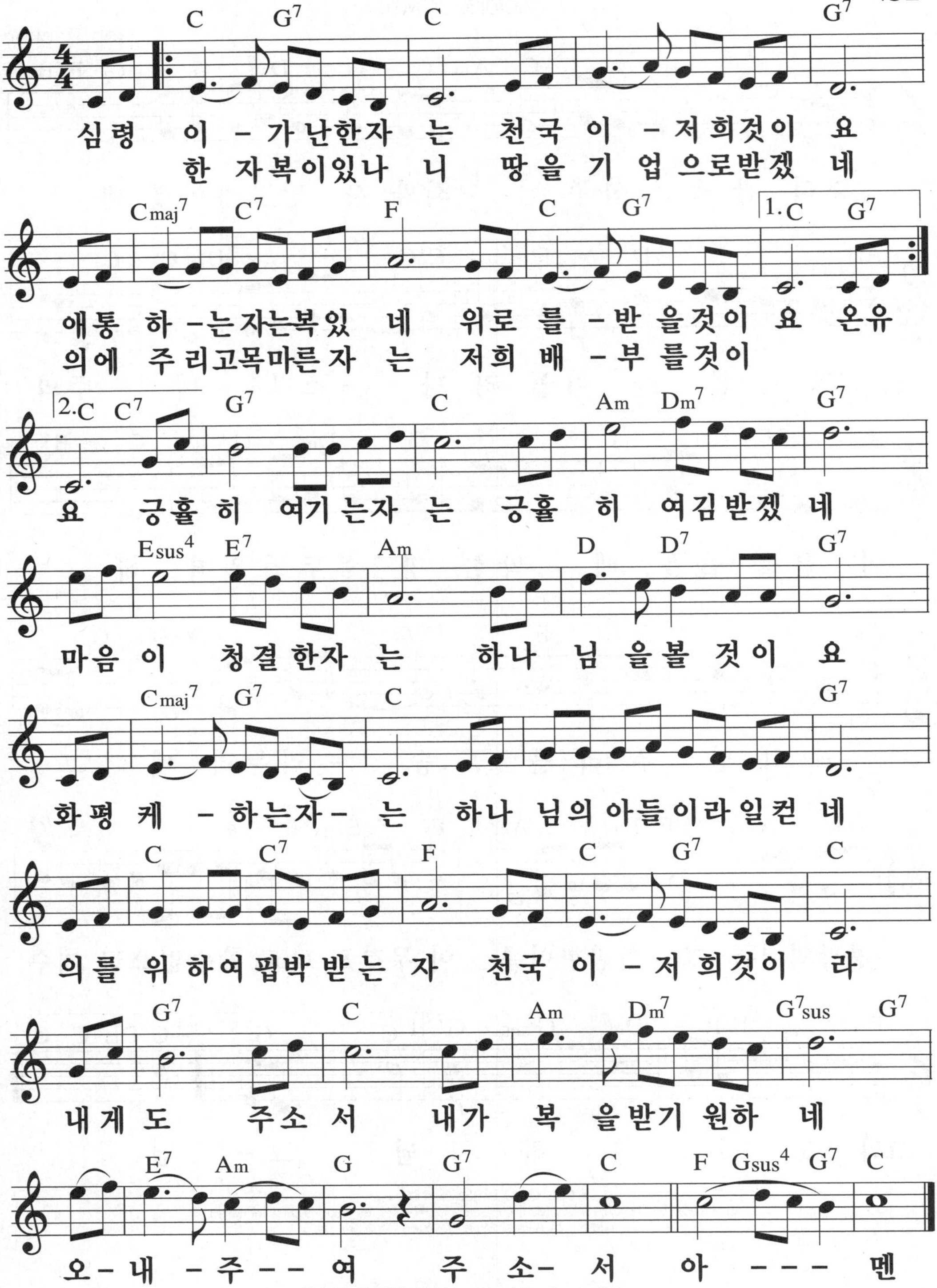

심령 이 – 가난한자 는 천국 이 – 저희것이 요
한 자복이있나 니 땅을 기 업 으로받겠 네

애통 하 – 는자는복있 네 위로 를 – 받 을것이 요 온유
의에 주 리고목마른자 는 저희 배 – 부 를것이

요 긍휼 히 여기는자 는 긍휼 히 여김받겠 네

마음 이 청결한자 는 하나 님 을볼 것이 요

화평 케 – 하는자 – 는 하나 님의 아들이라 일컫 네

의를 위 하여핍박받는 자 천국 이 – 저 희것이 라

내게 도 주소 서 내가 복 을받기 원하 네

오 – 내 – 주 – – 여 주 소 – 서 아 – – – 멘

메들리곡
- 나를 위해 오신 주님 (6)
- 먼저 그 나라와 의를 (21)
- 하나님의 음성을 듣고자 (69)

(미 1726)

약한 나로 강하게

(What the Lord has done in me)

32

Reuben Morgan

약한－나 로 강하 게 가난 한 날 부하 게 눈먼－
날 볼 수있 게 주내 게 행 하셨 네 － 호－
산 나 호－－ 산－나죽임 당 한어린 양 호－산 나 호－－
산－나 예수－ 다 시사셨 네 호－ 네 －내가－건 너 야할
강 거 기 서 내 죄씻겼 네 이제－ 주 의 사랑 이 나를
향 해 흐르 네 －깊은－강 에 서주 가 나 를일 으 키 셨도
다 구원의 노 래부 르 리 예수 자 유 주셨 네 －

메들리곡 • 내 안에 사는 이 (15) • 사랑하는 나의 아버지 (27) • 주께 와 엎드려 (52)

33

아주 먼 옛날

(미 1201)

(당신을 향한 노래)

천태혁 & 진경

C2 C/B Am7 Dm7 G
아 주 먼 옛 – 날 – 하 늘 에 서 – 는 –
CM7 Em7 Dm7 Gsus4 G7
당 신 을 향 – 한 – 계 획 있 었 – 죠 –
C2 C/B Am7 Dm7 G
하 나 님 께 – 서 – 바 라 보 시 – 며 –
CM7 Em7 Dm7 Gsus4 G7
좋 았 더 라 – 고 – 말 씀 하 셨 – 네 – –
FM7 G/F Em7 Am7
이 세 상 그 무 엇 – 보 – 다 – 귀 하 게 – 나 의
Dm7 G C B♭/C C7
손 으 로 – 창 조 하 였 – 노 – 라 – –
FM7 G/F Em7 Am7
내 가 너 로 – 인 하 여 – 기 뻐 하 노 라 – 내 가
Dm7 Gsus4 G C C/G G7
너 를 사 – 랑 하 노 라 –

C
G/B
Am
B♭2/G
C7
사 랑 해 요 –
F
C/E
Dm7
Dm7/G
G7
축 복 해 요 –
C
E7/B
Am7
C/G
당 신 의 마 음 에 우 리의 – –
Dm7
G7
C
사 랑 을 드 려 요 –

메들리곡

- 너는 담장 너머로 뻗은 나무 (19)
- 사랑하는 나의 아버지 (27)
- 너는 시냇가에 (200)

34 어두운 밤에 캄캄한 밤에

(미 930)

(실로암)
신상근
어 두 운 밤 에 캄 캄 한 밤 에 새 벽 을 찾
가 처 음 만 난 그 때 는 차 가 운 새
아 떠 난 다 - 종 이 울 리 고 닭 이 울 어 도
벽 이 었 소 - 당 신 눈 속 에 여 명 있 음 을
내 눈 에 는 오 직 밤 이 었 소 - 우 리
나 는 느 낄 수 - 가 있 었 소 -
오 주 여 당 신 께 감 사 하 리 라 실 로 암 내
게 주 심 을 - 나 에 게 영 원 한 이 꿈
속 에 서 깨 이 지 않 게 하 소 서 -

메들리곡 • 주 예수 사랑 기쁨 (60) • 나 주의 믿음 갖고 (277) • 성령 충만으로 (291)

언제나 내 모습

(주님 내 안에)

임미정 & 이정림

C Cmaj7 Em Dm Dm7 Gsus4 G7
언제나- 내모습 - 너무나-부끄러워 -
Cmaj7 Em Dm Dm7 G
무릎으-로 주님께 - 기도로- 가오니 -
C Cmaj7 Em Dm Dm7 Gsus4 G7
나홀로- 서있는 - 죽은 내영깨우 사
Cmaj7 Em F D7 G G7
주님만 나 를 깨워 내 영 살 게 하소서 -
C G/B Am Am/G F F♯dim Gsus4 G7
주님 내안에- 주님 내안에- 내 안에 계 시고-
C C/B Am Am/G F Gsus4 G7 C
주님 내안에- 주님 내안에- 나를 세워주소서 -

메들리곡 • 내 입술로 (18) • 주의 신을 내가 떠나 (64) • 하나님이시여 (70)

여호와 우리 주여

(미 577)

(시편 8편)

최덕신

C G/B Am Em/G
여 호와우리 주 -여- 주의이름이- 온땅 -에- 어
F F#dim C/G A7 Dm Dm7 G7
찌 그리아름다 운지요- 어 찌 그리아름다 운지요-
C G/B Am Em/G
여 호 와 우리 주 -여- 주의 이름이- 온땅 -에- 어
F F#dim C/G A7 Dm G7 C
찌 그리아름다 운지요- 어 찌 그리아름다 운지요-
Fine
Am Em Am Em
주의손가락으로 지으 신- 주 의하늘 과 -
Am Em F D7/F# G7
주가베풀어주신 달과 별- 내 가보오 니 -
C G/B Am Em
사 람이 무엇 이관대- 주께 서저를- 생각 하 시며-
F C/G A7 Dm Dm7 G7
인 자가 무엇 이관대- 저 를 권고 하시 나이까-
D.S.

메들리곡 • 내 구주 예수님 (14) • 예수 사랑해요 (41) • 하나님이시여 (70)

(미 2122)

예수 감사하리 주의 보혈 37

(Thank You for the blood)

Matt Redman

예 수 감사 하리 주의보혈 – 축복 속에 우린 자유
예 수 감사 하리 주의보혈 – 승리 안에 우린 구원
–를 노 – 래 해 – – 구원 – 을 노 – 래 – 해 –
새롭 고 산길이되신 예 수 길과 진 리 생명 되셨 네 우릴
주 의 자 녀 삼 으 셨 네 자 유를 – 노 래 – 할 – 때 –
주 행 한 일 – 찬 양 – 주 행 한 일 – 찬 양
– 승 리 하 시 – 고 – 구 – 속 하 신 – 주 님 찬
– 양 해 주 – 양 해 – – – –

메들리곡

- 모든 능력과 모든 권세 (535)
- 주님같은 반석은 없도다 (566)
- 주님 큰 영광 받으소서 (574)

38 예수님 날 위해 죽으셨네

(미 868)

(왜 날 사랑하나)

Robert Harkness
C Am Em G C G7
1. 예수님날위해 죽으셨네 왜 날사랑 하 나 -
2. 손과발날위해 찢기셨네 왜 날사랑 하 나 -
3. 내대신고통을 당하셨네 왜 날사랑 하 나 -
Dm G Dm D D7 G7 G G7
겸손히십자가 지시었네 왜 날 사 랑 하 나 -
고난을당하여 구원했네 왜 날 사 랑 하 나 -
죄용서받을수 없었는데 왜 날 사 랑 하 나 -
C Dm G7 Am C G
왜 날 사 랑 하 나 - 왜 날 사 랑 하 나 -
C7 F C D C A D G7 C
왜 주님 갈 보 리 가야 했나 왜 날 사 랑 하 나 -

메들리곡 • 내가 처음 주를 만났을 때 (13) • 약한 나로 강하게 (32) • 죄인들을 위하여 (51)

(미 1637)

왜 나만 겪는 고난이냐고

(주님 손 잡고 일어서세요)

김석균

C G7 C Am F Dm7 G G7
1. 왜 나만겪는 고난이냐 고 불 평 하지마 세 요 고난의
2. 왜 이런슬픔 찾아왔는 지 원 망 하지마 세 요 당신이
C C7 F C G7 C
뒤 편에 있는 주님이주실축복 미리 보 면서 감사하세 요 너무
잃 은것 보다 주님께받은은혜 더욱 많 음에 감사하세 요 너무
G7 C Am F G7
견 디기 힘든 지금 이순간에도 주 님 이 일하고계시 잖 아요 남들
C C7 F C G7 C
은 지쳐 앉아 있을지라 도 당신 만 은 일어서 세 요 힘을
G7 C C7 F D7 G G7
내 세 요 힘을 내 세요 주님이 손 잡고 계시잖아 요 주님
C E7 Am F C G7 C F C
이 나 와 함께 함을 믿는다면 어 떤 역 경 도 이길수 있잖아 요
고 난 도 견딜수 있잖아 요

메들리곡

• 괴로울 때 주님의 얼굴 보라 (2) • 내가 걷는 이 길이 (11) • 이제 내가 살아도 (45)

40 오 하나님 받으소서

(미 559)

(왕께 드리는 제사 / Song of the offering)

Brent Chambers

G7 CM7 Am F C

오- 하 나님받 으소 서 왕께 드 리는제 사- 를

C Am Gsus4 G7

소 리높 여 주 님 을 찬 양 해 -

CM7 Am F C G7

홀로 하 나이신하나 님 자 녀 된우리경 배 하 고

C Am G C F/C C

나 의몸과 찬 양 을 - 드 리 네 -

Gsus4 G7 Dm/C C G/B

할 렐 루 - 야 - 할 렐 루 - 야 -

Am D D/F# G G7

입 술 의열 매 주 께 드 리 니 -

C2 Em/B Am7/G F C

오- 하나님받 으소 서 왕께 드 리는 제 사 - 를

C Em Am G7 C F/C C
소 리 높 여 주 님 을 – 찬 양 해 –

메들리곡 • 은혜로만 들어가네 (46) • 주께 와 엎드려 (52) • 찬양을 드리며 (66)

(미 561)

예수 사랑해요 41

(Jesus, I love You)

Jude Del Hierro

C F F/E Dm7 G F/C C
예 – 수 사 랑 해요 나 주 앞 에 엎드려

C F F/E Dm7 G C G/B
경 – 배 와 찬 – 양 왕 께 드 리 네

Am Dm7 F G C G/B
알 – 렐 루 – 야 알 렐 루 – 야

Am Dm7 F G C
알 – 렐 루 – 야 알 렐 – 루

메들리곡 • 사랑하는 나의 아버지 (27) • 주께 와 엎드려 (52) • 하나님 오른편에 (68)

42 우리는 모두 다

(주님의 증인)

(미 1171)

최덕신

C Em F Em7
우 리 는 모 두 다 - 주 님 의 증 - 인 -
Dm G7 C Am F♯dim Am G7sus G7
땅 끝 까 지 이 르 러 - 주 복 음 전 하 세
C Em F Em7
우 리 는 모 두 다 - 주 님 의 증 - 인 -
Dm7 G7 C Am Dm7 G7 C
땅 끝 까 지 이 르 러 - 주 복 음 전 하 세
C Em Dm7 G7 C
죄 인 위 해 십 자 가 - 지 신 고 난 의 주 님 -
Dm7 G7 C Dm7 C G7sus G7
사 망 권 세 이 기 고 사 신 - 부 활 의 증 인 -
C Em Dm7 G7 C
다 시 오 심 약 속 하 - - 신 재 림 의 주 님 -
Dm7 G7 C Am Dm7 G7 1. C Dm/C
땅 끝 까 지 이 르 러 - 주 복 음 전 하 세

2.
C Dm7 G7 C F C
세 주 님 – 전 하 세 아 멘 – –

메들리곡 • 복음들고 산을 (23) • 복음을 심었습니다 (24) • 오라 우리가 (142)

(미 1112)

우리는 한가족

(We are the Lord's own family)

Hanneke & Peter Jacobs

C G7 C
우 리 는 한 – 가 족 예 –

F D7/F♯ Gsus4 G7
수 안 의 한 – 가 족 주 님

C G7 C C♯dim
우 리 를 하 나 로 만 – 드 사 너

Dm7 G7 C F/C C
빛 되 라 하 – 시 네 –

메들리곡 • 주 안에 우린 하나 (58) • 우리 모일 때 (146) • 주님은 너를 사랑해 (158)

44

우리의 만남은

(미 1147)

(왕국과 소명)

윤건선

C Em F Gsus4 G7
우 리의 만남 은 주 님의은혜라 오
우 리의 모든 것 주 여인도하소 서
C F F/E D7 Gsus4 G7
우 리의 모임 은 주 님의축복이라 오 우 리는
우 리의 모든 것 주 님께바치옵니 다 오나의
C A7 Dm Gsus4 G7
하 나님 영광 위 해 지 음받았으 니 우리를
하 나님 아버 지 여 당 신의뜻대 로 오나의
C A7 D D7 G G7
하 나님 나라 위 해 충 성되게 하소 서 오
하 나님 아버 지 여 따 라살게 하소 서
C E7/B Am Dm Gsus4 G7
주 여 나의 소 명 항 상인도하소 서 오
C A7 Dm Dm7 Gsus4 G7 C
주 여 나의 소 명 항 상인도하소 서

메들리곡 • 나에게 건강 있는 것 (7) • 먼저 그 나라와 (21) • 나를 세상의 빛으로 (95)

(미 1268)

이제 내가 살아도

45

최배송
C G
이 제내 가-- 살 아도 주 위해 살 고
이 제내 가-- 떠 나도 저 천국 가 고
C Am7 Dm G7 C
이 제내 가-- 죽 어도 주 위해 죽 네
이 제내 가-- 있 어도 주 위해 죽 네
C G
하 늘영 광-- 보여 주며 날 오라 하 네
우 리예 수-- 찬송 하며 나 는가 겠 네
C Am7 Dm7 G7 C
할 렐루 야-- 찬송 하며 주 께갑니 다
천 군천 사-- 나팔 불며 마 중나오 네 그러 므
G C F D G G7
로 나는 사 나죽으나 - 주 님의 것이 요 사
C G7 E7 Dm Esus4
나 죽으나 --- 사 나 죽으 나
C F C G7 C
날 위해 피흘리 -신 내 주 님의 것이 요

메들리곡 • 먼저 그 나라와 (21) • 주님 다시 오실 때까지 (54) • 주님이 홀로 가신 (82)

46 은혜로만 들어가네

(미 1532)

(Only By Grace)

Gerrit Gustafson

C G/C C Dm7 Gsus4 G
은혜로만 – 들어가 – 네 – 은혜로만 – 선다네 –
C G/C C Dm7 Gsus4 G G/F
우리의노 – 력이아 – 닌 – 어린양의 – 보혈로 –
Em7 G/A7 Am7 Am7/G Fmaj7 Gsus4 G
그분의임 –재가운 – 데 – 오 라 –하 시네 –
2nd time to Coda
C G/A Am7 Dm7 F/G C Am7
우리를부 – 르신그 – 곳 – 은 혜로들어 – 가 네 –
Dm7 F/G C G/B Am Am/G G/F
주님의그 – 은 혜 – 범죄한우 – 리가어
G/F F F/G G C2 C Bm7-5 E7 Am Am/G G/F
–찌 서 리 요 어린양의 – 보혈이
G/F F Am/G Am 1. Dm7 E E/G♯ 2. F/G Gsus4 G
–깨끗케 – 하시네 –
D.C.

Coda
Dm7
F/ G
C
Am7
Dm7
F/ G
주 님 의 그 - 은 혜 -
주 님 의 그 - 은 혜
C
Am7
Dm7
F/ G
C
-
주 님 의 그 - 은 혜 -

메들리곡 • 내 구주 예수님 (14) • 사랑하는 나의 아버지 (27) • 주 품에 품으소서 (65)

47 이 땅의 동과 서 남과 북

(한라에서 백두까지 백두에서 땅 끝까지)

고형원

이땅의동과서 남과북- -가 득한- 죄악 용서 하소서- -모

한라에서-백 두까지- -백 두--에서 땅의 끝까지- -주

든우상들은무 너 지고 주님 만 높이는나라 되게하- 소서

님오실길을예 비 하며 주님 만 섬기는나라 되게하- 소서

이땅의지 친모 든영혼- -주 예수-사랑 알게 하소서- -저

이땅의주 님교 회위에- -하 늘의-생기 부어 주소서- -열

들 의아픔과눈 물 씻는주 님 의보혈이땅치유 하소서-

방 을치유하는 주 백성주 님 의군대를일으켜 주소서-

성령의- 새바람 - -이 땅 에불어오-소 서

주의영-그 생기로 - -우 리 를다시살 -리 사 이땅

C
E/B
Am
F
G
C
G
에 하나님 영광 거 하-는 그 런 나라가- 되게 하 소서- 열방
C
E/B
Am
F
G
C
에 하나님 영광 비 추-는 그 런 나라가- 되게 하소서-

메들리곡 • 먼저 그 나라와 (21) • 매일 스치는 사람들 (22) • 주님이 홀로 가신 (82)

48 임마누엘

(미 573)

(Emmanuel)

Bob McGee

C Caug/E F F/E Dm7 D♯dim Em
임 마 누 엘 임 마 누 엘
그 리 스 도 그 리 스 도
할 렐 루 야 할 렐 루 야
A7 A7/C♯ Dm Dm7 G7sus G7 C
그 이 름 은 임 마 누 엘
그 이 름 은 그 리 스 도
찬 양 하 라 할 렐 루 야
C9 Caug/E F F/E Dm7 D♯dim Em
– 우 리 와 함 께 하 네
– 우 리 를 구 원 하 신
– 하 나 님 찬 양 하 라
A7 A7/C♯ Dm Dm7 G7sus G7 C
그 이 름 은 임 마 누 엘
그 이 름 은 그 리 스 도
찬 양 하 라 할 렐 루 야

메들리곡 • 예수 사랑해요 (41) • 찬양을 드리며 (66) • 성령의 비가 내리네 (79)

(미 2137)

저 높은 하늘 위로

(나로부터 시작되리)

이천
C G/B Am Em
저높은하늘위 - 로 - 밝은 태양 - 떠오르듯이 -
F C/E Gsus4 G7 C
난주저앉지 - 않으리 - - 어떤어려움에
G/B Am Em F C/E
-도-주의 길을 -선택하리 - 빛가운데로 - 걸으리
G G7 F G7 Em Am F G7 C
- - 주님을- 크게보는- 믿음가-지고 -
F G7 E Am F D/F♯ Gsus4 G7
세상에- 나 타내리라 - 놀라운- 주 의사랑을 - -
C G/B Am
주의 꿈을안고 - 일어 -나리라 - 선한능력으로
Em F C/E
- 일어 -나리라 - 이 땅의부 -흥 과 -회복은
Dm F/G C
- 바로 - 나로부터 시작 되리 - -

메들리곡 • 복음을 심었습니다 (24) • 우리는 모두 다 (42) • 민족의 가슴마다 (537)

50 죄에 빠져 헤매이다가

(미 1207)

(내게 오라)

권희석

죄에 빠 져 헤매이다 가 지쳐 버린나의 모습 은
수많 은 사 람 -중에 서 주님 이날부르 실때 에

못견 디는 아픔 속에 서 그렇 게 쓰러 졌을 때
설레 이는 나의 마음 은 그렇 게 기쁠 수없 네

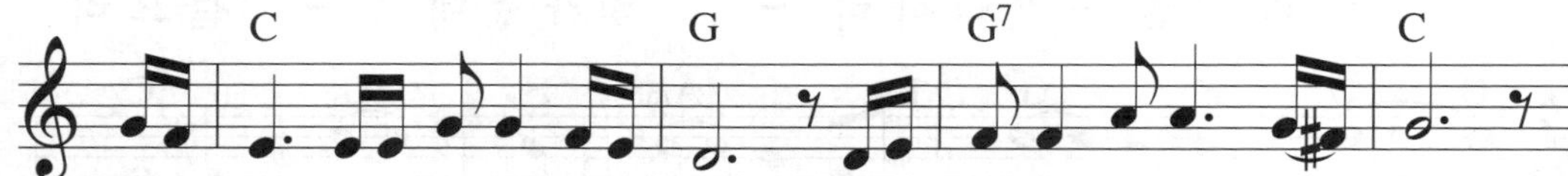

아무 도 오는사람이없 어 정말 로난 외로 웠- 네
이제 나 도- 주님위하 여 내모 든것 다드 리- 리

그때 주님 내게 찾아 와 사랑 으로 함께 하셨 네
내가 가진 모든 것들 을 아낌 없이 주께 드리 리

병 든자 여내 게오 라 가난 한자 내 게오 라
슬 픈자 여내 게오 라 괴로 운자 내 게오 라

죄에 빠 진 많은 사 람 들아 모두 다 내 게오 라
삶에 지 친 많은 사 람 들아 모두 다 내 게오 라

메들리곡 • 이제 내가 살아도 (45) • 찬양을 드리며 (66) • 하나님의 음성을 듣고자 (69)

(미 888)

죄인들을 위하여

(예수 안에 생명)

51

김석균
죄인 들 을위하 여 주님 찾 아오셨 네 주안 에
주님 영 접하는 자 하나 님 의자녀 요 주안 에
생명이 있 네 – 죄인 들 을위하 여
생명이 있 네 – 주님 앞 에오시 오
주님 찾 아왔으 나 사람 들 영접 안 했 네 –
어서 빨 리오시 오 주안 에 생명 이 있 네 –
예 수 안 에 생 명 있 네 주님 이
빛이 되 시 네 – 예 수 안 에
생 명 있 네 주님 이 빛이 되 시 네 –

메들리곡 • 나를 위해 오신 주님 (6) • 내가 처음 주를 만났을 때 (13) • 주님의 시간에 (56)

52 주께와 엎드려

(미 593)

(예배드림이 기쁨됩니다 / I will come and bow down)

Martin Nystrom

F/G C Am7sus Am Dm7 F/G G G/F
주께와 엎드려 경배드립니다 주께
Em7 A7 A/C♯ Dm Gsus4 G7
신곳엔기쁨가득 – 무엇
Am Bsus4 B7 Em Asus4 A7
과도 – 누구와도 – 바꿀수 없네 예배
Dm7 Gsus4 G7 F/C C
드림이 기쁨됩니다 –

메들리곡 • 약한 나로 강하게 (32) • 예수 사랑해요 (41) • 찬양을 드리며 (66)

(미 908)

주님 것을 내 것이라고

(용서하소서)

김석균

1. 주님것 을 내것이 라고 - 고집 하며 - 살아 왔 네
2. 천한이 몸 내것이 라고 - 주의 일을 - 멀리 했 네
3. 주님사 랑 받기만 하고 - 감사 할줄 - 몰랐 었 네

금은보 화 자녀들 까지 - 주님 것을 내 것이 라
주신이 도 주님이 시요 - 쓰신 이도 주 님이 라
주님말 씀 듣기만 하고 - 실행 하지 못 했었 네

아버 지여 - 철없는 종을 - 용서 하 여주 옵소 서
아버 지여 - 불충한 종을 - 용서 하 여주 옵소 서
아버 지여 - 연약한 종을 - 용서 하 여주 옵소 서

맡긴 사명 - 맡긴재 물을 - 주를 위 해쓰 렵니 다
세상 유혹 - 다멀리 하고 - 주의 일 만하 렵니 다
주님 명령 - 순종하 면서 - 주를 위 해살 렵니 다

메들리곡 • 나에게 건강있는 것 (7) • 먼저 그 나라와 (21) • 주님 다시 오실 때까지 (54)

54 주님 다시 오실때까지 (미 1994)

고형원
주 님다시 오실 때 까－지 나－ 는 이길을 가리 라 좁은－
문 좁은－ 길 나 의 십 자 가 지 고
나 의 가는이길 끝 에－서 나－ 는 주 님을보리 라 영광－
의 내주－ 님 나 를 맞 아 주 시 리
주 님 다 시 오 실 때까－ 지 나 는 일어나 달 려 가리라
주 의 영 광 온 땅 덮을－ 때 나는 일어나노 래 하 리
내 사 모 하 는 주 님－－ 온 세 상 구 주 시 라
내 사 모 하 는주 님－－ 영광 의 왕 이 시 라

메들리곡 • 먼저 그 나라와 (21) • 매일 스치는 사람들 (22) • 이 땅의 동과 서 (47)

(미 658)

주님 뜻대로

Norman Johnson

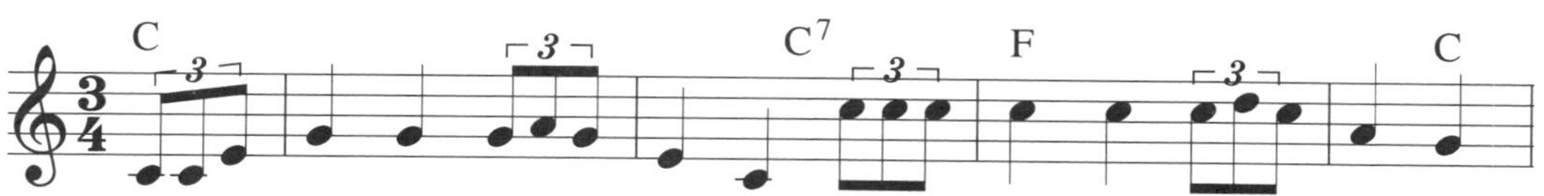

1. 주님뜻 대 로 살기로 했 네 주님뜻 대 로 살기로 했 네
2. 이세상 사 람 날몰라 줘 도 이세상 사 람 날몰라 줘 도
3. 세상등 지 고 십자가 보 네 세상등 지 고 십자가 보 네

주님뜻 대 로 살기로 했 네 뒤돌아 서 지않 겠 네
이세상 사 람 날몰라 줘 도 뒤돌아 서 지않 겠 네
세상등 지 고 십자가 보 네 뒤돌아 서 지않 겠 네

메들리곡
- 나를 위해 오신 주님 (6)
- 내가 처음 주를 만났을 때 (13)
- 죄인들을 위하여 (51)

56 주님의 시간에

(미 1105)

(In His time)

Diane Ball

Cmaj7 Dm7 Gsus4 G7 C C/B Am Am/G F F/E

주 님 의 - 시 간 에 - 그 의 뜻 이 뤄 지
기 다 려 - 그 때 를 - 그 의 뜻 이 뤄 지

Dm7 G7 Cmaj7 C7 Fmaj7 Gsus4 G7

리 기 다 려 - 하 루 하 루 살 동 안 주 님
리 기 다 려 - 주 의 뜻 이 뤄 질 때 우 리

Em Am Dm Dm7 G7sus G7 C F/C C

인 도 하 시 니 주 뜻 이 룰 때 까 지 기 다 려 -
들 의 모 든 것 아 름 답 게 변 하 리 기 다 려 -

메들리곡 • 나의 입술의 모든 말과 (9) • 먼저 그 나라와 (21) • 살아계신 성령님 (26)

(미 900)

주를 멀리 떠나 살면서 57

(눈물만 흘렸다오)

윤용섭

1. 주를 멀리떠나살면 서 세상 죄 에지친이몸 이
2. 거친 세상험한그길 을 방황 하 다지친이몸 이
3. 캄캄 하고어두운길 을 홀로 걷 다지친이몸 이

탕자 처럼갈길모르 고 몸도 맘 도병들었다 오
목자 잃은어린양처 럼 갈길 몰 라헤메었다 오
무거 운짐병든마음 을 모두 주 께맡기었다 오

온갖 죄 와허 물속 에 방황 하 던그 길버리 고
온갖 죄 와허 물속 에 불신 하 던그 길버리 고
온갖 죄 와허 물속 에 교만 하 던그 길버리 고

주님 앞 에나 올때 에 눈 물 만 흘 렸다 오
죄인 오 라부 를때 에 눈 물 만 흘 렸다 오
우리 주 님만 나던 날 눈 물 만 흘 렸다 오

메들리곡
- 내가 처음 주를 만났을 때 (13)
- 세상에서 방황 할 때 (29)
- 이제 내가 살아도 (45)

58 주 안에 우린 하나

(미 1684)

(기대)

천강수

C2 G/B Am G6 G F2 C/E Dm9 Dm G7
주 안 에 우 린 하 나 모 습 은 달 라 도 예 수 님 한 분 만 바 라 네
C2 G/B Am G6 G F2 C/E Dm G
사 랑 과 선 행 으 로 서 롤 격 려 해 따 스 함 으 로 보 듬 어 - 가 리 -
F Fm C A7/C♯ Dm7 G2
주 님 우 리 안 에 함 께 하 시 니 - 형 제 자 - 매 의 - 기
F G7 F Fm C G/B Am
쁨 과 슬 - 픔 느 - 끼 네 - 내 안 에 있 는 주 님 모 습 보 네
F Dm7 Gsus4 G F/G G F/G G7
그 분 기 뻐 하 시 네
C E/B E7 Am F C
주 님 우 릴 통 - 해 계 획 하 - 신 일 - 부 족 한 - 입 술 로 - 찬 양
Dm G C E/B E7 Am
하 게 하 - 신 일 - 주 님 우 릴 통 - 해 계 획 하 - 신 일 - 너

F
G7
F/C
C
를 통 해 하 실 일 기 대 - 해 - -

메들리곡 • 우리는 한 가족 (43) • 사랑의 주님이 (121) • 우리 모일 때 (146)

(미 597)

주 예수를 찬양합시다 59

(오 이 기쁜 날 / Oh happy day)

C Em F C G7 C
주예 수를 찬양합시다 무 거운짐벗네 무 거운짐벗네
C Em F C G7 C
주 예 수 를 찬 양 합 시 다 오 나 의가장기 쁜 날 -
F C G7 C
오기 쁜 날 -오기쁜 날 주 예 수오 셨 네 -
F C G7 C
오기쁜 날 -오기 쁜 날 -오 나 의가장기 쁜 날

메들리곡 • 성령 충만을 받고서 (28) • 주 예수 사랑 기쁨 (60) • 할 수 있다 하신 이는 (72)

60 주 예수 사랑 기쁨

(미 931)

(주님이 주신 기쁨 / Joy Joy Down In My Heart)

George W.Cooke

1. 주예수 사랑 기쁨 내 마음속에 내마음속에 내마음속에
2. 이제는 정죄 없네 예수안에서 예수안에서 예수안에서
3. 이제는 해방 됐네 예수안에서 예수안에서 예수안에서

주예수 사랑 기쁨 내마음속에 내마음속에 있 네 -
이제는 정죄 없네 예수안에서 예수안에서 없 네 -
이제는 해방 됐네 예수안에서 예수안에서 해 방 -

나는기 뻐요 정말기 뻐요 주 예수사랑기쁨 내맘에 -

나는기 뻐요 정말기 뻐요 주 예수사랑기쁨내맘에 -

메들리곡 • 주 예수를 찬양합시다 (59) • 오 이기쁨 (438) • 일어나라 찬양을 드리라 (450)

(미 1025)

주와 함께라면

61

김민식

C Dm G7 C
1. 주 와 함 께 라 면 가 난 해 도 좋 아
2. 주 와 함 께 라 면 병 들 어 도 좋 아
3. 내 맘 아 시 는 주 항 상 함 께 계 셔
F C G7 C C7
참 된 부 요 함 이 내 맘 에 가 득 하 니 까 때 로 는
참 된 강 건 함 이 내 맘 에 가 득 하 니 까 때 로 는
약 한 내 영 혼 에 위 로 와 능 력 주 시 네 가 난 해
F C G7 C C7
날 유 혹 하 려 고 세 상 바 람 휘 몰 아 쳐 와 도 나 는
날 넘 어 뜨 리 려 거 친 파 도 휘 몰 아 쳐 와 도 나 는
도 병 이 들 어 도 시 련 의 밤 어 둡 고 깊 어 도 나 는
F C 1.2.G7 C
결 코 잊 을 수 없 어 자 비 로 운 주 의 음 성 을
결 코 잊 을 수 없 어 따 사 로 운 주 의 손 길 을
결 코 떠 날 수 없 어 아 름
3.G7 C G7 C
다 운 주 의 나 라 를 주 의 나 라 를

메들리곡 • 내 안에 사는 이 (15) • 비 바람이 갈길을 막아도 (25) • 이제 내가 살아도 (45)

62 주의 강한 용사들

(미 1037)

(Magnficent Warrior)

Graham Kendrick

G7 C C/E Dm
주의강한 용사들 지금 일어 나-라 원수를
G7sus G7 C Gsus4 G7 C C/E
향해 전진해나가자 우리의 대 장 주 예수
Dm Gsus4 G F/G C F/C C C/E F Dm G7
시-니 모두절 하 고 경배하세 성령의검 을위로 높이들고
C C/E F Dm7 G F G7 C/E
서 위엄 과평화의 옷을입고서앞 으로 전진 해가 네 진리와
F F/G C C/E Dm Dm/G G7 C
온 유 와공 의를위한 승리 의주님 주의 크신일을나타내소 서

메들리곡
- 사랑의 기 높이 들고 (78)
- 하나님 우리와 함께 하시오니 (83)
- 주님과 담대히 (351)

(미 564)

주의 거룩하심 생각할 때

63

(주께 경배해 / When I look into Your holiness)

Wayne & Cathy Perrin
주의 거룩 하심 생 각 할 때 주의 크 신 사 랑 느 낄 때
주의 영 광 의 빛 나 의 생활 비춰주 실 때 –
주가 주신 기쁨 맛 볼 때 에 – 주 의 사랑 속 에 나 잠 길 때
주의 영 광 의 빛 나 의 생 활 비 춰 주 실 때 –
경 배 하 리 – 경 배 하 리 –
나 사 는 동 안 – 주 께 경 배 해 – –
경 배 하 리 – 경 배 하 리 –
나 사 는 동 안 – 주 께 경 배 해 –

메들리곡 • 거룩하신 성령이여 (1) • 사랑하는 나의 아버지 (27) • 찬양을 드리며 (66)

64

주의 신을 내가 떠나

(미 1223)

(Psalm 139:7–14)
Kelly Willard
C G/B Am Am/G F Dm7 Em7 Am7
주 의 신을 내가 떠 나 어디로피 - 하리 까
Dm7 Gsus4 G7 Em7 Am Dm7 Gsus4 G7
주는모든 - 것아 시 오 - 니 어디로다 - 니 리 까 내가
C G/B Am Am/G F Dm7 Em7 Am7
새 벽날 개 치며 - 저 바다끝에 - 거해 도
Dm7 G7 Em7 Am7 Dm7 Gsus4 G7 C (Em/B)
어둠도숨 - 기 지 못하 리라 - 주님의손 - 이날 인 도해
Fine
Am Em7sus Em7 Am Em7
주님은내 - 모 든것 - 을 - 지으신분 - 이 시 니
Am Em7sus Em7 D/F# D7/F# G7sus G7
주님의위 - 대 하심 - 을 - 내가 고백 - 하 리 다
D.C.

메들리곡 • 나에게 건강 있는 것 (7) • 먼저 그 나라와 (21) • 주 품에 품으소서 (65)

(미 1874)

주 품에 품으소서

(Still)

Reuben Morgan

C G/B Am7 F D/F♯ Gsus4 G
주 품 - 에 - 품 으 소 - 서 -
주 님 안 - 에 - 나 거 하 - 리 -
C Am F D7 Gsus4 C7
능 력 - 의 - 팔 로덮 으 - 소 - 서 -
주 능 - 력 - 나 잠잠 히 - 믿 - 네 -
거 친 파 도
F G Csus4 C7 F G Am
날 향해 - 와 도 - 주 와 함 께 날 아 오 - 르 리 - 폭 풍 가 운
F G Csus4 G/B F/A G C
데 나 의 - 영 혼 - 잠 잠 하 게 - 주 를 보 - 리 라 --

메들리곡 • 눈을 들어 주를 보라 (20) • 주의 신을 내가 떠나 (64) • 하나님이시여(70)

66 찬양을 드리며

(미 1695)

(주 앞에 옵니다 / Into Thy Presence)

Richard Oddie

C C/E Fmaj7 Dm7 G7 F/G C Gm/B♭

찬 양 을 드 리며 주 앞 에 옵 니 다

A7 Dm7 F/G G7 Cmaj7

내 삶 을 드 리 네 두 손 들 어

B♭/C C7/E Fmaj7 Dm7 G7 Em7sus Em7 Em/D

주 경 배 드 릴 때 주 님 을 느 끼 네

A7 Dm7 F/G G7 C

내눈 보 게 하 소 서 주 님 얼 굴

메들리곡 • 임마누엘 (48) • 주 품에 품으소서 (65) • 하나님 오른 편에 앉아계신 (68)

(미 787)

초가삼간도 나는 만족하네

(하늘 위의 집)

ira F Sranph

초 가 삼 간 도 나는만 - 족 하 네 값 진 재
날 가 난 하 다 외롭다 - 말 아 요 천 국 길

물 도 내겐없지 만 - 앞 으 로 내가 하늘나라에
가 니 실망없다 네 - 이 세 상 수고 모두끝이난

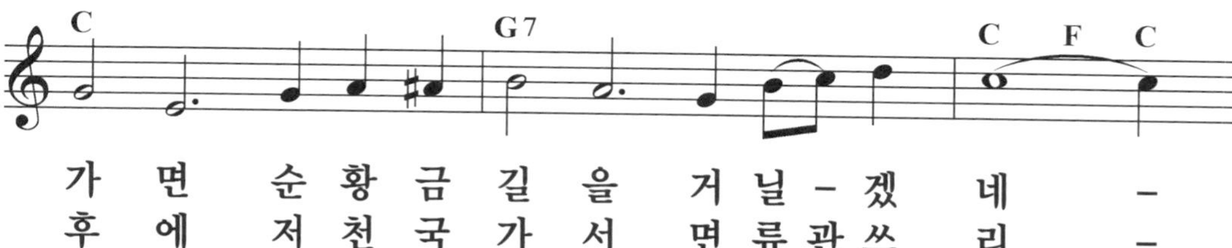

가 면 순 황 금 길 을 거 닐 - 겠 네 -
후 에 저 천 국 가 서 면 류 관 쓰 리 -

내 게 는 하 늘 저 위 에 집 있 네 영 원 한

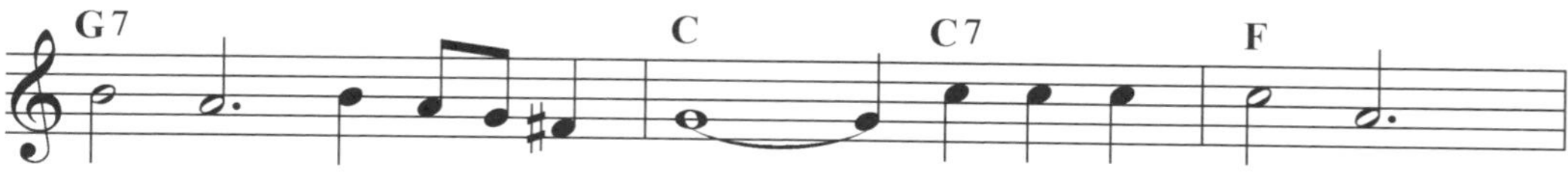

기 쁨 넘 치 는 그 곳 - 언 젠 가 내 가

저 - 천 국 이 르 러 주 님 과 함 께 거 닐 겠 네 -

메들리곡 • 나는 순례자 (5) • 나의 입술의 모든 말과 (9) • 주 예수 사랑 기쁨 (60)

68 하나님 오른편에 앉아 계신 (미 1226)

(You sat down at the righthand)

Mark Altrogge

Fmaj7/G Cmaj7 Am7 Dm7 Gsus4 G7
하나 님 오른편 - 에 - 앉아계 - 신 - 영광의 주
Cmaj7 Am7 Dm7 E7sus E7
하나 님 오른편 - 에 - 앉아계 - 신 - 영광의 주
Am Am/G♯ Am7/G D/F♯
왕의 왕 주의주 - 의와 진리 신실하 신 주
C/G Fmaj7 C2/E Dm7 F/G G7 C
나의주 - 님 - 나의생 - 명 - 영원 히 섬 기 리

메들리곡 • 임마누엘 (48) • 찬양을 드리며 (66) • 하나님이시여 (70)

(미 568)

하나님의 음성을 듣고자

69

(시편 40편)

김지면

하 나님의음성 을 듣고 자 -기도하- 면 귀-
주 를의지하- 고 교만 하 지않-으- 며 거짓
를 기울이고나 의 기도를 들 어주신다- 네
에 치우치지아 니 하-면 복 이있으리- 라
깊 은웅덩이- 와 수렁 에 서끌어주시 고 나의
여 호와나의주 는 크신 권 능의-주- 라 그의
발 을반석위에 세 우시사 나 를 튼튼히하셨네 -새
크 신권능으로 우 리들을 사 랑 하여-주시 네 -
노 래로-부르 자 라라라 하나 님 께올릴찬송 을 -새
노 래로--부르- 자 하나 -님- 사랑 을
D.S.
Fine

메들리곡 • 사랑하는 나의 아버지 (27) • 주 품에 품으소서 (65) • 하나님 한 번도 나를 (71)

70 하나님이시여

(주는 나의)

유상렬

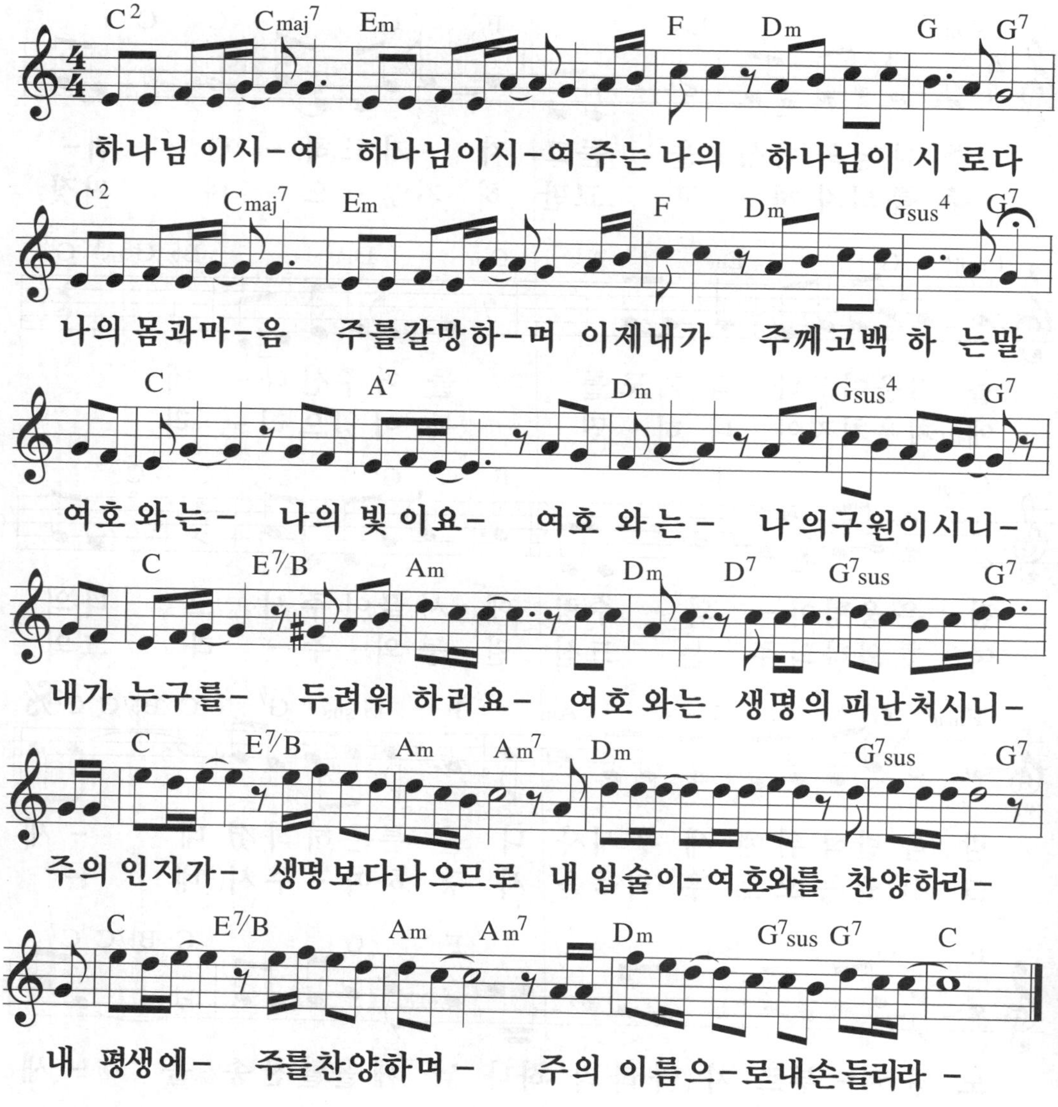

하나님 이시-여 하나님이시-여 주는 나의 하나님이 시 로다

나의 몸과 마-음 주를 갈망하-며 이제 내가 주께 고백 하 는 말

여호와는- 나의 빛이요- 여호 와는- 나 의 구원이시니-

내가 누구를- 두려워 하리요- 여호 와는 생명의 피난처시니-

주의 인자가- 생명보다 나으므로 내 입술이-여호와를 찬양하리-

내 평생에- 주를 찬양하며 - 주의 이름으-로 내 손 들리라 -

메들리곡 • 거룩하신 성령이여 (1) • 내 구주 예수님 (14) • 주의 거룩하심 생각할 때 (63)

(미 995)

하나님 한번도 나를

(오 신실하신 주)

71

최용덕
하 나 님 한 번도 나를 - 실 망 시 킨 적 없으 시고 -
지 나 온 모 든세 월들 - 돌 - 아 보 - 아 - 도 - -
언 제 나 공 평과 은 혜- 로 나 를 - - 지 키 셨 네
그 어 느 것 하나 주 의 손 길 안 미 친 것 전 혀 없 네
오 신 실 하 신 주 오 신 실 하 신 주
내 너 를 떠 나 지 도 않 으 리 라 내 너 를 버 리 지 도 않 으 리 라
약 속 하 셨 던 주 님 - 그 약 속 을 지 키 사 이
후 로 도 영 원 토 록 - 나 를 지 키 시 리 라 확 신 하 네

메들리곡 • 찬양을 드리며 (66) • 하나님의 음성을 듣고자 (69) • 하나님이시여 (70)

72 할 수 있다 하신 이는

(미 1094)

이영후 & 장욱조

C
F
3
C
할수 있다 하신 이는 나의 능 력 주하나 님
Am
E
Am
C
G7
C
의심 말 라 하-시 고 물결 위 로오라하시 네
나를 바 라 보-시 고 능력 준 다하-시- 네
주저 말 라 하-시 고 십자 가 를지라하시 네
변치 말 라 하-시 고 성령 충 만하게하시 네
C
Dm
F
G7
할수 있 -다하신 주 할수 있다하신 주
C
Am
Dm
D7
G7
믿 음 만 이 믿 음 만 이 능 력이 라 하 시 네
사 랑 만 이 사 랑 만 이 능 력이 라 하 시 네
희 생 만 이 희 생 만 이 능 력이 라 하 시 네
성 령 만 이 성 령 만 이 능 력이 라 하 시 네
C
Am
E7
G7
C
믿 음 만 이 믿 음 만 이 능 력이 라 하 시 네
사 랑 만 이 사 랑 만 이 능 력이 라 하 시 네
희 생 만 이 희 생 만 이 능 력이 라 하 시 네
성 령 만 이 성 령 만 이 능 력이 라 하 시 네

메들리곡
- 우리는 모두 다 (42)
- 주 예수 사랑 기쁨 (60)
- 하나님 우리와 함께 하시오니 (83)

(미 824)

항상 진실케

(Change my heart, oh God)

Eddie Espinosa

Cmaj7
Dm7
G
C
항상진실케 -
내맘바꾸사 -
Cmaj7
Em7
Dm7
G
C
하나님닮게 -
하여주소 서
Fine
E7
3
Am
Dm7
G7
C
주는토기장이
나는진흙
E
3
Am
Am/G
D
G
날빛으소 - 서
기도하오니
D.C.

메들리곡 • 찬양을 드리며 (66) • 하나님 오른 편에 (68) • 나를 세상의 빛으로 (95)

74 허무한 시절 지날 때

(미 2216)

(성령이 오셨네)

김도현

C E7(b13)(#9) Am7 Gm7 F#7b5 FM7 Em7 Am7

허무한시절지날때- 깊은한숨내쉴때- 그 런풍경보-시며-탄식
억눌린자갇힌자- 자유함이없는자- 피 난처가되-시는- 성

Dsus4 D7 G7 C E7(b13)(#9) Am7 Gm7 F#7b5

하 는 분- 있네 - 고 아 같이 너희를-- 버려두지 않으리-
령 님 계- 시네 - 주 의 영이 계신곳에- 참자유가 있 다네-

FM7 Em7 Am7 Dm7 G7 C G7 C Dm7

내 가너희와영원히 - 함께하 -리라- 성령이 오 - 셨네-
진 - 리 -의영이신- 성 령이오- 셨네-

Esus4 E7/G# Am7 Gm7 FM7 Em7 Am7 C2/D D7 G7/F

성 - 령이 오셨네 - 내주의보 내신 - 성 령 이오 - 셨네 -

C/E Dm7 Esus4/B E/G# Am7 Gm7 FM7 C/E Dm7 G7(b9) C

우리 인생 가운데 - 친히 찾아 - 오셔서 - 그나라꿈꾸게하 시 네

메들리곡 • 거룩하신 성령이여 (1) • 살아계신 성령님 (26) • 성령의 비가 내리네 (79)

힘들고 지쳐

(너는 내 아들이라)

이재왕 & 이은수

C Cmaj7 F C Am D7 G7
힘들고지 – 쳐 낙망 하고넘 –어져– 일어 날 힘전혀 없–을때 –에–

E7 E7/G# Am C G7
조– 용히다 가와– 손 잡아 주 시며– 나– 에 게 말씀 하시네 –

C Cmaj7 F C Am D7 G7
나에 게실망하 – 며 –내 자신연 –약해– 고통 속 에 눈물흘– 릴때 – 에–

E7 E7/G# Am C G7 C
못자 국 난그 손길– 눈물 닦아 주 시며– 나– 에 게 말씀 하–시네 –

C G/B Am C/G F C/E D7 G7
너 는내아들 –이 라 오 늘날 내가 – 너를낳았 도다 –

C G/B Am C/G F G7 C D.C
너 는내아들 –이 라 나 의 사랑 하는내 아들이라 –
Fine

B♭ F/A C/G F/A B♭ F/A C F/G G7
언제나 변 함– 없 이 – 너 는내 아들이라 – 나 의

C E7/B E7/G# Am F D7/F# Gsus4 G7
십자가 고통 – 해산 의 그고통으로 – 내가 너 를 낳았으니 –
D.S

메들리곡 • 주 품에 품으소서 (65) • 하나님의 음성을 듣고자 (69) • 하나님 한 번도 나를 (71)

76 감사하며 그 문에 들어가

(미 1215)

Nina Lee Hopper

Am
Em7
Am
Em
Am
감사하며그문에들어 가 주님을찬 양합 - 니다
Em7
Am
Em
Am
찬송하며 궁전에들어 가 주이름송 축합 - 니다 다
Em
Am
Em
Am
기 뻐하라 빛되신아버지께다 기 뻐하라 우리창조주께 다
Em
Am
Em
기 뻐하라 구원의하나님께다 기 뻐하라 영원영 - 원
Am
히

메들리곡
- 오늘 내게 한 영혼 (80)
- 그 날이 도적같이 (509)
- 당신은 지금 어디로 가나요 (527)

(미 2003)

나 아무것 없어도

77

송명희 & 김성조

Am E7 Am
나 -아무것 없어도 주님이 있고
Dm C Am E7 Am
나 -아무것 할수없으나 주 하시네
Am E7 Am
나 -무-력 해 -도 주는 강하시며
Dm C Am E7 Am
나 -모 든것 모 르-나 주는 다 아시네
Dm C E7 Am E7
나 -어두울 때 주 빛 되시고
Dm C Am B7 E7
나 어디가야 좋을지모를때 주 나의빛-되시네
Am E7 Am
나 -슬픔에 잠기어 낙 심될 때
Dm C Am E7 Am
선 하신주 의-팔 날 -붙드셨네

메들리곡
- 괴로울 때 주님의 얼굴 보라 (2)
- 비 바람이 갈 길을 막아도 (25)
- 왜 나만 겪는 고난이냐고 (39)

78 사랑의 기 높이 들고

(Lift high the banners of love)

Richard Gillard

사 랑의기높이 - 들 고 할 렐루 야 나 팔을 울려 라

주 가주신 승 리 찬 양할렐 루 야 여리고무 너지 리 사 리

우 리 는강 한 주의 군 - 대 싸 움 을이 - 기 고
선 포하 라 주의 십 자 가 죽 음 을이 - 기 고

갇 - 힌자 자 유 케 하 - 네 주예 수 의 이 름 - 으 로 사
부활하신영 광 의 주예 수 어 둠 권 세 이 기 - 셨 네

여 리고 무 너 지 리 여 리 고 무 너 지 리 -

메들리곡
- 주의 강한 용사들 (62)
- 하나님 우리와 함께 하시오니 (83)
- 주께서 전진해 온다 (350)

(미 2125)

성령의 비가 내리네

79

(Let it rain)

Michael Farren

Gsus4 G Am F F2
성 령 - 의 - - - 비 가 내 리 네 -
C Gsus4 G
하 늘 의 문 - 을 여 소 - 서 -
Gsus4 G Am F F2
성 령 - 의 - - - 비 가 내 리 네 -
C Gsus4 G
하 늘 의 문 - 을 여 소 - 서 -

메들리곡 • 거룩하신 성령이여 (1) • 구원이 하나님과 (3) • 살아 계신 성령님 (26)

80 오늘 내게 한 영혼

(미 2030)

(주의 사랑 온누리에)

문찬호

오늘내게한영 혼 보내주시옵소 서 죄에빠져길을잃
고 헤매이는자에게 오늘내게한영 혼 보내주시
고 헤매이는자에게 오늘나를진리 로 인도하여
옵소 서 갈바몰라방황하 는 형제자매들에 게
주소 서 말씀따라순종하 며 늘- 살게하소 서
아무도 사랑않고 관심도 없 는 그들에게날이끄사
아무도 원치않고 행치도 않 는 주님말씀순종하여
전할말 주소 서 오늘내게한영 혼 보내주시옵소
이몸바 칩니 다 오늘나를진리 로 인도하여주소
서 죄에빠져 길을잃 고 헤매이는자에게
서 말씀따라순종하 며 늘- 살게하소서

메들리곡 • 먼저 그 나라와 (21) • 매일 스치는 사람들 (22) • 주님이 홀로 가신 (82)

(미 1070)

울고있는 형제여

주숙일

Am Dm6 G
울 고있 는형제 여 왜 찬 송을 잃었는 가
울 고있 는형제 여 왜 기 도를 잃었는 가
Am Dm6 E7 Am
어 둠속 에찬송 은 기 적 -을 부른다 오 바울과
어 둠속 에기도 는 하 늘 보좌 흔든다 오 내모든
Am Dm7 G7 E7
실 라가 빌립보 감 옥의문 을 찬 송 으로 열었다
사 -정 주님께 고 백을하 여 위 로 받고 구원받
Am Dm C E7
오 고 통 의 문 을 찬 송 찬 송 으
아 참 - 평 화 를 영 원 영 원 토
Am E7 Am
로 찬 송 찬 송 으 로 -
록 영 원 영 원 토 록 -

메들리곡 • 갈릴리 바닷가에서 (85) • 내가 그리스도와 함께 (100) • 사랑의 주님이 (121)

82 주님이 홀로 가신

(미 2068)

(사명)

이권희

주님이 홀로 가신 그길 나도 따라 가오 모든
물과 피를 흘리신 그길을 나도- 가오 험한
산도 나는 괜찮소 바다 끝이라도 나는 괜찮소 죽어
가는-저들을 위해 나를 버리길 바라오 아버
지 나를 보내주오 나는 달려가겠소
이 나를 미워해도 나는 사랑하겠소
을 버리면서까지 나를 사랑한 당신
목숨도 아끼지 않겠소 나를 보내주오 세상
세상을 구원할 십자가 나도 따라가오 생명
이 작은 나를 받아주오 나도 사랑하 오

메들리곡 • 매일 스치는 사람들 (22) • 이 땅의 동과 서 (47) • 주님 다시 오실 때까지 (54)

(미 636) 하나님 우리와 함께 하시오니 83

(The Lord is present in his sanctury)

Gail Cole

Am G F E7 Am E7 Am
하 나 님 우 리 와 함 께 하 시 - 오 니 주 를 찬 양 하 세
Am G F E7 Am E7 Am
우 리 가 모 일 때 임 하 시 는 - 주 님 주 를 찬 양 하 세
Dm Am E7 Am
찬 양 찬 - 양 주 를 찬 양 하 세 - - - - -
Dm Am E7 Am
찬 양 찬 - 양 주 를 찬 양 하 세

메들리곡 • 주 예수 사랑 기쁨 (60) • 나 자유 얻었네 (520) • 예수님 찬양 (550)

84 호렙산 떨기나무에

(미 1636)

김익현

호 렙 산 떨 기 나 무 에 나 타 나 신 하 나 님 모 세
불 꽃 떨 기 속 에 계 신 거 룩 하 신 하 나 님 약 하
를 부 르 신 주 - 하 - 나 님 하 나 님
고 힘 없 는 내 백 성 을 찾 으 라 찾 으 라
내 가 너 와 함 께 가 리 라 너 를 도 와 주 리 라
고 통 속 에 있 는 내 백 성 어 서 찾 아 가 라
억 압 받 고 있 는 내 백 성 어 서 구 하 여 라
불 꽃 떨 기 속 에 계 신 거 룩 하 신 하 나 님 우 리
를 부 르 신 주 하 나 님 하 나 님

메들리곡 • 거룩하신 성령이여 (1) • 살아 계신 성령님 (26) • 주님이 홀로 가신 (82)

(미 624)

갈릴리 바닷가에서

Alison Huntley

D A7 D D
갈릴 리 바닷 가 에 서 - 주님 은 시 몬에
사마 리아 우물 가 에 서 - 주님 은 여 인에
A7 D D7 G
게 물으셨 네 - 사랑 하 는시몬 아 넌날
게 물으셨 네 - 사랑 하 는여인 아 넌날
D D A7 D (G) D
사 랑하느 냐
사 랑하느 냐 오주 님 당 신만 이 아 십니 다 -

메들리곡

• 감사해요 주님의 사랑 (87) • 그는 나를 만졌네 (89)
• 평안을 너에게 주노라 (173)

86 감사해요 깨닫지 못했었는데 (미 1632)

(또 하나의 열매를 바라시며)

설경욱

D A/C♯ Bm Bm7/A G A
감사 해요 - 깨닫지못했 었는데 - 내가 얼마나 - 소중한존재
D D7 G A D F♯m Bm
라는걸 - 태초부터지금까지 하나님의사랑은 - 항
Em Em7/G Asus4 A7 D A/C♯
상 날향하고 있었 다는걸 - 고마워요 - 그사랑을가르
Bm Bm7/A G A D D7
쳐준당신께 - 주 께서허락하 - 신 당신 께 그리스
G A F♯m B Em A7
도의사랑으 - 로더욱 섬기며 - 이제 나도세상에 - 전하리라
D G/A D A/C♯ Bm B/D♯
- 당신 은 사랑받기 - 위 해 그리고
Em A7 D C/D G A7
그 사랑 - 전하기 - 위 해 주께서 택하시고 - 이땅에

F♯m7 Bm Em A7 D
3
심 으셨 네 또 하 나의 - 열 매 를 바 라 시 며

메들리곡
- 감사해요 주님의 사랑 (87)
- 당신은 사랑받기 위해 (112)
- 사랑의 주님이 (121)

(미 731)

감사해요 주님의 사랑 87

(Thank you Jesus for Your love to me)

Alison Revell

D Em A7 Dmaj7 D6
감 사 해 요 - 주 님 의 사 랑 -

F♯°7 Em A7 D D7
감 사 해 요 - 주 님 의 은 혜 -

C/D D7 G A7 F♯m7 C♯ Bm
목 소 리 높 여 주 님 을 영 원 히 찬 양 해 요

Em7 A7 A7 D
나 의 전 부 이 신 - 나 의 주 님 -

메들리곡
- 감사해요 깨닫지 못했었는데 (86)
- 주의 인자는 끝이 없고 (167)
- 주 찬양합니다 (169)

88 그 누가 문을 두드려

(미 880)

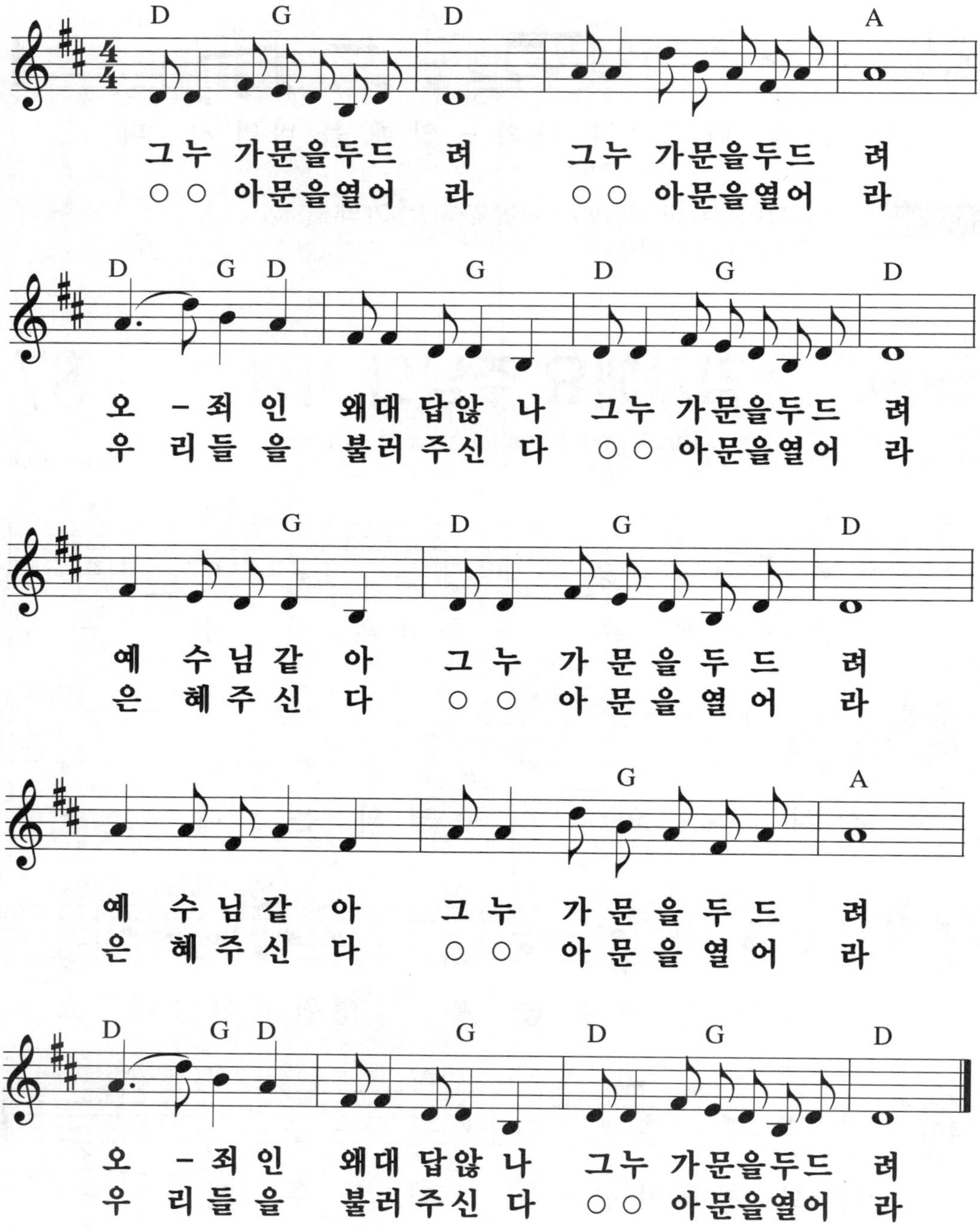

D G D A

그누 가문을두드 려 그누 가문을두드 려
○○ 아문을열어 라 ○○ 아문을열어 라

D G D G D G D

오 -죄인 왜대답않 나 그누 가문을두드 려
우 리들을 불러주신 다 ○○ 아문을열어 라

G D G D

예 수님같 아 그 누 가 문 을 두 드 려
은 혜주신 다 ○ ○ 아 문 을 열 어 라

예 수님같 아 그 누 가 문 을 두 드 려
은 혜주신 다 ○ ○ 아 문 을 열 어 라

오 -죄인 왜대답않 나 그누 가문을두드 려
우 리들을 불러주신 다 ○○ 아문을열어 라

메들리곡

- 나는 주를 부르리 (94장)
- 나의 맘 속에 온전히 (99장)
- 세상 때문에 눈물 흘려도 (124장)

(미 1295)

그는 나를 만졌네

(낮은 데로 임하소서)

D G A Bm A7 Bm A7 D A7
그 는 나 를 만 졌 네 – 내 영 혼 을 –
그 는 나 를 버 리 지 – 아 니 하 고 –
D A7 F♯m7 Bm Em D A7 D Fine
나 는 그 를 느 꼈 네 – 그 숨 결 을
나 는 그 를 떠 나 지 – 아 니 하 리
Bm G D G D D7
주 의 사 랑 있 으 면 나 외 롭 지 않 아
G D E7 A7 D.C.
주 의 사 랑 안 – 에 서 나 두 렵 지 않 네

메들리곡

• 갈릴리 바닷가에서 (85) • 감사해요 주님의 사랑 (87)
• 나에겐 알 수 없는 힘 (98)

90 그대는 아는가

(미 585)

1. 그대 는아는가 그대 몸은- 주님 이 살아계신성전
2. 내몸 은내몸은 성전 이요- 내몸 은 내몸은-성전
3. 당신 은당신은 성전 이요- 당신 은 당신은-성전

인걸- 그대 는 아는가 그대 몸은- 주님이
이요- 내몸 은 내몸은 성전 이요- 주님이
이요- 당신 은 당신은 성전 이요- 주님이

살아계신성 전이 요
살아계신성 전이 요 찬양 과 능력과 영광
살아계신성 전이 요

주 께- 찬양 과 능력과 영광 주 께- 찬양

과 능력과 영광 주께- 그대는 주님계신성 전이 요

메들리곡 • 내 마음에 사랑이 (105) • 세상 때문에 눈물 흘려도(124) • 죄송해요 (149)

(미 1287)

기도하세요 지금

김석균

D F♯m Bm Em A A7
기도하세 요 -지 금 - 아직 포기하 지 마 -세 요 -
D G D A′ D D′
1.주님앞 에 무릎꿇 고 - 겸손 하게 기 도 해보세 요 -
2.주님앞 에 무릎꿇 고 - 간절 하게 기 도 해보세 요 -
G Bm D F♯m G
내 앞 길 가로막는 장애물있다해 도 걱정하지마세 요
하 늘 이 무너져도 절망하지마세 요 주님의지하세 요
A7 D G D Bm
돌아서지마세 요 슬픔도 고통도 괴 로 움 도
믿음을가지세 요 슬픔도 고통도 괴 로 움 도
Em E A A7 D Bm
기도로이겨낼 수 있잖아 요 - 기도하 세 요
G Gm D A7 D/G D
기도하 세 요 주님 은 당신 편 입 니 다 -

메들리곡 • 내 평생 살아온 길 (109) • 사랑하는 주님 (119) • 새롭게 하소서 (122장

92 꿈결 같은 이 세상에

(미 1115)

(인생 모 경가)

이성봉 & P.P.Knapp

1. 꿈 결같은 이 세상에산 다면늘살 까 인 생의향락
2. 이 팔청춘 그 꽃다운시 절도지나 고 혈 기방장그
3. 해 와달과 별 까지도총 명하던정 신 안 개구름듬
4. 인 삼녹용 좋 다해도늙 는것못막 고 진 시왕의불
5. 꽃 이떨어 진 후에는열 매를맺고 요 엄 동설한지
6. 근 심마라 너 희들은하 나님믿으 니 또 한나를믿
7. 강 건너편 에 종소리내 귀에쟁쟁 코 보 석상의그

좋대도 바 람을잡누 나 험 한세상 고 난풍파 일 장춘몽
장년도 옛 말이되누 나 성 공실패 꿈 꾸면서 웃 고우는
복끼어 캄 캄해지누 나 모 든정욕 다 패하고아 무낙도
사약도 죽 는데허사 라 인 생한번 죽 는것을누 가감히
나가면 양 춘이오누 나 어 두운밤 지 나가면빛 난아침
으라고 주 말씀하신 다 네 아버지 그 집에는있 을곳이
광채는 눈 앞에찬란 타 앞 에가신 성 도들이주 님함께

이 아닌가슬 프도다 인 생들아어 디로달려 가느냐
그 순간에원 치않는 그 백발이눈 서리휘날 리누나
없 어지니땅 에있는 이 장막은무 너질때가 되누나
피 할소냐분 명하다 이 큰사실너 도나도다 당하네
이 오리니이 세상을 다 지난후영 원한천국 오리라
많 다지요기 쁘도다 주 님함께영 원히함께 살리라
기 다린다어 서가자 내 고향에할 렐루야로 아-멘

메들리곡
- 갈릴리 바닷가에서 (85)
- 내 평생 살아온 길 (109)
- 어느날 다가온 주님의 (131)

(미 1582)

나는 믿음으로

(As for me)

93

Dan Marks

D
D M7
E m7
나 - 는 믿 음 으 로 주 얼 굴 보 리 니
A 7
E m7
A 7
D
D M7
- 아 침 에 깰 때 에 주 형 상 에 만 족 하 - 리
D 7
G
A/G
F#m7
B m
나 주 님 닮 기 원 하 네 믿 음 으
E m7
A 7
1. D
G/A
로 주 얼 굴 보 리 라 - 나 -
2. F#m7
B 7/F#
E m7
라 - 믿 음 으 로 주 얼 굴
A 7
D
보 리 라 -

메들리곡

• 내 안에 계신 주 예수의 이름이 (106) • 어느 날 다가온 주님의 (131)
• 주 다스리네 (162)

94 나는 주를 부르리

(미 579)

(I will call upon the Lord)

Michael O'Shields

D G/D A/D D G/D D G/D A/D D G/D
나 는 주를부-르 리 찬 양 받으실-주 님
D G2/D A/D G2/D A/D G/D A
날 건 지 리 원 수들 로부터 - - - 오
D D/F♯ G2 D2/F♯ G2 D2/F♯ Bm
살 아계 신 반석이신주찬양-구 원의하나님을 높이
Em7 G/A A D D/F♯ G2 D2/F♯
세 - 오 살 아계 신 반석이신주찬양-구
G2 D2/F♯ Bm Em7 G/A A D
원의하나님을높이 세 - - -

메들리곡

- 나의 맘 속에 온전히 (99)
- 세상 때문에 눈물 흘려도 (124)
- 예수 하나님의 공의 (138)

(미 1732)

나를 세상의 빛으로

95

(Light Of The world)

Scott Brenner

나 를 세 - 상 의 빛 - 으 - 로 - 부 르 신 - 주 님 - 비추
소서 - 나 도 주 님 의 - 빛 을 비 추 리 라 - - - - 어
둠 을 밝 - 히 는 빛 - 온 세 상 - 을 - 비 - 추 는 빛 - 산
위 의 - 마 - 을 이 숨 - 기 - 지 - 못 - 하 - - 네 - - 어 -
Fine
D.C.

메들리곡 • 나 무엇과도 주님을 (96) • 나의 마음을 (190) • 나의 부르심 (192)

96 나 무엇과도 주님을

(미 1713)

(Heart and Soul)

Wes Sutton

D A/C# G/B D/A
나 무엇과 - 도 주님을바 - 꾸 지 - 않으리 -
G A D Asus4 A
다른어떤 - 은혜 - 구 하 지 않 - 으리 -
D A/C# G/B D/A
오직 주님만 - 이 내 삶에 - 도 움이 - 시 니 -
G A D C/D D7 G A
주의 - 얼굴보기 - 원합니다 - 주님 사 랑 - 해요
Bm Bm/A G A Bm Bm7/A G A
- 온맘 과 정 성 다해 - 하 나 님 - - 의
Bm A G D/F# Em7 A D
신 실 - 한 - 친구되기 - 원합니다 -

메들리곡 • 나를 세상의 빛으로 (95) • 너 어디 가든지 (110) • 선하신 목자 (123)

(미 1031)

나 어느날 괴로워서

97

(평화의 노래)

노문환
나어느 날 괴로워 서 눈물로 써 아뢰일 때
주님께 서 나의맘 아 시 고 위로하 여 주셨 네
갈길몰 라 방황할 때 들려오 던 주의음 성
나를사 랑 한다던 그 말 씀 위로하 여 용기주 네
너 슬퍼말 라 언제나함께하 고 무거운 짐 대신지 리
너 괴로워 마 -라 너는내 백성- 두려워 마
오 나의 주 평화 의 주
내 피곤한 맘 쉼 을 얻 으 리

메들리곡 • 나에겐 알 수 없는 힘(98) • 이와 같은 때엔 (148) • 주 찬양합니다 (169)

98 나에겐 알 수 없는 힘

(알 수 없는 힘)

최용덕

D G D A
1. 나에겐 알수없는 힘 어디서 생겨나-는 지
2. 나에겐 알수없는 사랑 어디서 생겨나-는 지
D G D G D
지금도 알수 없는 - 강하 고 담-대한 힘
지금도 알수 없는 - 강하 고 따뜻한사 랑
D G E A
언 제 어 디 서든 쓰 러 진다하여 도
누 가 - 나 를- 미 워 한다하여 도
D G D A7 D
주님의 도움때문 에 일어 설 수있 어 요
주님의 도움때문 에 사랑 할 수있 어 요

메들리곡 • 그는 나를 만졌네 (89) • 선하신 목자 (123) • 험한 세상길 나 홀로 가도 (178)

(미 971)

나의 맘 속에 온전히

(주님만을 섬기리)

99

김보훈

1. 나 의맘 속에 온 전히 주 님만모 셔놓 고
2. 항 상나 함께 계 셔서 떠 나지마 옵소 서
3. 주 만섬 기고 사 는것 더 없는기 쁨이 요
나 의정 성을 다 하여 주-를-섬 기 리
주 를섬 기는 내 정성 받-으-옵 소 서
주 가내 안에 계 셔서 동-거-함 이 라
기 쁘나 슬 프나 오 직한 맘 주 위 해
한 평생 주만 모 시고 찬송하며살 리 라 주는
나 의큰 능 력 주는 나 의큰 소 망 내가
항 상영 원 히 주님 만 을섬 기 리

메들리곡 • 그 누가 문을 두드려 (88) • 나는 주를 부르리 (94) • 주 찬양합니다 (169)

100 내가 그리스도와 함께

(미 1249)

박윤호

D D7 G D
내가 그 리스 도 와 함 - 께 십자 가 에못
Bm Em A7 D D7
박 혔나 니 - 그런 즉 이- 제 내가
G A7 D D7 G
산 것아니 요 오 직 내안 에 예수 께 - -
Gmaj7 D A7 D D C/D D7
서 사 신 - 것 이- 라 - 이제
Gmaj7 D Bm G
내 - - 가 육체 가 운- 데 사 는 것
Em7sus Em7 Asus4 A7 D Dmaj7 F♯m
은 - - - 나를 사 랑하사 자 기 몸
G Gmaj7 D Em A7 D G/D D
버 리 신 예수 위 해 산 것이 라 -

메들리곡
- 갈릴리 바닷가에서 (85)
- 사랑은 언제나 오래참고 (117)
- 사랑의 주님이 (121)

(미 1754)

내가 너를 지명하여

101

(너는 내 것이라)

하상욱

D F#7/C# Bm /A G Em A A7
내 가 너를 지 명하 - 여 불렀나 니 - 너는내 것이 라
D F#7/C# Bm G A7 D D7
내 생명 네 게 주 - 어 구속 했 나 니 - 너 는내 것이 라
G A7/G F#m G A D D7
*사 랑 하 - 는 - 아 들 아 - - 내 너 를기뻐하노 라
G A F#m Bm G E7/G# Asus4 A7
*사랑하 는 - 아 들아 - 너는 내 안에 - 숨겨 진 보 석
D F#7/C# Bm /A G Em Asus4 A7
내 너 를잃 지 않으리 내 너 를 놓 지 않 으 리 - 니 -
F#m Bm G Gm D A7 D
너는 내 것 이라 - 너는 내것 이 라 - 너 는 내 것이 라

*사랑하는OO아!

메들리곡 • 사랑하는 주님 (119) • 예수 하나님의 공의 (138) • 주 찬양합니다 (169)

102 내가 주님을 사랑합니다

(고백)

이길승

내 가 주 님 을 사 랑 합 니 다 내 가 주 님 을 사 랑 합 니 다
내 가 주 위 해 죽 겠 습 니 다 내 가 주 위 해 죽 겠 습 니 다
내 가 주 위 해 살 겠 습 니 다 내 가 주 위 해 살 겠 습 니 다

주 님 먼 저 날 – 사 랑 하 셨 – 네 내 가 주 님 을 사 랑 합 니 다
주 님 먼 저 날 – 위 해 죽 으 셨 네 내 가 주 위 해 죽 겠 습 니 다
주 님 먼 저 날 – 위 해 사 셨 – 네 내 가 주 위 해 살 겠 습 니 다

메들리곡 • 감사해요 주님의 사랑 (87) • 선하신 목자 (123) • 주님 말씀하시면 (155)

(미 613)

내게 있는 향유 옥합

103

(옥합을 깨뜨려)

박정관

D A/C♯ Bm F♯m/A G E7/G♯ Asus4 A7
내 게 있 는 향 유 옥 합 주 께– 가 져 와
D A/C♯ Bm F♯m/A G A7 D
그 발 위 에 입 맞 추 고 깨 뜨– 립 니 다
D A/C♯ Bm F♯m/A G E7/G♯ Asus4 A7
나 를 위 해 험 한 산 길 오 르– 신 그 발
나 를 위 해 십 자 가 에 달 리– 신 그 발
주 님 다 시 이 땅 위 에 임 하– 실 그 때
D A/C♯ Bm F♯m/A G A7 D
걸 음 마 다 크 신 사 랑 새 겨– 놓 았 네
흘 린 피 로 나 의 죄 를 대 속– 하 셨 네
주 의 크 신 사 랑 으 로 날 받아 주 소 서

메들리곡 • 주 찬양합니다 (169) • 나의 부르심 (192) • 예수님 목 마릅니다 (218)

104 내 안에 있는 예수

(미 611)

(내 안에 있는 그 이름)

송명희 & 최덕신

D2 DM7/C# D9/C Bsus4 B7
내안에있- 는 예 수---그 이 름- -
Em9 Em9/D Em7/D Asus4 A7
세상과는- 비 교-할수없 네 -
D7/F# Dm7sus4/F Em Asus4
그 이름-의 아 름다-운 사 랑은- - 어둠에
D2 Bm7 Em9 G/A D2 C/D D7
있던나를 빛으로 인도 하셨 네 -
GM7 A7/G F#m7 3 B7 A/C# B/D#
그이름은 나에게 놀 라-운 권 세를주심으 로 내가
Em A7 D2 C/D D7
모든것을- 이 기 네 -
GM7 A7/G F#m7 3 B7sus B7
그이름에 내가 거 하-고 그 이름의사랑 이 내안

E m7
A 7sus
A 7
D 9
D♯dim
에 – 았 네 – 그 이 – 름의 – 사 랑 이 – – – 그 이
E m7
A 7sus
A 7
D 2
름 안 에 서 – 내 가 영 원 히 살 – 기 원 하 네

메들리곡 • 감사해요 주님의 사랑 (87) • 선하신 목자 (123) • 예수 그 이름 (135)

(미 775)

내 마음에 사랑이

105

D
G
내 마 음 에 *사 랑 이 싹 이 트 고 있 어 요 예 수 님
D
A 7
D
만 난 날 부 터 내 마 음 에 사 랑 이 One Way Je-sus

* 기쁨, 평화, 인내, 충성, (근심 사라지고 있어요)

메들리곡 • 그대는 아는가 (90) • 문을 열어요 활짝 (393) • 아름다운 사랑을 나눠요(412)

106 내 안에 계신 주 예수의 이름이 (미 1260)

(He that is in us)

Graham Kendrick

D G A Bm7 Em7 A D G/A
내안에계신 주 예 수의이 름이 승 리했 네
D G A Bm7 Em7 A D
Fine
내안에계신주 예 수의이름이 승 - 리 했 네
Gmaj7 A G F#m7 Bm7 Em7 A D
우리 안에계 신 성 령-님 기 뻐 찬 양합 니 다
죄와 사망권 세 이 기-신 전능 하 신예 수 님

Gmaj7 A G F#m7 Bm7 Em7 G/A A D
D.C.
살아 계 신예 수 그리스 도 내게 승 리 를주 셨 네
모든 이름위 에 뛰 어 난 주의 영 광 을찬 양 해

메들리곡 • 그 누가 문을 두드려 (88) • 나는 믿음으로 (93) • 영광의 주 이름 높이세 (133)

내 영혼이 주를 따르리 107

Jeffrey Smith

A D A/D G2/D D F♯m7 G Em7
내 영 혼 이 주를따르리- 이른아침일-어나서
Asus4 A/C♯ D Gmaj7/A D A/D G/D D F♯m7
주 를바라보리 주님 은 나 의 도움되시네
Gmaj7 Em7 F♯m7 G 1. A
주님의날-개아래 -서 나는기 뻐하리
Em7 A7sus4 A 2. A G/A D
내 뻐하리 기뻐하 리

메들리곡 • 이와 같은 때엔 (148) • 주 찬양합니다 (169) • 찬양의 열기 (172)

108 내평생 사는동안

(미 1572)

(I will sing unto the Lord)

Donya Brockway

D Dmaj7/A D6 D D/E D2/F#
G F#m Bm7 Em7
내 평 생 사는동 안 주 찬양하 리 여호와하나님

A Dmaj7 Em7 F#m7 Em7sus D Dmaj7 D6 D D/E D2/F#
내 주를찬 양 하 리 주 님 을 묵 상 함

G F#m7 Bm7 Em7 Em7/A A D D7
이 즐겁도 다 내영혼 주안에서참 기 쁘 리 –

C/E D7/F# Gmaj7 A/G F#m7 A7 Bm7
내영혼 아 주 님 을 송축하 라 – – –

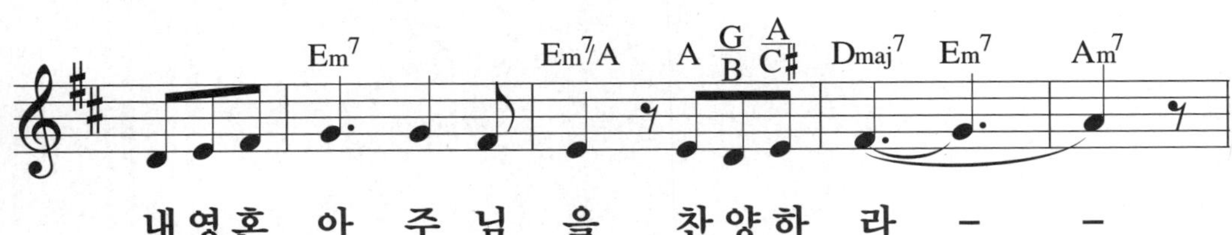
Em7 Em7/A A G/B A/C# Dmaj7 Em7 Am7
내영혼 아 주 님 을 찬양하 라 – –

D7 C/E D7/F# Gmaj7 A/G F#m7 A#dim Bm7
내영혼 아 주님 을 송축하 라 – – – 내영혼

메들리곡 • 내영혼아 여호와를 (16) • 주의 인자는 끝이 없고(167) • 주 찬양합니다 (169)

109 내 평생 살아온 길

(미 901)

조용기 & 김성혜

D A D
1. 내 평 생 살아온 길 뒤를 돌 아보- 니
2. 나 같 은 못난인 간 주께 서 살리시 려
3. 예 수 님 나의주 님 사랑 의 내하나 님
G D A D
걸음 마 다자욱마 다 다- 죄 뿐입니 다
하늘 의 영광-보 좌 모두 다 버리시 고
이제 는 예수-님 만 내자 랑 삼겠어 요
D7 G D Bm E A
쓰리 고 아픈마 음 가눌 길 -없어 서
천하 디 천한종 의 형상 을 입으셨 네
나의 남 은인생 길 주와 걸 어가면 서
D Em A A7 D
골고 다 언덕길 을 지금 찾 아옵니 다
아- 아 주의사 랑 어디 에 견주리 까
예수 님 복음위 해 굳세 게 살겠어 요

메들리곡 • 기도하세요 지금 (91) • 꿈결같은 이 세상에 (92) • 어느날 다가온 주님의 (131)

(미 1239)

너 어디 가든지

(Wherever you may go)

Stephen Hah

D A Bm F♯m F♯m7

너 어디 가든지 순종하라
나 어디 가든지 순종하리

G D E7 Asus4 A7
너 어디 있든지 충성하라
나 어디 있든지 충성하리

Dmaj7 A/C♯ Bm F♯m F♯m7
주 너의 하나님 왕되신 주
주 나의 하나님 왕되신 주

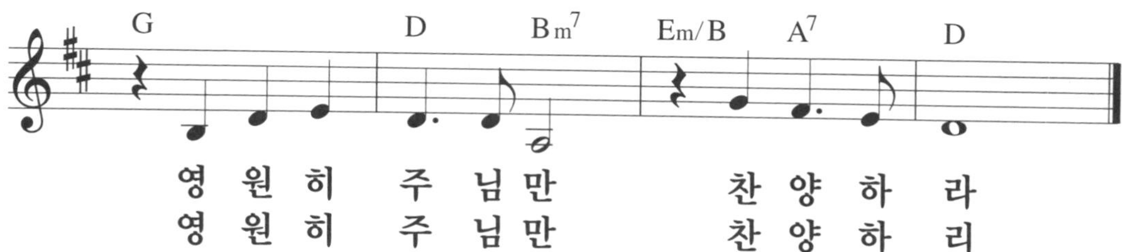
G D Bm7 Em/B A7 D
영원히 주님만 찬양하라
영원히 주님만 찬양하리

메들리곡
- 나를 세상의 빛으로(95)
- 오직 주의 사랑에 매여 (145)
- 주님 내가 여기 있사오니 (154)

111 눈으로 사랑을 그리지 말아요 (미 1133)

(영원한 사랑)

김민식

D G Em

눈으로 사랑을 그리지 말아요 입술로 사랑

Em A7 D

을 말하지 말아요 영원한 사랑을 바라

Bm G D A7 D D7

는 사람은 사랑의 진리를 알지요 –

D F#m Bm G E

참사랑은 가난함도 부요함도 없어

A7 D F#m Bm

요 – 괴로움도 즐거움도

G E A7 G

주와함께 나눠요 – 나의– 가장–

D Bm Em A7 D

귀한것 그것을 주는– 거예요 –

메들리곡

• 갈릴리 바닷가에서 (85) • 이와 같은 때엔 (148)
• 사랑은 언제나 오래참고 (117)

(미 1584)

당신은 사랑받기 위해

112

이민섭
D A/C# Bm Bm7/A
당 신 은 - 사랑받 기 위 - 해 태 어 난 사 람 - 당 신
G D/F# 1. Em Asus4 A7 2. Em A7 D Fine
의 삶 속 에 서 - 그 사 랑 받 고 있 지 요 - 당 신 받 고 있 - 지 요
G/A D2 A2/C# Bm Bm7/A
태 초 부 터 - 시 작 된 하 나 님 - 의 사 랑 은 - 우 리
G D/F# Em A7sus4 A7 D A/C#
의 만 남 - 을 통 해 열 매 를 맺 고 - 당 신 이 이 세 상 - 에 존
Bm Bm7/A G D/F# Em A7 D
재 함 으 로 인 - 해 - 우 리 에 게 얼 마 나 - 큰 기 쁨 이 되 는 지 -
G/A A7 D A/C# Bm Bm7/A
당 신 은 사 랑 받 - 기 위 해 태 어 난 사 람 -
G D/F# 1. Em Asus4 A7 2. Em A7 D G/A D.S.
지 금 도 그 사 랑 - 받 고 있 지 요 - 받 고 있 지 요 - 당 신

메들리곡

- 감사해요 깨닫지 못했었는데 (86)
- 감사해요 주님의 사랑 (87)
- 주께 힘을 얻고 (150)

113 때가 차매

(미 616)

(Now is the time)

D Em F♯m Gmaj7 C♯m7/G F♯m Bm

때가차 매 -아버지 께 - 신

Em A G/A A7 D G/D Dmaj7 Em7 D/F♯

령과 진정 으로 예배 드 리 네 - -때가차

Gmaj7 C♯m7/G F♯m Bm

매 -아 버 지 께 - 신

Em7 A G/A A7 D G/D D

령 과 진 정 으 로 예 배 드 리 네 -

메들리곡 • 감사해요 주님의 사랑 (87) • 목마른 사슴 (115) • 주님 이 곳에 (161)

(미 1363)

모든 이름 위에 뛰어난 이름

고형원

D F♯m/C♯ Bm Bm/A G Em7 Asus4
모든 이름위- 에 뛰어난 -이 름 예수는 주 - 예수는 주
D F♯/C♯ Bm Bm/A G A D
모두 무 릎 꿇 고 경 배를 드리 세 예 수 는 만유의- 주 님

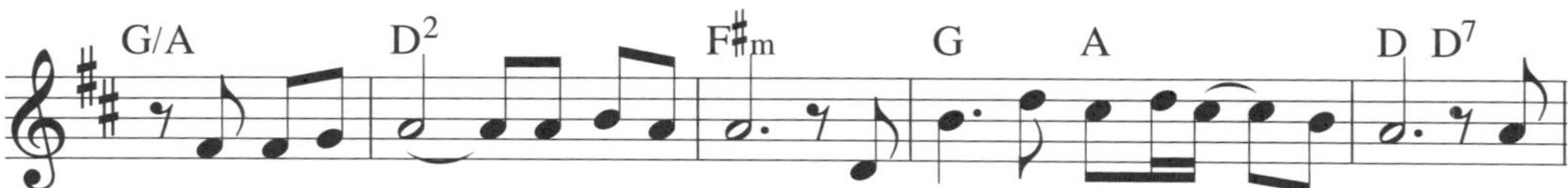
G/A D2 F♯m G A D D7

예 수 는 주 - 예수는 주 온 천 하 만 물 우 - 러 러 그

G A/G F♯ Bm G A G A G/D D

보 좌 앞 영 광 을 돌 리 - 세 예 수 예수 예 수 는 - 주 -

메들리곡 • 주의 거룩하심 생각할 때 (63) • 나는 주를 부르리 (94) • 선하신 목자 (123)

115 목마른사슴

(미 608)

(As the deer)

Martin Nystrom

목 마 른 사슴 시 냇 물을찾아 헤 매 이 듯 이
금 보 다 귀한 나 의 주님내게 만 족 주 신 주

내 영 혼 주를 찾 기 에-갈급 하 -나 이 다
당 신 만 이- 나 의 기쁨또한 나 의참 보 배

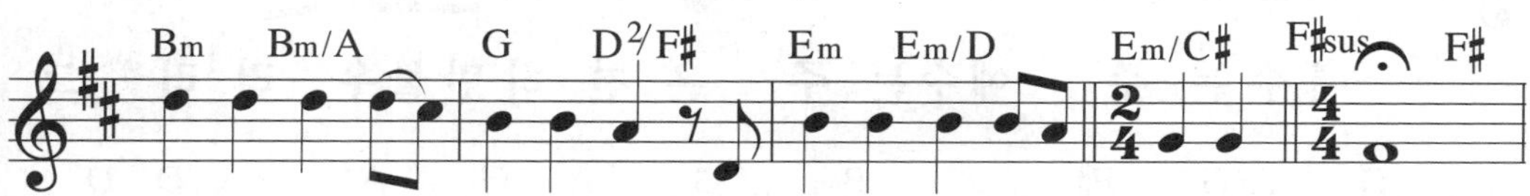

주 님 만 이- 나 의 힘 나 의방 패나의 참소 망

나 의 몸 정성 다 바 쳐서주님 경 배합 니 다

메들리곡 • 감사해요 주님의 사랑 (87) • 때가 차매 (113) • 주님과 같이 (458)

(미 1500)

보라 그 날이

(주여 오소서)

116

함태숙
D G G/F♯ Em A
보 라 그 날 이 곧 다 가 오 리 라 생
나 주님을 기다려 구속하신그의백성 호산나 - 주 맞을 준 비 하 세
D D/C♯ Bm Em A
명 의 주 예 수 영 광 중 에 오 실 날 네
어린양 주 예수 오시는 날엔 모든눈물 씻어주시 리 할
Dmaj7 G G/F♯ Em A
가 그 것 을 곧 보 게 되 리 니 영
렐루야 찬양해 그의영광그의능력 어린양 - 주 예수 그 의 나 라 새
D D/C♯ Bm Em Em7 A Asus4 D
원 한 집 으 로 인 도 하 시 리 라 -
하늘과 새 땅이 열리게 되리 주여 어서오소 서 아 멘 -

메들리곡
- 예수 하나님의 공의 (138)
- 주 찬양합니다 (169)
- 평안을 너에게 주노라 (173)

117 사랑은 언제나 오래 참고

(미 1137)

(사랑)

정두영

D
A7
사랑 은 언제 나 오래 참 고 - 사랑 은 언제 나 온유하
사랑 은 무례 히 행치않 고 - 자기 의 유익 을 구치않
D
D7
G
며 - 사랑 은 시기 하 지않으 며 - 자랑 도 교만
고 - 사랑 은 성내 지 아니하 며 - 진리 와 함-
도 아니 하 며 - 사랑 은 모든 것 감싸주 고 -
께 기뻐 하 네 -
Gm
바라 고 믿- 고 참아내 며 - 사랑 은 영원토
록 변함없 네 - 믿음 과 소망 과 사-랑 은 -
A
이세 상 끝까 지 영원하 며 - 믿음 과 소망
과 사랑중에 - 그중 에 제일 은 사랑이 라 -

메들리곡
- 갈릴리 바닷가에서 (85)
- 내가 그리스도와 함께 (100)
- 사랑의 주님이 (121)

(미 1127)

사랑은 참으로 버리는 것 118

(사랑은 더 가지지 않는 것)

M. Reynold
D A7 D
사 랑 은 참으로 *버 리 는것- 버리 는 것- 버리 는것-
D D A7 D 1.
사 랑 은 참 으로 * 버리 는 것 - 더 가 지지 않 는 것
G D A7 D
이 상 하 다 동 전 한닢 움 켜 잡 으면 없 어 지 고
G D E7 A7 2. D
쓰 고빌 려 주 면 풍 성 해져 땅 위 에가 득 하 네 오 것
G D A7 D
자 내 일 걱 정 일 랑 버 리고 - - 모 든염 려주 님께 맡 기 세요
G D A7 D
사 랑은 참 으 로 버 리 는것- 더 가 지 지 않 는 것
* 섬기는 것
베푸는 것
다 주는 것

메들리곡
- 내 마음에 사랑이 (105)
- 예수보다 더 좋은 친구 없네 (136)
- 아름다운 사랑을 나눠요 (412)

119 사랑하는 주님

(미 1841)

(베드로의 고백)

김석균

D F#m A7 D
사랑하는 주님 내게다가 와 이밤이다 가기전 에
멀리서들 리는 닭울음소 리 나의영혼 잠깨웠 네
G D E A7
네가나를– 버리리라 하 실 때 왜그리 섭섭 하던 지
잊어버렸던 지난슬– 픈 고 백 왜그리 부끄 러운 지
D F#m A7 D
주님과함께 죽을지라 도 배반하지는 않겠다했 던
이세상어디 숨을곳있 나 닭울음소리 들릴 때마 다
G D A7 D D7
믿음없는 나의헛 된 맹세 주님마음 울렸었 네
사랑하는 나의주 님 모습 스치고또 스쳐가 네
G A7
내가그 를알지못하노 라 내가그를알지못하노 라
D G E A7 rit
내가그를알지못하 노라 부인하고–돌아서서 한없이울었네–

사랑하는 주님

a tempo
D
F#m
A7
D
3
3
내가주를잃고 방황했 듯
주님오실기약 어찌잊 고
주도나를잃고 슬퍼했 네
맡긴사명모두 잊었던 가
G
D
A7
D
3
하지만 – 나의눈 물 보 다
지금도 – 새벽닭 울 때 면
주님의 눈물더뜨거웠 네
참회의 눈물로회개하 네

메들리곡
- 감사해요 주님의 사랑 (87)
- 시슴이 시냇물을 찾기에 (120)
- 세상 부귀 안일함과 (125)

120 사슴이 시냇물을 찾기에

(미 606)

(너는 너의 하나님을 바라라)

박명선

D F#m G A

사- 슴이 시냇 물 을 찾- 기에 갈급함 같- 이

D G D/A F#/A#

내영 혼이주-를- - -찾고자 주- 를 갈망 합니 다

Bm Bm/A G D D

주- 여- 어찌합니 까 - 사람 들이하는말이 네

A/C# G/B Gm/B♭ D/A

하 나님-이-어디 있 느뇨 어디 있 느뇨 내가 밤낮 으-로- -눈

G D/A A D D7 G

물 흘리니- 주- 여- 어찌합니 까 내 영 혼-아- 네가

D G A D

어 찌하여- 낙 망 하-느 - 냐 -- 네가 어 찌하여 - - 불

G D/A A D D7 G

안 하는고- 너는 너의하나님을 바-라 라 네 얼 굴-을- 도

D G A D

우 시-는- 네 하 나-님- 을 -- 살 아 계시는- -네

G D/A A 1.D D7 2. D
하 나님을- 너는 너의하나님을 바-라 라 내 라

메들리곡 • 사랑하는 주님 (119) • 새롭게 하소서 (122) • 아침에 나로 주의 (134)

(미 1146)

사랑의 주님이 121

D Dmaj7 Em A7
사 랑 의 주 님 이 날 사 랑 하 시 네

Em7 A7 Dmaj7 A7
내 모 습 이 대 로 - 받 으 셨 네 -

D Dmaj7 Em A7
사 랑 의 주 님 이 날 사 랑 하 듯 이

Em7 A7 G/D D
나 도 널 사 랑 하 며 섬 기 리 -

메들리곡 • 갈릴리 바닷가에서 (85) • 감사해요 주님의 사랑 (87)
• 평안을 너에게 주노라 (173)

122 새롭게 하소서

(Renueva me)

Marcos Goes

D G/D A/D D D/F♯G Em7 A7sus4 A7

새 롭 게하소 서주님 상한나-의마-음 -을- 새

D G/D A/D D D/F♯G Em7 A7sus4 A7

롭 게 하 소 서 주님 주님마-음주-소 -서- 내안

D A/C♯ Bm Bm/A G G/F♯ Em7 Asus4 A

에 있는모든 것 들은 간절히-주님만 원 합니다- 주님

D A/C♯ Bm Bm/A G A7 D

만바라는-간절한 나 의마음- 주님으로-채우소 -서-

메들리곡 • 오늘 집을 나서기 전 (141) • 나의 마음을 (190) • 나의 부르심 (192)

(미 1615)

선하신 목자

(Shepherd of my soul)

Martin Nystrom

선하신－목자－ 날 사랑하－는분－ 주
인도하－는곳－ 따라 가－－－리 주의말－씀을－ 나
듣기위－하－여 주 인도하－는－곳 가려 네
네 나를 푸른초－장과－－ 쉴만한물－가로－ 내
선하신－목자－날인－도해－ 험한 산과골－짜기－로 내가
다닐지－라도－ 내 선하신－목자－날인－도해 －

메들리곡

• 갈릴리 바닷가에서 (85) • 감사해요 주님의 사랑 (87)
• 주님은 너를 사랑해 (158)

124 세상 때문에 눈물 흘려도

(외롭지 않아)

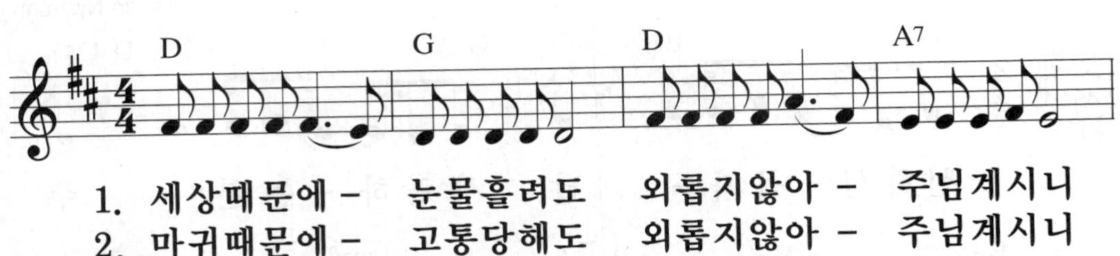

1. 세상때문에 - 눈물흘려도 외롭지않아 - 주님계시니
2. 마귀때문에 - 고통당해도 외롭지않아 - 주님계시니
3. 세상친구들 - 나를떠나도 외롭지않아 - 주님계시니

세상때문에 - 설움당해도 - 주님맘에외롭지않 아
마귀때문에 - 괴롬당해도 - 주님맘에외롭지않 아
세상친구들 - 나를버려도 - 주님맘에외롭지않 아

외롭지않아 - 주님계시니 두렵지않아 - 주님계시니 -

세상때문에 - 눈물흘려도 - 주님맘에외롭지않 아

메들리곡 • 나는 주를 부르리 (94) • 나의 맘 속에 온전히 (99) • 주님은 너를 사랑해 (158)

(미 986)

세상 부귀 안일함과

125

(주님 내게 오시면)

윤용섭

1. 세상 부귀안일함 과 세상 근심하다 가
2. 세상 일 에얽매여 서 세상 일만하다 가
3. 지금 까지내가한 일 주님 께서보시 고
주님 나 를찾으시 면 어 떻게만날 까
주님 나 를부르시 면 어 떻게만날 까
훗 - 날 에나를보 며 무 어라하실 까
주님 내 게오시 면 나 어찌대할 까
멀리 방 황하 던 - 나 불 - 쌍 한이죄 인
이제 주만생각하 며 세 상 근심 권세버리 고 영광
두손 들 고눈물로 써
오직 주 만바라보 며 주만 따라가오리 다
십자 가 를내가지 고

메들리곡

- 사랑하는 주님 (119)
- 사슴이 시냇물을 찾기에 (120)
- 어느 날 다가온 주님의 (131)

126 손 내밀어 주를 만져라

D Bm G A D

손 내 밀 어 주 를 만 져 라 주 지 나 신 다

D F#m G G#° A^7

너 의 애 타 는 외 침 - 을 주 - 들 으 시 리

D Bm G A D

주 님 너 의 모 든 것 - 을 채 워 주 시 리

D F#m G A^7 D

손 내 밀 어 주 를 만 져 라 주 지 나 신 다

메들리곡 • 신실하게 진실하게 (127) • 오직 주의 사랑에 매여 (145) • 주님 이곳에 (161)

(미 2035)

신실하게 진실하게

(Let me be faithful)

Stephen Hah

D A/C♯ Bm Bm/A E/G♯ A7
신실하게 - 진실하게 - 거룩하게살게하소서
D A/C♯ Bm Bm/A G A7 D
신실하게 - 진실하게 - 거룩하게살게하소 서
D A/C♯ Bm Bm/A G E/G♯ A7
하 나 님 - - - - 나의 마음 - 만져 주소서 -
나의 기도 - 들어 주소서 -
D A/C♯ Bm Bm/A G A7 D
하 나 님 - - - - 나의 영혼 새롭게하소 서
하 나 님 - - - - 주의 길로 인도 - 하소 서

메들리곡 • 주님 말씀하시면 (155) • 주 찬양합니다 (169) • 우리에게 향하신 (223)

128 신실한 나의 하나님

Brian Doerksen

D Em7/D
신 실 한 나 의 하 나 님 –
Asus4 A D2 D
영 원 한 평 강 의 –반 –석–
Bm9 Bm9/A Gmaj7 G Em7
만 유 의 주 의 지 하 며
A D Dmaj7/F♯ Gmaj9 A G/A D Dmaj7/F♯
주를부르 네 영원영– 원 히
Gmaj7 A G/A D Dmaj7/F♯ Gmaj9 A D
주를부르 네 영원영– 원 히–––
D/F♯ Bm7 A G D
환난 날 에 –내 반 –석 되시며
A G D
넘어 질– 때 도우–시 네

신실한 나의 하나님

A/D D G
D/F♯
G
시 험 - 속 에 - 주 - 사 랑 날 -
D/F♯
G
D/F♯ G
D/A
Asus4 A
D
붙 - 드 네 주 - - 만 이 나 의 참 - 소 망

메들리곡

• 신실하게 진실하게 (127) • 오직 주의 사랑에 매여 (145)
• 예수 귀하신 이름 (217)

129 아름다웠던 지난 추억들

(미 1173)

(친구의 고백)

권희석

D
A7
1. 아름다 웠던 - 지난추 억들 - 사랑했 었던 - 많은친
2. 지난유 월절 - 저녁성 찬때 - 주님과 함께 - 마시던
3. 새벽닭 울때 - 난괴로 웠어 - 풍랑이 일면 - 난무서
D
G
구들 - 멀고도 험한 - 고난의 길을 - 나이제
핏잔 - 그일이 문득 - 생각이 나면 - 어느새
웠어 - 하지만 이젠 - 두렵지 않아 - 이세상
D
A7
D
A7
D
말 없-이 주님을 위 하-여 떠나야 지
내 뺨-에 주르르 눈 물만이 흐릅니 다 수없이
끝 까-지 주님을 위 하-여 죽을텐 데
G
D
A7
많은 - 사람들 위해 - 당신이 바친 - 고귀한
D
G
D
희생 - 영원히 당신과 함께있 고 - 파 사랑의
G
A7
D
십 자가 를 맞이하 네

메들리곡

- 나를 세상의 빛으로 (95)
- 신실하게 진실하게 (127)
- 주님 예수 나의 생명 (157)

(미 1617)

아침 안개 눈 앞 가리듯 130

(언제나 주님께 감사해)

김성은 & 이유정

Dmaj7 A7/C# Bm Bm/A G Em7 Asus4 A7

아침안개 눈앞가리 듯 나의 약한믿음의심쌓일 때 부드
빗줄기에 바위패이 듯 나의 작은소망사라져갈 때 고요

F#m Bm 1. Em E7 Asus4 A7

럽게다가온주의음 성 아무 것도염려하지마 라
하게들리는주의음 성 내가

2. Em A7 D C/D D7 Gmaj7 A7 D D7

너 를사랑하노 라 외로움과방황속에 서

Em A7 D D#dim Em A7

주님 앞에 나아 갈때 에 위로 하시는주 님

F#m Bm Em7 E7 Asus4 A7

나를도우사 상한 나의 마음 감싸 주시 네

D F#m Gmaj7 Asus4 A7

십자가의보 혈로 써 주의 크신사랑알게하셨 네

Dmaj7 F#m Em A7 D

주 님께감사하리 라 언제 나 주님께감사 해

• 감사해요 주님의 사랑 (87) • 주 찬양합니다 (169)
• 평안을 너에게 주노라 (173)

131 어느날 다가온 주님의

(미 917)

(고백)
김석균
어 느날 - 다 가온 주 님의 이름을부 를수 없었어 요
뜨 거 운 사 랑을 느 꼈지만 부 를 수 - 없 었어 요
어느날 - 다 가 온주 님의 모 습을쳐 다 볼수 없 었어요
따 뜻한 사 랑을 느 꼈지만 바 라 보 지 못 했어 요
비 우 지 못 한 작 은가 슴 당 신 의사 랑은 너 무커 요
부 서 지 고 낮아져 도 당 신앞 에 설수 없 었어 요
오 늘도 - 찾아온 주 님 의 이 름 을불러 봅니 다
부 를수 록다 정 한 주 님모 습 가 만 히 안아봅니 다

메들리곡

• 사랑하는 주님 (119) • 오 나의 자비로운 주여 (140)
• 주신 자도 여호와시요 (163)

(미 1274)

영광 영광 영광 어린 양

(Glory to the lamb)

Larry Dempsey

D A/C♯ G/B Gmaj7/B Em7 Asus4 A
영 – 광 영 – 광 영 광 어 린 양
D A/C♯ A Em7 A Dsus4 D F♯m7
영 – 광 영 – 광 영 광 어 린 양 영 광 의
Gmaj7 A/G F♯m7 Bm7 Em7 A C/D D C/E D/F♯
주 예 수 찬 양 받 으 실 분 보 좌 위 어 린 양 – – – 소
Gmaj7 A/G F♯m7 Bm7 Emaj7 A7sus4 Dsus4 D
리 높 여 찬 양 을 주 님 께 보 좌 위 어 린 양

메들리곡

- 신실하게 진실하게 (127)
- 아버지 사랑합니다 (296)
- 영원한 생명의 주님 (423)

133 영광의 주 이름 높이세

(미 1486)

(영광의 주 / God of glory we exalt Your name)

David Fellingham

D Em F♯m Bm GM7
영 광 의 - 주 이 름 높 이 세 전 능
C♯7 F♯m A7/E D
의 - 왕 되 신 주 - 우 리 정 성 - 바 쳐 - 경 배 하
G Gm D Em A7 D G D
며 섬 기 리 주 의 이 름 찬 양 하 리 - 빛 나 는
Bm F♯m Em
빛 나 는 보 - 좌 - 다 스 리 시 - 는 - 영 원 한
보 좌 - 다 스 리 시 는 - 영 원 한 왕
Em A Bm
- 나 - 의 - 하 나 님 - 능 력 의 말 - 씀 -
- 나 의 하 나 님 - 능 력 의 말 씀 - 자 유 주

F♯m Em A7 D G/D D
자유주 시-네- 넘치는 사랑주-하나 님 -
시 네 -넘치는사 랑 -주 하 나 님 -

메들리곡
- 내 안에 계신 주 예수의 이름이 (106)
- 예수 이름이 온 땅에 (137)
- 주님께 영광을 (152)

(미 1782)

아침에 나로 주의 134

박명선

D D7/C Em A A/C♯
아- 침 에 나로 주-의 -인자한 말 씀 을 듣게

Dsus4 D7 G G♯dim D/A B7
하 소 서 내가 주 를 의 뢰합 니- 다 나 의

Em A7 G/D D G G♯dim
다 닐 길 을 인 도 하 소 서 내가 내 영 혼 을-

D/A B7 Em A7 G/D D
주- 께 내 영 혼을주께드립니- 다 -

메들리곡
- 사랑하는 주님 (119)
- 새롭게 하소서 (122)
- 아침안개 눈 앞 가리듯 (130)

135

예수 그 이름

(미 604)

(그 이름)

송명희 & 최덕신

D2 D Bm D2 D
예 수 - --그 이 름 - 나 는 - 말할수
F♯m Em A7 D F♯m/C♯ Bm
없 네 - 그 이름 -속에있는 비 밀 을
Em Em7 Asus4 A7 D2 D
그 이름 -속에있는 사 랑을 - 그 사 랑을 -말할수
Bm D2 D F♯m
없어서 - 그 풍부함 - 표현못 해 서 -
Em A7 D F♯m/C♯ Bm Em Em7
비 밀이 -되었네 그 이 름 비 밀이 - 되-었
Asus4 A7 Gmaj7 F♯m
네 - 사람들 그 -이름 건 축 자 의 -버린
Em7 A7sus A7 Dmaj7 C/D D7 Gmaj7
돌처럼버 렸 지 만 --내 마음에 - 새겨진
F♯m7 Em7 Asus4 A7
이-름 은 -아 름-다 운 보 석 - 내

D2 D Bm D2 D
게 있는 - 귀한비 밀 이라 - - 내 마 음에 - 숨겨진
F#m7 Em A7 D F#m/C# Bm
기 쁨 - 예 수 - 오 - - 그 이 름 - 나
Em Asus4 A7 Dsus4 D Em Asus4 A7
는 말할 수 없 네 - - 그 이 - 름의 비 밀
F#m7 B7/F# Em Asus4 A7 G/D D
을 - - 그 이 - 름의 사 랑 을 -

메들리곡

• 내 안에 있는 예수 그이름(146) • 예수 귀하신 이름 (217)
• 아버지 사랑합니다 (296)

136 예수보다 더 좋은

(나의 참 친구)

(미 936)

김석균
D G D A7 D
예수 – 보다 – 더좋은친구없 네 예수 –
예수 – 사랑 – 참좋은예수사 랑 예수 –
G D A7 D G
보다 – 더귀 한친구없 네 괴로 울때 –
사랑 – 참좋 은예수사 랑 세상 에서 –
G D A7
다가 와서 마음에평화주 는 신실하신 나의참친
제일 가는 금으로유혹해 도 예수님만 사랑하겠
D D7 G D
구 – 외로울때 – 찾아 와서 친구가되어주
네 – 세상에서 – 제일 높은 명예를준다해
D G E A7
는 사랑 많은 나의참 친 구 –
도 예수 님만 따라가 겠 네 –
D G D
주 예수 사랑하리 라 나의생명
D A7 D G
다할때까 지 – 주 예수 사랑하리
G D A7 D G D
라 나의생명 다할때까 지 –

메들리곡

• 내 안에 계신 주 예수의 이름이 (106)
• 주 다스리네 (162) • 할 수 있다 하면 된다 (176)

(미 1693)

예수 이름이 온 땅에

김화랑

D G D G D A
예 수 이 름 이 온 땅 에 - 온 땅 에 퍼 져 가 네
예 수 이 름 이 온 땅 에 - 온 땅 에 선 포 되 네
D G D G D Asus4 A7
잃 어 버 린 영 혼 예 수 이 름 - 그 이 름 듣 고 돌 아 오 네 - - 예 수
하 나 님 의 나 라 열 방 중 에 - 열 방 중 에 임 하 시 네 - - 하 나
G A F♯m Bm G A D
님 기 뻐 노 래 하 시 리 잃 어 버 린 영 혼 돌 아 올 때 - - 예 수
님 기 뻐 노 래 하 시 리 열 방 이 - 주 께 돌 아 올 때 - - 하 나
G A F♯m Bm G A D
님 기 뻐 춤 추 시 리 잃 어 버 린 영 혼 돌 아 올 때 - -
님 기 뻐 춤 추 시 리 열 방 이 - 주 께 돌 아 올 때 - -

메들리곡 • 오라 우리가 (142장) • 복음을 심었습니다 (24장) • 우리는 모두 다 (42장)

138 예수 하나님의 공의

(미 1676)

(This kingdom)

Geoff Bullock

D A/C# C#dim7 Bm D/A
예 -수 - 하나님의공의 - 주독생
예 -수 - 하나님의사랑 - 주은혜
G D/F# Em G/A A
자 그의나라 임하시 -네- -
와 말씀으로 나타났 -네- -
Bm D7/A G B7/F# Em
예 -수 - 제물이되신주 - 영광중
예 -수 - 거룩한하나 님 -
D/A G/A A7 D/F# G/A A7
에 그의나라 임하시 -네- 주의
D A/C# Bm F#m C/D
나라 영원하며 - 그의영광 무궁하리 - 왕의
G A/G D/F# E/G# Asus4 A7
위 엄과 - 능력 -이- 이제임하였- 으니 - 주의
D A/C# Bm
주권과 - 주의통치 와 - 주의나라 힘 -과권세

F♯m C/D GM7 D/A Bm Em Asus4 D
임하 네- 예 - 수 하 나 님의- 공 의

메들리곡 • 오소서 진리의 성령님 (143) • 주의 이름 안에서 (166) • 찬양의 열기 (172)

(미 894) 예수님의 사랑 신기하고 놀라워 139

D A7
예 수님의사 랑 신기하 고 놀라워 예수 님의사 랑

D
신 기하고놀라 워 예수님의 사 랑 신 기하고놀라워

A7 D A7
오 크신사 랑 하 늘 그 보다 높고 바 다

D A7 D
그 보다 깊고 우 주 그 보다 넓은 오 크신사 랑

메들리곡 • 예수 이름이 온 땅에 (137) • 주의 자비가 내려와 (168)
• 하늘의 해와 달들아 (175)

140 오 나의 자비로운 주여

(미 832)

(영혼의 노래 / Spirit song)

John Wimber

DM7 Gmaj7 Bm/F♯ Em7 A F♯m
오 나의 자 비로 운 주 여 나의 몸 과영 혼
모 여라 주 께찬 양 하 라 나의 귀 한친 구
Bm Em A7 D
을 주님 은 혜로 다 채 워 주 소 서
야 주이 름 앞에 너 두 손모 으 고
DM7 Gmaj7 Bm/F♯ Em7 A F♯m
이 세 상 괴 롬걱 정 근 심 주여 받 아주 시
오 너 의 슬 픔세 상 눈 물 너의 쌓 인아 픔
Bm Em Em/A A7 D D7
고 힘든 세 상에 서 인 도하 소 서 -
을 십자 가 앞에 서 모 두버 리 고 -
G A/G G F♯m Bm Em7 A7 D C/E D/F♯
예 수 오 예 수 지 금 오 셔 서 -
G A/G G F♯m Bm Em7 A7 D
예 수 오 예 수 채 워 주 소 서

메들리곡 • 신실하게 진실하게 (127) • 아버지 사랑합니다 (296) • 주님만 주님만 (326)

(미 1096)

오늘 집을 나서기 전

M.A. Kidder & W.O.Perkins

D
A7
1. 오 늘 집 을 나 서 기 전 기 도 했 나 요
2. 맘 에 분 이 가 득 찰 때 기 도 했 나 요
3. 어 려 운 시 험 당 할 때 기 도 했 나 요
4. 나 의 일 생 다 하 도 록 기 도 하 리 라
D
G
A7
D
오 늘 받 을 은 총 위 해 기 도 했 나 요
나 의 앞 길 막 는 친 구 용 서 했 나 요
주 가 함 께 당 하 시 면 능 히 이 기 리
주 께 맡 긴 나 의 생 애 영 원 하 리 라
D
A7
기 도 는 우 리 의 안 식 빛 으 로 인 도 하 리
D
G
A7
D
앞 이 캄 캄 할 때 기 도 잊 지 마 시 오

메들리곡

- 아침에 나로 주의 (134)
- 오늘 내가 미워한 사람이 있고 (221)
- 우리에게 향하신 (223)

142 오라 우리가

(미 1586)

(여호와의 산에 올라 / Come and let us go)

B. Quigley & M-A Quigley

D Bm Em A^7

오 라 우 리 가 - 여 호 와의 - 산 에 올라 - 하

Em^7 1. A^7 D A^7 2. A A^7 D D^7

나 님의 전 에 이 르 자 - 전 에 이 르 자 - 주

G A^7 D D^7

님 의 도 를 배 우 고 - 주

G A^7 D D^7

님 의 길 로 행 하 리 - 이 는

G A7 D F#m/C# Bm
율 법 이 시 온 에 서 나 오 고 - 주 의

Em7 A7 D
말 씀 은 예 루 살 렘 에 서 -

메들리곡

- 예수 이름이 온 땅에 (137)
- 문을 열어요 활짝 (393)
- 아름다운 사랑을 나눠요 (412)

(미 1548)

오소서 진리의 성령님

(부흥 2000)

고형원

D A/C♯ Bm Bm/A G D/F♯ Em7 A7
오소 서진리의 성령님- 이땅흔들며 임 하소서-
D F♯m Bm Bm/A Gmaj7 A7 D G/A
거짓과탐욕죄 악에무너진- 우리가슴정케하소 서
D A/C♯ Bm Bm/A G D/F♯ Em7 A7
오소서은혜의 성령님- 하늘가르고임 하소서-
D F♯m Bm Bm/A G A7 D G A7
거룩한불꽃하늘 로서임하사- 타오 르게하소서 주영광위 해
D A/C♯ Bm Bm/A G A D G A7
부흥의불길 -타오르게 하소서--진리 의말씀-이땅새롭게하소 서
D A/C♯ Bm Bm/A G Em Asus4 A7
은혜의 강물- 흐르게 하소서--성령 의바람- 이땅가득불어 와
G A7 F♯m Bm G A7 D D7
흰옷입-은 주의 순결한백성 주의 영광위해 이제 일어 나
G A7 F♯m Bm G A7 G/D D
열방을- 치유하 며행진하는 영 광의그날을주-소 서

메들리곡
- 오직 주의 사랑에 매여 (145)
- 내 눈 주의 영광을 (375)
- 세상 모든 민족이 (405)

144 오순절 거룩한 성령께서

(미 649)

(불 같은 성령 임하셔서)
John W. Peterson
1. 오순절거룩한성 령 께서 충만한은혜주신 다
흩어진초대교회 성 도들 담대히복음전했 네
2. 이세상어두움에 찼 으나 오직믿음으로살 리
지난날성도들기 도 할때 큰부흥일어났었 네
그의증거로승리 얻 었네 큰구속받은우리 들
순교한그들따라 우 리도
성령의뜨거운그 불 길이 교회에새힘을주 네
오늘날그와같은 성 령을
나가서복음전하 자 불 같 은 성 령
다시금부어주소 서 역 사 하 소 서
임 하 셔 서 풍 성 한 은 혜 와 주 사 랑 줍 소 서
이 시 간 에
기 도 합 니 다 성 령 의 충 만 을
성 령 의 충 만 을 성 령 의 충 만 을

메들리곡
- 주님 이곳에 (161)
- 예수 가장 귀한 그 이름 (216)
- 문들아 머리들어라 (392)

(미 1901)

오직 주의 사랑에 매여 145

고형원

오직 주의사랑에매여 내영기뻐노래합니다 이소

망의언덕 기 쁨의땅-에-서 주께사랑드립니다 오직

주 의임재안에갇 혀 내영 기 뻐 찬양합니다 이소

명의언덕 거 룩한땅-에-서 주 께경배드립니다 주께

서 주신모든은혜 나- 는 말할수없네 내영

혼 즐거-이 주 따르렵-니다- 주 께내삶드립니다

메들리곡
- 신실하게 진실하게 (127)
- 주님 말씀하시면 (155)
- 주님 손에 맡겨 드리리 (156)

146 우리 모일때 주 성령

(미 1250)

(As we gather)

Mike Faye & Tommy Coomes

D F#m7 G Gmaj7/A A7
우 리 모 일 때 - 주 성 령 임 - 하 리

D F#m7 G A7 Gmaj7 Asus4 A7
우 리 모 일 때 - 주 이 름 높 이 리 우 리 마 음 모 - 아

D F#/C# Bm7 Bm/A G G/A D D7
주 를 경 배 할 때 주 님 축 복 하 - 시 리 - -

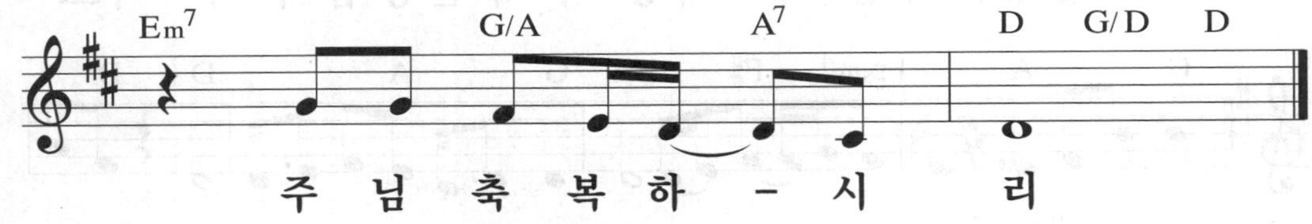

Em7 G/A A7 D G/D D
주 님 축 복 하 - 시 리

메들리곡

- 주님은 너를 사랑해 (158)
- 주님의 사랑이 이 곳에 (330)
- 하나님은 너를 만드신 분 (341)

(미 834)

이 시간 주님께 기도합니다 147

(기도)

이인수

D2 G A A7 D
이시간 주님께 기도합니다
영원한 생명을 주신주님--께
진실한 사랑을 주여달라--고
A2
아메 마른저곳에 참소망이되신주
E7
아차 가운저곳에 참소망이되신주
경건한 맘으로 기도합니다
1.
영원한 생명을 주신주님--께
2.
진실한 사랑을 주신주님께

메들리곡 • 먼저 그 나라와 의를 (21) • 오늘 집을 나서기 전 (141) • 나의 마음을 (190)

148 이와 같은 때엔

(미 621)

(In moments like these I sing out a song)

David Graham

D Bm7 Em7 A7 Adim Em7
이 와 같 은 때 엔 난 노 래 하 네 사 랑 을 노
이 와 같 은 때 엔 난 기 도 하 네 조 용 히 기
Em7/A A Dmaj7 G2/A D Bm7
래 하 네 주 님 께 이 와 같 은 때 엔 손
도 하 네 주 님 께
Em7 A7sus Adim Em7 Em7/A A7 D C/D D7
높 이 드 네 손 높 이 드 네 주 님 께 - 주 님
Gmaj7 A7 Dmaj7 D7 Gmaj7 A7 Dmaj7 D D7 Gmaj7
사 랑 해 요 - 사 랑 해 요 - 사
A Bm G D/A A7 D 1. C/D D7 2.
랑 해 요 주 님 사 랑 해 요 - 주 님 -

메들리곡

• 사랑의 주님이 (121) • 주의 사랑을 주의 선하심을 (165)
• 주 찬양합니다 (169)

(미 1089)

죄송해요

죄송해 요 죄송해 요 정 말잔치에 갈수 없 어 장가

가야 하고 소도 사야 하고 논과 밭 에 나가 서 할일은많아 내

어이하리죄송해 요

1. 한어느 마을의멋진집에 살던사람이 큰
2. 이때에 주인이화가나서 일어나더니 모
3. 이얘기 모두가우리위해 씌여졌구나 주

잔 치 를벌여놓고 손 님청했네 그가 널 리 이웃더 러
든 종 을불러세워 명 령하기를 눈먼 사 람 절름발이
님 께 서영광스런 잔 치베풀고 내게 오 라 명령할 때

오라 했더니 그 때 모든사 람 들이 대답하는말 죄송해
가릴 것 없이 모 두 불러이 자 리를 가득채워라 죄송해
주저 한 다면 너 도 나도밀 려 나고 후회하리라 죄송해

메들리곡 • 그대는 아는가 (90) • 나는 주를 부르리 (94) • 주님은 너를 사랑해 (158)

150

주께 힘을 얻고

(미 2058)

(축복의 사람)

설경욱

주 께 힘을 얻고그마음에 - 시온 의대로가 있는그대는 -

하나님의- 축복 의사 람이죠- 주님 그대를-너무기뻐 하시죠 -

주의 집에거하기를사모 하 - 고- 주를 항상찬송하는 그대는 -

하 나님의- 축 복 의 사람이죠- 주님 그대를-너무사랑 하시죠 -

그대 섬김은- 아름다운찬 송 그대 헌신은- 향 기로운기 도

그대 가 밟는땅 어디 에서라도- 주님 의이름높아질거에 요

메들리곡

- 나에겐 알 수 없는 힘 (98)
- 당신은 사랑받기 위해 (112)
- 이와 같은 때엔 (148)

(미 1540)

주 네 맘에 들어가시려 하네 151

(기다리시는 구세주)

Ralph Carmichsel

D G A7
주 네맘에 들 어 가 시려하 네 왜모 시
너 주님께 한 발 을 디뎌노 라 주께 서

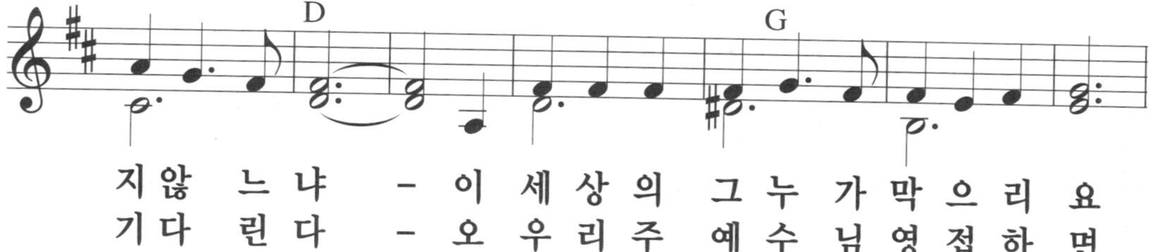
D G
지않 느냐 - 이 세 상의 그누 가 막으리 요
기다 린다 - 오 우 리주 예수 님 영접하 면

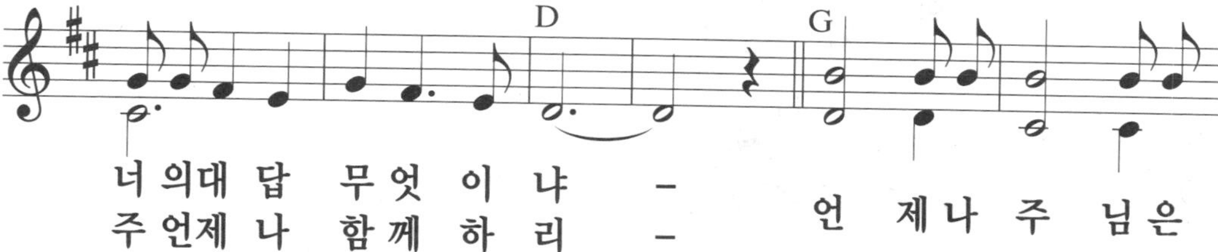
D G
너의대 답 무엇 이 냐 -
주언제 나 함께 하 리 -
언 제나 주 님은

D A7 D G
기 다 리 네 또 지 금도 기 다 리 네 - 주 님 께서

D G D
문열 기 원하 시 며 지 금기 다 리시 네 -

메들리곡

- 괴로울 때 주님의 얼굴 보라 (2)
- 내가 걷는 이 길이 혹 굽어 (11)
- 주님 나를 부르셨으니 (153)

152 주님께 영광을

(미 641)

(주님께 알렐루야)

최덕신

D D♯dim Em7 A7 Dmaj7 D/C♯
주 님 께 영 - 광을 - 주 님 께 감 - 사를 -
Bm7 Em Em/G G♯dim Asus4
주 님 께 찬 - 양을 - 할 렐 루 야
A D♯dim Em7 A7 Dmaj7 D/C♯
- 우 리 의 젊 - 음을 - 가 - 진것 - 모 두 다 바 - 쳐서 -
Bm7 Em7 A7 D
주 님 을 사 - 랑해 - 할 렐 루 야

메들리곡 • 영광의 주 이름 높이세 (133) • 예수 이름이 온 땅에 (137) • 오라 우리가 (142)

(미 993)

주님 나를 부르셨으니

윤용섭

1. 주님 나를 부르셨으니 주님 나를 부르셨으니
2. 주님 나를 사랑했으니 주님 나를 사랑했으니
3. 주님 나를 구원했으니 주님 나를 구원했으니

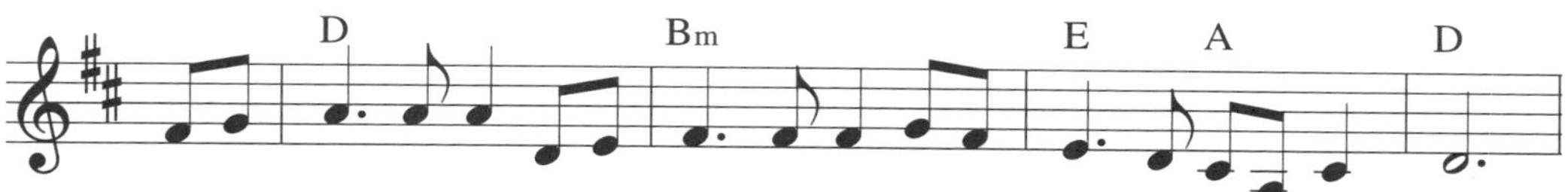

내 모든 정성 내 모든 정성 주만 위해 바칩니다
이 몸 바쳐서 이 몸 바쳐서 주만 따라가렵니다
소리 높여서 소리 높여서 주만 찬양하렵니다

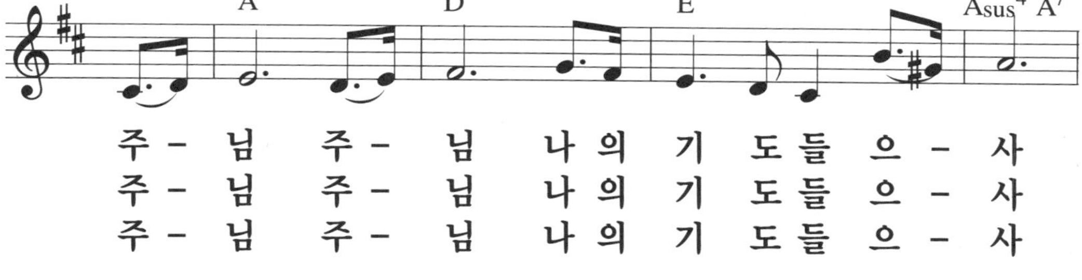

주 – 님 주 – 님 나의 기도 들으 – 사
주 – 님 주 – 님 나의 기도 들으 – 사
주 – 님 주 – 님 나의 기도 들으 – 사

영원토록 주님만을 사모하게 하옵소서
언제까지 주님만을 사모하게 하옵소서
할렐루야 주님만을 사모하게 하옵소서

메들리곡

- 신실하게 진실하게 (127)
- 오직 주의 사랑에 매여 (145)
- 주 네 맘에 들어가시려 하네(151)

154 주님 내가 여기 있사오니

(미 977)

(나를 받으옵소서)

최덕신

D G/D A/C♯ Bm A/C♯ D2
주님 내 가여 기있 사오니 나를 보 내 소- 서
Gmaj7 A7/G F♯m Bm Em7 Asus4 A7
나의 맘 나의몸 주께 드리오-니 주 받으옵 소 서
D G/D A/C♯ Bm A/C♯ D2
주님 내 가여 기있 사오니 나를 써 주 소- 서
Gmaj7 A7/G F♯m Bm Em7 A7 D C/E D/F♯
가진 것 모두다 주께드 리오-니 주 받으옵 소 서
G A7/G F♯m D♯dim Em7 A7 D2 C/E
알 렐 루 - 야 알-- 렐 - 루 - 야
Gmaj7 A7/G F♯m7 Bm7 Em9 A7 1. D G/A
알 렐 루 - 야 ---- 알 - 렐 루 야
2. D Em A7 D Em7
야 나를 받 으 옵 소 서 나를 받 으
G/A A Bm F♯m/A Gmaj7 Em A7 Dsus4 D
옵 소 서 -

메들리곡
- 오직 주의 사랑에 매여 (145)
- 주님 예수 나의 생명 (157)
- 내 눈 주의 영광을 (375)

(미 1757)

주님 말씀하시면

155

(말씀하시면)

김영범
주님 말씀하-시면- 내가나아가-리다- 주님
뜻이아-니면- 내가 멈춰서-리다- 나의
가고서-는것- 주님 뜻에있-으니- 오주
-님- 나를이끄-소-서- 주님 뜻하
신그-곳에- 나있기원합-니-다- 이끄
시는-대로- 순종하며살-리-니- 연약한내-영혼
- 통하여 일하-소-서- 주님나라와-그뜻을위-하여
- 뜻하 오-주 -님- 나를이끄-소 -서-

메들리곡

- 주님 손에 맡겨 드리리 (156)
- 예수 가장 귀한 그 이름 (216)
- 주님만 주님만 사랑하리 (326)

156 주님손에 맡겨드리리

(미 2093)

(전심으로 / With all I am)

Reuben Morgan

주님손에 - - 맡겨드-리리 - -나의-삶
주와함께 - - 걸어가리- -라 - 모든길-을
- 주님께- - 주님손이 - - 나의삶붙드-네
- 주신뢰-해 주뜻안에 - - 나-살아가-리
나주의-것 - 영원히- - -
주의약속 -은 - 영원해- - -
내가믿-는분 - 예수 - 내가속-한분
- 예수 -삶의이유 되-시네 - -내노래되-시네
3rd timeTo Coda
- - 전심 - 으로 - -
- - 전심 - 으- 로

A sus4 A G/D D Em
경 배 하 - 리 - - 경 배 하 - 리 - 라
A sus4 A G/D D A/C♯ G/B
- - 경 배 하 - 리 - - 경 배 하 - 리 - 라
A sus4 A G/D D A/C♯ G/B
- - 경 배 하 - 리 - - - 경 배 하 - 리 - 라
A sus4 A D.S. A sus4 A D G/D D
- 내 가 믿 - 는 분 - - 전 심 - 으 로 - -

메들리곡

- 감사해요 주님의 사랑 (87)
- 신실한 나의 하나님 (128)
- 주님 말씀하시면 (155)

157 주님 예수 나의 생명

(주님 안에 살겠어요)

김기원 & 장욱조

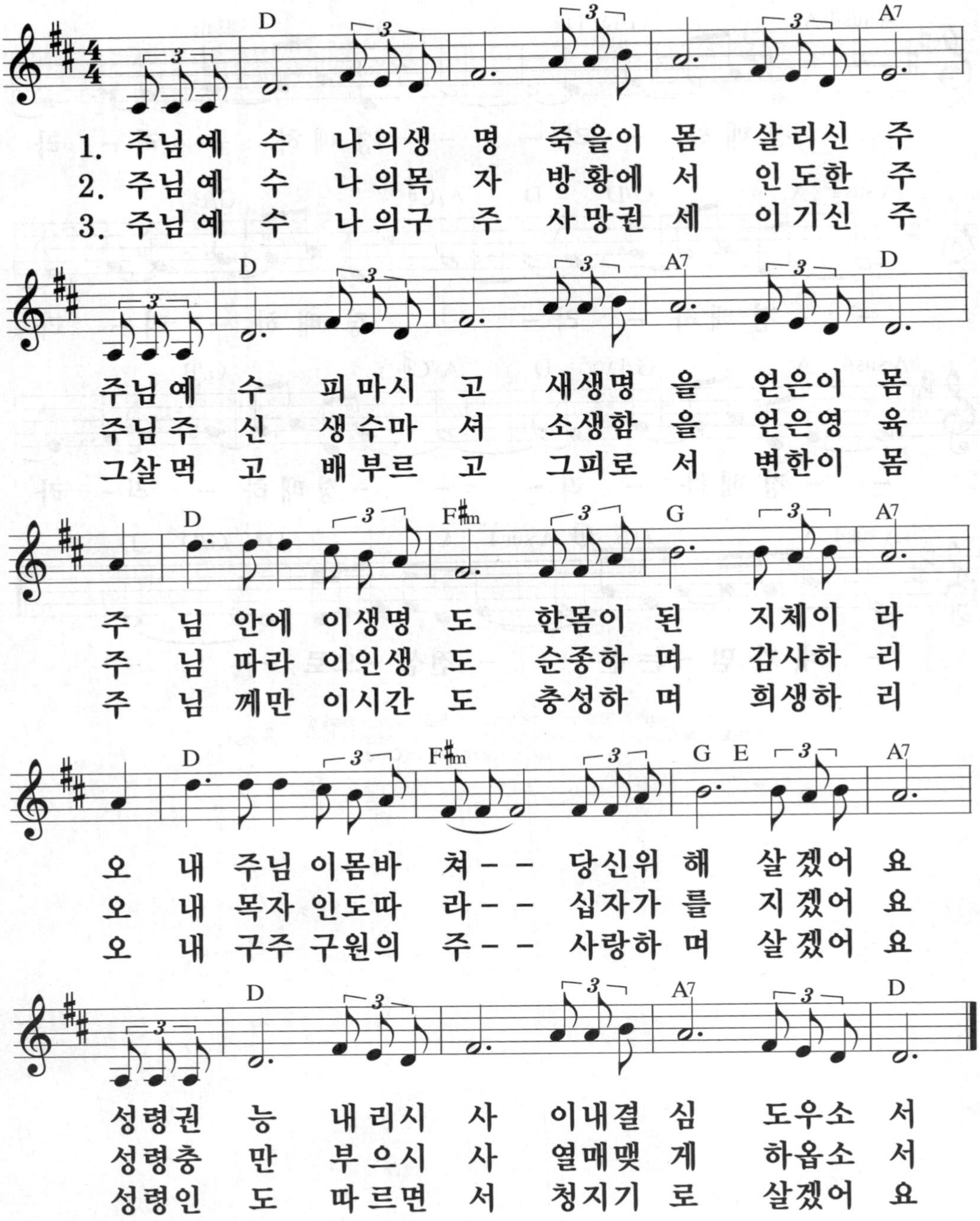

1. 주님예 수 나의생 명 죽을이 몸 살리신 주
2. 주님예 수 나의목 자 방황에 서 인도한 주
3. 주님예 수 나의구 주 사망권 세 이기신 주

주님예 수 피마시 고 새생명 을 얻은이 몸
주님주 신 생수마 셔 소생함 을 얻은영 육
그살먹 고 배부르 고 그피로 서 변한이 몸

주 님 안에 이생명 도 한몸이 된 지체이 라
주 님 따라 이인생 도 순종하 며 감사하 리
주 님 께만 이시간 도 충성하 며 희생하 리

오 내 주님 이몸바 쳐-- 당신위 해 살겠어 요
오 내 목자 인도따 라-- 십자가 를 지겠어 요
오 내 구주 구원의 주-- 사랑하 며 살겠어 요

성령권 능 내리시 사 이내결 심 도우소 서
성령충 만 부으시 사 열매맺 게 하옵소 서
성령인 도 따르면 서 청지기 로 살겠어 요

메들리곡
- 주님 손에 맡겨 드리리 (156)
- 주여 작은 내 소망을 (164)
- 예수 가장 귀한 그 이름 (216)

주님은 너를 사랑해

조환곤

주님은 너를*사랑해 - 주님은 너를사랑해 - 우리를

사랑하신주 - 널사랑 해 주님은 너를사랑해 - 주님은

너를사랑해 - 우리를 사랑하신주 - 널사랑 해 주님은 해

* 기뻐해
위로해
축복해

메들리곡 • 선하신 목자 (123) • 우리 모일 때 주 성령 임하리 (146) • 이와 같은 때엔 (148)

159 주님을 무엇보다 더

Joseph Garlington

G/A
Dmaj9
Bm7
Em7
G/A
A7
주 님 을 무엇보 -다더 -사
양 해 거룩하 -신주 -찬
Dmaj9
Bm7
Em7
G/A
A7
Dmaj9
Bm7
랑 해 누구보 -다더- 사 랑 해
양 해 거룩하 -신주- 찬 양 해
Em7
G/A
A7
1.2.D
Bm7
Em7
F♯m7
Gmaj7
G/A
나의삶을드리 네 찬
3. F♯m/B
B
Em7
G/A
A7
D
네 - - 나의삶을드리 네

메들리곡 • 감사해요 주님의 사랑 (87) • 주님은 너를 사랑해 (158) • 주님 이 곳에 (161)

(미 1699)

주님의 성령 지금 이곳에 160

(임하소서)

송정미 & 최덕신

D A/C♯ Bm D/A G B7/F♯ Em A D A/C♯ Bm D/A
주 님 의 성 - 령 지 금 이 곳 에 임 - 하 소 서
Gmaj7 A7 D G/A D A/C♯ Bm D/A G B7/F♯ Em A
임 하 소 서 주 님 의 성 - 령 지 금 이 곳 에
D A/C♯ Bm Gmaj7 A7 D F♯m/C♯ Bm7 F♯m
임 - 하 소 서 임 하 소 서 알 렐 루 야 알 -
G A/G F♯m B7/F♯ Em7 A7 D A/C♯ Bm G A 1.D 2.D
렐 루 야 알 렐 - 루 - 야 알 렐 루 야 야

메들리곡 • 주님 이 곳에 (161) • 예수 가장 귀한 그 이름 (216) • 주님 내 아버지 (236)

161 # 주님 이곳에

(미 1828)

고형원

D
F#m
G
A7
D
G
A7
Bm
G
D
A7
D
주님 이곳에 주님 이곳에 우리 와함께 함께
상한 심령을 위로 하시며 병든 우리몸 고쳐
하시네 – 나의 몸과 맘 경배 드 리
주시네 – 결박 을끊 고 자유 주 시
네 주 님 이곳 에 계 시 네
네 주 님 이곳 에 계 시 네

메들리곡 • 목마른 사슴 (115) • 주님의 성령 지금 이 곳에 (160) • 찬양의 열기 (172)

(미 1700)

주 다스리네

(The Lord Reigns)

Dan Stradwick
주 다 -스리네 - 주 다 -스리네 - 주
다 -스리네 - 온땅기뻐해 - 온땅기뻐해 - 온땅기뻐해
- 만백성기뻐하 라 - 주다스리
네 - 주 네 -
주 님 나 라 임 -하 네 모 든 적 불 태
-우네 악한세력은 녹네 주 님의임재앞- 에
주 님 의 임 재 앞- 에 - - 주
네 - 주 다 스 리 네 -

메들리곡
- 예수 이름이 온 땅에 (137)
- 주의 자비가 내려와 (168)
- 하늘의 해와 달들아 (175)

163 주신 자도 여호와시요

브라가

D Dmaj7 F♯m
주신 자도 - 여호와 시요 - 취하신
중에 - 즐거워 하며 - 오히려
길을 - 아시는 분은 - 오직여
G Em7 Asus4 A7 D F♯m/C♯
자도 - 여호와 시오니 - - 여호와 의 이름이 - 찬송
내가 - 위로를 받으니 - - 거룩하 신 주님의 - 말씀
호와 - 한분이 시오니 - - 주가나 를 단련한 - 후에
Bm Bm/A Em7/G A7 1.2. D G/A 3. D
을 받으실지이다 고통
에 순복함이로다 내앞
는 정금같이되 리

메들리곡 • 감사해요 주님의 사랑 (87) • 선하신 목자 (123) • 오 나의 자비로운 주여 (140)

(미 974)

주여 작은 내 소망을 164

조일상

D Em A7 D D7
주 여작은 내소망 을 - 무릎꿇고 아뢰니 다 -
고 요중에 기다려 요 - 주의자비 로운손 길 -
E A7 D D7
나 의죄를 회개하 니 - 내모든죄 사하소 서 -
하 늘문을 열으시 고 - 나를영접 하옵소 서 -
G D D7 G D D7
내가주를따 를래 요 - 주님만을 섬길래 요 - - -
G D G
나 의맘을받 으 소 서 - 예 수만 을사 랑 하
A7 D Em A7
게 - - 나 의몸을 받 으소 서 -
A7 D
나 의생명 받 으소 서 - 온 갖충성 다 하리
Em E7 G A7 D
니 - 주 의일꾼 삼 으소 서 -

메들리곡
- 신실한 나의 하나님 (128)
- 주님 말씀하시면 (155)
- 찬바람 부는 갈보리 산 (171)

165 주의 사랑을 주의 선하심을 (미 1679)

(Think about His love)

Walt Harrah

D2
G
주의사랑을 - 주의선하 심 -을 -
D2
Asus4
A7
주의은혜를 생각해 보 라 - 하늘
Gmaj7
F#m
D/F#
Em7
보다도 더높으신 - 아 버 지 의사랑 크 고 놀 랍
Gmaj7/A
A
G6
D
Fine
네 - - - - 아버지사랑 크고놀랍 네 -
Gmaj7
Asus4
D
Bm7
Am7
C/D
내 어 찌 그 사랑 - 잊 으 리 내
나 길을 - 잃고 - 헤 맬 때 그
Gmaj7
Asus4
D
A/C#
Bm
어찌주의 - 긍휼 - 잊 으 리 - 내 영 혼의 -
사- 랑날 - 찾아 - 내 셨 네 -
F#m
G
Em7
Em7/A
A7
- 모 든소원- - 만 족시킨- 하나님 - -
D.C

메들리곡 • 이와같은때엔 (148) • 주의 인자는 끝이 없고 (167) • 주 찬양합니다 (169)

(미 1662)

주의 이름 안에서

166

(찬양의 제사 드리며 / We bring the sacrifice of praise)

Kirk Dearman
D Bm
주의 이름안-에서- 주의 성소로-가네--- 영광
주의 말씀주-시고- 우리 감사드-리네--- 주의
G D/F# Em A7
스러운-이곳-에 우리 기쁘게-왔네-- 거룩
날개그-늘밑-- 우리 피난처-되네-- 주의
D Bm
한보좌-앞에-서 따뜻 함을느-끼네--- 우리
길을따-르며-- 우리 주께순-종해--- 모든
G D/F# Em A Asus4 A7
마음경-배하-며 찬양의 제사드리네- - -
상황속-에서-도 찬양의 제사드리네- - -
D Em7sus4 F#m7 Bm7 G D/F# Em A
찬 양의제사드리 며 -성소로 들어 갑니 다
D Em7sus4 F#m7 Bm7 G Em7 A D
찬 양의제사드리 며 -성소로 들어 갑니 다 우리
G F#m7 Bm7 Em7 A9 D Em7 D/F# D
모 두주님 께 -감사의 제 사를 드리세 우리
G F#m7 Bm7 Em7 A9 D
모 두주님 께 -기쁨의 제 사드리 네

메들리곡 • 예수 하나님의 공의 (138) • 주 찬양합니다 (169) • 찬양의 열기 (172)

167 주의 인자는 끝이 없고

(미 619)

(The steadfast love of the Lord)

Edith McNeill

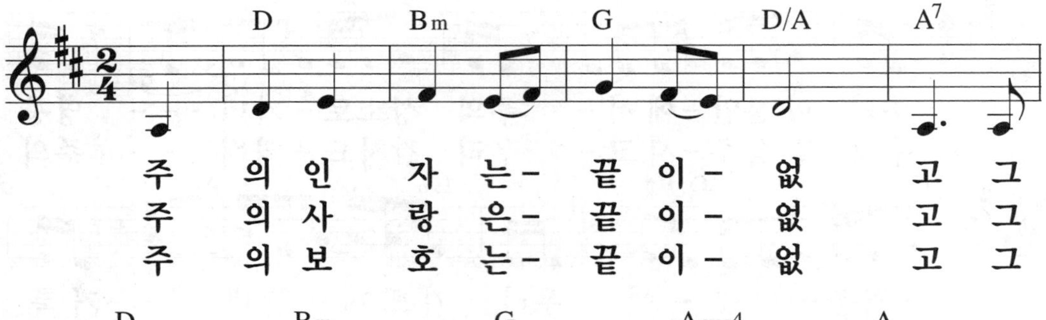
D Bm G D/A A7
주 의 인 자 는- 끝 이- 없 고 그
주 의 사 랑 은- 끝 이- 없 고 그
주 의 보 호 는- 끝 이- 없 고 그

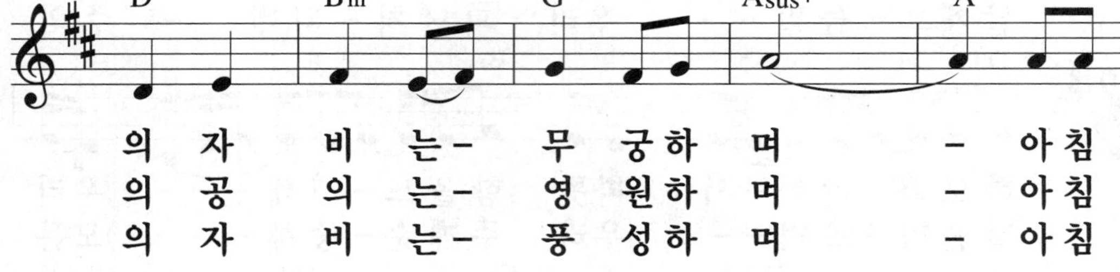
D Bm G Asus4 A
의 자 비 는- 무 궁 하 며 - 아 침
의 공 의 는- 영 원 하 며 - 아 침
의 자 비 는- 풍 성 하 며 - 아 침

Gmaj7 A7/G F#m Bm G
마 다 새 롭 고 늘 새 로 우 니 주 의 성

Asus4 A7 D D2 D7 Em G/A A7 D
실 이 큼 이 라 성 실 하 신 주 님 -

메들리곡 • 이와 같은 때엔 (148) • 주의 사랑을 주의 선하심을 (165) • 주 찬양합니다 (169)

(미 1672)

주의 자비가 내려와

(Mercy is falling)

168

David Ruis

D Em D/F♯ A7 D Em D2/F♯ G A
주의자비-가내려 -와내려- 와 주의자비-가봄 비같이
D Em D/F♯ A7 D2
주의자비-가내려 -와나 를덮 네 -
D G D G A7
헤이호 주의 자비하심과 헤이호 주의 은혜로
D G D/F♯ D/E A D G/D D
헤이호 나는영원히 춤추 리 -

메들리곡

- 영광의 주 이름 높이세 (134)
- 주 다스리네 (162)
- 험하고 어두운 길 헤매일 때 (177)

169 주 찬양합니다

(미 1246)

(Ich lobe meninen Gott)

Cl. Fraysse Bergese

D A/C♯ Bm Bm/A G A D
주 찬양합니다 내 마음을 다해 주
G A/G F♯m Bm Em E7 Asus4 A
가 하신 놀라운 일들을 세상에 모두 전하리라
Dmaj7 A/C♯ Bm Bm/A G A D
주 찬양합니다 내 마음을 다해 내
G A F♯m Bm Em A7 D
가 주를 기뻐하며 찬양해 할렐루야 지
Gmaj7 A/G F♯m Bm Em A7 D C/D D7
극히 높으신 이름 찬양해 할렐루야 지
Gmaj7 A/G F♯m Bm Em A7 D
극히 높으신 이름 찬양해 할렐루야

메들리곡 • 예수 하나님의 공의 (138) • 주의 이름 안에서 (166) • 찬양의 열기 (172)

(미 1709)

지금 우리가 주님 안에 170

(아름답게 하리라)

곽상엽

D A/C♯ Bm Bm7/A
지금 우리 가- 주님안에하나 가 되어- -
G Em Asus4 A7
바로 주님 이- 원하시는뜻대 -로- -
F♯m Am/F♯ G Gm
주님의 크신영광- 높 이- 는 노 래 가 되어 -
D Em/A A7 D 1. G/D A 2. D7
온세 상을- 아름 답 게 하-리라 - - 지 금 -
Gmaj7 A/G F♯m Bm7
우리 모 두가 - 주를 노 -래하는 -
Em7 A D Dmaj7 D7
아름 다 운- 소 리 - 로 하 나 가 되어 -
Gmaj7 A/G F♯m Bm7
바 로 이 곳 을 더욱 아 름답 게
G A D G/D D
아 름 답 게 하 리라 - -

메들리곡
- 형제와 함께 사는 것 (179)
- 문을 열어요 활짝 (393)
- 아름다운 사랑을 나눠요 (412)

171 찬바람 부는 갈보리산

(귀하신 나의 주)

D A

찬 바 람 부 는 갈 보 리 산 – 나 의 주
마 지 막 숨 거 두 실 때 도 – 이 죄 인
오 사 랑 하 는 구 주 예 수 – 언 제 나

A^7 D D^7

예 수 걸어간 곳 – 나 같 은 죄 인 살 리 시
위 해 기도한 말 – 오 아 버 지 여 저 들 의
찬 양 하옵니 다 – 저 하 늘 까 지 다 다 르

G D A^7 D D^7

려 – 가 진 것 모 두 주 셨 도 다 –
죄 – 다 용 서 하 여 주 옵 소 서 –
게 – 영 원 히 주 께 찬 양 하 리 –

G D

오 사 랑 하 는 귀 하 신 주 님 오 늘 도

A E^7 A A^7 D D^7

험 한 갈 보 리 에 서 – 찔 리 고 피 를 흘 려 주

G D A^7 D

시 니 내 가 참 생 명 얻 었 도 다 –

메들리곡

- 신실하게 진실하게 (127)
- 오직 주의 사랑에 매여 (145)
- 예수 귀하신 이름 (217)

(미 2198)

찬양의 열기 모두 끝나면 172

(마음의 예배 / The heart of Worship)

Matt Redman

찬양의열기 - 모두끝나면 - 주앞에나 와 -
영원하신왕 - 표현치못할 - 주님의존 귀 -

더욱진실한 - 예배드리네 - 주님을향한 -
가난할때도 - 연약할때도 - 주내모든것 -

노래이상의노래 - 내맘깊은곳에 주께서원하신것 -

화려한음악보다 - 뜻없는열정보다 중심을원하시죠 - -

주님께드릴맘 - 의 예 - 배 주 님을위한 -

주 님을향한 노래 중심잃은예배내 - 려놓 - 고

이제 나돌아와 - 주 님만예배 해요 -

메들리곡 • 때가차매 (113) • 주님의 성령 지금 이 곳에 (160) • 주님 이 곳에 (161)

173 평안을 너에게 주노라

(미 1191)

(My peace I give unto you)

Keith Routlege

D
F♯m
Em
A7
평안 을 너에게 주노 라 - 세상
이 줄- 수 없- 는 - 세상
G
A/G
Bm
Bm/A
이 알수 도 없 는 평 - 안
F♯m7
평 - - 안 평 - - 안 평안
Em7
G/D
을 네 게 주노 라 -

메들리곡 • 갈릴리 바닷가에서 (85) • 감사해요 주님의 사랑 (87) • 사랑의 주님이 (121)

하나님이 세상을 이처럼 174

(요한복음 3장16절)

최덕신

Dmaj7 Em7 A7 Dmaj7

하 나 님 이 세 - 상 을

Dmaj7 Em7 A7 Dmaj7

이 - 처 럼 사 랑 하 사

Dmaj7 Em7 A7 Dmaj7

하 나 님 이 세 - 상 을

Dmaj7 Em7 E7 Asus4

이 - 처 럼 사 랑 하 사

A7 Gmaj7 A7 F#m7

독 생 자 를 주 셨 으 - 니

Bsus4 B7 Em7 A7 D Em7

- 이는저 를믿 는 자 마 다 -

Dmaj7 D7 Gmaj7 A7 F#m7

- 멸망 치 않 고 - 영 생 - 을

Bsus4 B7 Em7 A7 D

- 얻게하 려하 심 이 니 라

메들리곡 • 예수 이름이 온 땅에 (137) • 주 다스리네 (162) • 하늘의 해와 달들아 (175)

175 하늘의 해와 달들아

(미 631)

(호흡이 있는 자마다)

김세영
D F#m/C# Bm Bm/A
하 늘의- 해 와 달- 들아 - - 소리
산과 - 넓 은 푸른 바다 - - 모두
G D Asus4 A7
높 여 찬 양 하- 여라 - - 나
주 를 찬 양 하- 여라 - - 호
D F#m/C# Bm Bm/A
팔 소 리- 비 파와 수금으로 - - 춤
흡 이 - - 있 는- 자- 마 다 - - 여
G A D 1. G/A 2. D7
추 - 며 찬 양 하- 여라 - 험한
호 와 를 찬 양 하- 여라 - -
Gmaj7 A/G F#m7 Bm7
세 상 모든 사 람 들아 주 를 찬 양하라 -
G A7 D C/D D7
살 아 계 신 나 의 하 나 님을 - -
Gmaj7 A/G F#m7 Bm7
세 상 모든 사 람 들아 주 를 찬 양 하 라 -

하늘의 해와 달들아

G
E7
Asus4
A7
살아계신 너의하나 님을 –
D
F#m
Bm
Bm7/A
호 흡이 있는자–마다 – –
G
A
D
여 호와를 찬양하–여라 – –

메들리곡 • 예수 이름이 온 땅에 (137) • 오라 우리가 (142) • 주의 자비가 내려와 (168)

176 할 수 있다 하면 된다

(미 758)

(할 수 있다 해 보자)

윤용섭

D A7 D G A7
할 수 있 다 하면된다 해 보 - 자
D A7 D G A7 D
믿는자에 게 능치못함이 없 으 리 라
A7 D D7 G E7 A7
나는부족해 도 나 는약 해도 주님 도와주신 다
믿음가지고 - 꿈 을가 지고 주님 바라 보아 라
기도하면서 - 찬 양할 때에 주님 함께 하신 다
G A7 D G E7 A
의 심말 고 두 려워말라 기 적이일어 난 다
성 령님 이 도 와주신다 좋 은일일어 난 다
할 렐루 야 할 렐루- 야 기 적이일어 난 다
D A D A7/E A7 D
말씀안에서 믿 음안 에서 할 수있다 해보 자

메들리곡

- 할 수 있다 하신 이는 (72)
- 예수보다 더 좋은 친구 없네 (136)
- 예수님의 사랑 신기하고 놀라워 (139)

(미 933)

험하고 어두운 길 헤매일 때 177

(늘 노래해)

유의신 & 서영석
험하고 어두운길 헤매일때에 주님은 날부르셨네 – 세상의 가치없는 노래부를때 주님날 구원하셨네 –
가시밭 험한곳도 찾아가–서 주님을 노래부르리 – 내주여 나와함께 하시어–서 늘찬송 하게하소서 –
이세상 노래다해도 내맘엔 기쁨없지만 – 그러나 이젠 찾았네 진실한 나의노래를 – 주님의 사랑 주님의 은혜 내생명바쳐 늘노래해

메들리곡 • 오라 우리가 (142) • 주 다스리네 (162) • 주의 자비가 내려와 (168)

178 험한 세상길 나 홀로가도

(미 1019)

(두렵지않아)

김보훈

험 한 세 상 길 나 홀 로 가 도 외 롭 - 지 않 으 - 오
모 진 시 련 이 내 게 닥 쳐 도 놀 라 - 지 않 으 - 오
주 를 위 하 여 고 난 당 해 도 낙 심 - 치 않 으 - 오

비 바 람 속 을 나 홀 로 가 도 내 맘 - 에 두 려 움 없 어
불 같 은 마 귀 대 적 해 와 도 내 맘 - 에 두 려 움 없 어
주 이 름 으 로 죽 음 당 해 도 내 맘 - 에 두 려 움 없 어

구 름 기 둥 과 불 기 둥 으 로 인 도 하 시 는 주 가 계 시 오 니
하 늘 불 말 과 불 수 레 로 써 세 상 끝 까 지 나 를 지 키 시 니
사 자 굴 속 과 불 풀 무 에 서 함 께 하 시 는 주 가 계 시 오 니

주 를 뒤 따 라 나 가 는 길 에 두 렵 지 않 아
말 씀 외 치 며 증 거 하 는 길 두 렵 지 않 아
부 르 심 받 아 나 서 는 이 몸 두 렵 지 않 아

메들리곡 • 그는 나를 만졌네 (89) • 사랑의 주님이 (121) • 선하신 목자 (123)

형제와 함께 사는 것

D Em A7 D G/A
형 제 와 함께사 - 는 것 그
D Em A7 D D7 Gmaj7 A/G
것 은아름다 - 운 것 - - - 우리 들은 한가족 - 예
F#7 B7/F# Em A A6 D
수안 에서 한가족 - 당신 을 사 랑 해

메들리곡
- 주의 자비가 내려와 (168)
- 문을 열어요 활짝 (393)
- 아름다운 사랑을 나눠요 (412)

180

너의 가는 길에

(미 1670)

(파송의 노래)

고형원

Bm GM7
너의 가는길－에 주의평－강 있으리－ 평강
가는길－에 주의축－복 있으리－ 영광
D A/E F#sus4 F#7 1. GM7 D/F#
의왕함께하－시 니 너의 걸음 걸음 주
의 왕 함 께가－시 니 네가
A/E Bm/F# G A Bm
인 도하－시리 주의 강한－손널이끄－시 리 너의
2. GM7 D/F# A/E Bm/F# G A
밟는모든땅 － 주 님다스－리리 너는 주의－길 예비케－되
Bm A D A
리 － 주 님나 라위－하 여 길떠
G D A D A
나는 나의형－제 여 주 께서가라－시 니 너는
G F#sus4 F#7 Bm
가라 주의 이름 으로 － 거칠 은광 야위에 － 꽃

A
Bm
A
은 피 어 나고 - 세상 은 네 안에서 - 주님의 영광 보리라 - 강하
G Em
Bm
A
D
F♯
고 - 담 대 하 라 세 상 이 기 신 주 늘 함 - 께 - 너 와
G
Bm
A
F♯
Bm
동 행 - 하 시 며 네 게 새 힘 늘 - 주 시 리 -

메들리곡

- 너의 푸른 가슴 속에 (181)
- 모든 민족에게 (389)
- 저 죽어가는 내 형제에게 (452)

181 너의 푸른 가슴 속에

(미 1638)

고형원
Bm Gmaj7 A D F#
너의푸른가슴-속 에 십자가 의 -흔적있다 면
Bm F#m G A Bm A
주위해이제일-어 나 너의 믿음 주께보-이 라
Bm Gmaj7 A D F#
너의 뛰는가슴-속 에 하늘의 불 -타고있다 면
Bm F#m G A Bm A
그나라그영광-위 에 너의 삶을 주께드-려 라
D A/C# G/B A
오 랫동안-꿈꿔왔 던 -그나 라 이제곧오-도 록
D A/C# G/B F#sus4 F#7
우리주의-은혜의 강 -이땅 휩쓸며- 흐르도 록 하나
G D/F# Em Bm
님의눈물을-가진자 일어나-- 주님 을 따 르라 - 너의

G
D/F♯
Em
F♯m
Bm
Fine
십자가지고-주님을 따르면- - 온세 상 주영광보-겠 네
Bridge
Bm
F♯m
G
A7
Bm
너의삶을불태워 주를섬겨라- 주의 영 광 나타나-겠 네
Bm
F♯m
G
A7
Bm
D.S.
오 래황 폐한이땅 꽃을피워라- 주의 향 기 가득하-겠 네

메들리곡 • 너의 가는 길에 (180) • 세상 모든 민족이 (405) • 주님 당신은 사랑의 빛 (570)

182 오늘도 하룻길

(미 1003)

(길)

박희춘

오 늘도 하 룻길 나그네길 을 나 혼자 가 -야 해 -
멀 고도 험 한길 나그네 길 을 나 혼자 가 -야 해 -
나 혼 자 가 야 해 - 아 아 아 -
갈래갈래 갈 림길 길- 이라 도 네 게주신 주 의길 따라갈 려 오
갈 래갈래 갈 림길 길- 이 라 도 내 게주신 주 의길 따라갈 려 오
Fine
내 집은 갈릴리 해변 푸 른풀 밭 쉬어갈수 있 - 는 데 -
내 사명 다하기 까지 갈 수 없 네 그 리 운 내 본향 집 -
그 리 운 내 본향 집 - 아 아 아 -
D.S

메들리곡

- 너의 푸른 가슴 속에 (181)
- 내 모든 것 나의 생명까지 (524)
- 주의 도를 버리고 (581)

(미 1289)

감사함으로 그 문에

(He has made me glad)

Leona Von Brethorst

E A E A B7
감사 함으 로그 문에 들어가-며 그의 궁정 에들 어 가--
E A E G♯/D♯ C♯m F♯m7 B7 E
주께 감사 드리며 그 이 름-을 송 축 할-지 어- 다
E A E A B7 E A E
주님의기쁨 내게임하네 나 항상기쁨안 에서 주 찬 양
E A E G♯/D♯ C♯m F♯m7 B7 E
주님의기쁨 내게임하네 나 기쁜찬송주께드리 네

메들리곡 • 나의 등 뒤에서 (188) • 나의 발은 춤을 추며 (191) • 주의 이름 높이며 (243)

184 기뻐하며 승리의 노래 부르리

(미 663)

(We will rejoice)

David Fellingham

E C#7 F#m B6 B
기 -뻐하며 - 승리 의노래부 르 리
G#m B/A A F#m/A E/B B
그 백성 주가회복 시 -키시 네
E C#7 F#m E/B B 3
그 -사랑으 로 억눌 렸 던자모 아 칭찬과
E F#m B E
명-성언 게 하시 네 -전심으
B7 E
로 --- -기 뻐 하 리
로 기 뻐하 리 - 전능 의 왕 우 리함 께

E B7 E
- 전 능 의 왕 - - - - 함 께 하 시 네
- 우 리 의 강 하 신 용 사 - 구 원 과 승 리 주 시 네
E7 A E
- 기 뻐 외 치 며 - 주 께 두 손 들 리-
C#7 F#m B7 E
- 춤 을 추 며 - 왕 께 찬 양 해-
E7 A E
- 모 든 원 수 를 - 멸 하 신 주 님-
C#7 F#m B7 E A/E E
- 전 능 의 왕 - 함 께 하 시 네 -

메들리곡 • 나의 등 뒤에서 (188) • 나의 발은 춤을 추며 (191) • 존귀 오 존귀 하신 주 (230)

185 강물 같은 주의 은혜

(미 1728)

정종원

E
C♯m
A2
강물같-은주의은-혜 파도처-럼넘쳐나-네 주를향-한이마음-을
B7
E
C♯m
멈출 수가 없네- 놀라우-신 주의은-혜 소리치-며노래하-네
A2
B7
E
주를향-한 이마음-을 전심 으로 외치리- - 예예
C♯m7
A2
B7
E
C♯m7
A2
B7
E
예예 예예 예예 예예 예예 예예- 예예
Interlude
8
E
C♯m
강물같-은주의은-혜 파도처-럼넘쳐나-네
A2
B7
E
주를향-한이마음-을 멈출 수가 없네- 놀라우-신주의은-혜
C♯m
A2
B7
E
소리치-며 노래하-네 주를향-한 이마음-을 외 치리

Word and Music by 정종원.

메들리곡 • 내가 어둠 속에서 (195) • 빛 되신 주 (206) • 전심으로 주 찬양 (229)

(미 1194)

나는 구원열차

(구원열차)

나는 구 원 열 차 올라타고서 하늘 나 라 가 지 요
나는 구 원 방 주 올라타고서 하늘 나 라 가 지 요

죄악 역 벗 어 나 달려가다가 다시 내 리 지 않 죠
험한 시 험 물 결 달려들어도 전혀 겁 내 지 않 죠

차표 필요없어요 주님 차장되시니 나는 염 려 없 어 요
배삯 필요없어요 주님 선장되시니 나는 염 려 없 어 요

나는 구 원 열 차 올라타고서 하늘 나 라 가 지 요
나는 구 원 방 주 올라타고서 하늘 나 라 가 지 요

메들리곡

- 기뻐하며 승리의 노래 부르리 (184)
- 나의 등 뒤에서 (188)
- 내 주는 반석이시니 (199)

187 나를 지으신 주님

(미 1712)

(내 이름 아시죠 / He knows My Name)

Tommy Walker

나를 - 지으 신주님 - 내안 - 에 계셔 -

처음 - 부터 내삶은 - 그 의 손에 - 있었죠 -

내이 - 름아 - 시죠 - 내모 - 든생 - 각 도 -

내흐 - 르는 - 눈물 - 그 가 닦아 - 주셨죠 -

아바 - 라부 - 를때 - 그 가들으 - - 시죠 -

그는 - 내아 - 버지 - 난 그 - 의소유 -

내 가 - 어 딜가든지 - 날 떠 나지 - 않죠 -

메들리곡

- 강물같은 주의 은혜 (185)
- 나를 향한 주의 사랑 (189)
- 전심으로 주 찬양 (229)

(미 1016)

나의 등 뒤에서

(일어나 걸어라)

최용덕

E B7 A B7
나 의등 뒤에 서 나를 도 우시는 주
E B7 E B7
나 의 인생-길에 서 지치 고 곤하 여
평 안 히길-을갈 땐 보이 지 않아 도
때 때 로뒤돌아보 면 여전 히 계신 주
A E C♯m E B7 E
매 일 처럼 주저 않고 싶을-때 나를 -밀어주시 네
지 치 고곤 하여 넘어 질때-면 다가 와손내미시 네
잔 잔 한미 소로 바라 보시-며 나를 -재촉하시 네
E B7
일 어나 걸 어라 내가 새힘을주리 니
(○ ○아! 일어 나라)
E A E B7 E
일 어나 너 걸 어라 내 너를 도 우 리

메들리곡

- 기뻐하며 승리의 노래 부르리 (184)
- 내 주는 반석이시니 (199)
- 손을 높이 들고 (211)

189 나를 향한 주의 사랑

(미 1904)

(I could sing of Your love forever)

Martin Smith

나 를 향 한 -주 의- 사 랑 - 산 과 바 다- 에 넘 -치 니

- 내 마 음 열 때 주 님 나 에 게 참 자 유 주- 셨 네

- 늘 진 리 속- 에 거- 하 며 - 나 의 손 을- 높 이- 들 며

- 언 제 나 주 님 의 사 랑 을 노 래 하 리 -

주 의 사 랑 노 래 - 하 - 리 - 라 - 영 원 토 록 노 래

- 하 - 리 - 라 - 주 의 사 랑 노 래 - 하 - 리 - 라 -

영 원 토 록 노 래 - 하 - 리 - 라 - 영 원 토 록 노 래

B sus4
B 7
F♯m
E/G♯
- 하 - 리 - 라 -
내가 춤- 을 출 때
A
B sus4
B 7
F♯m
다 비 웃 겠 - 지만 - -
그 들도주 - 알
E/G♯
A
B sus4
B 7
D.S.
게 되면-
함 께 기 뻐 - 춤 - 을추게 - 되 리-
A
B sus4
B 7
E
영 원 토 록 노 래 - 하 - 리 - 라 - -

메들리곡 • 나를 지으신 주님 (187) • 나의 마음을 (190) • 두 손 들고 찬양합니다 (203)

190 나의 마음을

(미 1654)

(Refiner's Fire)

Brian Doerksen

E B/D♯ C♯m F♯m7 A/B B A/B B
나 의마 - 음을 - 정금과같이 정결 케 하 소 서
E B/D♯ C♯m F♯m7 E/B B
나 의마 - 음을 - 정금과같 이 하 소서
E A B E A B B7 E
내 영 혼에 - 한 소망있으니 - 주님 과
B E A Bsus4 B
같 - 이 거룩하게 - 하 - 소 - 서 - 나 의삶
E B E A E/B B
을 드리니 거룩하게 - 하 소 서 - - 오주 - 님
F♯m Bsus4 B7 A F♯m Bsus4 B7 A E
나를받으 - 소 서 - 나를받으 - 소 서 - -

메들리곡

• 나의 부르심 (192) • 나의 주 나의 하나님이여 (193)
• 예수 가장 귀한 그 이름 (216)

(미 662)

나의 발은 춤을 추며

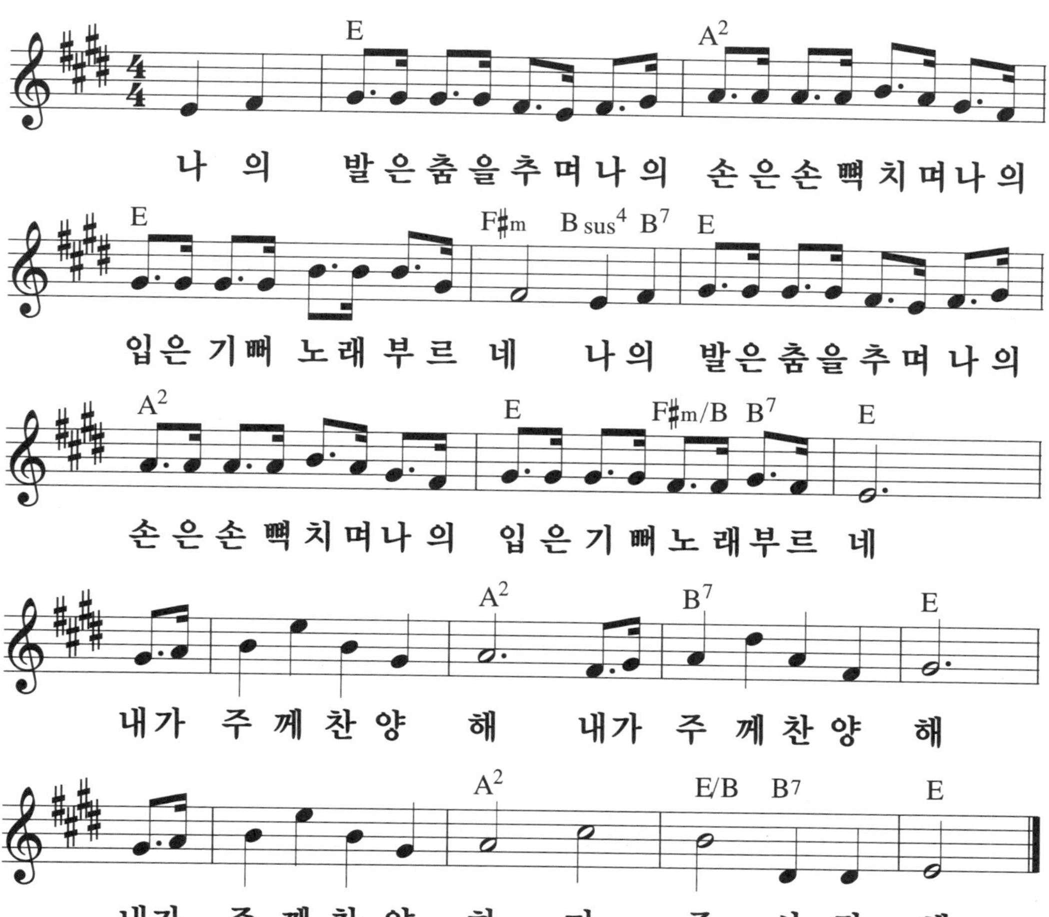
E
A2
나 의 발은춤을추며나의 손은손뼉치며나의
E
F♯m
B sus4
B7
입은 기뻐 노래 부르 네 나 의 발은춤을추며 나 의
A2
F♯m/B
손은손뼉치며나의 입은기뻐노래부르 네
내가 주 께 찬 양 해 내가 주 께 찬 양 해
E/B
내가 주 께 찬 양 하 며 주 사 랑 해

메들리곡
- 감사함으로 그 문에 들어가며 (183)
- 손을 높이 들고 (211)
- 주의 이름 높이며 (243)

192 나의 부르심

(미 1735)

(This is my destiny)
Scott Brenner
나- 의부르심- 나의영원-한소-망 예수님의-형상-을
닮 - - 는것- 나- 의목 적- 나의높은-부르-심
세 상을뒤로-하고-주위 -해사-는것- 덮으-소서-
주-거-룩한-품에-품으 - -소서 - 이곳
이 나속 -한곳-오 예 - 수 이 끄 -소 서 - 주
얼굴보-기위-해은-밀한 - 곳으로 - 내가 나아갑-니다-

메들리곡 • 나의 마음을 (190) • 나의 주 나의 하나님이여 (193) • 아바 아버지 (212)

(미 1741)

나의 주 나의 하나님이여 193

(깨뜨릴 옥합 내게 없으며 / Adonai)

Stephen Hah
나의 주 나의 하나님이여 주를 경배합니다
주 사랑하는 나의 마음을 주께서 아시나이다
Fine
깨뜨릴 옥합 내게 없으며 주께 드릴 향유 없지만
고통 속에 방황하는 내 마음 주께로 갈 수 없지만
하나님 형상대로 날 빚으사 새 영을 내게 부어 주소서
저항할 수 없는 그 은혜로 주님의 길을 걷게 하소서
나의 주 나의 하나님이여 주를 경배합니다 주
사랑하는 나의 마음을 주께서 아시나이다 나의
D.S.

메들리곡 • 나의 마음을 (190) • 나의 부르심 (192) • 전심으로 주 찬양 (229)

194 날마다 숨쉬는 순간마다

(미 1009)

(Day by day)

1. 날마 다 숨쉬는순간 마 다 내앞 에 어려운일보 네 주님
2. 날마 다 주님내곁에 계 셔 자비 로 날감싸주시 네 주님
3. 인생 의 어려운순간 마 다 주의 약 속생각해보 네 내맘

앞 에이몸을맡 길 때 슬픔 없 네두려움없 네 주님
앞 에이몸을맡 길 때 힘주 시 네위로함주 네 어린
속 에믿음잃지 않 고 말씀 속 에위로를얻 네 주님

의 그자비로운 손 길 항상 좋 은것주시도 다 사랑
나 를품에안으 시 사 항상 평 안함주시도 다 내가
의 도우심바라 보 며 모든 어 려움이기도 다 흘러

스 레아픔과기 쁨 을 수고 와 평화와안식 을
살 아숨을쉬는 동 안 살피 신 다약속하셨 네
가 는순간순간 마 다 주님 약 속새겨봅니 다

메들리곡 • 빛 되신 주 (206) • 전심으로 주 찬양 (229) • 주를 향한 나의 사랑을 (238)

(미 1124)

내가 어둠 속에서

문경일
E
A
E
F♯m
1. 내가 어둠 속에서- 헤맬때에도- 주님은 -
2. 내가 은밀한곳에서- 기도할때도- 주님은 -
3. 힘이 없고 연약한- 사람들에게- 주님은 -
B7
E
A/B
E
함께 계셔 - 내가 시험당하여 -
함께 계셔 - 내가 아무도모르게 -
함께 계셔 - 세상 모든형제와 -
A
E
F♯m
B7
E
괴로울때도 - 주님은 - 함께 계셔 -
선한일할때도 - 주님은 - 함께 계셔 -
자매들에게 - 주님은 - 함께 계셔 -
D/E
E7
A
E
기쁘 찬양 하네 할렐루 할렐루야 할렐
Bsus4
B7
E
D/E
E7
A
루 할렐루야 우리모두찬양 할렐루 할렐루
E
C♯m
F♯m
B7
E
야 - - - 주님나와함께계시네 -

메들리곡 • 강물같은 주의 은혜 (185) • 나를 향한 주의 사랑 (189) • 빛 되신 주 (206)

196 내 갈급함

(미 1827)

신수경 & 윤주형

E2 B/D# A/C# B/D# E2 B/D#
내갈급함- 어느 것으로-채울-수없-네 내갈 급함 - 상한
A2/C# B/D# E2 B/D# A/C# B/D#
나의심-령에- 내갈 급함 - 부르 짖는소 - 리들 - 으소 -서
E2 B/D# A Bsus4 B7 E B/D# A2/C# E/B
내갈 급함 - 주의 음성들-리네 - 내 게로나 -오 -라 - 영원히
A E/G# F#m7 Bsus4 B E B/D# A2/C# E/B
-영원히- 목 마름전-혀 없으리- 내 게로나-오 -라 - 가까이
A E/G# Dmaj7 Bsus4 B E2 B/D# A2/C# E/B
-가까이- 생 수의근-원 되신주께 내 게 로나-오 -라 - 영원히
A E/G# F#m7 Bsus4 B E2 B/D# A2/C# E/B
-영원히- 목 마름전-혀 없으리- 내 게로나-오 -라 - 가까이
A E/G# F#m7 B A2/E E A2/E E
-가까이- 생 명의근-원 되신주-께- - - - -

메들리곡 • 나의 마음을 (190) • 내 주 같은 분 없네 (198) • 전심으로 주 찬양 (229)

(미 674)

내 영이 주를 찬양합니다

197

정종원
A/B E
내 영 이 주 - 를 - 찬 양 합 니 - 다 -
F♯m B7 E
내 영 이 주 - 를 - 찬 양 합 니 - 다 -
E E7 A
내 영 이 주 - 를 - - - 찬 양 합 니 - 다 -
A♯dim E/B C♯m F♯m B E B7
내 영 이 주 - 를 - 찬 양 합 니 - 다 -
Fine
E A
기 - 뻐 - 하라 - 나의 영혼 아 감 - 사 - 하라 - 손을 들고 -
E F♯ B7
송 - 축 - 하라 - 주를 향해 - 외 - - 치라 -
E A
기 - 뻐 - 하라 - 나의 영혼 아 감 - 사 - 하라 - 손을 들고 -
E B7 E
송 - 축 - 하라 - 나 의 영 혼 - 아 - 내 영 이
D.S

메들리곡

- 기뻐하며 승리의 노래 부르리 (184)
- 나의 등 뒤에서 (188)
- 내 주는 반석이시니 (199)

198 내주같은분 없네

(미 1591)

(There's no one like You)

Eddie Espinosa

E F♯m11 Bsus4 B7
내주같-은 분 없-네 - 그어-느
Esus4 E C♯m7 F♯m
누 구-도- - 내생명-다 하 도-록
Bsus4 B7 A6/E E Fdim
- 주얼굴-만 구 하-리- - 내주같-은
F♯m11 Bsus4 B7 Esus4 E
분 없-네- - 그어-느 누 구-도-
C♯m7 F♯m11 Bsus4 B7
- 내주같-은 분 없-네- - 이땅-위
E E7 Amaj7
-에- 오하-나 님
B/A G♯m7 C♯m
- 주나의모-든 -것- - - 내주같-은

F#m7 Bsus4 B7 E
분 없 - 네 - - 이 땅 - 위 - 에 - - - - -
E7 Amaj7 B/A
- 오 하 - 나 - 님 - - 주 나 의 모 - 든
G#m7 C#m7 F#m7
- 것 - - 내 주 같 - 은 분 없 - 네
B7sus B7 Esus4 E
- 이 땅 - 위 - 에 - -

메들리곡 • 나의 마음을 (190) • 두 손 들고 찬양합니다 (203) • 아바 아버지 (212)

199 내 주는 반석이시니

(미 935)

E B7
1. 내 주는반석 이시니 저 곳은안전하도 다
2. 바 람이불고 비와도 저 곳은안전하도 다
3. 자 비한반석 이시니 저 곳은안전하도 다
E B7 E E7
질 병과고통 없으니 저 곳은안전하도 다
물 결이넘쳐 밀려도 저 곳은안전하도 다
구 원의손이 있으니 저 곳은안전하도 다
A E B7 E E7
오 나의예수는반석 이시니 반 석이니반 석이니
A E B7 E
오 나의예수는반석 이시니 저 곳은안전하도 다

메들리곡 • 나는 구원열차 (186) • 손을 높이 들고 (211) • 해뜨는 데 부터 (253)

너는 시냇가에 심은

박윤호

E
E7
F#m
B7
E
E7
너- 는 시냇가 에 심- 은 -나무 라
주의 시 절을좇 아 구원 열 매맺으 면
A2
E
C#m/E
F#m
B7
E
E7
하나 님 의사랑 안 에 믿음 뿌 리내리 고
주의 영 화로운 빛 - 너를 보 호하리 니
A2
E
C#m/E
F#m
B7
E
주의 뜻 대 로 주의 뜻 대 로 항- 상 사 세 요
주의 뜻 대 로 주의 뜻 대 로 항- 상 살 리 라

메들리곡

- 당신은 알고 있나요 (201)
- 당신은 하나님의 언약 안에 (202)
- 축복합니다 주님의 이름으로 (246)

201 당신은 알고 있나요

(미 1205)

(그사랑)

정현섭

당신은 -알- 고 -있 나 요 우 리 를 위 한 그 사 랑

당신은 - 알 - 고 -있 나 요 십 자 가 의 그 사 랑

그 사 랑 당신 마 음 깊 은 곳 그 곳 에 있 으 리

그 사 랑 험 한 세 상 한 가 운 데 있 나 니 -

그사랑 - 깨달아 -아 나 요 당 신 과 나 를 용 서 한

그사랑 - 당신의 - 마 음 속 에 항 상 함 께 하 리 라

메들리곡

• 나를 지으신 주님 (187) • 나를 향한 주의 사랑 (189)
• 주를향한 나의 사랑을 (238)

(미 1758)

당신은 하나님의 언약안에

(축복의 통로)

이민섭

E B C♯m C♯m7 A F♯m7 B7sus4 B7
당신은- 하나님- 의 언약 안에- 있는축복의-통 로

E B C♯m C♯m7 A F♯m B7 E
당신을 - 통하여- 서 열방이 - 주 께 - 돌아 오게 되 리
주 께 - 예배 하게 되 리

메들리곡 • 너는 시냇가에 심은 (200) • 당신은 알고 있나요 (201) • 사랑하는 자여 (209)

203 두 손 들고 찬양합니다

(미 1263)

(I lift my hands)

Andre Kempen

E
F♯m7
E/G♯
두 손들고 찬양합니다 다시오실왕 여
A2
E
F♯m
Bsus4 B7
E
호와께 오직주만이 나를다스리네 -
Bsus4
B7
A/E
E
나주님만을섬기리 - 헛된마음버리고 -
Bsus4
B7
A/E
E
성령이여내영혼 - 충만하게 하소서 -
A
F♯m
B
Bsus4 B7 A2/E
E
주님앞에 내생명드리리라 -

메들리곡 • 나의 마음을 (190) • 나의 부르심 (192) • 날마다 숨쉬는 순간마다 (194)

(미 1103)

마음이 어둡고

(기도)

204

김문영 & 최덕신

Emaj7 E7 A Am
마음이 어둡고 괴-로 울때 주
E C# F# Bsus4 B7
님 예수님 을 나- 생 각- 해 요 - 머-
Emaj7 E7 A Am6 E
리 -둘 곳조차 없---으 시던 혼 자 기도하시
C#m F#m Bsus4 B7 E7 A2
던 주님 생-각-해 요 -주님만 섬 기며
Am 3 E Fdim F#m B7
따 르기로한 나 -세상이 준 이모든 괴롬버리
E E7 A2 Am 3 Esus4 E
고 -예수님 처-럼 기 도하기를 원 해요
Fdim F#m B Bsus4 B7 1.E 2.E
-예 수 님 처럼- 기도 하-기 원 해 요 -

메들리곡 • 예수님 목마릅니다 (218) • 주께 두손 모아 (232) • 흙으로 사람을 (255)

205

부서져야 하리

(미 1092)

(깨끗이 씻겨야 하리)

김소엽 & 이정림

Emaj7 F#m B7 E
부 서져야 하리 - 부 서 져 야 하 리 -
Emaj7 F#m B7 E
무너져야 하리 - 무 너 져야 하리 -
Emaj7 F#m B7 E
깨 져야 - 하 리 - 더 많이 깨 져 야하 리
Emaj7 F#m B7 E E7
씻 겨 야 하 리 - 깨끗이 씻겨 야하 리
A E C#m/E F#m B7 E E7
다 버 리 고 다고 치 고 겸 손히 낮아 져 도
A E C#m/E F#m F#7 B B7
주앞 에서 정결타 고 자랑치 못할거예 요 -
Emaj7 F#m B7 E
부서져 야 하 리 - 무 너져 야 하 리 -
Emaj7 F#m B7 E
깨져 야 하리 - 깨 끗이씻겨야하 리

메들리곡

- 빛이 없어도 (207)
- 오늘 내가 미워한 사람이 있고 (221)
- 주께 두손 모아 (232)

(미 1765)

빛 되신 주

(Here I am to Worship)

206

Tim Hughes

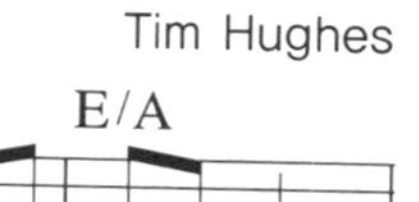

빛 되 신 주 어 둠 가 운 데 비 추 – 사 내 눈 보 게 하 소 – 서 –
만 유 –의 높 임 을 받 으 소 – 서 영 광 중 에 계 신 – 주 –

예 배 하 는 선 한 마 음 주 시 – 고 산 소 망 이 되 시 – 네 –
겸 손 하 게 이 땅 에 임 하 신 – 주 높 여 찬 양 하 리 – 라 –

나 주 를 경 배 하 리 엎 드 려 절 하 며 고 백 해 주 나 의 하 나 님

– – 오 사 랑 스 런 주 님 존 귀 한 예 수 님 아 름 답 고 놀 라 우 신 주

Fine
– – 다 알 수 – 없 네 – 주 의 –은 혜 – 내 죄

D.S.
– 위 한 – 주 십 – 자 가 – 다 알 수 – 자 가 – 나 주 를 경 배

메들리곡 • 나를 향한 주의 사랑 (189) • 나의 마음을 (190) • 두 손 들고 찬양합니다 (203)

207

빛이 없어도

(미 953)

(주 예수 나의 당신이여)

이인숙 & 김석균

E
A
B7
E B7sus
빛이 없어도 환하게다가 오시는주예수나의-당신이 여
나는없어도 당신이곁에 계시면 나는언제나-있습니 다

E
A
B7
E E7
음성이 없어도 똑똑히 들려주시는 주예수나의 -당 신이 여
나 -는있어도 당신이 곁에없으면 나는언제나 -없 습니 다

A2
E Fdim
A
B7sus
B7
당신이 계시므로나도있 고 -당 신의노래가머묾으로나는부를수있어요

E
E7
Amaj7
E
B7
주 여 -꽃처럼 향기나는- 나의 생 활이아니어 도

E2
A A/G# F#m
E
B7
E
나는당 신이좋을수 밖에없어요 주예 수 나의당신이 여

메들리곡
• 부서져야 하리 (205) • 아바 아버지 (212)
• 오늘 내가 미워한 사람이 있고 (221)

사랑해요 목소리 높여

(I love You Lord)

Laurie Klein

E
F#m/E
E
사 랑 해요 – 목 소 리 높여 –
A
E/G#
F#m
E
Bsus4
A/B
B7
경 배 해 요 내 영 혼 기 뻐
E
F#m/E
E
오 나 의 왕 – 나 의 목 소 리 –
E7
A
E/G#
F#m7
Bsus4
B7
A/E
E
주님 귀에 곱 게 곱 게 울-리 길 –

메들리곡 • 나의 마음을 (190) • 두 손 들고 찬양합니다 (203) • 아바 아버지 (212)

209 사랑하는자여

송일화

E C♯m
사랑하 -는자 -여네영 혼이잘-됨같-이 네가
A E/G♯ F♯m7 A/B
범사에-잘되-고 강건하기를-나간-구하-네
E C♯m
사랑하 -는자 -여네영 혼이잘 -됨같 -이 네가
A E/G♯ F♯m A/B To Coda E
범사에-잘되-고 강건하기를-나간-구 하노라 -
A/B B E F♯m Fdim7
주 의-그사랑안-에서 - 그 대를보-내사
F♯m7 F♯m/E B/D♯ B B/A
- 만나 계하-시고 -- 교제케하 - 시며
G♯m7 Fdim7 F♯m A A/B
- 하 나되게 -하신- 나-의 주님 참, 참감사합 -니다
E C♯m7 C♯m/B A
- 이런 소중한 -그 대를바 -라보 -며 -

F♯m7 A/B E C♯m7 C♯m/B
나 고백하-고픈 -말- 너무 소중한 -그대를축-복
Fdim7 F♯m7 B/A A/B E A A/B
하 며 이렇게고-백합-니다- - - -
D.C.
E C♯m7 F♯m7 A/B E
- 강건 하기를-나간 -구 하노라 -

메들리곡

- 너는 시냇가에 심은 (200)
- 당신은 알고 있나요 (201)
- 당신은 하나님의 언약안에 (202)

210 세상 향략에 젖어서

(주님을 따르리라)

김석균

E B7 E A B7
세 상 향락에 젖 어 서 주 님을 외면할 때 –
한 번 돌아선 그 길 을 참 회로 묻어두 고 –
지 난 세월을 돌 이 켜 주 님의 일더하 고 –
E A B7 E E7
돌아오 라 부르시 던 주 음 성들었 네 –
주의뒤 를 따라가 며 즐 겨 길가겠 네 –
하늘나 라 소망하 며 항 상 깨어있 네 –
A E A E
잊으리 이 전 것 은 죄악에 발묶인 몸 –
내평생 빛 진 마 음 한없는 사랑이 라 –
생명의 면 류 관 을 머리에 씌워주 마 –
A E F#m B7 E
속죄로 짐 을 벗 고 주님을 따르리 라 –
십자가 내 가 지 고 주님을 따르리 라 –
약속하 신 주 님 만 섬기며 따르리 라 –

메들리곡
• 예수 그 이름 (135) • 찬바람 부는 갈보리산 (171)
• 날마다 숨쉬는 순간마다 (194)

(미 665)

손을 높이 들고

211

(Praise him on the trumpet)

John Kennett
E E7 A2 A
손을높이들고 주를찬양- 높은곳을향해 주를찬양--
E G♯m/E F♯m B7
모 든 만물들은 - 주 를 찬 -양하라 -
E E7 A2 A
왕의왕되신 예 수 - 다스리시는 예 수-
E B7 E A/E E B7
생 명 있 음 을 찬 양 해 -
E E7 A2 A
할 렐 루 야 주를찬양- 할 렐 루 야 주를찬양--
E 1. EM7 F♯m B7
생 명 있 음 을 찬 양 해
2. B7 E A/E E
을 찬 양 해 -

메들리곡
- 기뻐하며 승리의 노래 부르리 (184)
- 할렐루야 할렐루야(251)
- 해 뜨는 데 부터 (253)

212

아바 아버지

(미 2258)

김길용

E C#m A E/G#
아 바아버 – 지 – 아 바아버 – 지 나를안으시 – 고바라보 – 시는
F#m B7 E C#m
아 바아버 – 지 – 아 바아버 – 지 – 아 바아버 – 지 나를
A F#m E B7 E
도우시 – 고 힘주시 – 는 아 버 지 주는
E A F#m B7
내맘 – 을 고 치 – 시 고 볼수 없는상 – 처 만 지 – 시
E A B7 G#m7 C#sus4 C#7
네 나 를아 – 시고 나를 이해하 – 시네 – 내영
F#m B7 E
혼 새롭 게 세 우 – 시 네

메들리곡
- 두 손 들고 찬양합니다 (203)
- 예수님 목마릅니다 (218)
- 전심으로 주찬양 (229)

아버지 내 아버지

213

(Father me)

Paul Janz & Brian Doerksen

E B/D♯ C♯m
아 버 지 – 내 아 버 지 – –
F♯m7 Bsus4 B
주 의 – 사 – 랑 – 필 요 – 해 – 요 –
나 의 – 이 – 름 – 부 르 – 소 – 서 –
E B/D♯ C♯m
아 버 지 – 내 아 버 지 –
F♯m7 Bsus4 B
고 아 – 와 – 같 – 이 – 두 지 마 – 소 – 서 – 나 의
아 버 – 지 – 집 – 에 – 날 받 아 주 – 소 – 서 –
A B A/C♯ B/D♯ E A E/G♯
위 로 피 – 난 – 처 – 내 영 혼 의 치 – – 료 – 자 – 두 려
F♯
움 에 서 건 지 – 사 – 아 버 – 지 – – 집 으 – 로 – – 이
A E B/D♯ A
끄 소 서 – 아 버 지 – 이 끄 소 서 –

메들리곡 • 나를 지으신 주님 (187) • 예수 가장 귀한 그 이름 (216) • 아바 아버지 (212)

214 어두워진 세상 길을

(미 1279)

(에바다)

고상은

E A E B7 E7 B
어두워진 세상길을 주님없이 걸어가다 나의영혼 어두 워졌 네 – 어느것이 길 – 인지 어느것 이 진리인지 아무것도 알수 없었 네 –
아무것도 알수없고 아무것도 볼수없고 아무것도 들을 수없 네 – 세상 에서 방황 하며 이리저 리 헤매일때 사랑하는 주 님 만났 네 –
주님없이 살아 가는 모 든 삶 실 패와 좌절뿐이 네 –
어두웠 던 나의 눈이 열 리 고 막 혔던 귀가열리 네 –
사랑하 는 나의 주님 내 영 혼 눈을뜨 게 하 소 서 열 려라
답답했 던 나의 마음 열 리 고 나의영 혼 살 리 네 열 려라
에 바 다 열려 라 – 눈 을 뜨 게 하 소 서 –
죄악으로 어두워 진 나 의영혼 을 나 의눈을 뜨게하소 서 –

메들리곡 • 나의 등 뒤에서 (188) • 나를 향한 주의 사랑 (189) • 내가 어둠 속에서 (195)

여호와는 나의 목자시니 215

(시편 23편)

이은수

E G♯ C♯m E7/B

여 호 와는 나 의 목 자 시 니 –

A E Bsus4 B7

내 가 부 족 함 전 혀 없 네 –

G♯ C♯m C♯m/B A F♯

푸 른 풀 밭 물 가 으 로 날 인 도 하 네

E/B B7 E

나 의 영 혼 평 안 해 –

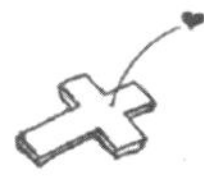

메들리곡

• 날마다 숨쉬는 순간마다 (194) • 내 주 같은 분 없네 (198)
• 주를 향한 나의 사랑을 (238)

216 예수 가장 귀한 그 이름

(미 1072)

(The sweetest name of all)

Tommy Coomes

예수 가장 귀한그-이름 예 수 -언제나 기도들-으사 오
예수 찬양 하기원-하네 예 수 -처음과 나중되-시는 오
예수 왕의 왕이되-신주 예 수 -당신의 끝없는-사랑 오

예수 -나 의손 잡아주시는 가장 귀한 귀한그-이 름
예수 -날 위해 고통당하신 가장 귀한 귀한그-이 름
예수 -목 소리 높여찬양해 가장 귀한 귀한그-이 름

메들리곡 • 예수 이름 찬양 (220) • 주님 내 아버지 (236) • 아버지 사랑합니다 (296)

(미 645)

예수 귀하신 이름

(Jesus, Name above all names)

Patricia Cain & Naida Hearn

E Emaj7
예 수 - 귀하신 이 름 - 아-름
성령님 - 놀라운 이 름 - 아-름
하나님 - 사랑의 이 름 - 아-름
F#m7 B7 A2/B E/B B7
다 운 - 영광의 주 - - -임
다 운 - 위로의 주 - - -임
다 운 - 권능의 주 - - -임
E Emaj7
마누엘 - 함께하 시 는 - 은혜의
마누엘 - 함께하 시 는 - 거룩하
마누엘 - 함께하 시 는 - 전능하
F#m7 B7sus B7 E A2/E E
구 주 - 말씀이 라 -
신 주 - 보혜사 라 -
신 주 - 여호와 라 -

메들리곡

• 예수 그 이름 (135) • 찬바람 부는 갈보리산 (171)
• 경배하리 주 하나님 (355)

218 예수님 목마릅니다

(미 1764)

(성령의 불로 / Fire of The Holy Spirit)

Scott Brenner

E A/E C♯m E/B
예 수 님 목 - 마 릅 - 니 다 - -
A E/G♯ F♯m7 Bsus4 B7
오 시 어 기 - 름 부 으 소 서 - -
E A/E C♯m E/B
주 님 을 사 - 모 합 - 니 다 - -
A E/G♯ F♯m7 Bsus4 B7
오 셔 서 채 - 워 주 - 소 서 - -
E B/D♯ C♯m E/B
성 령 의 - 불 로 - 성 령 의 - 불 로 -
A E/G♯ A Bsus4 B
임 하 - - 소 서 - 임 하 - - 소 서 -
E B/D♯ C♯m E/B
성 령 의 - 불 로 - 성 령 의 - 불 로 -

A E/G♯ A Bsus4 B
기 름부 - 으 소서 - 기 름부 - 으 소서 -
Fine
E A/E C♯m E/B
불 같 은 사 - 랑 드 립 니 다 - -
A E/G♯ F♯m7 Bsus4 B
나 의 간 구 - 를 들 으 - 소 서 - -
E A/E C♯m E/B
이 세 상 어 - 느 것 - 보 다 - -
A E/G♯ F♯m7 B F♯
주 님 을 의 - 지 합 - 니 다 - -
D.S

메들리곡 • 나의 마음을 (190) • 나의 부르심 (192) • 내 주 같은 분 없네 (198)

219 예수님이 좋은걸

(미 1056)

이광무

E
C♯m
F♯
B
B7
E7
A
6/8
예 수 님 이 좋 - 은 - 걸 어 떡 합 - 니 까 -
예 수 님 이 좋 - 은 - 걸 어 떡 합 - 니 - 까 -
세 상 의 어 떤 것 도 바 꿀 수 - 없 네 -
날 위 해 십 자 가 를 지 신 예 - 수 님 -
예 수 님 이 좋 - 은 - 걸 어 떡 합 - 니 - 까 -

메들리곡

- 예수 그 이름 (135)
- 주님 되신 참 포도나무 (237)
- 하나님을 아버지라 부르는 자는 (249)

(미 1126)

예수 이름 찬양

(Praise the name of Jesus)

Roy Hicks Jr.

E G#m A B7 E G#m A B7
예 수 이 름 찬 양 예 수 이 름 찬 양
A E A E A E F# B7
내 반 석 나 의 산 – 성 나 의 구 원자 주 의 지 하 리
E G#m F#m B7sus B7 E
예 수 이 름 찬 – – 양

메들리곡

• 나의 마음을 (190) • 두손들고 찬양합니다 (203)
• 예수 가장 귀한 그이름 (216)

221 오늘 내가 미워한 사람이 있고 (미 1846)

(오늘 내가)

김석균

1. 오늘 – 내 –가 미워한 사 람이 있고 오 늘 – 나 –와다 –툰
2. 오늘 – 나 –의 마음은 재 물이 있고 오 늘 – 나 –의생각은
3. 오늘 – 하루의시작은 기 도로 하고 오 늘– 말씀의은혜로

사 – 람 있 으 며 오 늘 – 내 –가 시 기 한 사 람 있 – 으 니
자녀 에 있 으 며 오 늘 – 나 –의 발 길 은 세 상 향 했 으 니
하 – 루 를 살 고 오 늘 – 내 입 이 하 나 님 찬 양 을 – 하 면

난 주님을 사 랑 안 한 사 람 나 를 – 미 워 한 사 람 을
난 주님을 사 랑 안 한 사 람 나 의 – 생 각 은 항 –상
난 주님의 사 랑 받 을 사 람 나 의 – 형 – 제 에 –게

용 서 – 못 했 고 내 게 – 화 – 낸 사 람 을 이 – 해 못 했 고
주님을 앞 섰 고 나 의 – 찬 양 은 항 –상 빈 마 음 이 었 고
사랑을 베 풀 고 나 의 – 이 – 웃 에 – 게 복 음 을 전 하 고

나 를 – 시 기 한 사 람 을 싫 – 어 했 – 으 니 난 주님을
나 의 – 생 활 은 언 제 나 감 사 를 잊 었 으 니 난 주님을
나 의 – 자 녀 를 위 하 여 기 – 도 를 – 하 면 난 주님의

E E7 A E
사랑 - 안한사 람 매일 - 이렇게 - 살아 가 면서
사랑 - 안한사 람 매일 - 이렇게 - 살아 가 면서
사랑 - 받을사 람 매일 - 이렇게 - 살아 간 다면
A B7 E
입술론 - 주님을 사 - 랑 한 다하니 난 - 참으로
입술론 - 주님을 사 - 랑 한 다하니 난 - 참으로
주님의 - 신실한 청지기 될 것이니 주 여 내삶을
A E B7 E
행함이 없는사 람 주님을 - 사 랑 안한사 람
믿음이 없는사 람 주님을 - 사 랑 안한사 람
인 - 도 하 - 소 서 주님의 - 제 자 되렵니 다

메들리곡 • 나의 주 나의 하나님이여 (193) • 아바 아버지 (212) • 빛이 없어도 (207)

222 왕의 지성소에 들어가

(미 2278)

(Come into the King's chambers)

Daniel Gardner
왕 의 지성소에 들어가 보 좌 앞에엎 드려
경 배-해 왕 의 지성소에 들어 가 주의
영 광뵈오- 리 오 거 룩하신주님 앞에서 주
이 름높 이 리 왕 의 지 성소 에
들어 가 영화 롭 게 변 하 리

메들리곡
- 날마다 숨쉬는 순간 마다 (194)
- 두 손 들고 찬양합니다 (203)
- 주님 계신 곳에 나가리 (235)

(미 647)

우리에게 향하신

김진호

E B7 F#m B7 E E7
우 리에게향하 신 여 호와의인자 하 심이
우 리에게향하 신 여 호와의진실 하 심이
우 리에게향하 신 여 호와의계획 하 심이
A2 E C#m/E F#m B7 E E7
크 고 크 도다 크 시 도 다 – –
영 원 영 –원 하 시 도 다 – –
놀랍 고 놀 랍 다 놀라우 시 도 다 – –
A2 E C#m/E F#m B7 E
크 고 크 도다 크 시 도 다
영 원 영 –원 하 시 도 다
놀랍 고 놀 랍 다 놀라우 시 도 다

메들리곡 • 내 주 같은 분 없네 (198) • 예수 이름 찬양 (220) • 좋으신 하나님 (233)

224 우리 우리 주님은

(미 1350)

이정림

E F#m7 B7 E

우리우리주님 은 사-랑-의주 님

E F#m7 B7 E

나보다나를더사 랑 하-시-는주 님

E F#m7 B7 E

우리 우 리주님 은 임마 누엘의주 님

E F#m7 B7 E

우리와 함께 계시 는 임마 누 엘의주 님

E7 A E

그는살아 계신 분 너 무 나좋으신 분

E7 A F# B7

나의이름부르 며 다 시 오 실

E F#m7 B7 E

우리우리 주님 은 사-랑-의주 님

E F#m7 B7 E

나보다 나를더사 랑 하-시-는주 님

메들리곡

- 손을 높이 들고 (211)
- 위대하고 강하신 주님 (227)
- 나 주의 믿음갖고 (277)

(미 1642)

우리 함께 기도해

고형원
E
C♯m
A
B7
우 리 함께기도 해 주앞에나 - 와 - 무릎꿇고 -
긍 휼 베푸시는 주 하늘을향 - 해 - 두손들고 -
C♯m
G♯m
E B/D♯
하늘문-이 열리고-은 혜의 빗줄기- 이 땅 가득내 리도 록
마침내- 주오셔서 -의 의 빗줄기- 우 리 위에 부으시도 록

메들리곡 • 나의 부르심 (192) • 예수님 목마릅니다 (218) • 우리에게 향하신 (223)

226 우리 함께 기뻐해

(미 1574)

(Let us rejoice and be glad)

Gary Hansen

E A2 E A2
우리함께 - 기 뻐- 해 주께영 광 - 돌리-
E F#m7 B G#m7 C#m7
세 어린 양 의혼 - 인 잔 - - 치와 - 신부
F#m7 B E A/B E E/G#
가 준비 - 되었 네 - - 할 렐 루 야 전 능
A A/C# E E/G# B A2/C# B/D# E E/G#
하 신 주 가다 스 리 네 할렐 루야 전능
A A/C# C#m7 B 1. E A B E 2. E
하 신 주 가 다 스 리 - 네 네

메들리곡
• 기뻐하며 승리의 노래 부르리 (184) • 손을 높이들고 (211)
• 위대하고 강하신 주님 (227)

(미 679)

위대하고 강하신 주님

227

(Great and Mighty is the Lord our God)

Mariene Bigley

위대 하-고 강하 신 주님- 우리 주하 나 님
위대 하-고 강하 신 주님- 우리 주하 나 님
깃발 을높이들고 흔들며- 왕 께 찬 양 해
위대 하-고 강하 신 주님- 우리 주하 나 님---
위대 하-고 강하 신 주님- 우리 주하 나 님

메들리곡 • 손을 높이 들고 (211) • 해 뜨는 데 부터 (253) • 존귀 오 존귀하신 주 (230)

228 은보다 더 귀하신

(More precious than silver)

Lynn DeShazo

E B/D♯ A/C♯
은 보 다 더 귀 하 신
E/B F♯m/B B7 E B/D♯ A/C♯
주님 금 보 다 더 귀하 신
Bsus4 B7 E B2/D♯ A/C♯
주 금 강 석 보 다 더아 - 름
E/B Bm7 E A E2/G♯ F♯m A/B B7 E
다운 내 주님 같 은 분 더없도 다

메들리곡

- 나의 발은 춤을 추며 (191)
- 존귀 오 존귀하신 주 (230)
- 위대하고 강하신 주님 (227)

(미 2175)

전심으로 주 찬양

(주의 찬송 세계 끝까지)

고형원

E G♯m A B7 E
전 심으로주찬 양 주의 이름높-이올려드리 세
E G♯m A B7 E
위 대하신하나 님 온땅 위에높-이올려드리 세
A B7 G♯m C♯m A B7
주 의영광은-하 늘위 에높고 주의찬 송은세계 끝까
E E7 A B7 G♯m G♯ C♯m
지 - - 주 의영광은 -모 든나 라위 에 주의
A B7 E
찬 송은세 계끝 -까 지

메들리곡 • 나의 마음을 (190) • 두 손 들고 찬양합니다 (203) • 왕의 지성소에 들어가 (222)

230 존귀 오 존귀하신 주

(미 671)

(Worthy is the Lord)

Mark Kinzer

E A E A/E E Fdim7
존 귀 오 존 -귀하- 신 주 - 감사찬양
F#m B7 E B7
과- 경 배- 다 받으실 주 님
E A E A/E E Fdim7
존 귀 오 존- 귀하- 신 주 - 감사찬양
F#m B7 E E7
과-경 배- 다 받 으 실 주 님 - 찬양
A B7 E B7/D# C#m
할 렐 루-야 보 좌위 어 린 양께- 우
F#m B7 E E7
리 경 배 하- 며 영 광돌리 네 -
A B7 E B7/D# C#m
할 렐 루-야 우 리왕 께 영-광- 주는
F#m B7 F#m7 Bsus4 B7 E A E (B7)
승 리의용 --사 또 만 유 의 주 님 -

메들리곡

- 기뻐하며 승리의 노래 부르리 (184)
- 우리 함께 기뻐해 (226)
- 위대하고 강하신 주님 (227)

(미 1803)

좋으신 하나님 인자와 자비

(You are good)

Israel Houghton

E
B/E
D/E
좋으 - 신하나 - 님 인자 - 와자비 - 영 원 - 히 - -
A/E
A
B/A
각나 - 라족속 - 과 백 성 - 방 언
C/A
D/A
E
B
세상 - 모든세 - 대 영원 - 토록주 경 배 - 해 -
D
A
E (E/G♯)
B (Bm7)
할 렐루 - - 야 할 - 렐루 - - 야 주 경 배 - 해 -
B
D(C)
1 A
2.3.D
Em
주하나 - 님 - 주 You are - good You are - good
Fine
Em
- All the time - All the time - You are - good -
D.C.

메들리곡 • 손을 높이 들고 (211) • 우리 우리 주님은 (224) • 우리 함께 기뻐해 (226)

232 주께 두손 모아

(미 1125)

(사랑의 종소리)

김석균

E B7 E
주 께 두손모아비 나니 크 신 은총베푸사 밝
주 께 두손모아비 나니 크 신 은총베푸사 주
A E F#m B7
아 오는이- 아 침을 환 히 비 춰주소 서 오-
가 예비하신동 산에 항 상 있 게하소 서 오-
E B7 E A/E A B7
주 우리모든 허 물을 보 혈 의피로씻기 어 하-
주 우리맘에 새 빛이 어 두 움밝게하시 어 진-
E A E/B B7 E
나 님사랑 안 에서행 복 을-갖게하소 서 서-
리 의말씀 안 에서늘 순 종-하게하소 서 서-
B7 E A B7
로 믿음안에 서 서- 로 소망가운 데 서-
로 참아주면 서 서- 로 감싸주면 서 서-
E A C#m F#7 B7
로 사랑안에 서 손 잡 고가 는 길 오-
로 사랑하면 서 주 께 로가 는 길

주 사랑의종 소 리가 사- 랑 의종소리 가 이
시 간우 리 모 두- 를 감 싸 게하여주소 서

메들리곡
- 빛이 없어도 (207)
- 오늘 내가 미워한 사람이 있고 (221)
- 우리에게 향하신 (223)

(미 924)

좋으신 하나님 233

1. 좋 으 신 하 나 님 좋 으 신 하 나 님
2. 우 리 의 기 도 를 응 답 해 주 시 는
3. 한 없 는 축 복 을 우 리 게 주 시 는

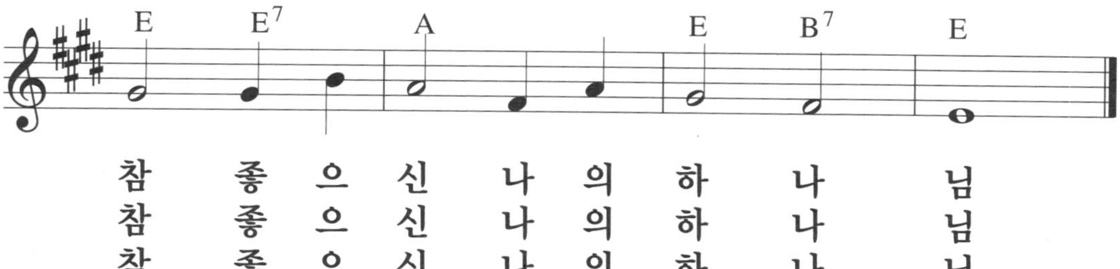
참 좋 으 신 나 의 하 나 님
참 좋 으 신 나 의 하 나 님
참 좋 으 신 나 의 하 나 님

메들리곡
- 두 손 들고 찬양합니다 (203)
- 예수 가장 귀한 그 이름 (216)
- 우리에게 향하신 (223)

234 주는 평화

(미 1141)

(He is our peace)

Kandela Groves

B7sus4 B7 E F#m7 A/B B7 E
주 는 평 화 막 힌 담을모두허 셨 네
C# Fdim F#m7 B7 1. E 2. E
주 는 평 화 우 리 의 평 화 화
E7 D/E E7 A C#m/G# F#m7 G#m7
염 려 다 맡 기 라 주 가 돌 보 시 니
C#m Fdim F#m7 B7 1. Emaj7 2. A/E E
주 는 평 화 우 리 의 평 화 화 –

메들리곡
- 두 손 들고 찬양합니다 (203)
- 예수 가장 귀한 그 이름 (216)
- 예수 이름 찬양 (220)

(미 1823)

주님 계신 곳에 나가리

(주의 위엄 이곳에 / Awesome in this place)

235

Dave Billington

주 님 계 신곳 - 에 나 - 가 - 리 찬 양 드 - 리 며 -
그 성 소 에 - 들 어 - 가 - - - 주 의 얼 굴 뵈 - 오 리 -
그 얼 굴 을 뵈 올 - - 때 주 님 의 은 혜 넘 - 치 네 - - -
엎 드 려 고 백 하 네 - - - - 주 께 -
주 의 위 엄 이 - 곳 에 - 가 득 해 -
전 능 하 신 하 - 나 님 - 아 바 아 버 - - 지 -
찬 양 받 기 합 - 당 한 - 존 귀 하 신 - 주 님 -
주 의 위 엄 이 - 곳 에 - 가 득 - 해 -

메들리곡 • 나를 향한 주의 사랑 (189) • 내 갈급함 (196) • 왕의 지성소에 들어가 (222)

236 주님 내 아버지

(미 1899)

(Father, O my father)

하 스데반

E
B/D#
C#m
G#m/B
주님- 내아 버지- -사 랑하며 -감 사하리 온
A2
E/G#
F#m
B7sus
B7
맘다해 -주 섬기리 나 를 -받으소 서
E
B/D#
C#m
G#m/B
주님- 내아 버지--주께 가오니 -임 하소서 온
A2
E/G#
F#m
B7
E
맘다해 -주 섬기리 내 -생명다 해

메들리곡

- 내 주 같은 분 없네 (198)
- 예수 가장 귀한 그 이름 (216)
- 예수 이름 찬양 (220)

(미 1283)

주님 되신 참 포도나무

237

김태훈

E
C♯m
G♯m
A
B
주 님 되 신 참포도나무 에 나 는참 가 지가 되 어
F♯m
좋 은 열 매 많 은 열 매 풍 성 히 맺 - 으 리
1. 기 도 의 열 매 믿 음 의 - 열 매
2. 전 도 의 열 매 사 랑 의 - 열 매
3. 화 평 의 열 매 기 쁨 의 - 열 매
4. 감 사 의 열 매 축 복 의 - 열 매
주렁 주렁 열 - 려 서
할 렐 루 야 하 나 님 께 영 광 돌 -리- 리

메들리곡
- 나는 구원열차 (186)
- 예수님이 좋은 걸 (219)
- 하나님을 아버지라 부르는 자는(249)

238 주를 향한 나의 사랑을

(미 1807)

(Just let me say)

Geoff Bullock

1. 주를향 한나의사 랑을 주께 고백하게하소 서
2. 부드러 운주의속 삭임 나의 이름을부르시 네
3. 온맘으 로주를바 라며 나의 사랑고백하리 라

아름다 운주의그늘아래살 며주를 보게하소 서
주의능 력주의영광을보이 사성령 을부으소 서
나를향 한주님의그크신사 랑간절 히알기원 해

주님 의 말씀 선포될 때에땅과하늘진동하리니
메마 른 곳거 룩해지 도록내가주를찾게하소서
주의 은 혜로 용서하 시고나를자녀삼아주셨네

나의사랑고백하 리라
내모든것주께드 리라 나의구주나의친 구
나의사랑고백하 리라

메들리곡
- 나를 향한 주의 사랑을 (189)
- 당신은 알고 있나요 (201)
- 우리에게 향하신 (223)

(미 2263)

주 앞에 엎드려

(I will bow to You)

Pete Episcopo

E B/D♯ C♯m7 E/G♯ A Bsus4 B E
주 앞에엎 - 드려 경배합 - 니다 - 오직 - 주께 -
E B/D♯ C♯m7 E/G♯ A Bsus4 B E
주 경배합 - 니 다 다른신 - 아닌 - 오직 - 주께 - 나의모
F♯m7 E/G♯ A E/G♯ Bsus4
- 든 - 우상 - 들 - 나 의 - 보좌 - 모두 - 다내 - 려 - 놓고 -
E B/D♯ C♯m7 E/G♯ A Bsus4 B E
주 앞에엎 - 드 려 경배합 - 니 다 - 오직 - 주께 -

메들리곡

- 나의 부르심 (192)
- 두 손 들고 찬양합니다 (203)
- 주님 계신 곳에 나가리 (235)

240 주 예수 오셔서

(미 1010)

(물가로 나오라)

Marsha J. Stevens

1. 주 예 수 오 셔서 - 내 슬 픔 아 셨 네
2. 내 주 님 의 사랑 - 다 알 수 없 지 만
3. 내 마 음 과 영혼 - 다 주 께 드 리 네

나 의 앞 일 도 내 주 아 셨 네 - 나 주 를
난 주 를 믿 네 날 위 한 사 랑 - 영 광 다
주 없 는 삶 은 다 허 무 한 삶 - 구 주 여

버 리 고 떠 나 갔 었 네 주 님 약 속 대 로 - 날
버 리 고 나 를 위 하 여 주 십 자 가 지 사 - 자
은 혜 의 문 을 여 소 서 주 의 크 신 사 랑 - 나

붙 드 셨 - 네 - 주 말 씀 하 네 -
유 주 셨 - 네 - 주 말 씀 하 네 -
찬 양 하 - 리 - 주 말 씀 하 네 -

E7
A
E
물 가 로 나 오 – – 라 – 내 곁 에 서 –
B7
라 네 목 마 른 것 을 내가 채 우 리
E
E7
A
라 – 어 둠 에 헤 맬 때
E
흘 리 던 네 눈 물 – 그 – 눈 물 을 –
B7
E
위 해 내 가 죽 었 노 라 –

메들리곡

- 두 손 들고 찬양합니다 (203)
- 예수 가장 귀한 그 이름 (216)
- 주님 계신 곳에 나가리 (235)

241 주의 거룩한 이름 높이려

(Bom estamos aqui)

Marcos Vinicius

E F♯m7 G♯m7 F♯m7 E F♯m7

주의거-룩한이-름높-이 려 우리 여기에 -모여- 주찬-양하

-네- 주님만 -바라 -보며 주를찬양하는이 - 시간

우리하나- 되어- 찬양 하리라- 우리하나- 되어 -찬양

하리라- 주우릴축복하시고 - 우리모임가운데 -충만하게하소서

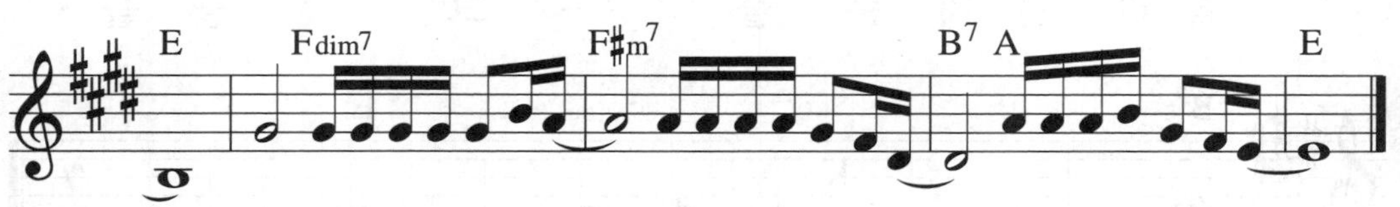

- 주 우릴축복하시고 - 우리모임가운데 - 충만하게하소서 -

메들리곡
- 강물같은 주의 은혜 (185)
- 나를 향한 주의 사랑 (189)
- 주의 이름 높이며 (475)

(미 822)

주의 긍휼로

(Lord have mercy on us)

Graham Kendrick

E
G♯m7
A
A/B
B
주 의 긍 휼 로 –
이 땅 고 치 소 서 –
C♯m
B
C dim
성 령 의 불 로 정 케 하 소 서
주 의 손 길 로 고 쳐 주 소 서
Amaj7
G♯m7
F♯m7
B7
겸 손 히 무 릎 꿇 고 비 – 오 니 오 주
C
Dsus4
D
여 – 이 땅 고 치 – 소 –
Esus4
E/D
서 – 오 주 여 – 긍 휼
베 푸 – 소 – 서 –

메들리곡 • 매일 스치는 사람들 (22) • 나의 부르심 (192) • 내 주 같은 분 없네 (198)

243 주의 이름 높이며 다 경배

(미 2282)

(We have come into this place)

Bruce Ballinger

E2 E Fdim F♯m7 B7
주 의 이름높 - 이며 다 경배드리면 서 나 가세 -
우 리 들을내 - 려놓 고 주만바라보 며 경 배해 -
두 손 주를향 - 해들 고 그의이름높 여 드 리세 -
F♯m B7 A/E E E7
주 의 이름높 - 이며 다 경배드리면 서 나 가세 -
우 리 들을내 - 려놓 고 주만바라보 며 경 배해 -
두 손 주를향 - 해들 고 그의이름높 여 드 리세 -
Bm7 E7 C♯7 F♯m B7
주 의 이름높 - 이며 다 경배 드리 면 서 나 가세 주 께
우 리 들을내 - 려놓 고 주만 바라 보 며 경 배해 주 께
두 손 주를향 - 해들 고 그의 이름 높 여 드 리세 주 께

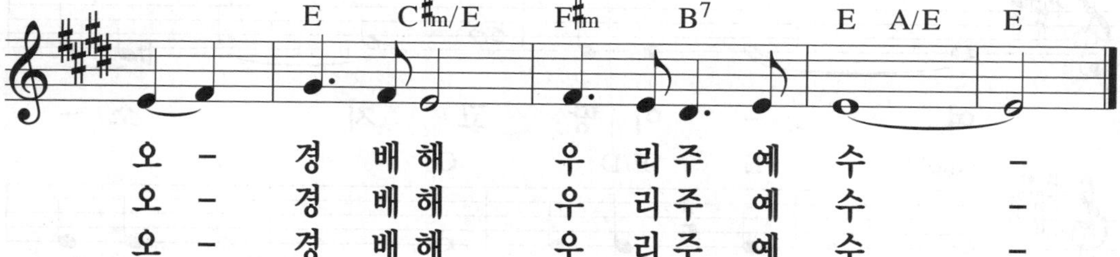

E C♯m/E F♯m B7 E A/E E
오 - 경 배해 우 리주 예 수 -
오 - 경 배해 우 리주 예 수 -
오 - 경 배해 우 리주 예 수 -

메들리곡
- 감사함으로 그 문에 들어가며 (183)
- 기뻐하며 승리의 노래 부르리 (184)
- 나의 발은 춤을 추며 (191)

(미 678)

찬송하라 여호와의 종들아 244

(Come bless the Lord)

* 찬 송 하라 -(찬 송 하 라 -) 여 호 와 의 종 들 아(여 호 와 의 종 들

아) 주 님 집 에 -(주 님 집 에 -) 서 있 는 자 들 아(서 있 는 자 들

아) 성 소 향 해(성 소 향 해) 손 을 들 고 서 -(손 을 들 고 서

-) 찬 송 하라 -(찬 송 하 - 라) 찬 송 하 라 -(찬 송 - 하라)

* 기뻐하라
감사하라
기도하라

메들리곡 • 우리 우리 주님은 (224) • 할렐루야 할렐루야 (251) • 해 뜨는 데 부터 (253)

245 찬양해 주님의 종들아

(미 1967)

(Praise the Lord)

Jeff Hamlin

E /G# A /B B E /G#

찬 양 해 - 주 님 의 종 - 들 - 아 -

A C#m7 G#m7 F#m7

무 론 대 - 소 하 고 - 주 님 을 경 외 하 는 자 - 들 아

B A/B E /G# A /B B E /G#

- 찬 양 해 - 주 님 의 종 - 들 - 아 -

A C#m7 G#m7

무 론 대 - 소 하 고 - 주 님 을 경 외

F#m7 A/B E

하 는 자 - 들 아 - 찬 양 해 -

Fine

E A/B F#m7 B/D#

할 렐 루 야 구 원 과 -

E /G# A E/G# F#m11

영 - 광 존 귀 와 능 력 주 하 나 - 님

B A/B E F#m7 B/D#

께 - - - 할 렐 루 야 구 원 과 -

E
/G♯
A
E/G♯
영 - 광 존 귀 와 능 력 주
F♯m11
A/B
D.S.
하 나 - 님 께 찬 양 해

메들리곡

• 기뻐하며 승리의 노래 부르리 (184) • 우리 함께 기뻐해 (226)
• 위대하고 강하신 주님 (227)

246 축복합니다 주님의 이름으로 (미 2178)

이형구 & 곽상엽

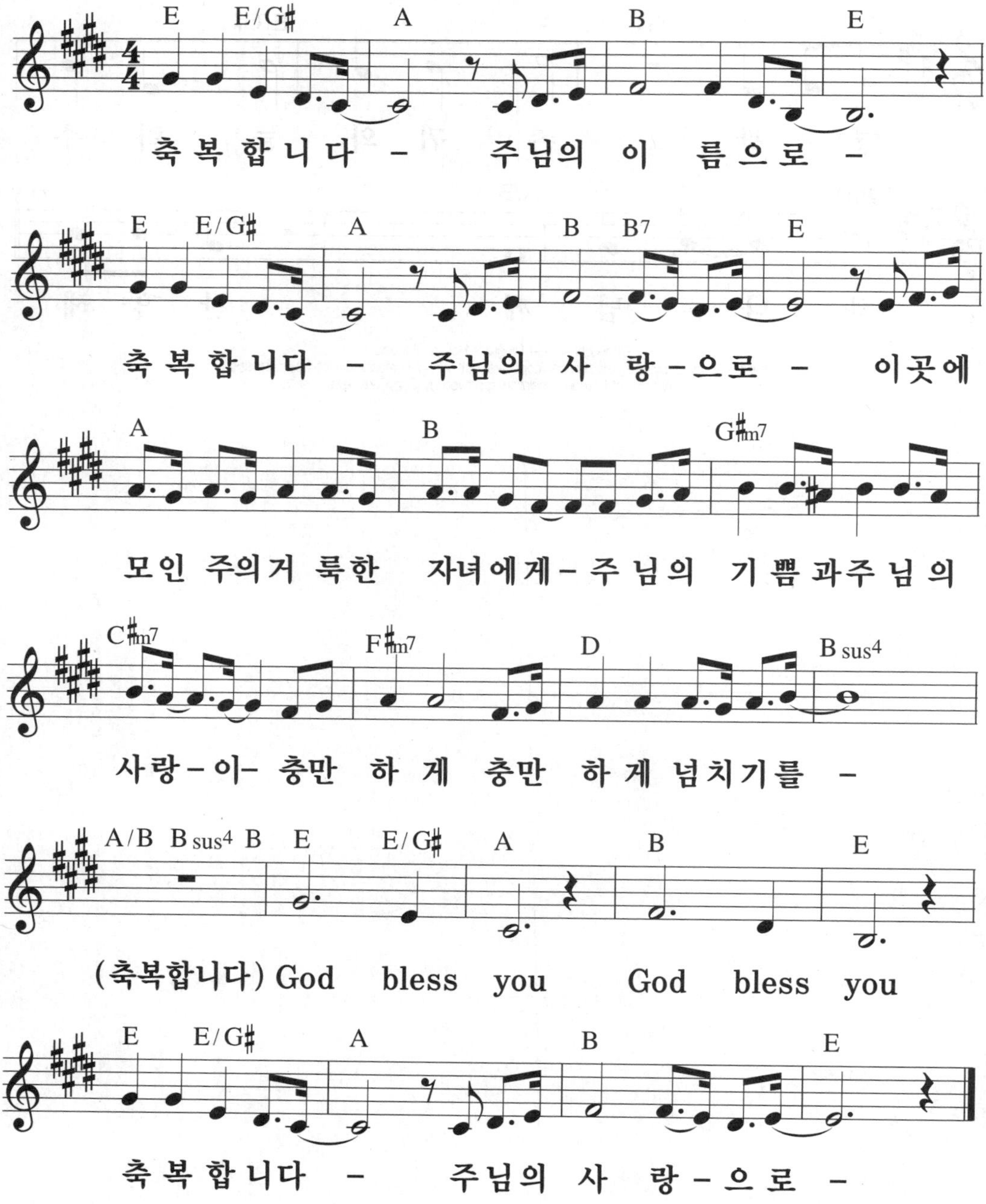

축 복 합 니 다 – 주님의 이 름으로 –

축 복 합 니 다 – 주님의 사 랑–으로 – 이곳에

모인 주의거 룩한 자녀에게–주 님의 기 쁨 과주 님 의

사랑–이– 충만 하 게 충만 하 게 넘치기를 –

(축복합니다) God bless you God bless you

축 복 합 니 다 – 주님의 사 랑–으로 –

메들리곡 • 너는 시냇가에 (200) • 당신은 알고 있나요 (201) • 우리 함께 기뻐해 (226)

(미 668)

크신 주께 영광돌리세

(Great is the Lord)

Robert Ewing

E
B7
크 신 주 께 영 광 돌 리 세 하나
여 호 와 께 찬 양 드 리 세 우리
F#m
B7
E
님 의 성 에 서 그 의 거 룩 한 산 에 서
들 을 지 으 사 그 의 자 녀 삼 으 시 고
E
E7
A
터 가 높 고 아 름 다 와 온 세 상 의 기 쁨
하 나 님 의 영 광 위 해 다 살 게 하 시 니
A
E
B7
E
저 북 방 에 있 는 시 온 산 큰 왕 의 성 일 세
만 백 성 아 나 와 하 나 님 께 찬 양 드 리 세
E
A
E
B7
Sing 할 렐 루 야 Sing 할 렐 루 야
E
A
E
B7
E
Sing 할 렐 루 야 큰 왕 의 성 일 세

메들리곡 • 손을 높이 들고(211) • 할렐루야 할렐루야(251) • 해 뜨는 데 부터(253)

248 하나님은 너를 지키시는 자 (미 1658)

정성실
E E/D♯ C♯m E/B A E/G♯ F♯m B7
하나 님 은 너 를 지키 시 는 자 너의 우 편 에 그늘 되- 시니 -
E E/D♯ C♯m E/B A B7sus B7 E
낮의 해 와 밤 의 달- 도 너를 해 치 못 하 리 -
E E/D♯ C♯m E/B A E/G♯ F♯m B7
하나 님 은 너 를 지키 시 는 자 너 의 환 난 을 면 케 하 - 시니 -
E E/D♯ C♯m E/B A B7 E
그가 너 를 지키시리 라 너 의 출 입 을 지키시 리 라
B7 Esus4 E B7 B7/A E/G♯ G♯/D♯
눈을 들 어 산을 보아라 너의 도 움 어디 서 오나
C♯m A F♯m B7 E
천지 지으신 너를 만드신 여 호와께 로- 다

메들리곡
- 나를 지으신 주님 (187)
- 날마다 숨쉬는 순간마다 (194)
- 내 주 같은 분 없네 (198)

(미 1281)

하나님을 아버지라 부르는

(좋은 일이 있으리라)

249

오관석 & 한태근

하 나 님 을 아 버 지 – 라 부 – 르 는 – 자 는 –
예 수 님 을 구 – 주 – 라 부 – 르 는 – 자 는 –
성 령 님 의 인 – 도 – 를 구 – 하 는 – 자 는 –

좋 은 일 이 있 으 리 라 많 이 있 으 리 – 라 –

우 리 서 로 뜨 – 겁 게 사 랑 하 – 며 는 – – –

좋 은 일 이 있 으 리 라 크 게 있 으 리 – 라 –

메들리곡

- 예수님이 좋은 걸 (219)
- 주님 되신 참 포도나무 (237)
- 나 이제 주님을 알았으니 (276)

250 할렐루야 전능의 주

(할렐루야 주 다스리시네 / The Lord almighty reigns)

Terry Butler

E B E
할렐 루-야 할렐루---야 할렐
D/F# E/G# A B E
루----야-전-능의주 - 할렐 루-야
B E D/F# E/G# A
할렐 루---야 할렐 루-----야- 주
B 3rd time to Coda 1.E A D 2. A E
다스리-시-네- 할렐 - 주는
B A E
크 신능-력으-로 승리 를이루-셨네 어두
B E
움 과사-망이-긴승-리-자-- 죄의
B A E
저 주끊-고우-리를 자유 케하셨-도다-

D
A/C♯
Bsus4
B7
D.S.
E
크 신자-비로구-원하-셨네- -할렐 -할렐
D/F♯ E/G♯ A
B
E
루----야- - 주 다스리-시-네- -

메들리곡 • 감사함으로 (183) • 손을 높이 들고 (211) • 우리 함께 기뻐해 (226)

251

할렐루야 할렐루야

(미 676)

(우리 모두 함께)

E A B E
할렐루야 – 할렐루야 – 할렐루야 – 할렐루야 –
E A B E
할렐루야 – 할렐루야 – 할렐루야 – 할렐루야 –
E A B E
우리모두함께 기쁜찬양하세 세상모든 사람들의 귓가에 –
E A B E
우리모두함께 기쁜찬양하세 세상모든사람들이 듣도록–
A E D7
햇 –빛같은 기 쁨 빗 –줄기같이 – – –
예 –수사랑 노 래 주 –의말씀나누세 –
E E7 A E B7
금 –광같은 기 쁨
크 –신능력 외 쳐 우리모두 함께 기쁜찬양하세
E A B E
할렐루야 – 할렐루야 – 할렐루야 – 할렐루야 –

할렐루야 할렐루야

E A B E
할렐루야 – 할렐루야 – 할렐루야 – 할렐루야 –
E A B E
예수님 때문에 형제를 사랑합니다
E A B E
예수님 때문에 자매를 사랑합니다
E A B E
예수 예수 예수 예수
E A B E
예수 예수 예수님 때문에
E A B E
할렐루야 – 할렐루야 – 할렐루야 – 할렐루야 –
E A B E
할렐루야 – 할렐루야 – 할렐루야 – 할렐루야 –
E A B E
할 렐 루 야

메들리곡

- 기뻐하며 승리의 노래 부르리 (184)
- 손을 높이 들고 (211)
- 위대하고 강하신 주님 (227)

252 항상 기뻐하라 할렐루야

(미 1066)

김성혜

E
B7
1. 항 - 상 - 기 뻐 하 라 할 렐 루 야
2. 쉬 지 말 고 기 도 하 라 할 렐 루 야
3. 범 - 사 에 감 사 하 라 할 렐 루 야
E
항 - 상 - 기 뻐 하 라 할 렐 루 야
쉬 지 말 고 기 도 하 라 할 렐 루 야
범 - 사 에 감 사 하 라 할 렐 루 야
A
F#7
B7
이 는 그 리 스 도 예 수 안 에 서
E
B
B7
E
너 희 를 향 하 신 하 나 님 뜻

메들리곡 • 마음이 어둡고 (204) • 주께 두 손 모아 (232) • 주의 긍휼로 (242)

(미 666)

해 뜨는 데부터

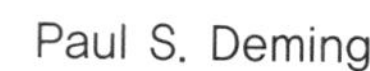

(From the rising of the sun)

Paul S. Deming

E E G#m7

해뜨는데 부 터- 해지는 데 까 지--

E F#m7 B7 E 1.

주 이 름 찬 양받 으 리 해 뜨 는 데

2. E7 A E G#m7

랄랄라 할 렐-루 야 여호 와의 모든 종들 아

A B7 E E7 A

주 이 름 찬 양 해 이제부터 영 원- 까 지

E G# A B7 E A E

주 이 름 찬 송 할 지 어 다

메들리곡 • 손을 높이 들고 (211) • 크신 주께 (247) • 할렐루야 할렐루야 (251)

254 확정 되었네

정종원

E
C#m
확 정 되 었 - 네 - 나 - 의 마 음 은 주 님 - 께
A
B
- 마 - 음을 열 어 찬 양 하 기 - 원 하 네 - -
E
C#m
확 정 되 었 - 네 - 나 - 의 마 음 은 그 누 구 - 도
A
B
E
Fine
- 바 - 꿀 수 없 네 영 원 히 - 찬 양 하 리 - 라 - -
G#m
C#7
내 슬 픔 을 - 기 쁨 으 - 로 - 바 꾸 셨 네 - 주 님 이 -
F#m
Am
B7
내 근 심 을 - 찬 송 으 로 - 만 드 셨 네 -
G#
C#
내 평 생 에 - 사 는 - 날 - 동 안 - 에 - 주 님 을 -
F#
B7
D.C. al Fine
나 높 이 - - 찬 양 하 리 - -

메들리곡 • 우리 함께 기뻐해 (226) • 크신 주께 (247) • 할렐루야 할렐루야 (251)

(미 979)

흙으로 사람을

(From the dust of the earth my God created man)

E G♯m A E
흙 으 로 사 람 을 지 으 사 그 코 에 생 기 를 불 어 넣 으
갈 보 리 십 자 가 흘 리 신 그 피 로 영 생 을 얻 게 하 –
F♯ B B7 E G♯m
신 주 하 나 님 – 우 리 위 해 아 들 을 세 상
신 주 예 수 님 – 나 이 제 – 주 위 해 한 평
A E B7 E
에 보 내 신 사 랑 의 주 하 나 님 을 사 랑 해 –
생 살 아 갈 동 – 안 주 님 만 사 랑 하 리 라 –
E G♯m A E
나 는 하 나 님 형 상 따 라 지 음 받 은 몸 이 니
E F♯7 B7
이 몸 을 주 께 바 치 리 –
E G♯m A E
항 상 내 생 활 속 에 주 를 부 인 하 지 않 으 며
A E B7 E
내 주 를 섬 기 렵 니 다 –

메들리곡

- 내 주 같은 분 없네 (198)
- 예수 가장 귀한 그 이름 (216)
- 예수 이름 찬양 (220)

256 가시관을 쓰신 예수

(미 1269)

(탕자의 눈물)

김석균

1. 가 시 관 을 쓰 신 예 수 날 오 라 부 르 실 때 에
2. 어 찌 할 꼬 이 내 죄 를 어 찌 다 용 서 받 을 까
3. 넓 고 큰 길 가 기 보 다 가 시 밭 길 을 택 하 리

방 탕 한 길 못 버 리 - 고 세 상 길 로 만 향 했 네
두 손 모 아 참 회 하 - 니 흐 르 는 눈 물 뿐 이 라
하 늘 영 광 사 모 하 - 며 주 님 가 신 길 가 오 리

사 랑 하 - 는 내 아 들 아 부 르 시 는 내 아 버 지
골 고 다 - 의 보 혈 의 피 무 거 운 짐 벗 기 시 어
아 버 지 - 여 나 에 게 도 십 자 가 들 려 주 소 서

눈 어 두 워 보 지 못 하 니 내 죄 가 너 무 큼 이 라
천 국 백 성 되 게 하 시 니 그 사 랑 갚 을 길 없 네
땅 끝 까 지 증 거 하 리 다 주 님 사 랑 전 하 리 다

메들리곡

- 예수 그 이름 (135)
- 찬 바람 부는 갈보리 산 (171)
- 날마다 숨쉬는 순간마다 (194)

(미 1075)

넘치 못할 산이 있거든

최용덕

E♭
A♭
B♭7
넘 지 못– 할 산 이 있 거 든 – 주 님 께 맡 기 세 요
참 지 못– 할 분 노 있 거 든 – 주 님 께 맡 기 세 요
넘 지 못 – 할 파 도 있 거 든 – 주 님 께 맡 기 세 요
참 지 못 – 할 슬 픔 있 거 든 – 주 님 께 맡 기 세 요
우 리 가 야 할 길 은 – 멀 고 도 – 험 하 여 –
우 리 살 아 갈 길 은 – 눈 물 의 – 골 짜 기 –
F
허 덕 이 며 가 야 하 는 우 리 인 생 인 데
내 힘 으 론 참 지 못 해 – 늘 흐 느 끼 네
이 럴 때 우 린 누 굴 의 지 하 나 요– 주 님 밖 에 없 어 요 –
3
나 는 그 길 갈 수 없 지 만 주 님 이 대 신 가 요

메들리곡
- 빛이 없어도 (207)
- 오늘 내가 미워한 사람이 있고 (221)
- 세상 일에 실패했어도 (261)

258 나는 길 잃은 나그네였네

(미 1020)

John W. Peterson

E♭ A♭ B♭7 Cm B♭
1. 나는 길잃 은 나그네 였네 - 죄 중에헤 매이는
2. 나의 영혼이 피곤할 때에 - 날 붙들어 힘주시
3. 내가 이세상 살아갈 동안 - 주 는곁에 함께하
E♭ A♭ E♭
데 - 사 랑의왕 내목자 예수 - 나를 집으로
며 - 날 위로해 주시는 예수 - 나와 언제나
사 - 늘 보호해 주시는 예수 - 나를 안전케
B♭7 E♭
인도하 네 -
동행하 네 - 진- 실-로선 함-과그 인자하심이 날마
하시리 라 -
B♭7 Cm B7 E♭
다 함께하-시 리 - 라 진- 실-로 선 함-과 그
B♭7 E♭ E♭7 3
인 자하심 이 날마 다 함께 하 시 리 라 - 영원토
A♭ E♭ A♭ E♭ 3 Cm F7
록 주안 에내가 거 하 리라 영원토 록 주안 에 나 안식

B♭7
E♭
하 리 라 진- 실-로 선 함-과 그 인 자하심 이 날마
B♭7
E♭
B♭7
E♭
다 함께 하 시 리 라 -날마 다 함께 하 시 리 라 -

메들리곡
- 찬 바람 부는 갈보리산 (171)
- 주께 두 손 모아 (232)
- 세상일에 실패했어도 (261)

259 네 입을 넓게 열라

(미 1891)

김성혜

네입 을 -넓게열 라 내 가 -채우리라 네입
을 -넓게열라 내 가 -채우 리라 사랑
풍성
많 으신하나 님 크신 은혜를 베푸시 네 위대
하 -신하나 님 내게 성령을 부우소 서 간절
하 신 하나 님 크신 기적을 베푸시 네 영원
한 나 의기 도 주여 응답해 주-소서
히 -변치않 는 주의 사랑을 찬양하 세 네입
을 -넓게열 라 내 가 -채우리 라

메들리곡
- 아침에 나로 주의 (134)
- 오늘 내가 미워한 사람이 있고 (221)
- 우리에게 향하신 (223)

(미 2020)

더러운 이 그릇을

(이 그릇을 주님 쓰시려고)

김주양

Cm G E♭
더 러 운 이그릇 - 을 주 님쓰 -시려 고
더 럽 고 추한그릇이 깨 끗함을입어 서
나 무 엇 주님드려야 기 뻐하 -시리 까
Cm Fm G7 Cm
내 이름 불러주시니 이 어인은 - 혜인 가
성 전의 기물이되니 이 어인은 - 혜인 가
나 무엇 주께드려서 이 은혜갚 - 으리 오
G7 Cm Fm Cm G
되지못하고 된줄알다가 쓰 - 러진이 몸 은
세상을따라 방황하다가 실 - 패한이 몸 은
넘쳐나도록 축복하시고 사랑하신주 님 께
Cm E♭ Cm G7
빈 손 들 고 십자가앞에 무릎꿇었사 오 - 니
두 손 들 고 주님우러러 못자국을만 지오 니
순 종 하 며 주님것으로 살아가겠사 오 - 니
Cm Fm Cm G7 Cm
오 내주님 이 마음 에 좌정하여주 소 - 서
오 내주님 나 죽도 록 충성하게하 소 - 서
주 님다시 오 시는 날 내이름도부 르소 서

메들리곡 • 내가 어둠 속에서 (195) • 빛 되신 주 (206) • 전심으로 주 찬양 (229)

261 세상 일에 실패했어도

(미 1297)

(내가 너를 도우리라)

김석균

E♭ Cm B♭ E♭ E♭7

세상 일 에 실패했어 도 너는 절망하지 말아 라 내가
환난 핍 박 끊임없어 도 너는 낙망하지 말아 라 내가

A♭ E♭ F B♭7

너 를 도 우리 라 다시 일 어 서게 하리 라 질병
너 를 도 우리 라 다시 일 어 서게 하리 라 참지

으 로 고통 당해 도 너는 두 려워 말– 라 내가
못 할 슬픔 있어 도 기도 하 며 담 대하 라 내가

너 를도우리라 다시 일 어서게하리 라 나를 버린자들도– 내가
너 를도우리라 다시 일 어서게하리 라 감사 눈물흘리며– 믿음

사랑하거늘– –하물며 너희를 그냥 –둘까보 냐 나는
으로간구하는 –너희의 기도를 내가 –외면하 랴

너와함께하는– 너의 하나님됨이니 – –의로운 오른손으로 –붙들리

라 내가 너 를굳세게하리 라 너를 크 게사용하리 라

A♭
E♭
Cm
B♭7
E♭
너로하여 금 나를 증거하도록 내가 너를도 우리 라

메들리곡

- 빛이 없어도 (207)
- 주께 두 손 모아 (232)
- 전능하신 나의 주 하나님은 (561)

262

멸망의 죄악에서

(내 기도 들어주소서)

Cm
Fm
Cm
1.멸 망 의 죄악에 서 날구하 신 주님앞 에 간절
2.탐 욕 과 정욕에 서 얽매이 며 헤어날 줄 몰랐
3.허 물 과 죄도많 은 부족했 던 나에게 도 베푸
Cm
A♭
E♭
Cm
한 마음으 로 무릎꿇 고 두손모 아 기-도드 립니
던 지난날 을 눈물흘 려 회개하 며 기-도드 립니
신 사랑으 로 천국가 는 열쇠주 심 감-사드 립니
Cm
A♭
E♭
G
다 주 여 주 여 내 기 도 - 들 어 주 소
다 주 여 주 여 내 기 도 - 들 어 주 소
다 주 여 주 여 내 소 원 - 허 락 하 소
G7
Cm
A♭
E♭
서 주 여 주 여 내 기 도 - 들 어 주 소
서 주 여 주 여 내 기 도 - 들 어 주 소
서 주 여 주 여 내 소 원 - 허 락 하 소
G7
Cm
서 갈 망 하 며 원 하 오 니 내 기 도
서 주 님 만 을 의 지 하 니 내 기 도
서 이 생 명 이 다 하 도 록 주 복 음

E♭ G7 Cm

들 어 주 소 서 적 막 한 길 걸 어 가
들 어 주 소 서 치 료 받 기 원 하 오
전 파 하 다 가 주 님 품 에 안 길 때

G7 Cm

니 내 주 여 나 와 동 행 하 소 서 주 님 품
니 내 주 여 치 료 하 － 소 － 서
에 면 류 관 받 게 하 － 소 － 서

A♭ Cm G7 Cm

에 안 길 때 에 면 류 관 받 게 하 소 서

메들리곡 • 주께 두 손 모아 (232) • 주의 긍휼로 (242) • 내 입을 넓게 열라 (259)

263 아버지 불러만봐도

(미 1704)

(나의 아버지)

채수련 & 김동국

Cm Eb Fm Bb
아버지 불러만 봐도 – 그사랑에눈물 나
아버지 생각만 해도 – 그은혜에감사 해
G7 Cm Ab Eb G7
요 나같은 죄인을 사랑하신아 버
요 날위해 십자가 대신지신그 사
Cm G7 Cm Eb Fm Bb
지 온종일 울어봐도 감당할수없는그사
랑 아버지 그사랑이 강물처럼흘러넘쳐
G7 Cm Ab Eb G7
랑 그크신 사랑을 어찌말로표현 하
요 그크신 사랑을 어찌말로표현 하
Cm Ab Eb Fm
리 아버지 아버지 내영혼 깊은곳에
리 아버지 아버지 간절히 두손을잡
G7 Cm Bb Ab
서 불러보는 – 내아버지 – 나의아버
고 불러보는 – 내아버지 – 나의아버

아버지 불러만봐도

G7
Cm
A♭
E♭
지 이생명 다하는 그날까지지키 시
G7
Cm
A♭
E♭
G7
Cm
고 인도하실 참좋으신 나의아- 버- 지

메들리곡

• 예수 이름 찬양(220) • 전심으로 주 찬양(229)
• 주를 향한 나의 사랑을(238)

264 불이야 성령의 불

최원순

Cm Eb Cm Eb 3 G G7
1. 불 - 이 야 성 령의불 주님이주신성 령 의 불
2. 불 - 이 야 사 랑의불 주님이주신사 랑 의 불
3. 불 - 이 야 복 음의불 주님이주신복 음 의 불
4. 불 - 이 야 신 유의불 주님이주신신 유 의 불
Cm Eb Cm Ab G Cm
불 - 이 야 성 령 의 불 나 에 게 도 허 락 하 셨 네
불 - 이 야 사 랑 의 불 나 에 게 도 허 락 하 셨 네
불 - 이 야 복 음 의 불 나 에 게 도 허 락 하 셨 네
불 - 이 야 신 유 의 불 나 에 게 도 허 락 하 셨 네
Fm Cm Ab 3 Eb G
이 제 나 도- 회 개 하 고- 성 령 의불꽃 - 되 어
이 제 나 도- 거 듭 나 서- 사 랑 의불꽃 - 되 어
이 제 나 도- 주 를 믿 고- 복 음 의불꽃 - 되 어
이 제 나 도- 주 를 위 해- 신 유 의불꽃 - 되 어
Ab Eb Gm Fm Gm Cm
이 세 상 - 의 어 디 든 지- 성 령 의 불 붙 - 이 리 라
이 세 상 - 의 어 디 든 지- 내 몸 같 이 사 - 랑 하 리
이 세 상 - 의 어 디 든 지- 복 음 의 불 전 - 하 리 라
이 세 상 - 의 모 든 병 을- 주 와 함 께 태 - 우 리 라

메들리곡
- 나 주님의 기쁨되기 원하네 (365)
- 성령이여 내 영혼에 (542)
- 오 나의 주님 (597)

(미 1784)

어느 길 가에 서 있는

(어머니 성경책)

265

김석균

1. 어느 길 가에 서 있는 초라한 노인 보았네
2. 잠시 스치고 지나간 초라한 노인에게서
3. 험한 인생길 가다가 괴로울 때 읽으시던
그 손 위에 들려있는 낡은 성경책 한 권
어머니가 읽으시던 성경책을 보았네
어머니가 남겨놓은 성경책을 찾았네
어디로 가는지 나는 알 수 없지만
호롱불 밝히며 읽어주신 성경책
때묻은 숨결이 나의 영혼 깨우고
입가에 흐르는 행복한 그 미－소
내 영혼 잘 되라 주의 종이 되어라
밑줄 친 붉은 선 눈물 되어 어리네
내 양복 주머니엔 온갖 죄－악 뿐
어머니 그 기도가 오늘 생－각나
어머니 성－경책 나를 구원하고
돌아선 내 발목에 사슬 메였네
두 눈에 맺힌 눈물 흘러내리네
이제는 내 마음에 등불 되었네

메들리곡

- 예수 이름 찬양 (220)
- 전심으로 주 찬양 (229)
- 주를 향한 나의 사랑을 (238)

266 주님을 의지합니다

(미 985)

Linda Stassen

Cm Gm Cm Gm
1. 주 님을 의지합니 다 –
2. 주 님을 찬양합니 다 –
3. 주 님을 사랑합니 다 –
주 님을 의지합니
Cm E♭ G
주 님을 의지합니 다 –
주 님을 찬양합니 다 –
주 님을 사랑합니 다 –
다 –
주 의지 합 니다
Cm Gm A♭ E♭
내 삶의 위로와 참 평안 주시는
오 할렐루 – 야 오 할렐루 – 야
오 할렐루 – 야 오 할렐루 – 야
할 렐 루 야
Cm Gm Cm C
주 님을 의지합니 다 –
주 님을 찬양합니 다 –
주 님을 사랑합니 다 –

메들리곡
- 두 손 들고 찬양합니다 (203)
- 예수 가장 귀한 그 이름 (216)
- 예수 이름 찬양 (220)

(미 1168)

가라 가라 세상을 향해

F
C7
F
가 라 가 라 세 상을 향해 가 라 가 라 말씀가 지 고
F
B♭
C7
F
가 라 가 라 온 땅을 향 해 가 라 가 라는 예 수님 명령
F
C7
우 리 모 두 주 의 복 음들 고 서 온 땅 의 모 든
우 리 모 두 주 의 명 령을 따 라
C7
F
1.C7
F
사 람들 에게 예 수 님 의 사 랑 을 전 파 합 시
C7
2. B♭
F
C7
F
다 사 랑 을 전 파 합 시 다

메들리곡 • 나 주의 믿음 갖고 (277) • 사랑을 보며 (287) • 성령 받으라 (289)

268 갈보리 십자가의 주님을 (미 989)

John w.Peterson

F
C7
1. 갈 보 리 - 십 자 가 의 주 님 을 - 바 라 볼 때 하 나
2. 우 리 에 - 게 믿 음 과 소 망 을 - 주 - 시 며 사 랑
3. 우 리 의 - 모 든 간 구 응 답 해 - 주 - 시 며 기 도
F
B♭
F
C7
F
님 - 크 신 사 랑 너 무 나 - 고 마 와 라
으 - 로 세 상 을 이 기 게 - 하 - 셨 네 예 수
의 - 은 혜 로 써 충 만 케 - 채 우 시 네
B♭
F
C7
님 - 의 십 자 가 이 제 는 - 나 도 지 고 이 생
F
C7
F
명 - 다 바 쳐 서 주 님 을 - 따 르 리 라

메들리곡
- 넘지 못할 산이 있거든 (257)
- 내 주의 은혜 강가로 (279)
- 하나님은 너를 만드신 분 (341)

(미 712)

거룩하신 하나님

269

(Give thanks)

Henry Smith

F C/E Dm Am
거 룩 하신 하 나님- 주 께 감사 드리세- 날
의 맘과 뜻 다해- 주 를 사랑 합니다- 날
B♭ F/A F E♭ 1. Gm7/C C7
위해 -이땅에 오신 독 생 자 -예 수 나
위해 -이땅에 오신 독 생 자 -예
2. Gm7/C C/B♭ Am7 Dm7 C/D Dm7 Gm7
수 내 가 약할 때 강 함 주 고 가난
B♭/C C B♭/D C/E Fmaj7 Am/E Dm7 C Dm E♭
할 때 우 리 를 부요케 하 신나 의 주 감-
1. Gm7/C C C/B♭ 2. Gm7/C C7 B♭/C F B♭/F F
사 내 사 감 사 -

메들리곡
- 예수 하나님의 공의 (139)
- 아버지 사랑합니다 (296)
- 완전하신 나의 주 (308)

270 그때 그 무리들이

(미 869)

(세 개의 못)

F F7 B♭ B♭m
1.그때 그 무리들 이 예수 님 못박았 네
2.주여 저 들의죄 를 용서 하 여주소 서
3.비웃 는 저무리 들 주의 옷 벗긴후 에
4.주여 나 의영혼 을 받아 주 시옵소 서
F Dm Gm7 Csus4
녹 슨 세개 의 그못으 로 –
주 님 눈물 로 기도했 네 –
주 님 몸깊 이 찔렀– 네 –
그 때 구원 을 이루셨 네 –
C7 F F7 B♭ B♭m
망치 소 리내맘 을 울리 면 서들렸 네
귀중 한 그보배 피 나를 위 해흘렸 네
귀중 한 그보배 피 나를 위 해흘렸 네
마지 막 피한방 울 나를 위 해흘렸 네
F C7sus4 C7 F B♭/F F
그 피 로내죄 씻 었– 네 –
그 피 로내죄 씻 었– 네 –
그 피 로내죄 씻 었– 네 –
그 피 로내죄 씻 었– 네 –

메들리곡 • 주님 이 곳에 (161) • 예수 가장 귀한 그 이름 (216) • 주님 내 아버지 (236)

그 아무도 내게

그아무도 - 내게 마음주지 - 않 을 때 - 에 -
나의마음 - 모두 이해 하신 - 주 - 님 -
그아 무도 - 나의눈물 - 모 를 때
나의 눈 물 - 닦아 주 신 나의 - 예 수 님
당신 - 은나의 구 세 - 주 진실 - 한 내 친 구
내맘과영혼 - 어 루 만지 - 고 - 내게 새삶 주신 주 님 - - - -
당 신 은나 의 사 - 랑 영 원 한 내 친 구 나의
마 음 다 해 - 사 랑 하 리 - 주 님 을

메들리곡
- 예수 가장 귀한 그 이름 (216)
- 사랑합니다 나의 위로 되신 주 (288)
- 하나님은 너를 만드신 분 (341)

272

깨어라 성도여

(일사각오)

주기철

F
1. 깨 - 어 라 성 - 도 여 징 조 를 보 라
2. 우 - 리 의 힘 으 로 는 옳 게 못 살 고
3. 마 - 귀 는 네 믿 음 을 빼 앗 으 려 고
4. 주 - 님 의 이 름 위 해 옥 에 갇 히 고
5. 성 - 경 과 기 - 도 로 무 기 삼 으 니
B♭ F C F
신 랑 예 수 구 름 타 고 오 시 려 한 다
네 - 신 앙 가 지 고 는 순 교 못 하 니
사 망 권 세 가 지 고 서 위 협 을 하 나
갖 은 고 생 다 하 다 가 죽 을 지 라 도
불 - 타 는 나 의 소 원 일 사 각 오 뿐
F F /A B♭
환 란 과 핍 박 이 날 기 다 리 니
성 령 권 능 나 에 게 충 만 케 하 사
강 하 고 담 대 하 여 두 려 워 말 라
십 자 가 의 큰 은 혜 생 각 할 때 에
죽 도 록 싸 우 다 가 쓰 러 진 후 에
F Dm Gm C F
믿 음 대 로 이 길 준 비 어 서 합 시 다
성 경 대 로 살 - 다 가 죽 게 하 소 서
승 - 리 자 예 수 님 이 나 의 편 이 다
아 - 직 도 내 고 생 이 부 족 하 도 다
천 - 국 에 영 광 집 에 편 히 쉬 리 라

깨어라 성도여

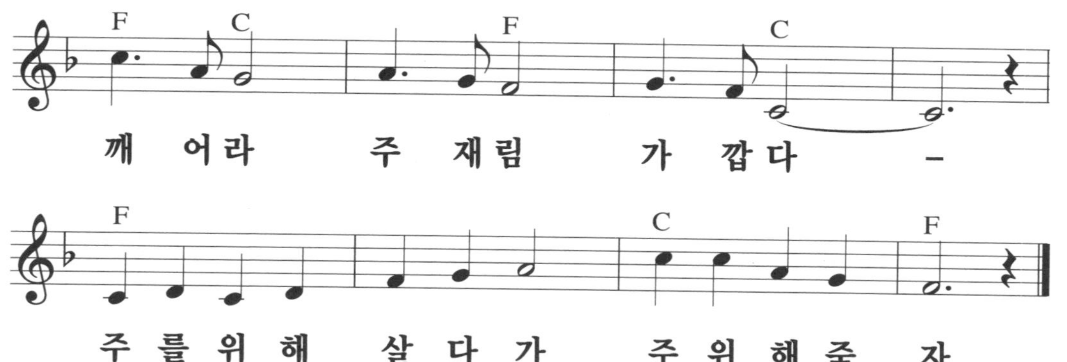
F
C
F
C
깨 어라 주 재림 가 깝다 –
F
C
F
주 를 위 해 살 다 가 주 위 해 죽 자

메들리곡

• 가라 가라 세상을 향해 (267) • 나 주의 믿음 갖고 (277)
• 주님과 담대히 나아가 (351)

273 그 크신 주 사랑

F C
그 크신주 사 랑 나 어찌갚 을 까 이 죄인위
밤 하늘별 빛 이 날 개를펼 칠 때 내 눈은간
날 위해흘 리 신 주 님의그 보 혈 그 무엇으
Gm C F B♭/F F B♭/F F F/A
하 여 주 죽으셨 네 주 께드릴 것 은 나의겸손한
절 히 주 님바라 네 주 이름부 를 때 난느낄수
로 도 갚 을수없 네 날 향한주 사 랑 변찮는그
B♭ Gm F/C C F
마 음 나의정결한 영혼신실한헌 신뿐주받으소 서
있 네 날위해펼 치신변함없는 사랑따스한손 길
자 비 내노래내 눈물내마음내 영혼주받으소 서
B♭ F C F B♭/F F
나의정결한 영혼신실한헌 신뿐주받으소 서 –
날위해펼 치신변함없는 사랑따스한손 길 –
내노래내 눈물내마음내 영혼주받으소 서 –

메들리곡
- 난 죽어도 (278) • 세상을 구원하기 위해 (292)
- 내 손을 주께 높이 듭니다 (373)

(미 1703)

나를 사랑하시는 주님

(영원하신 나의 목자)

274

안철호

F
Dm
C7
F
나를 사랑- -하시는 주님- 나의 곁에- -항상계 셔
나를 축복- -하시는 주님- 주의 성령- -부으시 사
나를 사랑- -하시는 주님- 주의 말씀- -내게주 사
F
Dm
C7
F
나의 맘과- 모든 생각- 지키 시고- 인도 하네-
나의 말과- 모든 행실- 주를 위해- 이끄 시네-
나의 발과- 모든 길을- 비추 시고- 인도 하네-
B♭
F
B♭
F/C
C7
나의 슬픔- 위로 하고- 나의 멍에- -함께메 어주시는
세상 이길- 힘주 시고- 천성 향해- -날인도 해주시는
푸른 초장- 물가 으로- 나를 항상- -인도하 여주시는
F
Dm
C7
F
사랑 의주- 예수 님은- 영원 하신- -나의목 자
능력 의주- 예수 님은- 영원 하신- -나의소 망
사랑 의주- 예수 님은- 영원 하신- -나의목 자
F
B♭
C7
F
그의 품에- 안기 어서- 영원 토록- 나살 으리-
그의 나라- 가기 까지- 주를 위해- 나살 으리-
그의 사랑- 영원 토록- 감사 하며- 나살 으리-

메들리곡
- 아버지 사랑합니다 (296)
- 주님과 함께하는 (324)
- 주 말씀 내 발의 등이요 (333)

275 나의 모습 나의 소유

(미 1517)

(I offer my life)

Claire Cloninger & Don Moen

나의모습 — 나의소유 — 주님앞에 — 모두드 — 립니다 —
어제일과 — 내일일도 — 꿈과희망 — 모두드 — 립니다 —

모든아픔 — 모든기쁨 — 내 모든 눈물 — 받아 — 주소서
모든소망 — 모든계획 — 내 손과 마음 — 받아 — 주소서

— 나 의 생명을드 — 리니 주영광위 — 하여 —

사용하옵소서 내 가사는날동 — 안에 주를찬양 — 하며 —

기쁨의제물 되리 — 나를받아주소 — 서

서 우리 가진 — 이 모든 것들 — 을 다

B♭m9
E♭
Cm7
Fm
B♭m9
E♭
주께 서우 - 리에게 주시 었네 - 몸밖 에드 - 릴것이

Cm7
E♭/F F
B♭m7
A♭/C
B♭/C
3.
F
Fine
D.S
- 없으 - 니 내 삶을받아 - 주소 서 서 -

메들리곡

• 세상을 구원하기 위해 (292) • 아버지 사랑합니다 (296)
• 완전하신 나의 주 (308)

276 나 이제 주님을 알았으니

(미 1871)

(구원의 기쁨)

추정엽

나 이제 주 님을 알 았으 니 이 소식 전 하려

찬 –양 찬 –양 찬 양하 세 우 –리 주 –님

네 – 죄 속에 빠 져있 던 이 – 내 영혼 –

을 – 날 위해 돌아가 신 우 – 리 주님 –

주 님구 원 하셨 네 – 이 세 상 어딜 가도 우 리주 님

손 들어 찬 양하 세 –

동 행하 시 네 – 동 행하 시 네 – 할 렐루 야

나 이제 주 님을 알 았으니 이 소식 전 하려 네 –

찬 –양 찬 –양 찬 양하세 우 –리 주 –님 을 –

죄 속에 빠져있 던 이 –내영혼– 구 원한 사 –실 을 –

날 위해 돌아가 신 우 – 리주님 – 손 들어 찬 양하 세 –

메들리곡

• 예수님이 좋은 걸 (219) • 주님되신 참 포도나무 (237)

• 영광의 길 너 걷기 전에 (300)

(미 981)

나 주의 믿음 갖고

277

(I just keep trusting the Lord)

John W. Peterson

F F6 F C7
나 주의 믿음갖고 – – 홀로걸어 도 –
내 주는 선한목자 – – 나를인도 해 –
C C7 F
나 주의 믿음갖고 – – 노래부르 네 –
사 망의 골짜기로 – – 다닐지라 도 –
F F6 F7 B♭
폭풍구름 몰아치고 – – 하늘덮어 도 –
주님께서 나의길을 – – 인도하시 니 –
G/B C C7 F B♭ F
나 주의 믿음 갖고 – – 실망 치 않 네 –
나 주를 따라 가리 – – 언제 까 지 나 –
Fine
F C7 F
주는내 친 구 – 진실한 친 구 –
주는내 목 자 – 선하신 목 자 –
F C7 F
세상끝 까 지 – 주의지 하 리 –
어디가 든 지 – 함께하 시 네 –
D.S

메들리곡 • 가라 가라 세상을 향해 (267) • 사람을 보며 (287) • 성령받으라 (289)

278 난 죽어도

(사명선)

조영준

난 죽어도내가 – 가야 할 배를 탄다 두려움
난 실패한다해 도 주음성 듣고간다 이길수
내앞에서서 해낼수 없다하지 만 나의사명 – 흔들 림 없다
없는저바다 나를기 다린다해 도
나의 노를저으 리 힘써 나의– 바다를저어 나 가 리 나의
힘을 –여기다 모두 쏟 으리 비 록 지쳐 –돌아갈수없 다 해도 결코
나는–이노를 놓지 않 으리 깊은 바다– 두려워 않고 나 가리 거친
바다 –싸워서 뚫고 나 가리 나의 항해–여 기서끝난 다 해도 결코
나 는 – 방 향 을 틀 지 않 으 리
나 는 – 등 을 보 이 지 않 으 리

메들리곡
- 삶의 작은 일에도 (290)
- 아버지 사랑합니다 (296)
- 경배하리 주 하나님 (355)

(미 2161)

내 주의 은혜 강가로

(은혜의 강가로)

오성주

내 주 의은혜강가 로 저 십 자가의강가 로
1.
내 주 의사랑있는 곳 - 내주의강 가 로
2.
내 주 의사랑있는 곳 - 내주의강 가 로
갈 한나의영혼 을 생수 로 가득채우소 서
피 곤 한내영혼위 에 내 주 의은혜강가 로
저 십 자가의강가 로 내 주 의사랑있는 곳 -
1.
내 주의강 가 로
D.S.
2.
내 주의강 가 로 -

메들리곡 • 주의 긍휼로 (242) • 넘지 못할 산이 있거든 (257) • 우리안에 사랑을 (314)

280 내 감은 눈 안에

(전부)

최경아 & 유상렬

F C/E Dm
내 감은- 눈 안에 이미 들어와- 계신
Am/C B♭ F/A Gm7
예수님- 나보다- 앞서 나-를- 찾 아 주시
Csus4 C7 F C/E Dm
네 내 뻗은 두손 위로 자비 하심을- 내어
Am/C B♭ F Gm7 C7
주시니- 언제나- 먼저 나-를- 위 로 -하시
F F7 B♭ C C7/B♭ Am
네 내 노래- 가 운데 함 께 즐거워
Dm Gm C7 F E♭/F
하시는- 늘- 나의- 기 쁨이 되시 네
F F7 B♭ C C7/B♭ Am
- 수 많은- 사 람중에- 나 를 택해잡

Dm
Gm
E♭
C sus4
으 시고- 눈물 거 두어- 빛 살 가 루 채 우 시 니
C7
Fmaj7
Dm
Gm
C7
C7/B♭
- 그 분은 - 내 자랑 나 의 기 쁨 나
Am
D7
Gm7
C7
B♭/F
F
의 노 래- 나 의 전 부 되 시- 네 -

메들리곡
- 거룩하신 하나님 (269)
- 당신이 힘들 다는 걸 알아요 (282)
- 주님과 함께하는 (324)

281 너는 부유해도 가난해도

(미 1664)

(너는 내 것이라)

송명희 & 최덕신

너는 부 유해도- 가 난해도- 너를 사랑하여
현 명해도- 미 련해도- 너의 지혜되어
잘 났으나- 못 났으나- 너의 모든것을
강 하여도- 약 하여도- 너의 힘이 되어
의 로워도- 악 하여도- 너를 나의피로

구원 했으니 - 너는 내 것이라 - 내 것 이라-
사용 하 리니 - 너는 내 것이라 - 내 것 이라-
알고 있 으니 - 너는 내 것이라 - 내 것 이라-
일으 키 리니 - 너는 내 것이라 - 내 것 이라-
바꾸 었 으니 - 너는 내 것이라 - 내 것 이라-

내 것이라 - 내 것이라 - 너는내 것 이 라 너는

메들리곡
- 내 주의 은혜 강가로 (279)
- 오늘 피었다 지는 (306)
- 주님과 함께하는 (324)

(미 1596)

당신이 힘들다는걸 알아요 282

(위로송)

오세광

당신 이 힘 들 다는걸알아요 아픔 이 너 무 많다는 것 도

위 로하 길 원－해－ 요 감 싸주고 싶 어－ 요 당 신은 － 하 나 님의－

사 람인－ 것을 내 가 알 수 없는그 대 깊 은 마 음 속 까지 － 당 신

을 지 으 신하 나 님은－ 알 고계 － 셔 요 위로 하 길 원－ 해－ 요

감 싸 주 고 싶 － 어 － 요 당 신 은－ 하 나 님의－ 사 람

메들리곡

- 아버지 사랑합니다 (296)
- 알았네 나는 알았네 (297)
- 오늘 피었다 지는 (306)

283 두 마리의 물고기와

(주님 사랑 전하리라)

김미옥

두마리의물고 기와 다섯개의떡으로 – 오천 명을 먹이는건

나 할수 없 지만 – 내게있는작은 정성 그들 에게 주면서 –

주님 사랑 전하 리 라 앉은뱅이문둥 병자 앞못보는사람들 –
예수님이 행하 신일 기 적이라말하지 –

죽은 자를 살리 는건 나 할수 없지만 – 내게 있는작은정성
흉내 조차 내는 것도 나 할수 없지만 – 내게 있는작은정성

그 들 에 게 주 면서 – 주님 사랑 전하 리 라

끝 날– 까 지 날 위해 눈물 흘려 기도하 신

B♭ F/A Gm F♯dim7 Gm7 B♭/C C
D.S. al Coda
주 님 – 닮 기 원 하 네 주 의 사 랑 을
Gm B♭/C F D/F♯ Gm B♭/C B♭/F F
주님 사랑 전하리 라 주님 사랑 전하리 라

메들리곡 • 갈보리 십자가의 (268) • 정결한 마음 주시옵소서 (453) • 주님과 같이 (458)

284 돈으로도 못 가요

(미 1195)

백광제 & 임승원

F
C7
돈 으 로 도 못 가 요
벼 슬 로 도 못 가 요 하 나 님 나 라
어 여 뻐 도 못 가 요
F
C7
F
힘 으 로 도 못 가 요
지 식 으 로 못 가 요 하 나 님 나 라
맘 착 해 도 못 가 요
B♭
F
G
C7
거 듭 나 면 가 는 나 라 하 나 님 나 라
B♭
F
C7
F
믿 음 으 로 가 는 나 라 하 나 님 나 라

메들리곡

- 가라가라 세상을 향해 (267)
- 깨어라 성도여 (272)
- 나 주의 믿음 갖고 (277)

(미 1624)

마음이 상한 자를

(He binds the broken-hearted)

Stacy Swalley
마 음이상 - 한자 - 를 고 치시는 - 주님 -
성 령으로 - 채우 - 사 주 보게하 - 소서 -
하늘의 - 아버 - 지 날 주관하 - 소서 - - 주
주의임 - 재속 - 에 은혜 알게하 - 소서 - - 주
의길로 - 인도 - 하사 자 유케하 - 소서 -
뜻대로 - 살아 - 가리 세 상끝날 - 까지 -
새일을행하 - 사 부흥 케 - 하 - 소서 - 의에
나를빛으시 - 고 새날 열어주 - 소서 -
주 리고 - 목이 마 르니 - 성령의 - 기름
- 부으 - 소 서 의에 주 리고 - 목이
마 르니 - 내잔을 - 채워 - 주소 서

메들리곡 • 세상 흔들리고 (292) • 아버지 사랑합니다 (296) • 주를 찬양하며 (332)

286 미움으로 얼어붙은

(지금 우리는)

석송 & 최종길

미움으로 얼어붙은 마 음들 절망으로 굳어 버린가 슴들
유혹속에 헤매이는 우 리는 차갑도록 용서없는우 리는

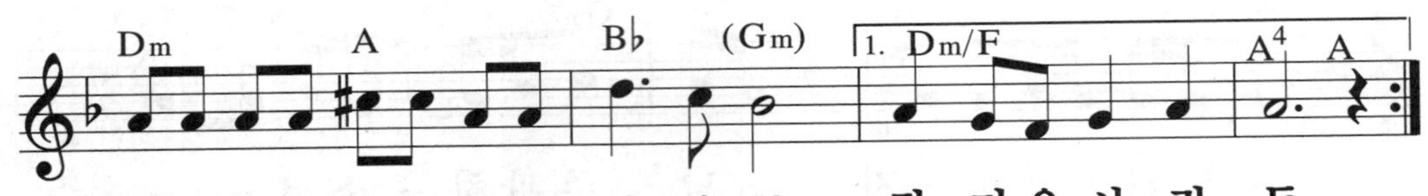

길을 잃고 방황하는 걸 음들 죄 지은사 람 들
사랑 없는 이세상의 우 리는

죄많은우 리 는 지금 우리는 빛이 되어 야해 지금

우리는 새롭게되어 야해 지금 우리는 이웃이되 어 야해

하나 가 되어 야 해 사랑과 믿음으로 산을옮기자 –

진리와사랑으로즐거워하자– 막혔 던담을헐고 하나가되자–

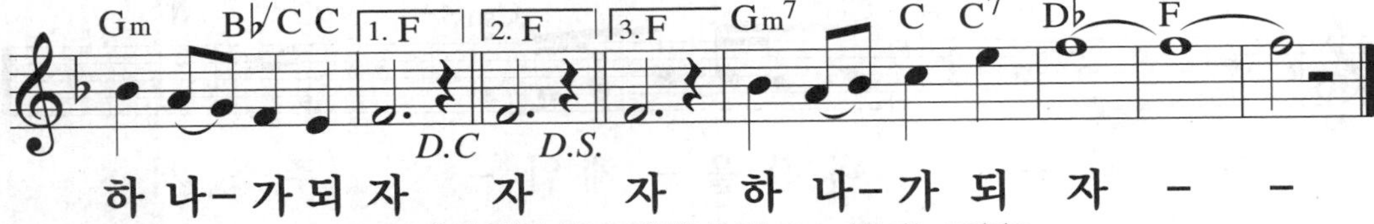

하 나–가되자 자 자 하 나–가 되 자 – –

메들리곡
- 주님의 사랑이 이 곳에 (330)
- 형제의 모습속에 보이는 (342)
- 때로는 너의 앞에 (386)

(미 926)

사람을 보며 세상을 볼땐

(만족함이 없었네)

최영택

사람을 보며 세상을볼땐 만족함이없었네
나의하나님 그분을뵐땐 나는만족하였네
1.
저기빛나는 태양을보라 – 또 저기서있는 산을보아라
천지지으신 우리여호와 나를사랑하시니
나의하나님 한분만으로 나는만족하겠네
2.
동남풍아 불어라 서북풍아 불어라
가시밭에백합화 예수향기날리니 할렐루야아 – 멘
가시밭에백합화 예수향기날리니 할렐루야아 – 멘

메들리곡
- 가라 가라 세상을 향해 (267)
- 성령받으라 (289)
- 참참참 피 흘리신 (340)

288 사랑합니다 나의 위로되신 주 (미 2182)

Stephen Hah

Gm Gm7/D F/C Gm Am7 B♭M7 C/B♭
사 랑 합 니 다 나 의 위 로 되 신 주 고 통 의 눈 물 닦
Am7 Dm7 Gm7 Csus C7 Fm9 F/A
아 주 신 자 비 하 신 아 버 지 찬 송 합 니 다 나 의
B♭ B♭M7 Gm7 C♯dim Dm D7
힘 이 되 신 주 내 가 약 할 때 주 능 력 이 날
Gm7 C7 F F Am7 B♭ C7 F Am7
붙 들 어 주 시 네 주 의 사 랑 주 의 은
B♭ Gm C9 F Dm B♭ G9/B C
혜 내 안 에 가 득 넘 치 니 나 부 족 함 없 으 리
F Am7 B♭ C7 F Am7 B♭
나 의 마 음 나 의 영 혼 거 룩
Gm C9 Am7 Dm7 Gm C7 F
한 사 랑 을 드 리 며 주 의 길 을 걸 으 리

메들리곡 • 오늘 피었다 지는 (306) • 완전하신 나의 주 (308) • 주님과 함께하는 (324)

(미 680)

성령받으라

최원순
F
Dm
B♭
C
C7
F
C
성령받으라 성령받으라
평안있으라 평안있으라
구원받으라 구원받으라
축복받으라 축복받으라
예수내게말씀하셔 서 – –
F
Dm
B♭
C
C7
F
F7
성령받으라 성령받으라
평안있으라 평안있으라
구원받으라 구원받으라
축복받으라 축복받으라
예수내게말씀하셔 서
B♭
F
Am
C
할 렐 루 야
성령받았네 나는 성 –령받았 네
평안해졌네 나는 평 –안해졌 네
구원받았네 나는 구 –원받았 네
축복받았네 나는 축 –복받았 네
B♭
F
C
C7
F
할 렐 루 야
성령받았네 나는 성 –령받았 네
평안해졌네 나는 평 –안해졌 네
구원받았네 나는 구 –원받았 네
축복받았네 나는 축 –복받았 네

메들리곡 • 사람을 보며 (287) • 성령 받으라 (289) • 성령 충만으로 (291)

290 삶의 작은 일에도

(미 1777)

(소원)

한웅재

F Cadd2/E Dm F/C B♭add2 F/A
삶의작-은일-에도 - 그맘을알-기원-하네 - 그길-
Gm B♭/C F Cadd2/E Dm
그 좁은길-로가-기원-해 나의작-음을 -알고 -그분의크
F/C B♭add2 F/A Gm B♭/C F
-심을-알며 - 소망- 그 깊은길-로가-기원-하네 -
B♭maj7/C C7 Dm Am7 Dm
저 높이솟-은산-이되-기보 -다 여기 오름직-한동
Dm Am7 Dm Am7
-산이-되길 - 내 가는길-만비-추기-보다 -는 누군
B♭add2 G B♭/C C7 F Cadd2/E Dm
가의길-을비-춰준 -다면 - 내가노-래하-듯이 - 또
Dm F/C B♭add2 F/A Gm B♭add2/C
내가애-기하-듯이 - 살길 - 난 그렇게 -죽기-원하-네

F Cadd2/E Dm F/C B♭add2 F/A
삶의한- 절이-라도 -그 분을닮-기원-하네 - 사랑- 그
Gm B♭add2 C 1.2. F 3. F
1. 높은길-로가-기원-하네 - 그
2. 좁은길-로가-기원-하네 - 그
3. 깊은길-로가-기원-하네 -

메들리곡 • 난 죽어도 (278) • 세상을 구원하기 위해 (292) • 아버지 사랑합니다 (296)

291 성령충만으로

1. 성령충만으로 성령충만으로 뜨겁게뜨겁게
2. 말씀충만으로 말씀충만으로 새롭게새롭게
3. 은사충만으로 은사충만으로 강하게강하게
4. 할렐루야아멘 할렐루야아멘 우리 ○○ 교회

성령충만으로 성령충만으로 뜨겁게뜨겁게
말씀충만으로 말씀충만으로 새롭게새롭게
은사충만으로 은사충만으로 강하게강하게
할렐루야아멘 할렐루야아멘 우리 ○○ 교회

성령충만으로 권능받아 땅끝까지전파하리라
말씀충만으로 거듭나서 주뜻대로살아가리라
은사충만으로 체험얻어 죄악세상이겨나가리
성령충만으로 뜨거웁게 말씀충만으로 새롭게

성령충만으로 권능받아 증인이되리라
말씀충만으로 거듭나서 새사람되리라
은사충만으로 체험얻어 이세상이기리
은사충만으로 체험얻어 주의일하리라

메들리곡 • 가라 가라 세상을 향해 (267) • 나 주의 믿음갖고 (277) • 성령 받으라 (289)

(미 2147)

세상을 구원하기 위해

292

(밀알)

천관웅

세상을구 원하기위－해 흘려야－할피가필 －요하－다면－
길잃어지 친양을찾－아 마음상－해이리저－ 리헤－매이－는－
죄인을 대 신하기 위－해 희생의 －제물 － 필요하시 다 면
한영혼 찾 아아파 하－는 예수님 －마음 － 내게주옵 소 서
내생명 － 제단위－에 드리리주 영－광 위해 사용하－소 서생명이
십자가 －온 세상위－한 그희생 눈 물－로 그길 가게하－ 소 서
또다른－ 생명－ 낳고 주 님볼－ 수있－다면 나 의삶 －과죽음도
아 낌없－이 드리리 죽 어야 － 다시 －사는 주 의말－씀민 － 으며
하나의밀 －알되 －어 썩어지 － 리니 － 예 수님 －처럼
살아가 －게하 소 서
Fine
D.S.

메들리곡

- 나의 모습 나의 소유 (275)
- 난 죽어도 (278)
- 주님만 주님만 사랑하리 (326)

293 세상 흔들리고

(미 1692)

(오직 믿음으로)

고형원

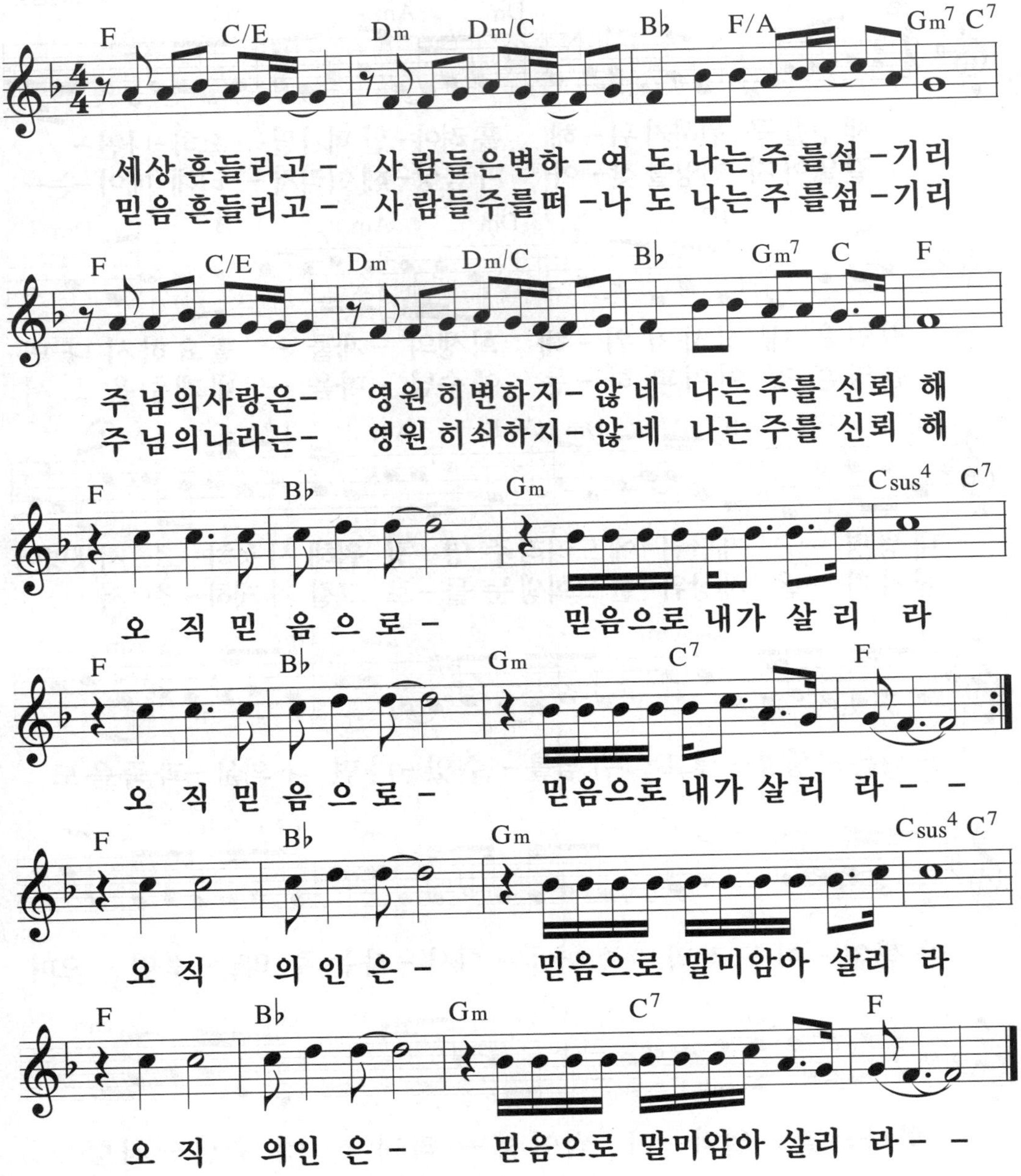

세상 흔들리고– 사람들은변하–여 도 나는주를섬–기리
믿음 흔들리고– 사람들주를떠–나 도 나는주를섬–기리

주님의사랑은– 영원 히변하지–않네 나는주를 신뢰 해
주님의나라는– 영원 히쇠하지–않네 나는주를 신뢰 해

F B♭ Gm Csus4 C7

오 직 믿 음 으 로– 믿음으로 내가 살 리 라

F B♭ Gm C7 F

오 직 믿 음 으 로– 믿음으로 내가 살 리 라– –

F B♭ Gm Csus4 C7

오 직 의 인 은– 믿음으로 말미암아 살리 라

F B♭ Gm C7 F

오 직 의인 은– 믿음으로 말미암아 살리 라– –

메들리곡 • 주님만 주님만 (326) • 완전하신 나의 주 (308) • 주님과 함께하는 (324)

(미 957)

슬픔 걱정 가득 차고

294

(갈보리 / Galvary)

J. M. Moore

F C7 Gm C7 F F7
슬 픔걱 정 가득차고 내 맘괴로와 도
너 의근 심 모든염려 주 께맡기어 라
너 의눈 물 상한심령 주 가돌보신 다
B♭2 B♭ F Am Gm C7 F E♭/F F7
갈보리십자가 위 에서 죄 짐이풀렸 네
B♭2 B♭ F C7 F E♭/F F7
놀라운사랑의 갈 보리 갈 보리 갈 보리
B♭2 B♭ F Am Gm C7 F
놀라운사랑의 갈 보리 영원한갈 보 리

메들리곡 • 그 아무도 내게 (271) • 우리 안에 사랑을 (314) • 주님께서 주시는 (325)

295 아름답다 예수여

(주님 한 분 만으로)

이성봉 & W.H.Doane

F B♭ F C7
1. 아름답다 예수여 나의 좋은 친-구
2. 나의 모든 일체는 주님의 것 되고요
3. 예수 없는 사업은 성공 같되 실패요
4. 예수님은 내 생명 또한 나의 기-쁨
5. 아침에는 예수로 눈을 뜨게 하시고
6. 밖에 나가 일할 때 주님 감독 하시고
7. 물을 떠난 고기가 혹시 산다 하여도
8. 예수 죽음 내 죽음 예수 부활 내 부활
9. 사모하는 천국집 지금 찾아 가오니
10. 거룩함과 인내로 신혼신을 단장코
F B♭ F C7 F
날 위하여 죽음과 날 위하여 사셨네
주님 모든 일들은 나의 것이 되-네
예수 있는 생활은 만사 유익 합니다
예수 없인 내 생명 잠시도 못 사-네
저녁에는 예수로 잠을 자게 하시네
집에 홀로 있을 때 예수 사랑 한없네
예수 떠난 심령은 사는 법이 없어요
예수 승천 내 승천 예수 천국 내 천국
영원무궁 하도록 주와 같이 살리라
공중 혼인 그날을 매일 고대 합니다
F B♭ F C7
예수님 내 주여 내 중심에 오셔서

F
A
B♭
F
C7
F
주 님 한 분 만 으로 만 족하 옵 니 다

메들리곡
• 예수 가장 귀한 그 이름 (216) • 그 때 그 무리들이 (270)
• 예수님은 생명의 (304)

(미 1756)

아버지 사랑합니다 296

(Father, I Love You)

Scott Brenner

F
Fmaj7
B♭
Gm
C
C7
F
C/E
아버지 - 사랑합니다 - 아버지 - 경배합니다 -
예수님 - 사랑합니다 - 예수님 - 경배합니다 -
성령님 - 사랑합니다 - 성령님 - 경배합니다 -
Dm
Dm/C
B♭
Gm
C7sus4
C7
F

아 버 지 - 채워주소서 - 당신의 - 사랑 - 으로 -
예 수 님 - 채워주소서 - 당신의 - 사랑 - 으로 -
성 령 님 - 채워주소서 - 당신의 - 능력 - 으로 -

메들리곡
• 주님만 주님만 사랑하리 (326) • 경배하리 주 하나님 (355)
• 내 손을 주께 높이 듭니다 (373)

297 알았네 나는 알았네

(미 948)

Kurt Kaiser

Dm A7 Dm F7 B♭ C7 F Dm
알았네 나는 알았네 이젠더 피하지않으리 나의
알았네 나는 알았네 잿빛생 활에지쳤음을 세상
알았네 나는 알았네 이젠더 피하지않으리 그가
Gm C7 Dm D0 1.2. Gm7 Am7 Dm
모든것 주께 맡겼네 기쁜날 이었도 다
쾌락을 찾아 봤으나 고통뿐 이었다 네
내게와 나를 구했네 기쁜
B♭ C7 F Dm Gm A7 Dm D7/F♯
삶은의미 없고 안식 없었 네 이
Gm A7 3 Dm B♭7 Dm/A Gm7 A A7
젠 너무나 달라 나에게 새삶임했 네 -
D.C.
3.Gm7 Am7 Dm D
날 이 었 도 다 -

메들리곡
- 당신이 힘들다는 걸 알아요 (282)
- 마음이 상한 자를 (285)
- 예수의 이름으로 (435)

(미 1530)

약할 때 강함 되시네

298

(주 나의 모든 것 / You are my all in all)

Dennis Jernigan

F C2/E Dm F/C F/A B♭ F/C C
약할때강함되시 네 나의보배가되신 주 주나의모든
십자가죄사하셨 네 주님의이름찬양 해 주나의모든
F C F C2/E Dm F/C F/A
것 - - - - 주안에있는보물 을 나는포기할수없
것 - - - - 쓰러진나를세우 고 나의빈잔을채우
B♭ F/C C B♭/F FB♭/D C/E F C2/E Dm F/C F/A
네 주나의모 든 것
네 주나의모 든 것
예 수 어 린 양
B♭ F/C C 1. F C 2. B♭/F FB♭/D C/E
존 귀 한 이 름 - - - - 름

메들리곡
• 아버지 사랑합니다 (296) • 경배하리 주 하나님 (355)
• 내 손을 주께 높이 듭니다 (373)

299 열어 주소서

(미 841)

송명희 & 최덕신

F F#o Gm7 C7 F C/E
열 어 주 소 서 열 어 주 소 서
Dm B♭m6/D♭ F/C Dm/C G9/B Cm C+7
내 눈 - 을 열 어 주 소 서 -
내 귀 - 를 열 어 주 소 서 -
F F#o Gm7 C7 F C/E
열 어 주 소 서 열 어 주 소 서
Dm B♭m6/D♭ F/C B°7 Gm7/B C7 F
Fine
주 - 님 바 라 볼 수 있 도 록 열 어 주 소 서
주 님 말 씀 들 을 수 있 도 록 열 어 주 소 서
B♭m7 C7/B♭ Am7 Dm7/A Gm C7/G Fm7 Gm Am7
열 어 주 소 서 열 어 주 소 서 내 눈 을 열 어 주 소 서 - -
B♭m7 C7/B♭ Am7 Dm7/A Gm7 C7 F
D.C.
열 어 주 소 서 열 어 주 소 서 내 귀 를 열 어 주 소 서

메들리곡 • 내 주 같은 분 없네 (198) • 아버지 사랑합니다 (296) • 주님과 함께하는 (324)

(미 1271)

영광의 길 너 걷기전에

윤종하

영 광의 길 – 너걷기 전에 갈보리길 – 너 걸으라 –
방 황하 는 – 영혼을 위해 십자가 의 – 길 이있 네 –
고 난의 길 – 앞서가 신주 가시관 에머 리 찔렸 네 –

네 모든 것 – 주께맡 긴후 하늘 문을 바 라보 라
죄 에빠 진 – 영혼을 위해 주님 께서 피 흘렸 네
그 십자 가 – 날마다 보네 내모 든죄 다 씻겼 네

하늘 가는 다 른길 없 네 오 직 예수 – 오 직한 길
못박 힌두손 날 개펼 치 사 나 로 그그늘에 쉬 게 하 며
하늘 가는 다 른길 없 네 다 만 한분 – 나 의예 수

갈보 리 길 걸 어가 신 주 그 길 따라 너 걸 으 라 –
부드 러 운 사 랑의 음 성 날 오 라 – 부 르 시 네 –
부활 의 주 말 씀하 시 네 갈 보 리길 너 걸 으 라 –

메들리곡 • 마음이 상한 자를 (285) • 아버지 사랑합니다 (296) • 완전하신 나의 주 (308)

301 예수 날 위하여

(Jesus has come for me)

하 스데반

F Am B♭ F
예 수 날 위 하 여 이 땅 에 오 셔 서 자
B♭ F G Csus4 C C2 C
신 의 몸 버 려 십 자 가 를 지 셨 네 선 하
F Am B♭ F
신 예 수 온 세 상 가 운 데 가
B♭ F B♭ F/C C7 F
장 높 으 시 며 거 룩 한 이 름 예 수

메들리곡 • 주님과 함께하는 (324) • 정결한 마음 주시옵소서 (453) • 주님과 같이 (458)

(미 1571)

예수는 나의 영광

302

정종원

예수는-나의 영 -광- 또 예수는-나의 소 망 내
안에 계신주- 닮기 원하네 - 주님 닮기를 - 원 하네 -
예수는-나의 전 -부- 예수는-나 의 보 배 내
안에오셔서- 생명 되셨 네 - 언 제나 -새 힘을 주시네 -
예 수 - 나의 모 든능 --력 - 예 수 -
나의 모 든능 --력 -
나의모든기--쁨 - 예 수- 나의 모든소 --망 - 예-
나의귀한생--명 - 내게 있는전 --부 -
수 예- 수 - 수 나의 주

메들리곡 • 내가 주인 삼은 (371) • 손에 있는 부귀보다 (408) • 주님여 이 손을 (463)

303 예수는 평강의 왕

Stephen Hah
F F/A C C7 F
예 수 는 평 강 의 왕 - 예 수 는
예 수 는 나의 치 료 자 - 예 수 는
F/A B♭ D7(♭9) Gm7 C7
만 유 의 주 - 예 수 는 자 비 - 의
나의 통 치 자 - 상 한 심 령 치 - 유
F C/E Dm B♭ 1. Gm9 A sus4 A
하 나 님 예 수 는 영 원하 - 신 분 -
하 시 는
2. B♭/C F B♭/C F F/A
하 나 님 - 아 들 - 주 를 사 모 합
B♭ Gm7 C/E B♭/F F
니 - - 다 사 모 합 니 - - 다
D F♯dim7 Gm7 B♭/C C7 F
나 - 의 모 든 것 되 - 신 주 를 사 랑 합 니 다

메들리곡
- 하나님 우리와 함께 하시오니 (83)
- 깨어라 성도여 (272)
- 하늘보다 높은 주의 사랑 (343)

(미 934)

예수님은 생명의 참 포도나무 304

(포도나무)

최영일 & 김두완
F A7 Dm F B♭ F C7 F
예 수 님 은 생 명 의 참 포 도 나 무
포 도 나 무 가 지 는 너 희 들 이 니
사 랑 하 는 가 지 야 내 안 에 있 어
F B♭ F C7 F G7 C7
아 버 지 는 포 도 원 농 부 시 니
살 아 있 는 원 줄 기 내 몸 에 붙 어
무 엇 이 나 원 하 면 이 뤄 지 리 니
F C7 F B♭
가 지 들 이 열 매 를 맺 지 않 으 면
잎 도 피 고 꽃 피 어 열 매 를 맺 자
씩 씩 하 게 자 라 고 높 이 뻗 어 서
F C7 F C7 F
아 낌 없 이 찍 어 서 던 지 시 리 라
주 렁 주 렁 소 담 한 포 도 송 이 를
하 늘 나 라 열 매 를 많 이 맺 어 라

메들리곡 • 주님 이 곳에 (161) • 예수 가장 귀한 그 이름 (216) • 그 때 그 무리들이 (270)

305 예수 이름으로

(미 1046)

Maori Origin

F
C7
1. 예수 이름으로 예수 이름으로 승리를 얻었네
2. 예수님을 따라 예수님을 따라 어디든 가리라
3. 예수 이름으로 예수 이름으로 마귀는 쫓긴다
C7
F
예수 이름으로 예수 이름으로 승리를 얻었네
예수님을 따라 예수님을 따라 언제고 살리라
예수 이름으로 예수 이름으로 병마는 쫓긴다
B♭
F
C7
F
예수 이름으로 나아갈 때 우리 앞에 누가 서리요
예수님을 따라 나아갈 때 밝은 태양빛이 비치고
예수 이름으로 나아갈 때 누가 나를 괴롭히리요
B♭
F
C7
F
예수 이름으로 나아갈 때 승리를 얻었네
예수님을 따라 살아갈 때 밝은 내일 있네
예수 이름으로 기도할 때 악마는 쫓긴다

메들리곡 • 가라가라 세상을 향해 (267) • 나 주의 믿음 갖고 (277) • 오 이 기쁨 (438)

(미 1018)

오늘 피었다 지는

(들풀에 깃든 사랑)

306

노진규

F C7 Dm B♭ G C C7
오 늘피었다지 는 들풀 도 -입히는 하 나님
F C7 Dm B♭ C7 F
진 흙같은이몸 을 정금 같 -게하시 네
Fine
F C7 Dm B♭ G C C7
푸 른하늘을나 는 새들 도 -먹이는 하 나님
F C7 Dm B♭ C7 F
하 물며-우리 랴 염- 려 -필요없 네 우리
B♭ 3 F Am Gm C7 3 F F7
마 음속 깊-은 그 곳에 영 혼을내리신 주 죽음
B♭ 3 F G G7 C
이 기 신 영원한 생 명 을 약 속하 시었 네
D.C

메들리곡 • 아버지 사랑합니다 (296) • 거룩하신 하나님 (269) • 경배하리 주 하나님 (355)

307 온 맘 다해 주 사랑하라

(미 1694)

(you shall love the Lord)

Jimmy Owens

F FM7 Gm Gm7
온 맘 다 해 주 - 사 랑 - 하 - 라 -
C Gm7 C7 F B♭/D C/E
생 명 다 해 주 - 사 랑 - 하 - 라 -
F Dm Gm Gm7
뜻 을 다 하 여 - 사 랑 - 하 라 - - 온 맘 다
C C7 F 1. B♭/D C/E
해 생 명 다 해 주 사 랑 해 - -
2. B♭/D C/E F Dm Gm7
- 주 사 랑 해 - - 요 존 귀 하 신 - 주 님
Gm7 C7 F
- 주 사 랑 해 - 요 큰 일 행 하 - 셨 네
F C/E Dm Dm7 Gm7
- 주 사 랑 해 - - 요 더 욱 사 랑 해
Gm7 C C7 F
- 온 맘 다 해 생 명 다 해 주 사 랑 해 -

Gm7
C
C7
F
- 온 맘 다 해 생 명 다 해 주 사 랑 해 -

메들리곡 • 완전하신 나의 주 (308) • 주님과 함께하는 (324) • 주를 찬양하며 (332)

308 완전하신 나의 주

(미 2112)

(예배합니다)

Rose Park

F F/A B♭ F/A Gm7 G/B
완 전 - 하 신 나 의 주 의의 - 길 로날 - 인
B♭/C C7 F F/A
도 하 소 - 서 - 행 하 신 - 모 든 일 주
B♭ F/A Gm C7 F F/A
님 의 영 광 - 다 경 배 합 - 니 다 - 예 배 합 - 니 다
B♭2 F/A Gm C7
- 찬 양 합 - 니 다 - 주 님 만 - 날 다 스 리 소 서
F F/A B♭2
- 예 배 합 - 니 다 - 찬 양 합 - 니 다
F/A Gm C7 F
- 주 님 홀 - 로 높 임 받 으 소 서 -

메들리곡 • 거룩하신 하나님 (269) • 아버지 사랑합니다 (296) • 주를 찬양하며 (332)

(미 706)

왕이신 나의 하나님

(Psalms 145-I bless you My God)

Stephen Hah

F A A7 Dm F7/C
왕 이 신 - 나 의 하나 님 -
B♭ Gm7 Csus4 C7
내 가 - 주 를 높이 고 -
Fmaj7 A A7 Dm F7/C
영 원 히 - 주 의 이름 을 -
B♭ C7 F B♭/F F
송 축 하 리 이 다 -

메들리곡

- 마음이 상한 자를 (285)
- 아버지 사랑합니다 (296)
- 왕이신 하나님 높임을 받으소서 (310)

310 왕이신 하나님 높임을

(미 704)

(He is exalted)

Twila Paris

F F/A B♭
왕 이 신 하 나 님 높 임 을 받 으 소 - 서 찬양
B♭/D C/E F F/A
하 리 라 영 원 히 높 임 을 받 으 실 그 이 름
B♭ C/B♭ B♭/C C Dsus D D/C
찬 양 하 리 라 -
Gm Dm/F C/F C F Am7 B♭ F/A
그 리 스 도 진 리 로 다 스 리 네 -
Gm Dm/F C/E C F Am7 B♭ F/A
기 뻐 하 라 - 온 땅 이 여 찬 양 하 라 -
Gm Gm/F E♭maj9 Gm7/C F
거 - 룩 하 - 신 그 이 름 높 이 리 라 -

메들리곡 • 아버지 사랑합니다 (296) • 왕이신 나의 하나님 (309) • 주를 찬양하며 (332)

(미 1182)

요한의 아들 시몬아

권희석

F C C7 F
요한의아들시 몬아 - 네가다른 사람들보다
F C C7 1.F
나를더사랑 하느냐 - 하고주님이물으셨 네
2.F B♭ F G C
다 그 때나는주께 대답했네 내가 주 를사랑하는 지
C7 F B♭ B♭m F C7 F Fine
주님 께서 -아십니 다 -주님 께서내마음아시 리
F C C7 F
요한의아들시몬 아 네가 다른사람들보 다
내게오는많은양 떼 네게 맡겨둘-테니 -
F C C7 1.F
(2nd time to 𝄋)
나를더사랑하느냐 - 하고주님이물으셨 네
사랑하는내친구여 - 많은양떼를부탁한

메들리곡 • 주의 긍휼로 (242) • 넘지 못할 산이 있거든 (257) • 내 주의 은혜 강가로 (279)

312 우리는 주의 백성이오니

(미 698)

(We are Your people)

David Fellingham

F Gm7 C7 Fmaj7
우 리 는 주 의 백 성 이 - 오 니 -
F Gm7 C7 Fmaj7
주 의 그 큰 이 름 선 포 합- 니 다 -
F7 3 B♭2 B♭ G m Gdim F F/E
이 곳 어 두 운 세 상 에 빛 으 로 부 르 셨 네
Dm Dm7 Gm7 C7 F B♭/F
주 의 얼 굴 구 할 때 역 사 하 소 서
F C7sus F Am7 Dm7
- 교 회 를 세 우 시
B♭ B♭m6 F Gm Dm Gm G7 Csus4
고 - 이 땅 고 쳐 주 소 서
C7 F Am7 Dm9
- 주 님 나 라 임 - 하
B♭ B m6 F Gm C7 F B♭/F
시 고 주 뜻 이 뤄 지 이 다

메들리곡

- 나의 모든 기도가 (513)
- 모든 민족과 방언들 가운데 (533)
- 우리 오늘 눈물로 (554)

(미 863)

우리들의 무기는 육체가

우리 들의무기는육체가 아니요 그러나 강하오

참으로 강하오 우리 들의무기는육체가 아니요 그러나

강하오 성령안에 서 견고 한 진을파하는강 력이요

강한 힘이요 참으로 강하오 견고 한 진을파하는강

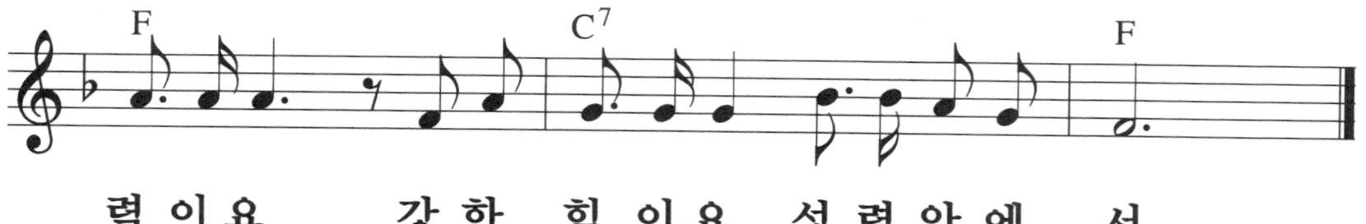

력이요 강한 힘이요 성령안에 서

메들리곡

- 하나님 우리와 함께 하시오니 (83)
- 가라 가라 세상을 향해 (267)
- 나 주의 믿음 갖고 (277)

314 우리 안에 사랑을

(미 1114)

(Let there be love)

Dave Bilbrough
F7sus Bbmaj7 C7 F Am/E
우 리 안 에 사 - 랑 을 우 리 눈 에 사 랑
D Dm/C Bb Gm7 C7
을 이 나 라 휩 쓸 - 도 록 채 우 소
F F7 Eb/F F7 Bbmaj7
서 - 오 주 님 진 실 한 형 제 의
C7 F A7/E Dm Dm/C
사 랑 새 롭 게 알 게 하 소 서 우 리 안
Bb Gm7 C7 Bb/F F
에 사 - 랑 을 사 - 랑 을 -

메들리곡
- 예수 가장 귀한 그 이름 (216)
- 사랑합니다 나의 위로 되신 주 (288)
- 주님의 사랑이 (330)

우 주를 찬양하나이다 315

Taize

F C/E Dm Gm7 C7 F
우 – – 주 를 찬 양 하 나 이 다
F C/E Dm Gm7 C7 F
우 – – 주 를 찬 양 하 나 이 다

메들리곡 • 왕이신 나의 하나님 (309) • 주님과 함께하는 (324) • 주를 찬양하며 (332)

이제는 내게 316

(No Condemnation)

Charles F. Monroe

F Dm F F/A Dm Gm B♭/C
이 제는내 – 게 더 정 죄함없 – 네 나 를 구원하신 예수
1.F C 2.F B♭maj7 F F/A Am7 Dm7
그리스 도 Fine 그리스도 주의 성 령의법 – 이 예수
Am7 Dm7 F Am C Dm C/D Dm B♭maj7/C
안에 있는 나를 자유케 했네 죄와 사 – 망에 서 –
D.C al Coda

메들리곡 • 왕이신 나의 하나님 (309) • 왕이신 하나님 높임을 받으소서 (310) • 주를 찬양하며 (332)

317 이 날은 이 날은

(미 669)

(This is the Day)

Les Garret

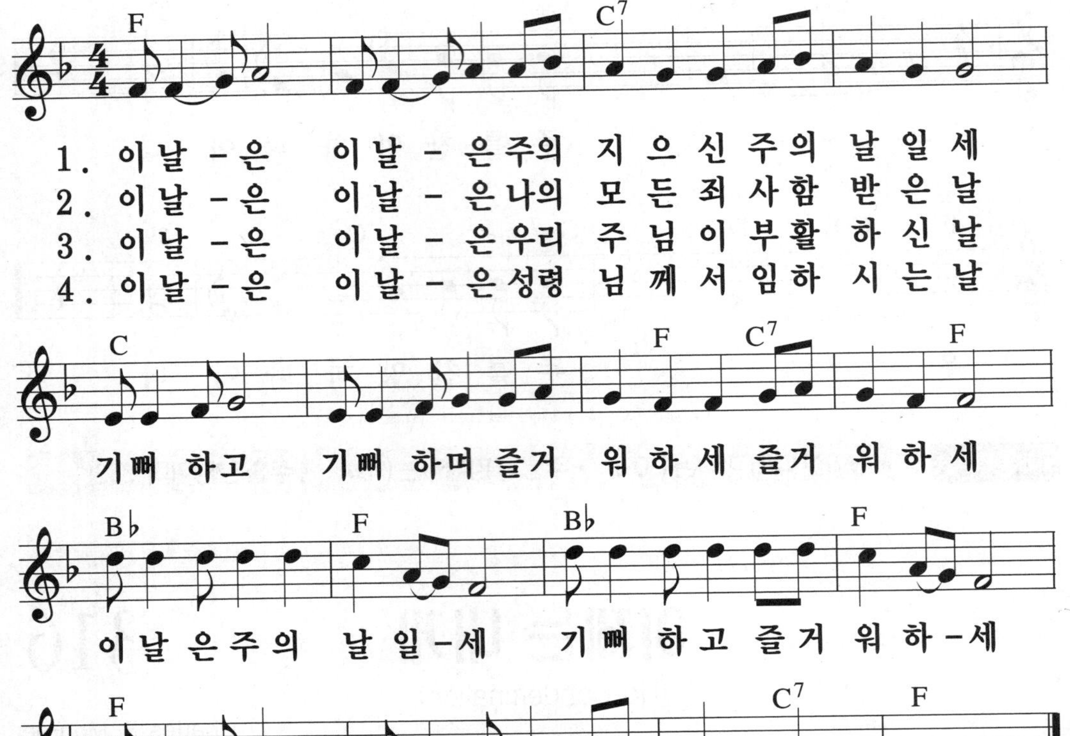
F C7
1. 이날 -은 이날 - 은주의 지 으 신 주의 날 일 세
2. 이날 -은 이날 - 은나의 모 든 죄 사함 받 은 날
3. 이날 -은 이날 - 은우리 주 님 이 부활 하 신 날
4. 이날 -은 이날 - 은성령 님 께 서 임하 시 는 날
C F C7 F
기뻐 하고 기뻐 하며 즐거 워 하 세 즐거 워 하 세
B♭ F B♭ F
이날 은주의 날 일-세 기 뻐 하 고 즐거 워 하-세
F C7 F
이날 -은 이날 -은 주의 날 일 세

메들리곡 • 가라 가라 세상을 향해 (267) • 예수 이름으로 (305) • 오 이 기쁨 (438)

(미 1839)

이 땅에 오직 주 밖에 없네

정종원
이땅에 - 오직- 주밖에 - 없네- 그무엇도 - 나를 - 채울수
- 없네 - 주님의 - 평안 - 내안에 - 있네 - 그 누구도
- 빼앗을수없 네 - 이땅에 -
세상은변-해가-고
폭풍이몰-려와-도
이세상어-디에-서
우리가바-래왔-고
소망은힘-을잃-어도-변 함없이-붙드-시는-그 구원의-손길-
두려움물-러가--네-우 릴위해-싸우-시는-그
평안을찾을 수있--나-목 숨까지-내어-주신-그 깊은사-랑을-
꿈꾸어왔-던미-래가-그 한없는-사랑-안에-서
손을의지해 - 열리고있네 - 이땅에 - 오직- 주밖에
- 없네 - 그 무엇도 - 나를- 채울수 - 없네 - 주님의
- 평안- 내안에 - 있네 - 그누구도 - 빼앗을수없네 -

메들리곡

- 예수 가장 귀한 그 이름 (216)
- 아버지 사랑합니다 (296)
- 존귀 주는 존귀 (320)

319 이전엔 왜 모르고 있었을까 (미 1797)

정경섭
이 전 엔 왜 모 르 고 있 었 을 까 주 님 이 주 신 이 기
쁨 - 을 - - - 이 전 엔 왜 모 르 고 살 았 을 까 주
님 이 주 신 이 사 랑 - 다 시 는 방 황 않 으 리 - 주 님
인 도 하 시 니 - 이 제 는 절 망 않 으 리 - 아 멘 -
주 님 이 내 편 되 시 니 - - 두 렴 걱 정 없 으 리 - 벅 찬
가 슴 안 고 할 렐 루 야 - 이 전 엔 왜 모 르 고
있 었 을 까 주 님 이 주 신 이 기 쁨 - 이 전 엔
왜 모 르 고 살 았 을 까 주 님 이 주 신 이 사 랑 -

메들리곡 • 깨어라 성도여 (272) • 사람을 보며 (287) • 주 임재하시는 곳에 (336)

존귀 주는 존귀

320

(존귀 존귀하신 주 / Worthy, You are worthy)

Don Moen

존 - 귀 주는 존 - 귀 왕의 왕 주의주 주는 존 - 귀
거 - 룩 주는 거 - 룩 왕의 왕 주의주 주는 거 - 룩
예 - 수 주는 예 - 수 왕의 왕 주의주 주는 예 - 수

존 - 귀 주는 존 - 귀 왕의 왕 주의주 경배하 리
거 - 룩 주는 거 - 룩 왕의 왕 주의주 경배하 리
예 - 수 주는 예 - 수 왕의 왕 주의주 경배하 리

메들리곡

- 주님만 주님만 사랑하리 (326)
- 경배하리 주 하나님 (355)
- 내 손을 주께 높이 듭니다 (373)

321 좋으신 하나님 너무도 내게

(미 1857)

(God You're So Good)

Terry Clark

좋으신 하 나님 - 너무도내게 좋 은분
- 찬양하리 영 원히 - 참 좋은 분 - 좋으신
분 - 워워워 난 노래 하 - 리라 - - -
내 평 생 사는동안 - - - 언 제 나
함께하시 - - 니 난 찬양하리 라 - 좋 으 신
Fine
D.S.

메들리곡 • 나 주의 믿음 갖고 (277) • 성령 받으라 (289) • 오 이 기쁨 (438)

(미 1172)

죄악된 세상을 방황하다가

322

(불 속에라도 들어가서)

최수동 & 김민식

1. 죄 악된 세상을 방황하다가 천국
2. 탕 자를 살려준 주님말씀에 죄인
3. 골 고다 언덕길 오르신예수 추수
과 지옥도 나 – 는 몰랐네 고집
의 두다리 묻 – 어 두었네 아들
할 일꾼들 찾 – 아 부르네 거친
대 로 영죽을 험 한세상이 왜그
이 여 일어나 내 손을잡고 남은
바 다 험한산 피 가맺혀도 십자
리 – 더러운 지 이 제야아 네
몸 – 모든영 혼 바 치라하 네
가 – 내가지 고 끝 내이기 리
불속에라도 들어 가서 – 불속에라도 들어 가서 –
세상에 널리 전 하리 주의사랑을

메들리곡
- 갈보리 십자가의 주님을 (268)
- 정결한 마음 주시옵소서 (453)
- 주님과 같이 (458)

323 주께서 내 길 예비하시네

(미 982)

조일상
F C7 F
1. 주 께 서 내 길 예 비 하 시 네 –
2. 나 이 제 주 를 따 라 가 려 네 –
3. 나 이 제 겸 손 하 게 살 려 네 –
4. 나 이 제 기 도 하 며 살 려 네 –
5. 나 이 제 승 리 하 며 살 려 네 –
F C7 F F7
주 께 서 내 길 예 비 하 시 네 –
나 이 제 주 를 따 라 가 려 네 –
나 이 제 겸 손 하 게 살 려 네 –
나 이 제 기 도 하 며 살 려 네 –
나 이 제 승 리 하 며 살 려 네 –
B♭ F Dm
이 제 하 루 하 루 를 주 를 위 해 살 리 라
세 상 죄 길 버 리 고 생 명 길 을 찾 았 네
세 상 죄 길 버 리 고 생 명 길 을 찾 았 네
세 상 죄 길 버 리 고 생 명 길 을 찾 았 네
세 상 죄 길 버 리 고 생 명 길 을 찾 았 네
G7/B F/C C7 F
주 께 서 내 길 예 비 하 시 네 –
나 이 제 주 를 따 라 가 려 네 –
나 이 제 겸 손 하 게 살 려 네 –
나 이 제 기 도 하 며 살 려 네 –
나 이 제 승 리 하 며 살 려 네 –

메들리곡 • 아버지 사랑합니다 (296) • 오늘 피었다 지는 (307) • 완전하신 나의 주 (308)

(미 1951)

주님과 함께 하는

(온 맘 다해 / With all my heart)

Babbie Mason

주 님과함께하는 이 고요한-시-간 주 님의보좌앞에 내
나 염려하잖아도 내 쓸것아-시-니 나 오직주의얼굴 구

마음을-쏟-네- 모든것아시는주님 께 감출것없네 내
하게하-소-서다 이해할수없을때라도 -감사하며 날

맘과정성다해 주 바라나-이- (다) 다 온맘다
마다순종하며 주 따르오-리-

해 사랑합 니다- 온맘다해 주알기 원하네 내모든

삶 당신것 이니- 주만섬 기 -리 온맘다 해

메들리곡
- 아버지 사랑합니다(296)
- 주님만 주님만 주님만 사랑하리 (326)
- 주를 찬양하며 (332)

325 주님께서 주시는 그 사랑으로

(사랑송)

조효성

F F/E Dm B♭ Csus4 C7

주 님 께 서 주 시는 그 사 랑 으 로 –

F F/F♯ Gm C7sus C7

당 신 을 사 랑 합 니 다 –

F F/E Dm B♭ Csus4 C7

주 님 께 서 주 시는 그 사 랑 으 로 –

F F/F♯ Gm C7 F B♭/F F7

당 신 을 축 복 합 니 다 – 형 제 의

B♭maj7 C C7 F Am/E Dm

삶 속 에 주 영 광 나 타 날 때 에 주 님 의

Gm C7 C9 F F7 F♯dim

나 라 가 임 하 리 – 자 매 의

Gm C C7 F A7/E Dm

삶 속 에 주 사 랑 나 타 날 때 에 주 님 의

Gm C C7 F B♭/F F

구 원 이 임 하 리 –

메들리곡 • 거룩하신 하나님 (269) • 그 아무도 내게 (271) • 완전하신 나의 주 (308)

주님만 주님만 주님만 사랑하리

Pete Sanchez Jr.

F C/E B♭/D F/C
주님 만 주님 만 주님 만 사 랑 하 리 나의
B♭ F/A Gm7 B♭/C C7 B♭/D C/E
왕 나 의 주님 주 님 을 더 욱 알 기 원 해
F F/E♭ B♭/D D♭ C7
나 주님 께 오직 주 께 경 배 하 네
Fsus4 F F/C Csus4 C/B♭ Am Am/C Dm
거 룩 거 룩 존 귀 존귀 하신주
B♭ F/A Gm7 C7 F B♭/F F
사 랑 합 니 다 –

메들리곡 • 아버지 사랑합니다 (296) • 완전하신 나의 주 (308) • 주를 찬양하며 (332)

327 주님은 나의 구원의 반석

(미 630)

(Rock of my salvation)

Teresa Muller

주님은나-의구 원의반-석 - 나의생명-의능 력

나의소망-나의 힘 되시-네 - 내가주께-외치리 - 나는

신 뢰해 - 주 신 뢰해 - 성실하 신그사 랑 환난

때 마다 - 도움 되 셨 네 주 님만의지하리 -

주님은나-의구 원 의반-석 - 나의생명-의능 력

나의소망-나의 힘 되시-네 - 주님 만의 -지하리 -

메들리곡 • 아름다운 이야기가 있네 (415) • 예수 안에서 (432) • 찬송을 부르세요 (481)

주님을 송축하리

328

(With all my heart)

David Campbell
주님 을 송축 하 리 - 내입 술 - 주를찬
양 나의 눈 - 보기원 하 네 - 주 님 얼
굴 주님 의 - 음성듣 기 를 - 주님 을 - 만져보
기 를 - 전심으 로 원합 니다 - 주 여
- 내 안 에 있 는 모든것
- 주 송 축 하 리 -
- 거 룩 하 신 주 이 - 름
- 송 축 하 리 라 -

메들리곡 • 마음이 상한자를 (285) • 완전하신 나의 주 (308) • 주님과 함께하는 (324)

329 주님의 그 사랑

(끝나지 않은 예배)
김영표
주님의그 사 랑 -우리안 에 가득하 네 하나님
의 마음-우리를 통해 세상으 로 가 길원 하 네 -
주님의그 말 씀 넘치 는 생 명의 빛 차가운
맘 따스하도 록 진리의 길 소원하 네 예배를
통 해 받은말 씀 이땅에 흐르는- 강 물이 되어- 예배를
통해 드린찬 송 이땅을 울리는- 메 아리 되어 -흘러가
리 빛과소 금 되어-흘 러가 리 빛과소 금되어-흘러가
리 빛과소 금 되어- 흘 러 가 리 흘 러 가 리

메들리곡 • 깨어라 성도여 (272) • 나 주의 믿음 갖고 (277) • 예수는 평강의 왕 (303)

(미 1812)

주님의 사랑이 이곳에

(주님 사랑 온누리에)

채한성

주 님의사랑이 – 이 곳에 가득하기를 – 기도합– 니 다
은총이

주 님의 평화가 – 우 리들가운데 –에 있기를 원합니 다 주 다
기쁨이

때 로는지치고 – 때 로는곤해도 – 주만을바라보면 서 –

세 상의고통이 – 내게닥쳐와도– 주만을사랑하리라 – –

주 님의축복 이 – 이 곳에넘쳐나기를– 원 합 –니 다

주 님의사랑이 – 이 곳에 가득하기를 – 기도합 – 니 다

메들리곡

- 사랑하는 나의 아버지 (27)
- 하나님은 너를 만드신 분 (341)
- 주의 사랑으로 사랑합니다 (335)

331 주님의 영광이 임하여서

(미 650)

C7 F C7 F

주 님 의 *영 광 이 － 임 하 － 여 서

F7 B♭ Gm7 C7

나 － 의 영 혼 이 － 힘 을 얻 － 었 네

F F7 B♭ Gm7

오 나 의 영 혼 아 － 빛 을 발 － 하 라

C7 F

오 나 의 영 혼 아 － 빛 을 발 하 라

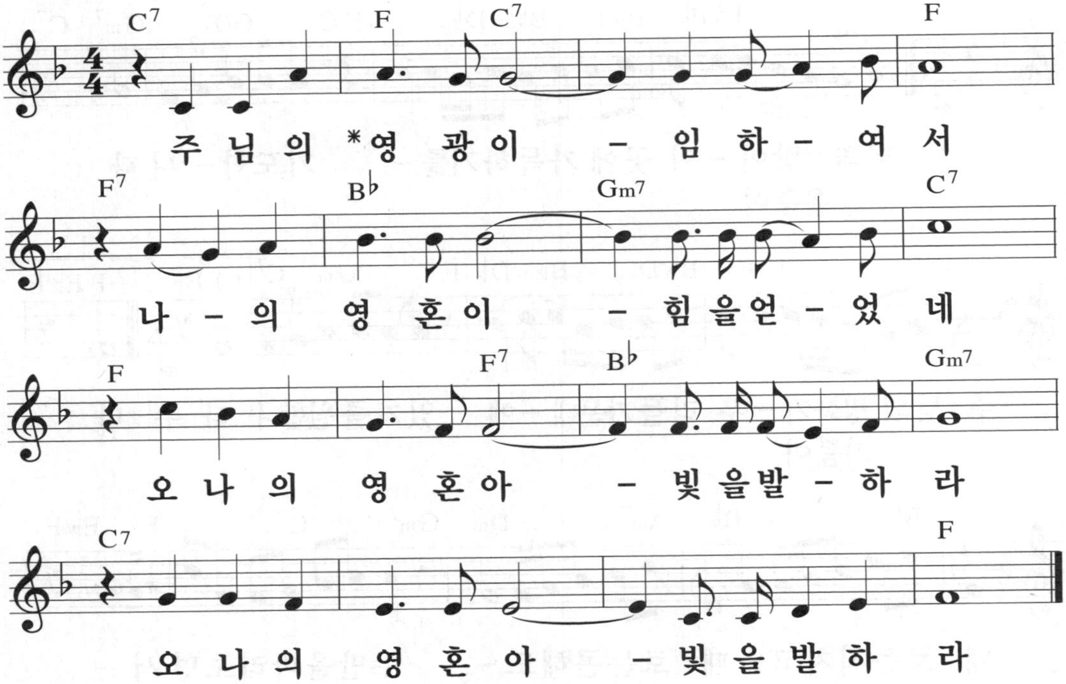

* 성령, 능력, 사랑, 기쁨, 권능, 은총

메들리곡 • 사람을 보며 (287) • 성령받으라 (289) • 찬송을 부르세요 (481)

(미 737)

주를 찬양하며

(I just want to praise You)

Arthur Tannous
F F/E Dm7 Gm7
주 - 를 찬 양 하 - 며 나 - 이 제 고
손 - 을 높 이 들 - 고 나 - 이 제 고
C C/B♭ Am7 Dm7
백 하 는 말 주 - 를 사 랑 합 니 다 나
백 하 는 말 주 - 를 사 랑 합 니 다 오
Gm7 1. C B♭/C C7 F B♭/F F C7sus
의 - 모 든 것 되 신 주 님 께 -
거 - 룩 하 신
2. C C/B♭ Am7 D
주 의 이 름 거 - 룩 하 신 주 의 이 름
Gm7 C B♭/F F
주 - 의 이 름 높 이 올 리 세 -

메들리곡 • 거룩하신 하나님 (269) • 온 맘 다해 주 사랑하라 (307) • 예수의 이름으로 (435)

333 주 말씀 내 발의 등이요

(미 1576)

(Thy word is a lamp)

Amy Grant & Michael W. Smith

주 - - 말 씀 내 발 - 의 등 - 이 요 - 나 의 - 길 에 빛 이
라 주 - - 말 씀 내 발 - 의 등 - 이 요 - 나 의 -
길 에 빛 이 라
1.2.
길 을 잃 - 고 - 서 - 나 -
잊 을 수 - 없 - 네 - 그 -
두 려 울 - 때 - 도 - 나 주 님 항 상 내 곁 - - - 에
영 원 한 - 사 - 랑 - 나 의 맘 방 황 하 여 - - - 도
주 님 계 - 시 - 니 - 두 려 움 - 없 - 네 - 주 나 와 함 께
나 를 붙 - 드 - 사 - 인 도 하 - 소 - 서 - 주 사 랑 하 리
하 소 서
영 원 히
3.
라

메들리곡

- 당신이 힘들다는 걸 알아요 (282)
- 아버지 사랑합니다 (296)
- 주님과 함께하는 (324)

(미 1231)

주 여호와 능력의 주

334

(I am the God that health Thee)

Don Moen

F2
Am7
Gm7
B♭/C C7
주 여호와 - 능력의 - 주 - 내 영혼의 - 치
B♭/F F C/E Dm Dm7 Gm9 Gm
료 자 말씀으로 날 고 치시네 -
Gm/C C7 Gm/F F
주 님 나의 - 치 료 자

메들리곡 • 아버지 사랑합니다 (296) • 존귀 주는 존귀 (320) • 주를 찬양하며 (332)

335 주의 사랑으로 사랑합니다

(미 1138)

(I love you with the love of the Lord)

Jame M. Gilbert

F
Fmaj7
주의 사랑으로 사랑합니다 주의
주의 사랑으로 환영합니다 주의
D7
Gm
C7
Gm
C
사랑으로 사랑합니다 형제 안에서 주의
사랑으로 환영합니다 자매 안에서 주의
A/C#
Dm
Gm
C7
F
영광을보네 주의 사랑으로 사랑합니다
영광을보네 주의 사랑으로 환영합니다

메들리곡

- 주님의 사랑이 이곳에 (330)
- 형제의 모습 속에 보이는 (342)
- 때로는 너의 앞에 (386)

(미 1978)

주 임재하시는 곳에

336

(I love to be in Your presence)

Paul Baloche & Edd Kerr

F
B♭
F/C
C
E♭/F
3rd Time To Coda
1. F B♭/C
2. F
B♭/D
C sus4
Gm
D.S.
주 임재하-시는곳 -에- 우리 함 -께- 찬양하
--리 일 어 나기-쁨으로- 소리 높 -여찬--양해
- 주 - 내영혼 노래하-며 춤추게 하시네-
기쁨의 이유되시는 - 주님 ---- 주 - 두손을
들고서 소리 높 - 여찬--양해 -

메들리곡 • 나 주의 믿음 갖고 (277) • 성령 받으라 (289) • 주님의 영광이 임하여서 (331)

337 지금껏 내가 한 일이

(미 1220)

(눈물의 참회록)
김석균
1. 지금 껏 내가 한일이 주를 위 한일이었는 지
2. 한평 생 주를위하여 변함 없 이살－겠다 던
3. 오늘 도 복음을들고 쉼－ 없 이다－녔지 만
지나 간 세월 돌 이켜주님 앞 에아－룁니 다
베드 로 같은 믿 음이내게 도－있었습니 다
성령 의 불같 은 인도믿음 없 이전했습니 다
이한 몸 주를－위하 여 목숨 버 린다－했으 나
그러 나 지금내맘속 엔 허영 과 교만－만있 고
육신 의 곤고함더하 여 복음 의 사명약했으 니
주의영광 －뒤로하고 나의자랑앞세웠으 니
주님지신 －십자가는 짐이된다벗었습니 다
아버지여 －연약한종 어찌해야하－오리 까
내가 가 는이길 이 주를 위 한것보 다
내가 가 는이길 이 주를 위 한것보 다
내가 가 는이길 이 영광 의 길이라 면
예수 이름만파－ 는 가룟유 다와같습니 다
율법 만앞세우－ 는 바리새 인과같습니 다
바울 과같은믿음 을 내게도 허락－하소 서

메들리곡
- 당신이 힘들다는 걸 알아요 (282)
- 마음이 상한자를 (285)
- 예수의 이름으로 (435)

(미 1166)

짐이 무거우냐

338

(예수께 가면)

Ralph Carmichael

짐 이무거 우냐 홀로 지 고가기 엔
슬 픔절망 으로 벅찬 삶 을사느 냐
험 한데로 갈까 두렵 지 는않느 냐 - -
장 래모든 걱정 너를 짓 누르느 냐 - -
온 갖일에 매여 고달 프 지않느 냐
친 구잃고 지쳐 길마 저 잃었느 냐
주 가 도 우 시 리 요 청만하 면
오 늘 주 께 오 면 도 와주시 리
우리기도를 언제어디나 들 으 시 며
큰사랑으로 감싸주시고 동 행 하 니
네 가실망 할때 기억 해 야할것 은
예 수 께 가 면 주 네 게오리 라

메들리곡
- 당신이 힘들다는 걸 알아요 (282)
- 정결한 마음 주시옵소서 (453)
- 주님과 같이 (458)

339 찬양 할렐루야

(미 708)

(Singing Alleluia)

Anonymous

F F7 B♭ B dim
찬 양 할 렐 루 야 할 렐 루 야
F/C D m7 G7 C C7 F
주 의 이 름 높 이 세 - 찬 양 할 렐
F7 B♭ B dim F/C G m7 C7 F
Fine
루 야 할 렐 루 야 주 의 이 름 찬 양 해
F F7 B♭ D7/A
내 입 술 로 주 님 을 찬 양 해
G m7 C C7 F
- 두 손 들 고 주 앞 에 나 가 니
B♭/C F F7 B♭ D7/A
- 채 우 소 서 주 예 수 의 능 력
G m7 C C7 F
D.C.
- 내 입 술 로 주 찬 양 하 리 라 -

메들리곡 • 이 날은 (317) • 주님과 함께하는 (324) • 주님과 같이 (458)

(미 1174)

참참참 피 흘리신

(성령의 불길)

340

김용기
F Gm Dm Gm A
참 참 참 피 - 흘 리 신 예 수의 사 랑 안 에 서
참 참 참 들 - 려 오는 구 원의 큰 종 소 리 에
Gm B♭ F C F
주 님 의 십 자 가 따 라 생 명 을 바 치 겠 느 냐
복 음 을 전 파 하 려 면 희 생 을 각 오 하 느 냐
F B♭ F B♭ F C7
복 음 의 불 길 오 른 다 다 같 이 일 어 나 거 라
구 원 은 성 도 들 의 것 진 리 로 거 두 리 로 다
B♭ F C Gm C7 F
영 광 의 주 님 의 나 라 다 같 이 참 여 하 여 라
우 리 는 천 국 에 가 서 영 생 의 꽃 이 되 리 라
F Dm
성 령 의 성 령 의 불 길 성 령 불 이 야 성 령 의 성 령 의 불 길
C7 B♭ F
성 령 불 이 야 온 천 하 세 계 만 방 에
1. Gm G C 2. Gm C F
퍼 치 자 성 령 의 불 길 퍼 치 자 성 령 의 불 길

메들리곡 • 가라 가라 세상을 향해 (267) • 사람을 보며 (287) • 성령받으라 (289)

341 하나님은 너를 만드신 분

(미 1936)

(그의 생각*요엘에게)

조준모

하나- 님은- 너를 만드신--분-너를 가장많--이- 알고
하나- 님은- 너를 원하시-는분-이- 세상그-무엇- 그누

계시며- 하나- 님은 - 너를 만드신--분- 너를
구보다- 하나- 님은 - 너를 원하시-는분- 너와

가장깊--이- 이해하 신단다- 하나- 님은- 너를
같이있--고- 싶어하 신단다- 하나- 님은- 너를

지키시-는분- 너를 절대포--기- 하지 않으며- 하나-
인도하-는분- 광-야-에-서도- 폭풍 중 에도- 하나-

님은- 너를 지키시-는분- 너를 쉬-지-않고- 지켜보
님은- 너를 인도하-는분- 푸른 초-장-으로- 인도하

신단다- 그의 생각- 셀수 없고- 그의 자비- 무궁하
신단다-

F Bb C/Bb Am Dm Gm C F
며 그의성실- 날마다새롭고-그의사랑끝이 없단 다

메들리곡
- 완전하신 나의 주 (308)
- 주님의 사랑이 이 곳에 (330)
- 주의 사랑으로 사랑합니다 (335)

(미 1233)

형제의 모습 속에 보이는 342

박정관

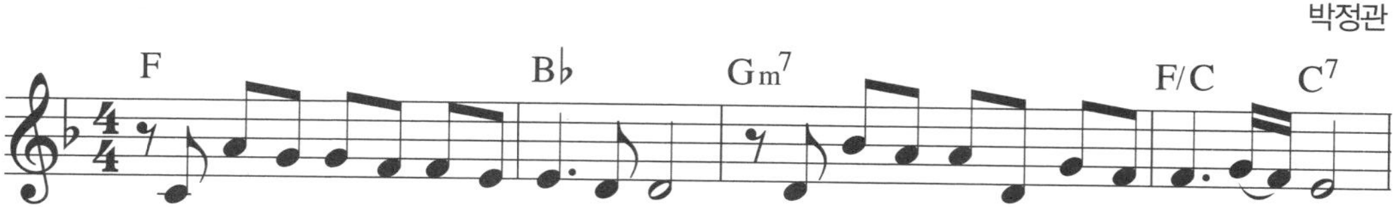
F Bb Gm7 F/C C7
형제의모습속에보이는 하나님형상아름다워-라
우리의모임중에임하신 하나님영광아름다워-라

Am Am/C Dm Gm7 C7 F
존 귀한 주의 자녀 됐 으니 사랑 하며 섬 기 리
존 귀한 왕이 여기 계 시니 사랑 하며 섬 기 리

메들리곡
- 주님의 사랑이 이 곳에 (330)
- 하나님은 너를 만드신 분 (341)
- 축복하소서 (484)

343 하늘보다 높은 주의 사랑

(미 1912)

(끝 없는 사랑 / Unendind Love)

Scott Brenner

F C/E Dm Dm/C B♭ F/A Gm C^7

하늘보 - 다높은 - 주의사 - 랑하 늘 에서 - 주자 - 비내려 -

F C/E Dm Dm/C B♭ C^7 F F/C

영원한 - 사랑알 - 계하소 - 서너 무 도깊 - 은주의 - 끝없는사랑

F C^7 Dm B♭ C^7

- 흐 - 르게 - 하소서 - 주사랑 - 더알 게 - 하소서

F C^7 Dm B♭ C^7 F

- 나 - 에게 - 부으소 - 서 - 끝없는 - 사랑 원 - 합 니다 -

메들리곡 • 사람을 보며 (287) • 성령받으라 (289) • 예수 안에서 (432)

그 어느날 새가 그물에

(기적의 하나님)

김의수 & 김동국

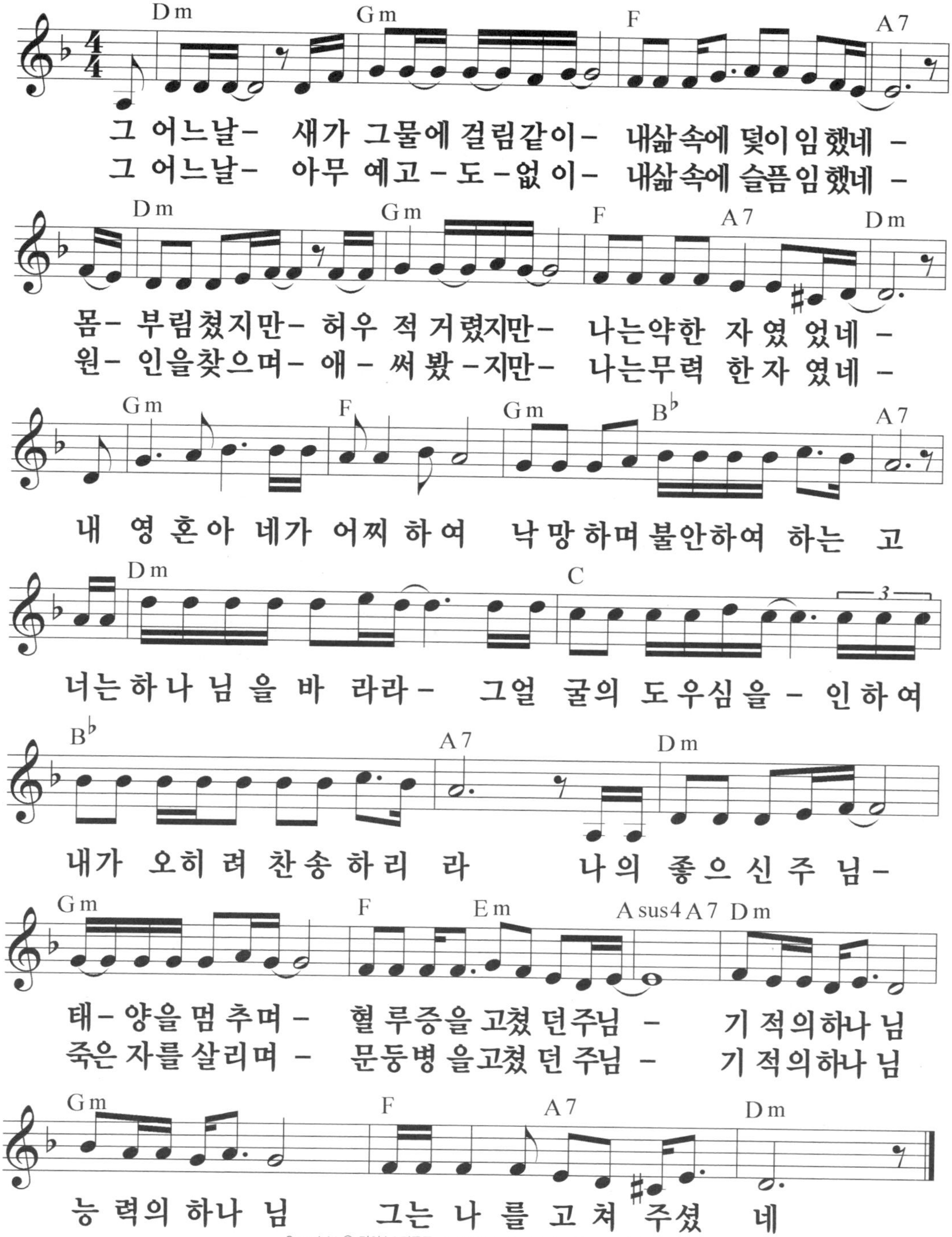

Dm Gm F A7

그 어느날- 새가 그물에 걸림같이- 내삶속에 덫이 임했네 -
그 어느날- 아무 예고 - 도 - 없 이- 내삶속에 슬픔 임했네 -

Dm Gm F A7 Dm

몸- 부림쳤지만- 허우 적 거렸지만- 나는약한 자 였 었네 -
원- 인을찾으며- 애 - 써 봤 -지만- 나는무력 한 자 였네 -

Gm F Gm B♭ A7

내 영 혼아 네가 어찌 하 여 낙 망 하며 불안하여 하는 고

Dm C

너는하나 님 을 바 라라- 그얼 굴의 도우심을 - 인하여

B♭ A7 Dm

내가 오히 려 찬송 하 리 라 나의 좋으 신 주 님-

Gm F Em Asus4 A7 Dm

태-양을 멈 추며 - 혈 루증을 고쳤 던주님 - 기 적의하나 님
죽은 자를 살리며 - 문둥병 을고쳤 던 주님 - 기 적의하나 님

Gm F A7 Dm

능 력의 하나 님 그는 나 를 고 쳐 주셨 네

메들리곡 • 나 어느날 괴로워서 (97) • 나에겐 알 수 없는 힘 (98) • 이와 같은 때엔 (148)

345

네 짐이 무겁고

(미 1640)

(고난이 유익이라)

채수련 & 김동국

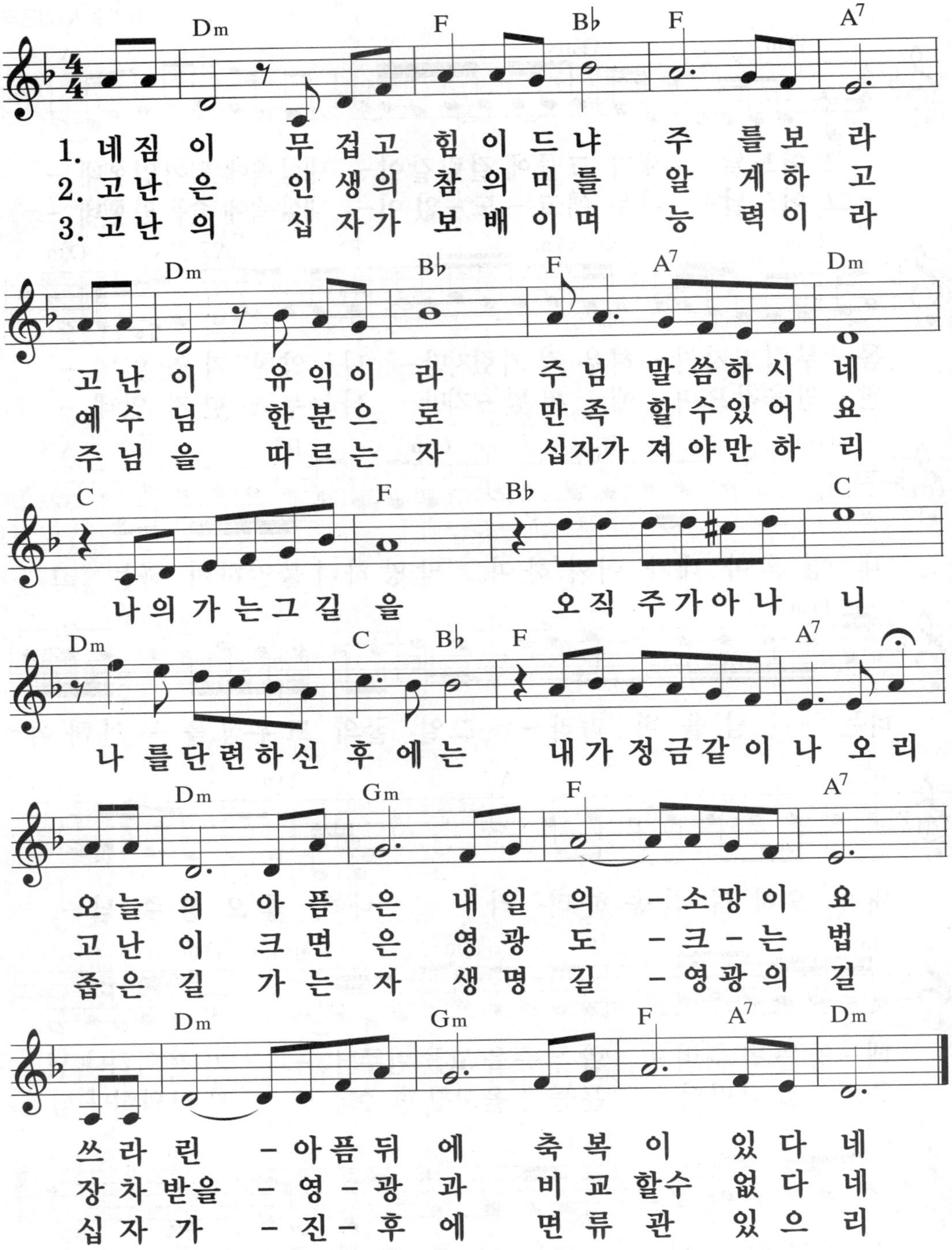
Dm F B♭ F A7
1. 네 짐 이 무 겁 고 힘 이 드 냐 주 를 보 라
2. 고 난 은 인 생 의 참 의 미 를 알 게 하 고
3. 고 난 의 십 자 가 보 배 이 며 능 력 이 라
Dm B♭ F A7 Dm
고 난 이 유 익 이 라 주 님 말 씀 하 시 네
예 수 님 한 분 으 로 만 족 할 수 있 어 요
주 님 을 따 르 는 자 십 자 가 져 야 만 하 리
C F B♭ C
나 의 가 는 그 길 을 오 직 주 가 아 나 니
Dm C B♭ F A7
나 를 단 련 하 신 후 에 는 내 가 정 금 같 이 나 오 리
Dm Gm F A7
오 늘 의 아 픔 은 내 일 의 - 소 망 이 요
고 난 이 크 면 은 영 광 도 - 크 - 는 법
좁 은 길 가 는 자 생 명 길 - 영 광 의 길
Dm Gm F A7 Dm
쓰 라 린 - 아 픔 뒤 에 축 복 이 있 다 네
장 차 받 을 - 영 - 광 과 비 교 할 수 없 다 네
십 자 가 - 진 - 후 에 면 류 관 있 으 리

메들리곡 • 그는 나를 만졌네 (89) • 선하신 목자 (123) • 험한 세상길 (178)

(미 1288)

반드시 내가 너를

346

박이순
반 드시 내가너를 축복 하리 라 반 드시내가 너를 들어 쓰리라
천 지는 변 해도 나의 약속 은 영 원히 변치 않으 리
세 상의 소 망이 사라 졌어 도 온 전히 나를 믿으 라
두려
워 말 라 강하 고 담 대 하 라
낙 심 하 며 실망 치말라
인 내 하 며 부르 짖으라
낙 심 하 며 실망 치말라 실 망 치 말 라 –
인 내 하 며 부르 짖으라 부 르 짖 으 라 –
네 소원 이루 는날 속히 오 리니 내 게 영 광 돌리 리
영 광의 그 – 날이 속히 오 리니 내 게 찬 양 하리 라

네 소원 이루 는날 속히 오 리니 내 게 영 광 돌리 리
영 광의 그 – 날이 속히 오 리니 내 게 찬 양 하리 라

메들리곡
- 사막에 샘이 넘쳐 흐르리라 (347)
- 저 성벽을 향해 (349)
- 주께서 전진해 온다 (350)

347 사막에 샘이 넘쳐 흐르리라 (미 1198)

히브리민요

사막에 샘이넘쳐 흐 - 르리라 사막에꽃이 피어 향내내리라
사막에 숲이우거 지 - 리 - 라 사막에예쁜 새들 노래하리라

주님이 다스리는 그나라가 되면은 사막이 꽃동산되 리
주님이 다스리는 그나라가 되면은 사막이 낙원되리 라

사자들이 어린양과 뛰놀고 어린이들 함께 뒹구는
독사굴에 어린이가 손넣고 장난쳐도 물지 않 - 는

참사랑과 기쁨의그나라가 이제 속히오리 라
참사랑과 기쁨의그나라가 이제 속히오리 라

메들리곡 • 반드시 내가 너를 (346) • 저 성벽을 향해 (349) • 우리 주의 성령이 (503)

서로 용납하라

348

(Song of acceptance)

Dale Garratt

서로용납하라 주 너를용납 함 같이 서로용납하
라 주 너를용납함 같이 우리모두하나되-어
주하나님아버지께 영광돌려보내 세 서로용납하 라
주 님 하신대로주 님하신 대-로서 로용납하-여 라-

메들리곡

- 갈릴리 바닷가에서 (85)
- 감사해요 주님의 사랑 (87)
- 눈으로 사랑을 그리지 말아요 (111)

349 저 성벽을 향해

(미 1045)

(Blow the trumpet in Zion)

Craig Terndrup

Dm F Gm
저 성 벽을향해 전 진하라 주님이우 리
1. A7 Dm 2 A7 Dm C/D Dm
대장되신다 저 대 장되신다 주 가 명령하 네 강
A7 Dm C/D Dm
한 군 사들 아 주 가 명령하 네 강
A7 Dm Dm
한 군 사들 아 나 팔 소 리 시 온 성에
A7 G/B A/C# Dm
크 게울려 거룩 한 성 에 나 팔소 리 시 온성에
A7 1. Dm 2. Dm
울 - 려 라 라

메들리곡 • 주께서 전진해 온다 (350) • 주님과 담대히 나아가 (351) • 승리하였네 (411)

(미 1043)

주께서 전진해 온다

(For the Lord is marching on)

Bonnie Low

Dm C/D Dm Dm C/D Dm
주께서 전진해온다 그의 강한 승리 의 군대-
B♭maj7 Am7 Gm7 Am7 B♭maj7 C Dm C/D
그의 영광찬란 하 게 비 치- 네
Dm C/D Dm B♭maj7 C/B B♭maj7
찬양 하세 승리 의 노래 주찬 양 승리 의 찬양
Dm/A Gm7 B♭/C C B♭/C C Dm C/D D
누가 당 할손 가 주 님 의 군- 대
B♭ F B♭ F
우리 대장되신구주 예수 나 주님의뒤따 르면 누가
B♭maj7 Am7 Gm Am B♭ C 1. Dm C/D Dm 2. Dm
당할손 가 주님 의군 대 우리 대

메들리곡 • 저 성벽을 향해 (349) • 주님과 담대히 나아가 (351) • 나 기뻐하리 (361)

351 주님과 담대히 나아가

(미 1051)

(The victory song)

Dale Garratt

주님 과 -담대히 나아가 원수 를 -완전히 밟아이겨승리

를 -외치며 찬양하세- 그리스도 나의 왕 승

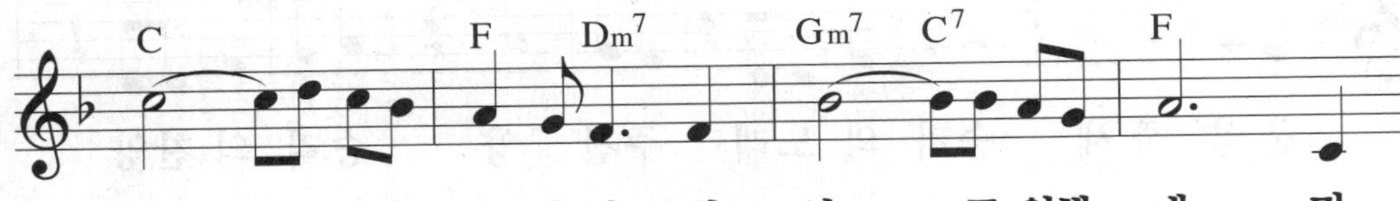

리 -를주신 하나님 백 성 -구원했 네 말

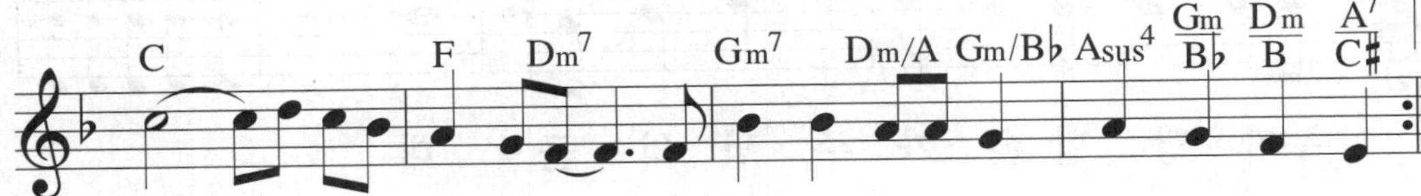

씀 -으로무 찌 르니- 온세상 일어나 보 리 주 님

왕 그리스도 나의 왕 그리스도 나의 왕

메들리곡

- 저 성벽을 향해 (349)
- 주께서 전진해 온다 (350)
- 승리 승리 나에게 주셨네 (410)

(미 1594)

갈보리 언덕에 주님의 십자가 352

(생명 나무)

곽기종 & 장욱조

1. 갈 보 리 언 덕에 주 – 님 의 십 자 – 가
2. 절 망 과 고 통의 세 – 상 길 헤 매 일 때
3. 지 나 온 인 생길 부 끄 러 움 뿐 이 지 만

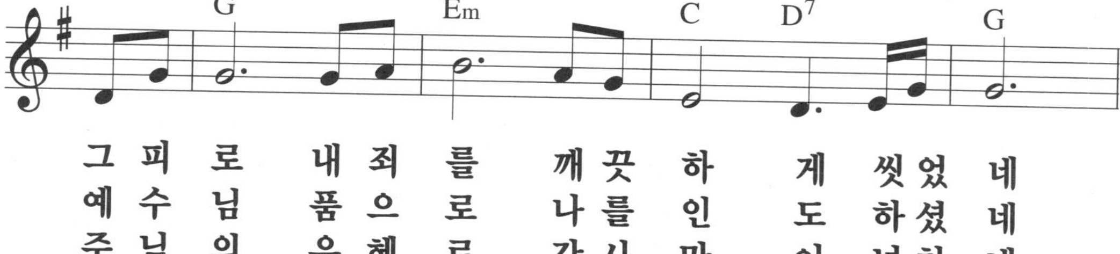

그 피 로 내 죄 를 깨 끗 하 게 씻었 네
예 수 님 품 으 로 나 를 인 도 하셨 네
주 님 의 은 혜 로 감 사 만 이 넘치 네

아 아 – 생 명 의 꽃 피 었 네 열매맺 혔 네

나 는 다 시 태어 났 네 그 이 름 생 명 나 무 라

나 는 다 시 태어 났 네 그 이 름 생명 나 무 라

메들리곡

- 겟세마네 동산에서 (354)
- 낮엔 해처럼 밤엔 달처럼 (367)
- 예수님 십자가에 달리셨네 (429)

353 감사해

(미 1015)

(Thank You Lord)

Daniel L. Burgess

Gmaj7 C D/C Bm7 Em7

감-사 해 시험이닥쳐 올때에 주께서인도

세

Am7 D7 G Gmaj7 C D/C

하시니 두려움없 네 또감사- 해 고통이찾아

Bm7 Em7 Am7 D7 G

올 때에 주께서지켜 주 시니 승리하 리 라

Dm7/G Cadd9 C D/C Bm7 Em7

나의모든 생활속 에 서 주님이 함 께하 시 니 주 님의

Am7 D7 G Dm7/G Cadd9 C D/C

성령 나 를 인 도하시 리 시 험이 나 를찾 아 올 때주님

Bm7 Em7 Am7 D7 G

지 켜주 시 리 주님의 성령 - 나를 인 도하 시 리

1.Gmaj7 2.G/A A D E/D C#m7

감사 드리 모 두감사 해 절망속에 서 새 힘을

F#m7 Bm7 E7 A

새로운 용 기 주 시는 주님 께 감 사

Em7/A
D
E/D
C♯m7
3
또감 사드 리세 - - - - 우리 주님의 은 혜로
F♯m7
Bm7
D/E
A
B/A Bm7+5/A A
받은구원을 감 사해 주님을찬 양 해 - -

메들리곡 • 나의 가는 길 (363) • 내 손을 주께 높이 듭니다 (373) • 주님은 신실하고 (464)

354 겟세마네 동산에서

(미 864)

조용기 & 김주영

G C G D7 G
1. 겟 세 마 네 동 산 에 서 기 도 하 실 – 때
2. 빌 라 도 의 뜰 에 서 서 가 시 관 쓸 – 때
3. 빌 라 도 의 군 인 들 이 때 린 채 찍 – 에
4. 골 고 다 의 십 자 가 에 달 리 신 주 – 님
C G Am C D7 G
주 님 의 땀 방 울 은 – 피 로 변 했 네
주 님 의 온 얼 굴 은 – 피 로 젖 었 네
찢 어 져 피 로 물 든 – 주 님 등 어 리
손 과 발 옆 구 리 에 – 입 은 상 처 로
G C D7 Bm C A B7
하 나 님 을 거 역 – 한 나 를 위 하 여
온 인 류 의 저 주 – 를 속 하 시 려 고
온 인 류 의 질 병 – 을 속 하 셨 으 니
온 몸 의 물 과 피 – 를 다 흘 리 셔 서
C G C G D7 G
순 종 의 속 죄 피 – 를 흘 려 주 셨 네
저 주 의 가 시 채 – 로 관 을 쓰 셨 네
치 료 의 강 물 에 – 서 넘 쳐 흐 르 네
멸 망 의 죽 음 에 – 서 날 건 지 셨 네
Bm D C G D
아 아 아 아 주 의 사 랑 깊 고 크 셔 – 라
G G7 C G D G
내 – 영 혼 에 파 도 처 럼 메 아 리 쳐 온 – 다

메들리곡 • 갈보리 언덕에 (352) • 손에 있는 부귀보다 (408) • 주님여 이 손을 (463)

경배하리 주 하나님

(I worship You, Almighty God)

Sondra Corbett

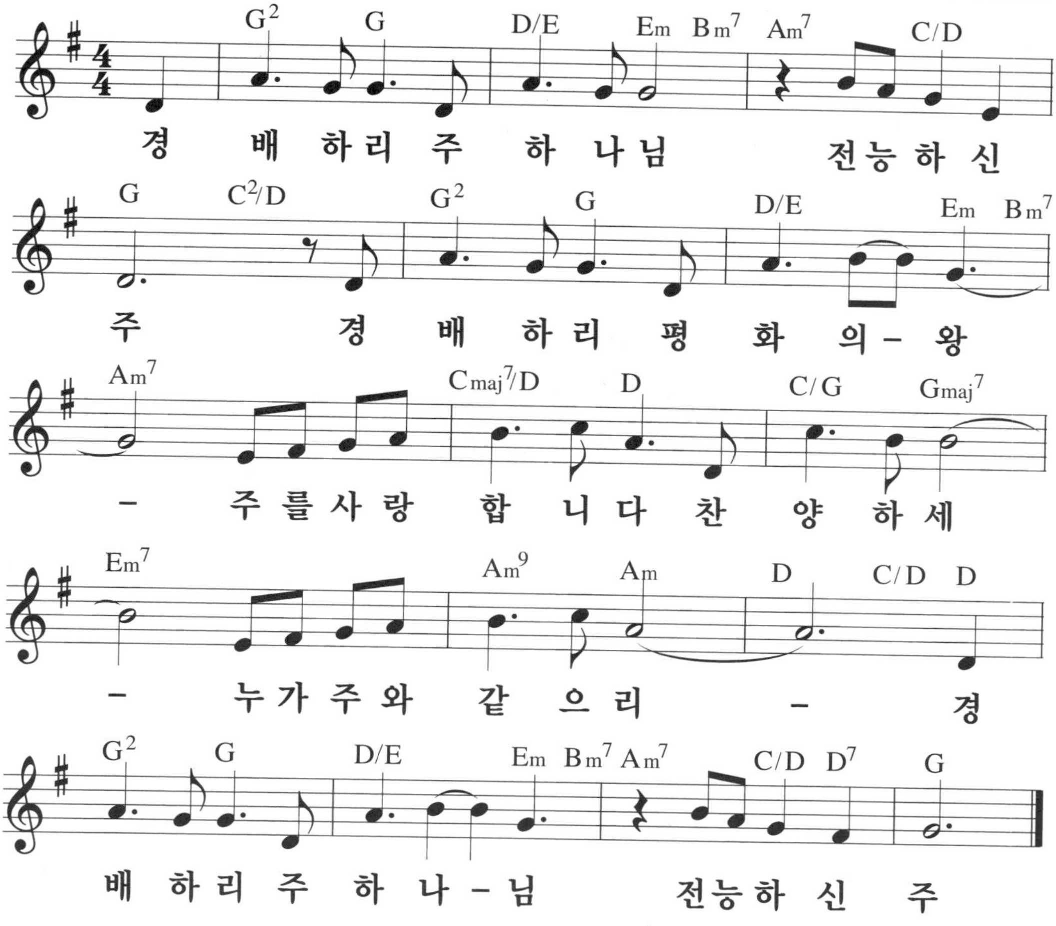

G2 G D/E Em Bm7 Am7 C/D

경 배하리 주 하나님 전능하신

G C2/D G2 G D/E Em Bm7

주 경 배 하리 평 화 의 - 왕

Am7 Cmaj7/D D C/G Gmaj7

- 주를사랑 합 니다 찬 양 하세

Em7 Am9 Am D C/D D

- 누가주와 같 으리 - 경

G2 G D/E Em Bm7 Am7 C/D D7 G

배 하리 주 하 나 - 님 전능하 신 주

메들리곡 • 내 영혼이 내 영혼이 (376) • 당신은 영광의 왕 (384) • 주님과 같이 (458)

356 그 길고 긴 방황의 늪을 지나

(미 911)

(이제)

최용덕

G B7 C G
그 길 - 고 긴 방황의 - 늪 - 을 지 나
그 멀 - 고 먼 근심의 - 계곡을 지 나
G D D7
다 시 - 주 님 품 에 안 겼 네 -
이 제 - 평 안 의 집 에 왔 네 -
G G7 C
상 한 나 의 이 몸 찢 기 어 진 나 의 마 음
그 아 무 도 내 게 참 된 평 안 줄 수 없 어
D D7 G
모 두 - 가 진 채 로 -
얼 마 나 괴로 웠 었 는 지 -
G B7 C
나 의 - 욕 - 심 - 때 문 에 - -
이 제 - 아 버 지 의 집 으 로 - -
Am D D7
나 의 - 헛 된 꿈 - 때 문 에 - -
이 제 - 영 원 한 안 식 처 로 - -

G
G7
C
D
D7
G
1.
2.
그렇 게 방황했던나의 인 - - 생 을
돌아 와 눈물흘-리며 엎 - - 디 니
이 제 주께 맡 기 려 네 -
오 주여나를 받 으 소 서 -

메들리곡 • 갈보리 언덕에 (352) • 겟세마네 동산에서 (354) • 예수의 이름으로 (435)

357 그리 아니하실지라도

(미 768)

안성진

G Em C D
그 리 - 아니하실지라 도 감 사 해
그 리 - 아니하실지라 도 사 랑 해
G Em C D G Dm F/G G7
요 주 님 뜻을 믿기 때문이죠 -
요 합 력 해서 선을이루어요 -
C D7 G Bm7/F♯ Em
언 제나 나를향-한 신실 한 사 랑 -
C D G F/G G7
우리를향한 그크신사 랑 -
C D G Bm7/F♯ Em Em/D
우 리가 함께 높이며 주를 찬 양 해 -
C D G C/G G
할렐 루 야 하 나 님 께영광 -

메들리곡 • 기뻐하며 왕께 (360) • 세상은 평화 원하지만 (404) • 주 우리 아버지 (471)

(미 1108)

기도하자 우리 마음 합하여 358

Maori Tune

G C G G7 C G
1. 기 도하 자우 리 마 음 합 하여 – –
2. 찬 송하 자우 리 모 두 주 님께 – –
3. 걸 어가 자하 늘 영 광 저 문을 – –
4. 바 라보 자주 님 계 신 천 국을 – –
G C G Am D7
기 도하 자우 리 마 음 합 하여 – –
찬 송하 자우 리 모 두 주 님께 – –
걸 어가 자하 늘 영 광 저 문을 – –
바 라보 자주 님 계 신 천 국을 – –
G G7 C C7
할 렐 루 야 아 – 멘 – 할 렐 루 야 아 – 멘 –
G D7 G C G
기 도하 자우 리 마 음 합 하여 – –
찬 송하 자우 리 모 두 주 님께 – –
걸 어가 자하 늘 영 광 저 문을 – –
바 라보 자주 님 계 신 천 국을 – –

메들리곡 • 승리는 내 것일세 (409) • 예수 안에서 (432) • 찬송을 부르세요 (481)

359 기도할 수 있는데

(미 1099)

고광삼

G D D7 G

기도 할 수있는 데 왜- 걱 정하 십니 까

할 수있는 데 왜- 실 망하 십니 까

C G D 1.G 2.

기도 하면서 왜 염 려 하십니 까 기도

기도 하면서 왜 방 황 하십니 까

C G A D

주님 앞에 무릎 꿇고 간 구해 보세 요

C G A D

마 음을 정결하게 뜻 을다 하 여

G D D7 G

기도 할수있는 데 왜- 걱 정하 십니 까

C G D G

기 도 하 면 서 왜 염 려 하 십 니 까

메들리곡
- 낮엔 해처럼 밤엔달처럼 (367)
- 모든 지각에 뛰어나신 (390)
- 보라 너희는 두려워 말고 (395)

기뻐하며 왕께 노래 부르리 360

(Shout for joy and sing)

David Fellingham
기 뻐 하 며 왕 께 노 래 부 르리 - 소 리
높 여 할 렐 루 야 부 르리 - 주 님
앞 에 나 와 찬 양 드 리며 - 우 리
주 님 과 함 - 께 기 뻐 하 리라 - 나의 창조
- 자 나 의 구 원 - 자 - 가 장 귀 한
나 의 예 수 님 - 찬 양 합 니 - 다 - 나 의 치 료
- 자 - 나 의 선 한 목 자 되 - 신 주 - 예 수
나 의 주 찬 양 하 리 -

메들리곡 • 나 기뻐하리 (361) • 예수 나의 기쁨 (425) • 오 이 기쁨 (438)

361 나 기뻐하리

(미 1682)

(I will rejoice)
Brent Chambers
G C F/C C G A D
나 기뻐하리 - 나 기뻐하리 -
G C 1, 3. G A Dsus4 D
나 기뻐하리 - 나주안 - 에 - 서 - 기뻐하 - 리 - 라 -
2, 4, 5. G D G 5th time Fine D
- 기뻐하 - 리 - 라 - 1. 원 수가나를 - 무너뜨
2. 환 경에지배 - 를받지
G D G
- 리려고 - 내 마음에속 - 삭 - 였 - 네 내
- 않 - 고 - 내 팔의힘과 - 목 - 소 - 리 느
F B♭
영 이 깨 어 - 넘 어 지 지 않 고 나 의
끼 는 감 정 - 과 상 관 없 이 - 내 마
F D C/D D D7
믿 음 의 고 - 백 이 원 수 를 - 묶 네 -
음 기 뻐 하 - 기 로 결 심 을 - 했 네 -
D.C.

메들리곡 • 마지막 날에 (387) • 오 이 기쁨 (438) • 일어나라 찬양드리라(450)

(미 1613)

나의 사랑 나의 생명

(나의 예수님)

최대성

G D G C C/B A7 Dsus4 D7
나의사랑 나의생명 나의 예수님 –
G D7 Em C D7 G
영원토록 정성다해 사랑합니다 –
G D7 G C C/B A7 D D7
나의 힘되신 여호와여 내가 사–랑 합니다
G D7 Em C D7 G
영원토록 정성다해 사랑합니다 –
D.S. al Fine
영 원 토–록 정성다– 해 사–랑합니다 –

메들리곡 • 내가 주인 삼은 (371) • 손에 있는 부귀보다 (408) • 주님여 이 손을 (463)

363 나의 하나님 그 크신 사랑

(미 1736)

유상렬

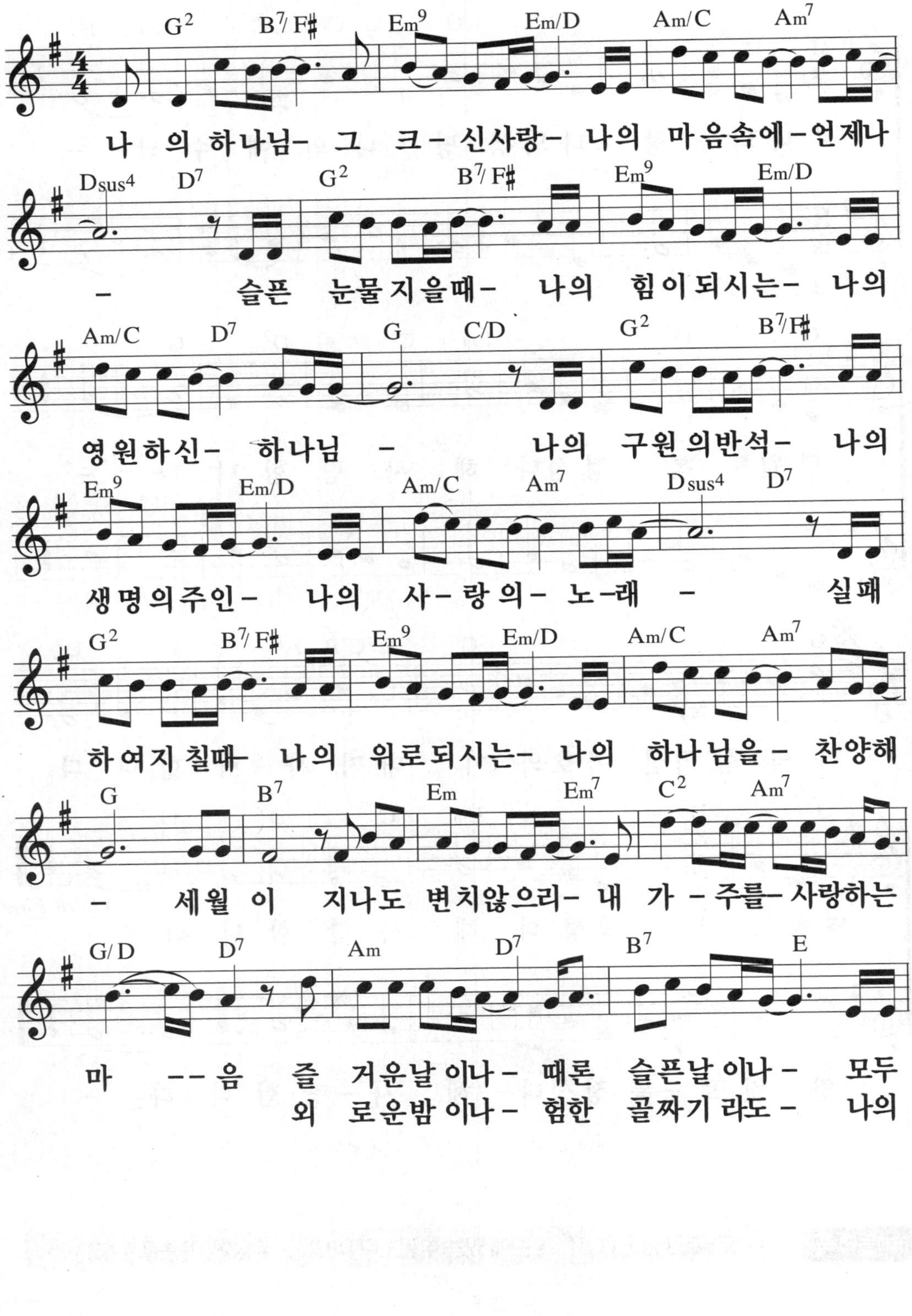
G2 B7/F# Em9 Em/D Am/C Am7
나 의 하나님- 그 크 - 신사랑- 나의 마음속에-언제나
Dsus4 D7 G2 B7/F# Em9 Em/D
- 슬픈 눈물지을때- 나의 힘이되시는- 나의
Am/C D7 G C/D G2 B7/F#
영원하신- 하나님 - 나의 구원의반석- 나의
Em9 Em/D Am/C Am7 Dsus4 D7
생명의주인- 나의 사-랑의- 노-래 - 실패
G2 B7/F# Em9 Em/D Am/C Am7
하여지칠때- 나의 위로되시는- 나의 하나님을- 찬양해
G B7 Em Em7 C2 Am7
- 세월이 지나도 변치않으리- 내 가 -주를-사랑하는
G/D D7 Am D7 B7 E
마 --음 즐 거운날이나- 때론 슬픈날이나- 모두
외 로운밤이나- 험한 골짜기라도- 나의

나의 하나님 그 크신 사랑

Am D7 G G7 Am D7
하나님-을사랑합-시 다 세 월이지나도- 비-
하나님-은동행하-시 니 내 영혼언제나- 하나
B7 Em Am D7 G
바람불어도- 모두 하나님-을사랑합-시 다
님을바라며- 세상 끝날까-지사랑하-리 라

메들리곡
- 내 손을 주께 높이 듭니다 (373)
- 다 표현 못해도 (383)
- 사랑합니다 나의 예수님 (400)

364 나 주님의 기쁨되기 원하네

(미 1284)

(To be pleasing You)

Teresa Muller

G G/B C G/B Am D
나주님 - 의기 쁨되 -기 원하네 - 내 마 음을 - 새롭게하 - 소 -
겸손히 - 내마 음드 -립 니 - 다 - - 나 의모 - 든것받으 - 소 -
Am/G G G G/B C G/B
서 - - 새 부대 - 가되 - 게하 - 여 - 주 - 사 - 주
서 - - 나 의맘 - 깨끗 - 케씻 - 어 - 주 - 사 - 주
Am C/D Am/G G C/D G D/F#
님 의빛 - 비 추게하 - 소 - 서 - - 내가 원 - - 하는 -
의 길로 - 행 하게하 - 소 - 서 - -
C/E G/D C Am C/D D7
한 - - 가지 - 주님의 - 기 쁨이 되 는것 - 내 가
G D C D Em Am D7 G
원 - - 하는 - 한 가 - 지 - - - 주님의 - 기 - 쁨이 되는것 - - -

메들리곡

- 정결한 마음 주시옵소서 (453)
- 주님과 같이 (458)
- 전능하신 나의 주 하나님은 (561)

(미 1331)

날 사랑하신

박철순
G Em Am D
날사랑하 신 - 주님 의그큰사 랑으로-
G Em Am D
내안에계 신 - 예수 님의그사 랑으로-
C D G Em
당 신 을 사 랑 합 니 다 - - -
C D G F/G G7
당 신 을 축 복 합 니 다 -
Am7 D G Em
나의힘으 로 - 당신을 사 랑할-수 없 -네-
Am7 D Bm E
나의가진모 -든것-으로 당신을축복할 -수없-지만
Am D Bm E
- 주님이주 -신- 크고도 놀라우신- 그사랑으로
Am 1.D G F/G G 2.D G
당신을 사랑합니 다 - 축복합니 다 -

메들리곡
- 문을 열어요 활짝 (393)
- 아름다운 사랑을 나눠요 (412)
- 아름다운 이야기가 있네 (415)

366 낮엔 해처럼 밤엔 달처럼

(미 1088)

최용덕
G G7 C Am7 G Em Am/D D7
낮 엔해처럼 밤 엔달처럼그렇 게 살 순없을까 -
예 수님처럼 바 - 울처럼그렇 게 살 순없을까 -
G G7 C G D7 G C/D
욕 심 도없이 어둔세 상비추 어 온전히 남을위 해살듯이 -
남 을위하여 당신들 의온몸 을온전히 버리셨 던것처럼 -
G G7 C Am7 G Em Am/D D7
나 의일생에 꿈 이있다 면 이땅 에 빛과소 금 되 어 -
주 의사랑은 베 푸는사 랑 값없 이 거저 주는 사 랑 -
G G7 C Am7 G Em D sus4 D7
가 난한영 혼 지 친 영혼을 주님 께 인도 하 고 픈 데 -
그 러나나 는 주 는 것보다 받는 것 더욱 좋아 하 니 -
G G7 C Am7 G Em Am/D D7
나 의욕심 이 나의못난 자아가 언제 나 - 커다란짐되어 -
나 의입술 은 주님닮은 듯하나 내맘 은 - 아직도추하 여 -
G G7 C Am7 G D7 G
나 를짓눌 러 맘 을곤고케하니 예수 여 나를도 와주소 서 -
받 을사랑 만 계 수하고있으니 예수 여 나를도 와주소 서 -

메들리곡 • 기도할 수 있는데 (359) • 내게 주어진 하루를 (374) • 예수의 이름으로 (435)

(미 1318)

내가 고난 받을 때

(요나의 기도)

367

안부영

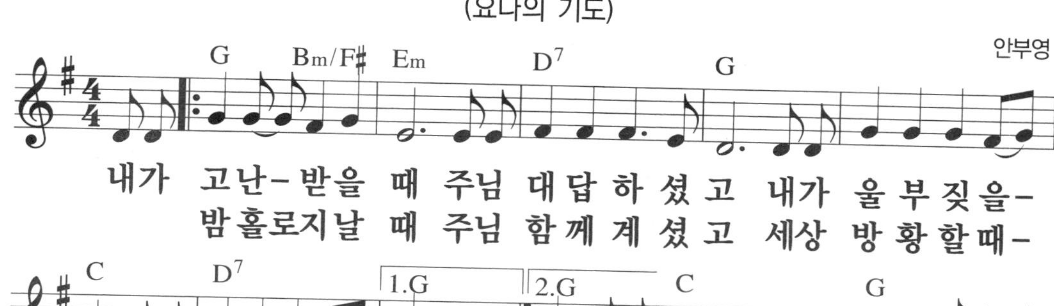
G Bm/F# Em D7 G
내가 고난-받을 때 주님 대답하셨고 내가 울부짖을-
밤홀로지날 때 주님 함께계셨고 세상 방황할때-

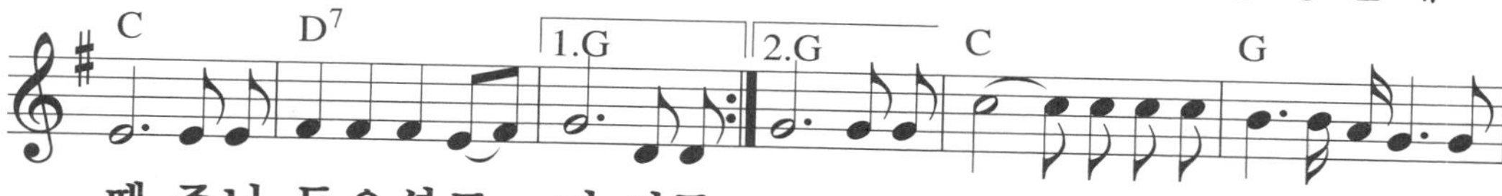
C D7 1.G 2.G C G
때 주님 들으셨도- 다 어둔
도 주님 인도하셨- 네 주께 서 -나를바 다 깊은데 던

D7 G C G D7
지 셨으- 며 큰파 도 물결 나 를 둘러싸 난 살 수 없 었-

G Am7 C G
네 나의하나 님 -이불쌍한 죄인 용 -서하소 서 - 세상길
여호와여 주께 서 날건지셨 네 - 내영혼

G C 1.G/D D7 G 2.G/D D7
로 -불순종한 이 영혼- 구원하소 서 나의하나
이 -주께닿아 큰 구원의은혜받았

G C D7 G
네 -구원은 여호와께 로 -구원은 여호와께- 로 -구원은

C D7 D7sus G
여 호 와 께 로 -구원은 여 호 와 께 로

메들리곡

- 내가 주를 위하여 (370)
- 내 손을 주께 높이 듭니다 (373)
- 영원한 생명의 주님 (423)

368 내가 먼저 손 내밀지 못하고 (미 1244)

(오늘 나는)

최용덕

G C D

내가먼저손내밀지 못하고- 내가먼저용서하지 못- 하고-
내가먼저섬겨주지 못하고- 내가먼저이해하지 못- 하고-

G Am C D7 G

내가먼저웃음주지 못 하고- 이렇 게 머뭇거리고있 네
내가먼저높여주지 못 하고- 이렇 게 고집부리고있 네

G C D

그가먼저손내밀기 원 했고- 그가먼저용서하길 원- 했고-
그가먼저섬겨주길 원 했고- 그가먼저이해하길 원- 했고-

G Am C D7 G

그가먼저웃음주길 원 했네- 나 는 어찌된사람인 가
그가먼저높여주길 원 했네- 나 는 어찌된사람인 가

G D G C G D

오 -간교한 나의입술이여- 오 -옹졸한 나의마음이여-
오 -추악한 나의욕심이여- 오 -서글픈 나의자존심이여

G C G D

왜나의입은- 사랑을말하면서- 왜나의맘은- 화해를말하면서-

내가 먼저 손 내밀지 못하고

G C G D D7
왜 내가먼저- 져줄수없 는가- 왜 내가먼저- 손해볼수없 는가-
G G7 C G D7
오- 늘 나 는 오 늘 나- 는
G Em C D7
주 님앞 에서- 몸둘바 모르- 고 이렇게 흐느끼며서있 네
G C D7 G
어찌 할 수없는이맘을 - 주님 께 - 맡긴채 로

메들리곡
- 낮엔 해처럼 밤엔 달처럼 (367)
- 내 손을 주께 높이 듭니다 (373)
- 예수의 이름으로(435)

369 내가 주를 위하여

(미 980)

(주의 영광 위하여)

이희수

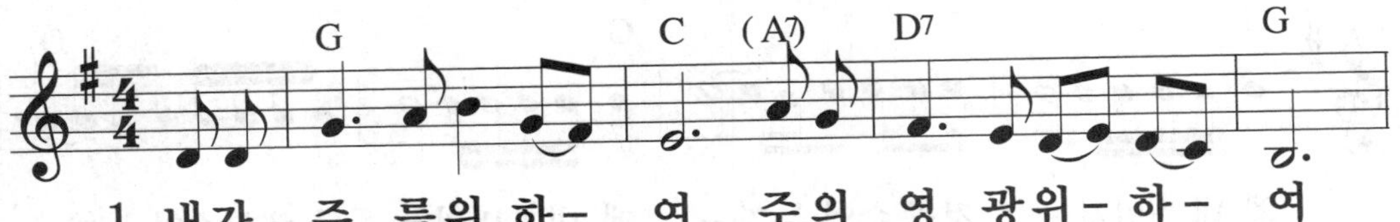

1. 내가 주 를위하- 여 주의 영 광위-하- 여
2. 나는 주 님때문- 에 주의 사 랑인-하- 여
3. 주께 모 두드리- 리 주의 사 업위-하- 여

내가 주 를위 하- 여 주의 영 광위 하- 여
나는 주 님때 문- 에 주의 사 랑인 하- 여
주께 모 두드 리- 리 주의 사 업위 하- 여

이몸 주 께드 리- 리 나의 일 생다-가도 록
오직 주 만따 르- 리 나의 생 명다-하도 록
내것 모 두드 리- 리 당신 내 게주신것이 니

내가 주 를위-하- 여 주의 영 광위 하- 여
나는 주 님때-문- 에 주의 사 랑인 하- 여
주께 모 두드-리- 리 주의 사 업위 하- 여

메들리곡 • 내가 고난 받을 때 (368) 손에 있는 부귀보다 (408) • 주님여 이 손을 (463)

(미 1926)

내가 주인 삼은

370

전승연

G D/F♯ Em
내가 주인삼은 - 모든것 내려놓고 - 내
C G/B Am D G D/F♯
주되신 주앞에 나가 - 내가 사랑했던 - 모든것
Em C D 1 G
내려 놓고 - 주님만 사랑해 -
G 2 G D G D/F♯ Em
내가 - 주사랑 거친풍랑에도 - 깊은
C G/B Am D G
바다처럼 - 나를 잠잠케해 - 주사랑 내영
D/F♯ Em C D G
혼의반석 - 그 사랑위에 - 서리 -

메들리곡
- 내 손을 주께 높이 듭니다 (373)
- 목마른 사슴이 시냇물 찾 듯 (391)
- 사랑합니다 나의 예수님 (400)

371 내게 강 같은 평화

(미 1496)

G C G
1. 내 게 강 같 은 평 화 내 게 강 같 은 평 화
2. 내 게 바다 같 은 사 랑 내 게 바다 같 은 사 랑
3. 내 게 샘 솟 는 기 쁨 내 게 샘 솟 는 기 쁨
4. 내 게 믿음 소 망 사 랑 내 게 믿음 소 망 사 랑
(할 렐 루 야)
A7 D7
내 게 강 같 은 평 화 넘 치 네 –
내 게 바다 같 은 사 랑 넘 치 네 –
내 게 샘 솟 는 기 쁨 넘 치 네 –
내 게 믿음 소 망 사 랑 넘 치 네 –
G C G
내 게 강 같 은 평 화 내 게 강 같 은 평 화
내 게 바다 같 은 사 랑 내 게 바다 같 은 사 랑
내 게 샘 솟 는 기 쁨 내 게 샘 솟 는 기 쁨
내 게 믿음 소 망 사 랑 내 게 믿음 소 망 사 랑
G C G
내 게 강 같 은 평 화 넘 – 치 네 –
내 게 바다 같 은 사 랑 넘 – 치 네 –
내 게 샘 솟 는 기 쁨 넘 – 치 네 –
내 게 믿음 소 망 사 랑 넘 – 치 네 –

메들리곡

- 내 일생 다가도록 (378)
- 누구든지 목마르거든 (381)
- 주님 내길 예비하시니(461)

(미 757)

내 손을 주께 높이 듭니다 372

(찬송의 옷을 주셨네)

박미래 & 이정승

내 손을주께높이 듭니다내 찬양받으실 주 님
라라라라라라 라라라라 라라라라라 라 라

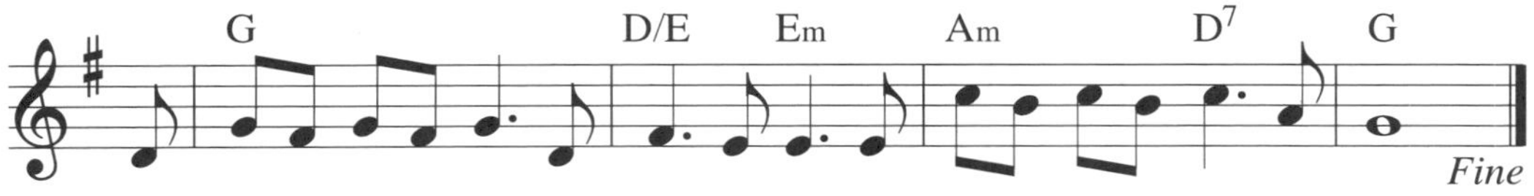

내 맘을주께활짝 엽니다 내 찬양받으실 주 님
라 라라라라라라 라라라라 라라라라라 라 라

메들리곡
- 나 주님의 기쁨되기 원하네(365)
- 보라 너희는두려워 말고 (395)
- 영원한 생명의 주님 (423)

373 내게 주어진 하루를

(오늘 이 하루도)

최용덕

1. 내게주어 진하루를 감사 합니다 – 내게 또하루를 허락
이런은총 받을만한 자격 없지만 – 주의 인자하심 힘입
2. 내게주어 진하루를 감사 합니다 – 내게 또하루를 허락
비록이하 루가나를 울린 다해도 – 원망 의맘품지 않을

하 심을 – 이하 루도 헛 되이 – 보– 내지 않 으며–
음 으로 – 이하 루도 – 내 게 주어– 졌음 인 하여–
하 심을 – 즐– 거운일 이든 – 혹– 슬픈 일 이든–
이 유는 – 나의 주님이 모든일을– 주관 하 셔서–

살기 원합니 다 – 감사 드립니 다 –
감사 드립니 다 – 선을 이룹니 다 –

이하 루도 – 정 직 하 게 – 하 소서 –
이하 루도 – 온 유 하 게 – 하 소서 –
이하 루도 – 평 화 롭 게 – 하 소서 –
이하 루도 – 성 실 하 게 – 하 소서 –

이하 루도 – 친 절 하 게 – 하 소서 – 내가
이하 루도 – 겸 손 하 게 – 하 소서 – 나의
이하 루도 – 강 건 하 게 – 하 소서 – 험한
이하 루도 – 순 종 하 게 – 하 소서 – 내가

내게 주어진 하루를

1, 3, 4.
G B7 Em /D
만 나는 - 모든 사람 - 들 에게 - 자
폭 풍이 - 몰아 치는 - 중 에도 - 평
만 나는 - 모든 사람 - 들 에게 - 복
C D G
비 를 베 풀 게 하소 서
강 을 누 리 게 하소 서
음 을 전 하 게 하소 서
2.
G B7 Em /D
걸 음을 - 지 치게 만 드는 - 이 들 에게 - 사
C D G
랑 을 베 풀 게 하 소 서

메들리곡

- 낮엔 해처럼 밤엔 달처럼 (367)
- 나 주님의 기쁨되기 원하네 (365)
- 오 예수님 내가 옵니다 (437)

374 내 눈 주의 영광을

(미 1742)

(모든 열방 주 볼 때까지)

고형원

G D C G C/G G D/F# Em G/D
내 눈 주의 영광 을 보 네 우리 가운데 - 계신 주 님
C D/C Bm Em C Am Dsus4 D7
그 빛난 영광 온 하 늘 덮고 그 찬 송 온 땅 가 - 득 해 내
G D/G C/G G C/G G D/F# Em
눈 주의 영광 을 보 네 찬송 가운데 - 서신 주 님 주
Am7 D Bm Em C Am Dsus4 D7
님의 얼굴은 온 세상 향하 네 권 능의 팔을 드 - 셨 네 주의
G D/F# C C/D D7 G Bm Am
영광 이 곳에 - 가득 해 우린 서네 주님과 함 께 - - -
D7 G D/F# Em Dm7 G/B C D7 C/G Fine
찬양하 며 우리는 전진 하 - 리 - 모든 열 - 방 주 볼 때 까 지
G/F E♭ F 3 B♭ E♭ F
하늘 아버지 - 우릴 새롭게 하 사 열방 중에서 - 주를

B♭ B♭/D E♭ F/E♭ Dm7 Gm
섬기게 하소서 - 모든 나라 일어나 - 찬송부르며 -
Gm7 Am7 Dsus4 D7
D.S
영광의 주님을 - 보게하 - 소 서 주의

메들리곡 • 모든 민족에게 (389) • 세상 모든 민족이 (405) • 영광을 돌리세 (422)

(미 890)

내 영혼이 내 영혼이 375

G C D7 G G C D7 G
내 영혼이 내 영혼이 주 님을찬양하며 기 뻐 합니다
G C D7 G G C D7 G
내 영혼이 내 영혼이 주 님을찬 - 양합 니 다

메들리곡 • 다 표현 못해도 (383) • 당신은 영광의 왕 (384) • 오직 주님만 (441)

376 내 인생 여정 끝내어

(미 1024)

(Jesus led me all the way)

John W. Peterson

내 인 생여정끝내 어 강 건 너언덕이를 때
저 가 시밭인생길 을 나 허 덕이며갈때 에
내 밟 은발걸음마 다 주 예 수보살피시 사

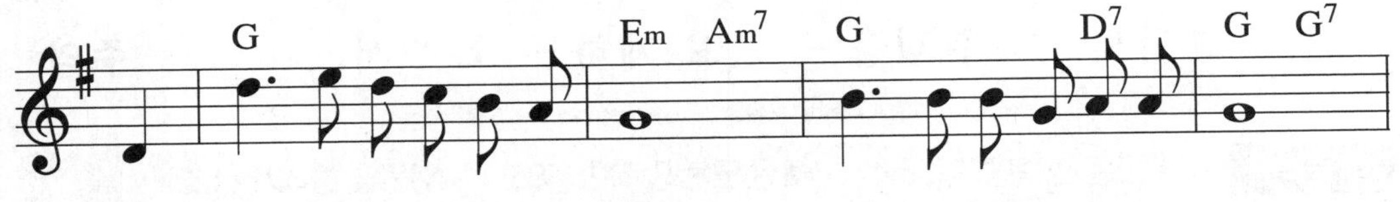

하 늘 문향해말하 리 예 수인도하셨 네
시 험 과환란많으 나 예 수인도하셨 네
승 리 의개가부르 며 주 를찬송하리 라

매 일 발걸음마 다 예 수 인도하셨 네 나의

무거운죄짐을모두 벗고하는말 예 수 인도하셨 네

메들리곡
- 내가 주를 위하여 (370)
- 내 손을 주께 높이 듭니다 (373)
- 예수님 가신 길 (427)

(미 978)

내 일생 다가도록

377

John W. Peterson
G
D7
내 일 생 다 가 도 록 - - 주 의 지 하 리 -
C
G
주 내 게 기 쁨 주 네 - - 주 의 지 하 리 -
G7
C
천 국 길 에 검 은 폭 풍 - - 몰 려 올 때 도 -
D7
G C G
Fine
주 나 를 놓 지 않 네 - - 주 의 지 하 리 -
Am
D7
G
주 는 내 친 구 - 진 실 한 친 구 -
Am
D7
G
D.S
세 상 끝 까 지 - 주 의 지 하 리 -

메들리곡

- 내게 강 같은 평화 (372)
- 누구든지 목마르거든 (381)
- 주님 내길 예비하시니 (461)

378 너 주님의 가시관 써 보라

(미 1228)

(주님을 찬양하라)

송명희 & 김석균

너 주님의가시관 써 보라 너 주님의채색옷 입 어 보라

너 주님의맞으신 채 찍 에 한번 만 – 맞아보 라

너 주님이지셨던 십 자가 잠 시 – 만 져보 라

너 주님이죽으신 것 처 럼 죽을 수 – 있– 는 가

너의 할 수 없 는것을 주님 이 – 하 셨으 니

너 – 주 님 을 사 랑하 라 너– 주 님 을 의 지 하 라

너 – 주 님 을 찬 양하라 영원 히 – 영 – 원 히

너 주님의 가시관 써 보라

G C G D7 G
너- 주 님을찬양하 라 영원 히 - 영 - 원 히

메들리곡 • 내가 주를 위하여 (370) • 내 눈 주의 영광을 (375) • 오 예수님 (437)

너는 무엇을 보았길래 379

(믿음의 눈으로 보라)

주숙일

G D7 G

너는 무 엇을 보았 길 래 그 렇게도놀 라 느 - 냐
너는 무 엇을 보았 길 래 그 렇게도즐 거 워 하 냐

G D7 G

너는 무슨소 리 들었 길 래 근 심 속 에 빠 졌 느 - 냐
너는 무슨소 리 들었 길 래 발 걸 음 이 가 벼 우 - 냐

G Am D7 G

믿 음의 눈을 떠 라 믿 음 의 귀 를 열 어 라
주 님의 음성 듣 고 담 대 히 나 서 는 자 는

G C G D7 G

세상 모 든 풍 파 를 믿 음 의 눈 으 로 보 라
주의 권 능 의 팔 로 언 제 나 지- 켜 주 리

메들리곡 • 영원한 생명의 주님 (423) • 나 주님의 기쁨되기 원하네 (365)
• 이젠 고난의 끝에 서서 (448)

380 누구든지 목마르거든

(미 858)

(내게로 와서 마셔라)

권재환

G C D7 G
1. 누 구 든 지 목마르거든 내게로와서 마 셔라
2. 누 구 든 지 예수믿으면 구 원을얻으 리 로다
3. 누 구 든 지 예수믿으면 영 생을얻으 리 로다
4. 누 구 든 지 예수믿으면 기 쁨을얻으 리 로다
G C D7 G
누 구 든 지 목마르거든 내 게로와서 마 셔라
누 구 든 지 예수믿으면 구 원을얻으 리 로다
누 구 든 지 예수믿으면 영 생을얻으 리 로다
누 구 든 지 예수믿으면 기 쁨을얻으 리 로다
G Em C G6 D7
나 를 믿 는 자 는 - 성 경 에 이 름 과 같 이
G Em7 D7 G
그 배 에 서 생 수 의 강 이 흘 러 나 리 라

메들리곡
- 내게 강 같은 평화 (372)
- 내 일생 다 가도록 (378)
- 주님 내 길 예비하시니 (461)

(미 1216)

다 와서 찬양해

(Come on and celebrate)

D. Bankhead & Patricia Morgan

G
Bm7
다 와서 찬양해- 사랑을주 신주 찬양해-
Em
C
Am7
Dsus4
사랑 의우 리주 -님- 생명주셨 네 -
D
G
Bm7
소 리 쳐 찬 양해- 기쁨을주 시는 우 리왕-
Em
Am
C
D7
G
찬양 의제 사 드 리며 - 주 님께경 배 해
G7
C
Am
G
Em
다 와서 찬양해- 찬 양해- 찬양 해- 주 님
1. Am7
D
G
찬 양 해 - 주 님 우 리 왕 -
2. Am7
D
G
찬 양 해 - 주 님 우 리 왕 -

메들리곡 • 기뻐하며 왕께 (360) • 나 기뻐하리 (361) • 마지막 날에 (387)

382 다 표현 못해도

(미 2150)

(그 사랑 얼마나)

설경욱

다 표현못해도- 나 표현하리라- 다 고백못해도- 나-

고백하리라- 다 알수 없어도- 나 알아가리라- 다

닮지못해도- 나- 닮아가리라 - 다

닮아가리라 - 그사 랑얼마나- 아름 다운지- 그사

랑 얼 마나- 날 부요케하는지- 그사랑 얼마나- 크고

놀라운지를- 그사 랑 얼마나- 나를 감격하게하는 지

메들리곡

- 내 손을 주께 높이 듭니다 (373)
- 사랑합니다 나의 예수님 (400)
- 주님은 신실하고 (464)

(미 742)

당신은 영광의 왕

383

(You are the King of glory)

Mavis Ford

G D G G7 C Am D
당 신은영 광 의- 왕 당 신은평 강의 왕
Bm Bm7 Em Em/D C Am7 Dsus4 D7
당 신은하 늘 과 땅의주 당 신은정의의아 들
Bm7 Em Em/D C G/B Am7 D D2 D7
천 사가무 릎 꿇-고 예 배 하 고 찬 양 하 네
G2 Am9 Bm7 Em C Dsus4 D7 G C2/D
영 원한생 명 말- 씀 당신은예수 그리스도 주
G Bm9 Em9 Em7/D C Am7 Dsus4 D7
호 산나다윗의- 자 손-께 호 산나불러왕중의 왕
G2 Bm7 Em C2 Dsus4 D7 G
높은하늘엔 영 광-을- 예수주메시 야- 네

메들리곡
- 경배하리 주 하나님 (355)
- 내 손을 주께 높이 듭니다 (373)
- 영원한 생명의 주님 (423)

384 당신이 지쳐서

(미 1095)

(누군가 널 위해 기도하네 / Someone is praying for you)

Lanny Wolfe

당 신 이 지 쳐 서 기 도 할 수 없 고 눈 물
당 신 이 외 로 이 홀 로 남 았 을 때 당 신

이 빗 물 처 럼 – 흘 러 내 릴 때 주 님 은 아 시
은 누 구 에 게 – 위 로 를 얻 나 주 님 은 아 시

네 당 신 의 약 함 을 사 랑 으 로 돌 봐 주 시
네 당 신 의 마 음 을 그 대 홀 로 있 지 못 함

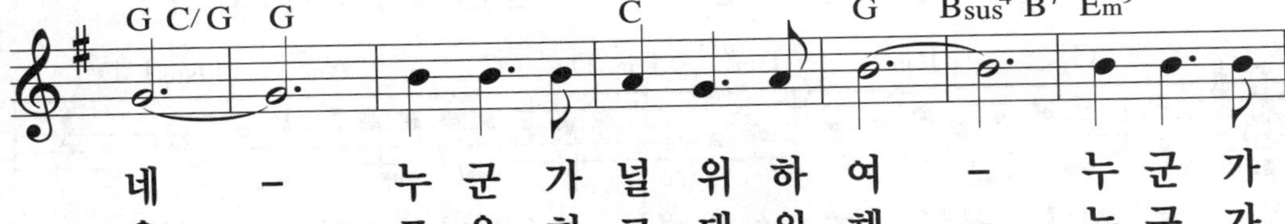

네 – 누 군 가 널 위 하 여 – 누 군 가
을 – 조 용 히 그 대 위 해 – 누 군 가

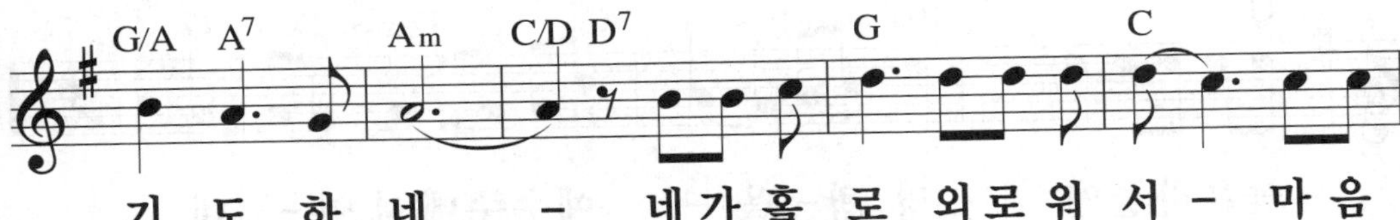

기 도 하 네 – 네 가 홀 로 외 로 워 서 – 마 음

이 무 너 질 때 누 군 가 널 위 해 기 도 하 네 –

메들리곡
- 기도할 수 있는데 (359)
- 세상의 유혹 시험이 (406)
- 이젠 고난의 끝에 서서 (448)

(미 1149)

때로는 너의 앞에

385

(축복송)

송정미

Gmaj7 Bm7 Cmaj7 D7
때-로 는 너의앞 에 어려 움과 아픔있지 만
너는택 한 족속이 요 왕같 은- 제사장이 요
Am D7 Gmaj7 E
담대하 게- 주를바 라보는너 의 영혼 -
거룩한 나라 하나님 의소유된 백-성 -
Am D Cmaj7 Am
너의영 혼 우리볼 때 얼마 나아름다 운-지
너의영 혼 우리볼 때 얼마 나사랑스 러 운지
Cmaj7 D Bm E
너의영 혼 통 해 큰영광받 으 실
Am7 D C6/G G
하나님 을 찬 양 오 할-렐 루 야

메들리곡

- 세상이 당신을 모른다 하여도 (407)
- 여기에 모인 우리 (417)
- 우리 함께 걸어요 (444)

386 마지막 날에

(미 1625)

이천

G
Em
C
마 지 - 막 -
날 - - 에 -
내 - 가 -
D7
G
나의 - 영 - 으 로
모 - 든 -
백 성
Em
C
D7
에 게 -
부 - 어 -
주 리 라 - -
G
Em
자녀들 은 예 언할 - 것이 요
청년들 은 환 - 상 - 을보고
C
Am
Dsus4
1. D7
2. D7
아비들 은 꿈 을꾸 - - 리라
주의영이임 하 - 면 -
- 면 -
G
Em
C
Am
Dsus4
D7
성 령 - 이 여 -
임 - 하 소 서 -
G
Em
C
D7
G
성 령 - 이 여 -
우리에 게
임하 소 서 -

메들리곡
- 성령님이 임하시면 (403)
- 영광 높이 계신 주께 (421)
- 주님의 영광 나타나셨네 (467)

모든 영광을 하나님께

(heavenly Father I appreciate You)

Anonymous

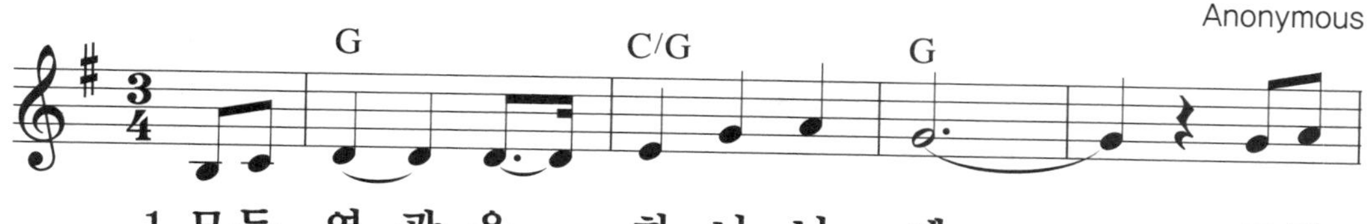
G
C/G
G

1. 모든 영 광 을 - 하 나 님 께 - 모든
2. 예수 님 - 찬 양 받 으 소 서 - 예수
3. 위로 의 - 성 령 님 이 시 여 - 위로

Em
A7
Am/D
D7
영 광 을 - 하 나 님 께 - 온
님 - 찬 양 받 으 소 서 - 죄
의 - 성 령 님 이 시 여 - 우

G
B7
C
Cm

맘 과 - 뜻 다 - 해 주 사 모 합 니 다 모 든
사 했 네 우 리 위 해 성 령 - 주 셨 네 예 수
리 안 에 계 셔 - 서 늘 인 도 하 셨 네 위 로

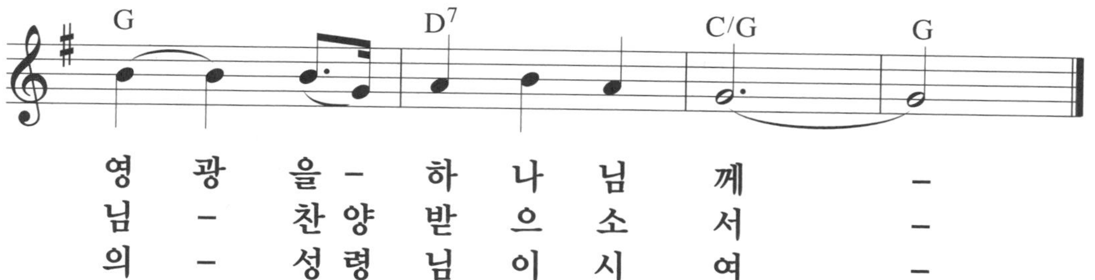
G
D7
C/G
G
영 광 을 - 하 나 님 께 -
님 - 찬 양 받 으 소 서 -
의 - 성 령 님 이 시 여 -

메들리곡
- 나의 하나님 그 크신 사랑 (365)
- 내 손을 주께 높이 듭니다 (373)
- 정결한 마음 주시옵소서 (453)

388 모든 민족에게

(미 1522)

(모든 영혼 깨어 일어날 때 / Great awakening)

Ray Goudie, Dave Bankhead & Steve Bassett

G D/G C/G D/G G G/B

모 든민 족 에게– –주 성 령부어주소
모 든열 방 에게– –주 성 령부어주소

C C/B Am7 Em G/D D

서– – – 하 나님 의 백 성– –
서– – – 영 광중 에 오 사– –주

Am7 Cmaj7 Dsus4 D G D/G

주 의말씀 주시고 – 꿈 과환 상
경 외하게 하시고 – 크 신능 력

C/G D/G G G/B C

주 사 –주 의 비밀알리소 서– – –
으 로 –땅 과 하늘흔드소 서– – –

Am7 Em G/D D C/D D Am7 Cmaj7 G/D

우 리믿 사 오니 – 하 늘이 주의 날선포
주 를기 다 리니 – 만 물이 주의 날을보

G/D Dsus4 D G D/F♯

– 케 하 소서 – 그 날 엔주 –의 영 이
– 게 하 소서 –

Em7sus
Em
C
Am
F
Dsus4
D
임 하 여 -
큰 부 흥이 - 땅 위 에일 - 어 나 리 라
G
D/F#
Em7sus
Em
C
D/C
모 든 영 혼 - 깨 어 일 어 날 때 - 주 예 수 를 - 부
Bm7
D
Em7
C
CM7/D
G
르 는 자 는 - 구 원 되 리 - - -

메들리곡

- 내 눈 주의 영광을 보네 (375)
- 세상 모든 민족이 (405)
- 하나님은 우리의 피난처가 되시며 (591)

389 모든 지각에 뛰어나신

(아무것도 염려치 말고)

방영섭

G C/G G C Am7 Dsus4 D7

모 든 지 각 에 - 뛰 - 어 나 신 - 하 나 님 의 평 강 이

G Am7 G/B C D7 G D7

예 수 안 에 서 - 너 의 마 음 과 - 너 의 생 각 을 지 키 리 아 무

G G/B C Am7 G Em7 Dsus4 D7

것 도 너 는 염 려 치 말 고 - 오 직 기 도 와 간 구 로 하 나

G G/B C Am7 G/D D7 G

님 께 너 의 구 할 것 - 을 - 감 사 함 으 로 아 뢰 라 -

메들리곡

- 보라 너희는 두려워 말고 (395)
- 기도할 수 있는데 (359)
- 전능하신 나의 주 하나님은 (561)

목마른 사슴이 시냇물 찾 듯

(목자의 심정)

최훈차
1. 목 - 마 른 사 - 슴 이 시 냇 물 찾 듯
2. 험 산 준 령 헤 매 이 는 어 린 양 찾 아
3. 양 - 아 흔 아 홉 마 리 그 보 다 더 욱
4. 목 - 자 는 어 린 양 의 그 소 리 알 고
5. 어 린 목 자 내 주 예 수 이 몸 부 르 사
나 의 주 님 이 죄 인 을 찾 으 셨 도 다
나 의 주 님 산 가 시 에 찔 리 셨 도 다
길 - 잃 은 한 마 리 양 사 랑 했 도 다
참 - 다 운 목 자 음 성 양 이 알 도 다
푸 른 초 장 물 가 으 로 인 도 합 소 서
양 을 위 해 생 명 바 친 목 자 - 의 수 고
그 사 랑 을 잠 시 라 도 잊 지 말 지 라

메들리곡

- 나의 사랑 나의 생명 (362)
- 내 손을 주께 높이 듭니다 (373)
- 다 표현 못해도 (383)

391 문들아 머리 들어라

(미 1583)

G D C Cmaj7 G D G G7
문 들 아머리들-어 라 들릴 지 어다영원한문 들 아 영광
C G 3 B7/F# Em C D G
의 왕들어가 시 도 록 영광 의 왕들어가-신 다
G D/ F# Em Em/D C G D
영 광의왕 뉘 시 뇨 강 하 고능 하신 주로다-
G B7 C A C D G
전 쟁에능 하신 주 시라 다 찬 양 위대하-신 왕
G D Em Em/D C G Dsus4 D
왕 께 만 세 왕 께 만-세-
G D C A C D G
당 신은영 광의 왕 이라 다 찬 양 위대하-신 왕

메들리곡

• 예수는 왕 예수는 주 (428) • 주님의 영광 나타나셨네 (467)
• 죽임 당하신 어린 양 (478)

(미 1132)

문을 열어요 활짝

G D7 G
문을 열어요활 짝 형제 마음의문 을
D7 G
문을 열어요활 짝 자매 마음의문 을
C D A7 D
굳게 닫힌 저문을보 고 어느 누 가 좋아하리 요
G C A D7
아무 래도 닫힌문보 다 열린 문이더좋 아
G D D7
삐그덕 삐그덕 빗장을열어 요 철컥 철컥
G C
자물쇠를열어 요 두드리는자에 게 열 릴
G C D7 G
것이라는 진 리 를 잊 지 마 세 요 –

메들리곡 • 날 사랑하신 (366) • 문을 열어요 활짝 (393) • 아름다운 사랑을 나눠요 (412)

393 바다 같은 주의 사랑

(Here Is Love)

Matt Redman(Arr.) &
PD Robert S. Lowry / William Rees

바다 같 은주의 사랑 내맘 속 에넘치 네 생명
박 힌언덕 위에 생명 의 문열렸 네 깊고

의 주우릴 위해 보혈 흘 려주셨 네
넓 은은혜 의샘 강과 같 이흐르

바다 네 영원하 신주의 사랑 어찌

우 리잊으 리 생명 주 신주님 만을 영원 히 찬양하

리 주못

고 하나 님 의자비 하심 이땅 위 에넘치 네 평강
하 신주의 사랑 어찌 우 리잊으 리 생명

바다 같은 주의 사랑

Em7 C 1.G D/F♯ G 2.G D/F♯
의 왕주님 예수 세상 죄 구속했네 영원 히 찬양하
주 신주님 만을 영원
G C2 G M7/B C2 G
리
더높은사랑
C2 G/B C2 G
더높은사랑 더깊은사랑 진실한사랑 더높은사랑
C2 G/B 1.C2 2.C2
더넓은사랑 주같은사랑 없-네- 없-네- 바다
G C2/G D/G C2/G
같 은주의 사랑-
바다
G C/G D/G 1. C2/G 2. C2/G
같 은주의 사랑-
바다

메들리곡

• 나의 사랑 나의 생명 (362)
• 나 주님의 기쁨되기 원하네 (365)
• 내 손을 주께 높이 듭니다 (373)

394 보라 세상 죄를 지고 가는

(하나님의 어린 양)

고형원

G Bm Am7 D
보라 세 상죄를지고 가는 하나님어린 양 그는
Bm Em Am7 D D7
실로우리의질고를 지 고 우리 슬픔을-당하셨 다 보라
G Bm Am7 D
세 상죄를지고 가 는 하 나님 어린 양 그는
Bm Em Am Dsus4 D
실로우리의질고를 지 고 우리 슬픔을-당하셨 다 그가
G Bm G/B Am/C Am7 D
찔림은--우리의 허 물 우리의 허물 -인 함 이- 요 그가
G Bm G/B Am/C Am7 D
상함은--우리의 죄 악 우리의 죄 악 -인 함 이-라 그-
Bm Em Bm Em C D
징 계를 받 음 으로 우리가 평화누리 고 그가

Bm Em Bm E Am Dsus4 D
채 찍에채찍-에 맞음으로우리 가 우리 가-- 나음
G Bm Am D7 G
을 -입었도- 다 나음 을 -입었도- 다 나음
G Bm Am D7 Gsus4 G
을 -입었도- 다 나음 을 -입었도- 다 -

메들리곡 • 보혈을 지나 (397) • 오 예수님 내가 옵니다 (437) • 오직 주님만 (441)

(미 1248)

사랑의 나눔 있는 곳에 395

Taize

G D/F# Em Em/D C Em D sus4 D7
사 랑 의 나 눔 있 는 곳 에
G D/F# Em Em/D Am/C D7 3 G
하 나 님 께 서 계 시 도 - - 다

메들리곡 • 나의 사랑 나의 생명 (362) • 사랑합니다 나의 예수님 (400)
• 주님은 신실하고 (464)

396 보라 너희는 두려워 말고 (미 1760)

이연수

G2 Bm7 C Dsus4 D
보 라 너희는 두려워말고- 보 라 너희를 인도한나를 -
G2 Bm7 C Dsus4 D7
보 라 너희는 지치지말고 - 보 라 너희를 구원한나를-
C G/B Am9 D Bm7 Em7
너 희를치던 적은 어디있느냐- 너희 를억누르던 - 원수는
C D7 G2 Bm7 Em7
어디있느냐- 보 라 하나님 구원을- 보 라 하나님
Dm G7 C2 C Cm/E♭
능력을- 너희를 위 해 서 싸 우 시 는- 주의
1. Em A7 Am9 C D7 2. Am9 D7 G
손 을 보 라 보 손 을 보 라

메들리곡
- 경배하리 주 하나님 (355)
- 모든 민족에게 (389)
- 하나님은 우리의 피난처가 되시며 (591)

(미 1623)

보혈을 지나

김도훈 & 김도훈

G2
Bm7
Em
C
보 혈을지-나- 하나님품으로- 보 혈을지-나-
Am7
C/D D7
G2
B/D#
B7
Em
아버 -지품으로- 보 혈을지-나- 하나님품으로-
/D
C
Cm6
1.G
C/D
2.G
C/D D7
G
한걸 음씩 나- 가네 - 네 존귀 한 주보
D/F#
Am
C/D
D7
G
C/D D7
G
혈 이- 내영 을 새롭게-하시-네- 존귀 한 주보
D/F#
E/D#
C
C/D
D7
G
혈 이- 내 영 을 새 롭 게 -하 네 -

메들리곡 • 나 주님의 기쁨되기 원하네 (365) • 내가 주인 삼은 (371) • 주님과 같이 (458)

398 사랑합니다

(Lord, I love you)

Eddie Espinosa

사 랑 합 니다 – 나의 기도 들 으사
– 주 님 만 이상 한 맘 고 치 시– 네
사 랑 합 니다 – 진 심 으 –로
주 님 내 맘 깊 이 만 지 셨 네 –

메들리곡

- 나의 사랑 나의 생명 (362)
- 내가 주인 삼은 (371)
- 사랑합니다 나의 예수님 (400)

(미 1616)

사랑합니다 나의 예수님

김성수 & 박재윤

G
Em
Am
D
사랑합니 다 나의예수 님 사랑합니 다 아주많이 - 요 -
G
Em
Am D7
G
사랑합니 다 나의예수 님 사랑합니 다 그것뿐예 - 요 -
G D/F#
Em
C Am
D D7
사 랑 한 다 아 들 아 내 가 너 를 잘 아 노 라
(내 딸 아)
G D/F#
Em
C Am
D G
사 랑 한 다 아 들 아 네 게 축 복 더 하 리 라
(내 딸 아)

메들리곡
- 내 손을 주께 높이 듭니다 (373)
- 다 표현 못해도 (383)
- 주님은 신실하고 (464)

400 살아계신 하나님

(미 753)

최덕신

G C/G D/G G
살아계신하나 - 님 - 역사하는하나 - 님 -
G C/G D/G G
우리찬양가운 - 데 - 거하시는하나 - 님 -
Fine
G Bm Em/C A7/C♯
손을들어 찬 양 손뼉치며 찬 양 목 소 -
G/D B7/D♯ Em A7/C♯ G/D D7 G D E/D F♯/D
리 높 여 찬 - 양 - 주를 찬 양 하 라
G Dm/F C/E Cm/E♭
할 렐 루 - 야 할 렐 루 - 야 -
G/D B7/D♯ Em A7/C♯ G/D D7 G
할 - 렐 루 - 야 - 주를 찬 양 하 라
D.C.

메들리곡

• 경배하리 주 하나님 (355) • 오직 주님만 (441)
• 하나님께로 더 가까이 (487)

(미 1553)

생명 주께 있네

(My life is in You Lord)

Daniel Gardner

생 명 주 께 있 네 – 능 력 주 께 있 네 – 소
To Coda
망 주 께 있 네 – 주 안 –에 있 – 네 생
네 생명 다 해 – 주 찬 양 – 하 리
– 힘을 다 해 – 주 찬 양 – 하 리 – –
– 내 생 명 – 다 해 내 힘 을 – 다
해 모 든소 망 주님 께 – – 생
D.S.
안 –에 있 – 네 주 께 –

메들리곡 • 나 기뻐하리 (361) • 다와서 찬양해 (382) • 승리하였네(411)

402 성령님이 임하시면

(미 1888)

(성령의 불타는 교회 / Church on Fire)

Russell Fragar

성령 님이임하시면능력 이나타나- 모 -든것이일어날수
있게되죠- 참 -선한것이 선한 것이여기일어나 -네-
어두움 -을-물리치는 빛이있네- 능 -력힘입어 난두
렵지않네- 참 -선한것이 선한 것이여기일어나 -네-
성령 의 불 타 는교 -회-성령의 불꽃임-하네 -온마음
다 하 여 -서주이름 높 이 세 - 우 리의마-음불-타네-
그 빛 을전-하기 -위 해-사랑 의 불꽃- 전 하 -세-
주를 위한- 성령의불 -타 는교 -회- -회-

메들리곡 • 나 기뻐하리 (361) • 마지막 날에 (387) • 주님의 영광 나타나셨네(467)

(미 1139)

세상은 평화 원하지만

403

1. 세상은평화 원하지만 – 전쟁의소문더 늘어간다 –
2. 우리주사랑 안에사네 – 주우릴하나로 회복했네 –
3. 형제들하나 안에살때 – 얼마나좋고도 즐거운가 –

이모든인간고통 두려움뿐 – 그지겨움끝없네 그러나
한집에사는우리 형제자매 – 아버지와아들이 하나니
달콤한기름부은 이슬처럼 – 우리위에내리네 생명호

주 여기계시니
듯 우린하날세 우리가 아–들믿을때
흡 항상새롭다

에 그의 영으로하–나 돼우리가 아–들믿을때 에

그의 영으로하–나 돼 하날 세(우리모두다) –

하날 세(우리모두다)– 하날 세(우리모두다) – 하날 세

메들리곡

- 기도하자 우리 마음 합하여 (358)
- 마지막 날에 (387)
- 문을 열어요 활짝 (393)

404 세상 모든 민족이

(미 1538)

(물이 바다 덮음 같이)

고형원

세상 모든민족이 - 구원 을얻기까지 - 쉬지않으시는-하
나님- 주의 심장 가지고- 우리 이제 일어나 -
주 따르 게 하소 서 세상 모든 육체가 - 주의
영광 보도록- 우 릴부르시는- 하 나님 - 주의
손과발되어- 세상 을치유하며- 주 섬기 게하소 서
물이바다 덮음 같이 - 여호 와의영광을 - 인정하는것이

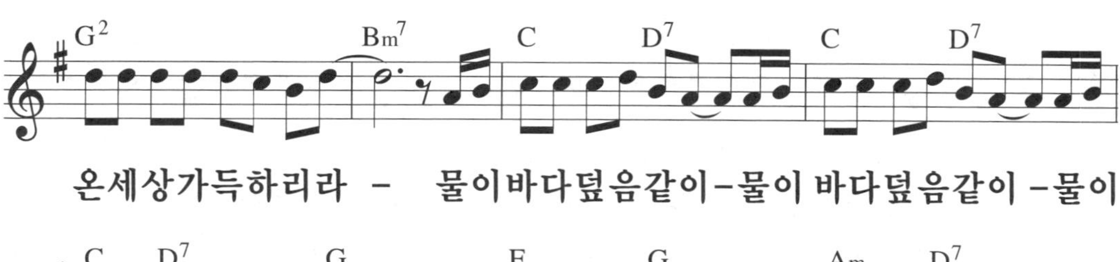
G2
Bm7
C
D7
C
D7
온세상가득하리라 - 물이바다덮음같이-물이 바다덮음같이 -물이

C
D7
G
F
G
Am
D7
Fine
바 다 덮음같이 - 보리 라 그날 에 주의 영 광 가득한-세

G
F
Em
Am
F/C
Dsus4
D7
D.S.
상 우리 는 -듣게되 리 온세 상가득한승리의-함 성

메들리곡

- 내 눈 주의 영광을 (375)
- 모든 민족에게 (389)
- 저 죽어가는 내 형제에게 (452)

405 세상의 유혹 시험이

(미 1055)

(주를 찬양)
최덕신
G2 G/B C D G C G/B
세 상의유혹시험이-내게 몰려올때-에나 의힘으론그것들-모두
거 짓과속임수로--가득 찬세상에-서어 디로갈지몰라--머뭇
주 위를둘러보면--아- 무도없는-듯믿 음의눈을들면--보이
Am9 D G2 G/B C D G
이길수없네- 거 대한폭풍가운데-위축 된나의영혼- 어
거리고있네- 공 중의권세잡은자-지금 도우리들을- 실
는분계시네- 지 금도내안에서--역사 하고계시는- 사
C G/B Am9 Dsus4 D7
찌할바를몰라-헤매 이고있을때 -
패와절망으로-넘어 뜨리려하네 - 주를
망과어둠의권세물리 치신예수님 -
C/G G C D7 G C G/B
찬 양 손 을들고찬-양 전 쟁은나에게 속-
Am9 Dsus4 D C/G G C D7 G
한것아니니- 주를 찬 양 손 을들고찬-양 전
C G/B Am Dsus4 D7 G
쟁은 하나님께-속 한 - 것 이 니

메들리곡
- 경배하리 주 하나님 (355)
- 내 손을 주께 높이 듭니다 (373)
- 보라 너희는 두려워 말고 (395)

세상이 당신을 모른다하여도 406

윤주형

G D F# Em G/D C G
세상이- 당신 을모른-다하여도-주 님은 그이름 -마
Am D G D F# Em G/D
음에 새겼네 세상이- 주이 름모른 -다하기에-오
C G/D Am D7 G Fine
늘도 그 이름 열 방에 새 기 리
C D/C G C D/C
땅의 모든끝- 이 주께- 돌아 오게 되-리
E Am D Bm E
- 잃어 버린영-혼 들향한- 아버지-의 꿈- - -당신
Am Am/G Dsus4 D D.C.
의 삶을 - 통해 - 이뤄 - 지 리 -

메들리곡

- 때로는 너의 앞에 (386)
- 우리 함께 걸어요 (444)
- 천년이 두 번 지나도 (485)

407 손에 있는 부귀보다

(미 1082)

(금 보다도 귀하다)

김석균

G D Em D G
1. 손에 있 는 부귀 보 다 주를 더 사랑 하는 가
2. 큰물 결 이 뛰놀 아 도 주를 더 찬양 하는 가
3. 언제 다 시 주오 실 지 아는 이 가있 는- 가
이슬 같 은 목숨 보 다 주를 더 사랑 하는 가
큰환 난 이 닥쳐 와 도 주를 더 찬양 하는 가
신랑 으 로 오실 주 님 맞을 준 비 되 었는 가
C G D7 3 G
사랑 의 빛 잃어 가 면 주님 만 날수 없-- 어
깊은 잠 에 빠진 영 혼 주님 만 날수 없-- 어
기름 없 는 등불 들 면 주님 만 날수 없-- 어
C G A 3 D7
헛된 영 화 바라 보 면 사랑 할 수도 없-- 어
근심 걱 정 많은 자 는 찬양 할 수도 없-- 어
재림 나 팔 소리 나 면 예비 할 수도 없-- 어
G Em G D7
잠시 머 물 이세 상 은 헛된 것 -들뿐이 니
G C G D7 G
주를 사 랑 하는 마 음 금보 다 도 귀 하 다
주를 찬 양 하는 마 음 금보 다 도 귀 하 다
주를 맞 을 준비 함 이 금보 다 도 귀 하 다

메들리곡

- 나 주님의 기쁨되기 원하네 (365)
- 내가 주인 삼은 (371)
- 예수님 가신 길 (427)

(미 1040)

승리는 내 것일세

(There is victory for me)

*승 리 는 내 것 일 세 승 리 는 내 것 일 세

구 세 주 의 보 혈 로 써 승 리 는 내 것 일 세

내 것 일 세 승 리 만 은

구 세 주 의 보 혈 로 써 항 상 이 기 네

* 믿음, 소망, 사랑, 구원, 응답, 축복

메들리곡

- 기도하자 우리 마음 합하여 (358)
- 나 기뻐하리 (361)
- 내 일생 다가도록 (378)

409 승리 승리 나에게 주셨네

천민찬

G C D G Am7 D G
승 리- 승 리- 나 에 게 주 셨 네 -
G C D G Am7 D G
승 리- 승 리- 나 에게 주 셨 네 -

메들리곡 • 나 기뻐하리 (361) • 승리는 내것일세 (409) • 승리하였네 (411)

410 승리하였네

(미 1219)

(We have overcome)

Daniel Gardner

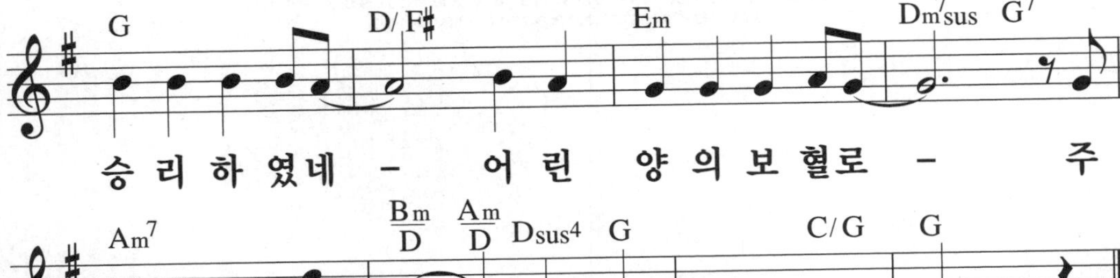
G D/F# Em Dm7sus G7
승 리 하 였네 - 어 린 양 의 보 혈로 - 우린
C G/B A9 C/D
보 혈 의- 능 력 으 로 서 - 리라 -
G D/F# Em Dm7sus G7
승 리 하 였네 - 어 린 양 의 보 혈로 - 주
Am7 Bm/D Am/D Dsus4 G C/G G
내 게 승 리 주 - 셨 네 - -

메들리곡 • 승리는 내것일세 (409) • 승리 승리 나에게 (410) • 영광 높이계신 주께 (421)

(미 1242)

아름다운 사랑을 나눠요 411

3rd time to Coda
아름다운사랑을나 -눠 요- 주 님의사-랑을 -
우리모두사랑을나 -눠 요 내맘에 기 쁨이넘-치게
- 사-랑을 - - 심-어요 -
- 사-랑이 - - 빛나네요 -
- 온 세 상에 주님 사 랑 넘 치 도 록
- 우 리 주님 사랑 이 전 파 된곳 에
- 사-랑을 - - 나-눠요 - - 우 리
- 도우세요 - - 빛나도록 - - 모 든
이사랑을모두- 모두모두전해-요 - -
영혼들이주의- 사랑으로빛나도록 - -
D.C.
우리모두사랑을나 -눠요 내맘에 기 쁨이넘-치게 -

메들리곡 • 날 사랑하신 (366) • 문을 열어요 활짝 (393) • 아름다운 이야기가 있네 (415)

412 아침에 주의 인자하심을

(미 743)

(시편 92편)

이유정

아침 에 주의인자 하 심을 나－타－내시 －며－ 밤마
다 주의성실 하 심을 베풂이좋으나이 －다－ 아침
베풂이좋으나이 다 여－ 호 와께 감 사 하며
주의이름을찬 양 여－ 호 와께 감 사 하며
주의이름을찬 양 여 호 와 여 주의
행사가－어찌 －그리 크 신 지 요 주의 생각이－ 심히
깊 으 시나이 다 － 아침 에 주의인자
하 심을 나－타－내시 －며－ 밤마 다 주의성실

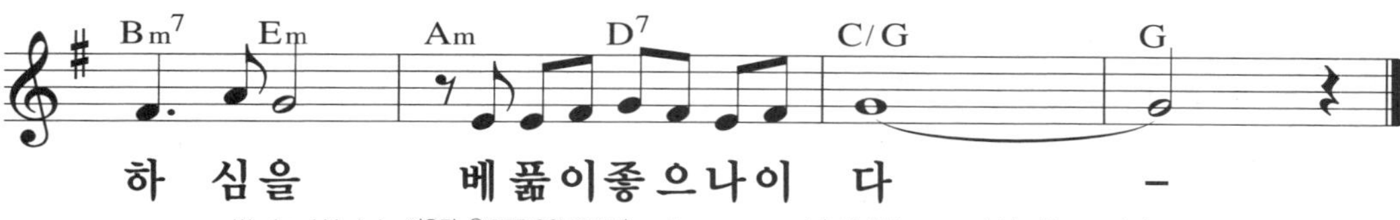
Bm7 Em Am D7 C/G G
하 심을 베풂이좋으나이 다 –

메들리곡
- 나의 하나님 그 크신 사랑 (364)
- 내 손을 주께 높이 듭니다 (373)
- 정결한 마음 주시옵소서 (453)

(미 746)

아버지 주 나의 기업 되시네 413

(My delight)

Andy Park

G Am7 D G G4 G

1. 아 버 지 주 나 의 기 업 되 시 – 네 –

2. 예 – 수 내 삶 의 보 배 되 시 – 네 –

Em7 Am7 D G D/F#

주 님 은 내 – 소 망 내 기 – 쁨 –

주 님 은 온 유 하 고 순 결 – 해 –

Em7 Am7 D7 G

사 랑 합 니 다 사 랑 합 니 다

Em7 Am7 D7 G Gsus4 G

나 의 기 – 쁨 주 님 을 –

메들리곡
- 나의 하나님 그 크신 사랑 (364)
- 나 주님의 기쁨 되기 원하네 (365)
- 사랑합니다 나의 예수님 (400)

414 아름다운 이야기가 있네

(미 942)

(주님의 사랑 놀랍네)

John W. Peterson

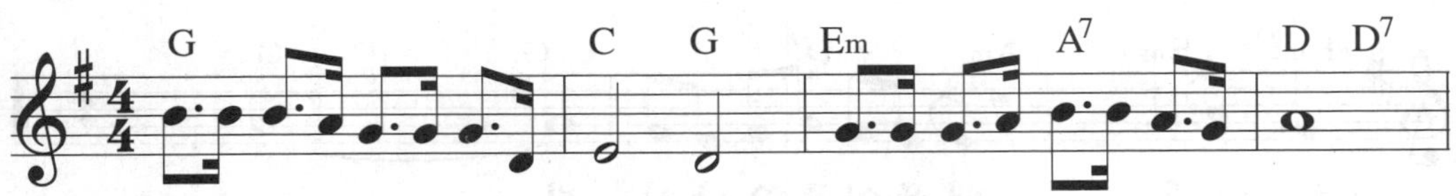

아름다운이야기가 있 네 구세주의사랑이야 기
넓고넓은우주속에 있 는 많고많은사람들중 에
사람들은이해할수 없 네 주를보낸하나님사 랑

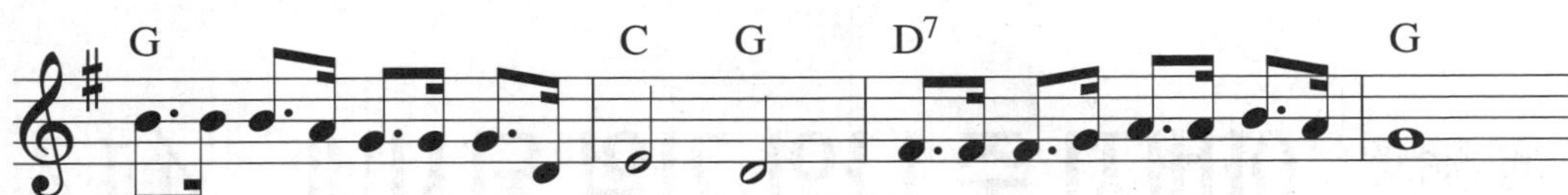

영광스런천국떠난 사 랑 나와같은죄인구하 려
구원받고보호받은 이 몸 주의사랑받고산다 네
이사랑이나를살게 하 네 갈보리의구속의사 랑

주님의그사랑은정말 놀 랍네 놀 랍네 놀 랍네

오 주님의그사랑은정말 놀 랍네 나를위한그 사 랑

메들리곡

- 그리 아니하실지라도(357)
- 예수님이 말씀하시니 (431)
- 찬송을 부르세요(481)

(미 740)

어린 양 찬양

415

(Praise the Lamb)

Bruce Clewett

어린양 찬 양- - 우 리 죄위해 죽으신주님- 또
죽음에서부 - 활하신 영원하신주 할렐 루 - - 야 -
어린양 찬 양- - 오 직그이름 송축하리라-
모두무릎꿇 - 고경배 하며외치리 할렐 루 - - 야 - 그는
주 - - - - 그는 주 - - - - 그는
그는주 - - - - 그는 주 - - - -
주 - - - - 그는 주 - - - - 그는 주
그는주 - - - - 그는 주 - - - - 그는 주

메들리곡

- 경배하리 주 하나님 (355)
- 내 손을 주께 높이 듭니다 (373)
- 하나님은 우리의 피난처가 되시며 (591)

416 여기에 모인 우리

(미 1739)

(이 믿음 더욱 굳세라 / We will keep our faith)

Don Besig & Nancy Price

G C D G

여기 에 – 모인우 리 주의 은 총받은자녀 라
주님 이 – 뜻하신 일 헤아 리 기어렵더라 도
여기 에 – 모인우 리 사랑 받 는주의자녀 라

G C G D7 G

주께서 – 이자리 에 함께 계 심을아노 라
언제나 – 주뜻안 에 내가 있 음을아노 라
주께서 – 뜻하신 일 우릴 통 해펼치신 다

D7 G C A D

언제 나 – 주님만 을 찬양 하 며따라가리 니
사랑 의 – 말씀들 이 나를 더 욱새롭게하 니
고통 과 – 슬픔중 에 더욱 주 님의지하오 니

G C G D7 G

시험 을 – 당할때 도 함께 계 심을믿노 라
때로 는 – 넘어져 도 최후 승 리를믿노 라
외롬 을 – 이겨내 고 주님 더 욱찬양하 리

G C D G Am G Am D7

이믿음 더 욱굳 세 라 주가 지 켜 주 신 다

G Am G C G D7 G

어둔 밤 에도 주의 밝 은 빛 인도 하 여주 신 다

메들리곡 • 때로는 너의 앞에 (386) • 여기에 모인 우리 (418) • 오직 주님만 (441)

여기에 모인 우리

(축복가)

박선정

여기에 모인 - 우리 - 주의 사랑으로 - 사랑해요
이세상 에서 - 가장 - 아름다 운당신의모습을 -
때론 힘들고 지 쳐도 - 서 로를 아껴주 고
세 상 시험이 닥쳐와도 주님만 바라보 며
끝 - 까 지 함께하며 - 서 - 로를 지켜주며 -
아 름 답 고 소 - 중한 - 하 나 님 의 자녀되길 - 주의
이 름으 로 기 도 합 니 다 - 당 신 -
의 사랑 을 축 - - 복 - 해 요

메들리곡 • 때로는 너의 앞에 (386) • 여기에 모인 우리 (417) • 우리 함께 걸어요 (444)

418 여호와 나의 목자

(미 1017)

김영기

G Em C G
1. 여 호 와 나 의 목 자 내 게 부 족 없 네
2. 내 영 혼 소 생 하 며 자 기 이 름 위 해
3. 주 님 의 지 팡 이 가 안 위 하 네 나 를
4. 기 름 을 머 리 위 에 바 르 시 는 주 님
G Em G7 D
푸 르 른 초 장 위 에 나 의 몸 누 이 시 네
의 의 길 인 도 하 니 골 짜 기 두 렴 없 네
주 께 서 원 수 앞 에 상 으 로 베 푸 시 네
평 생 에 선 하 심 과 인 자 함 따 르 리 니
G B7 Em C G
선 한 목 - 자 오 나 의 목 - 자 여
D7 G
생 수 가 넘 치 는 곳 날 인 도 하 - 시 네

메들리곡 • 예수님 가신 길 (427) • 예수의 이름으로 (435) • 주님여 이 손을 (463)

여호와 영광이 온 세상 가득하게 419

(여호와 영광이 세상 가득하게 / The earth shall be filled)

Ron Coile & David Morris
여호- 와 영광이- 온- 세상가득하-게 되리라
물이바다-를 덮음 같이- 여호- 와 영광이- 온-
세상가득하-게 되리라 물이바다-를 덮음 같이-
열방향-해기-를높이들 -고- 주 님의나-라선-포하며
나가세 주 님의이-름을- 찬양하-리라- 주의
영 광 세 상가 - 득 하 - 리 라 - 여 호-
덮 음 같 이 - -

메들리곡 • 내가 주인 삼은 (371) • 내게 강 같은 평화 (372) • 오직 주님만 (441)

420 영광 높이 계신 주께

(Glorious)

Danny Daniels

영 광 – 높 이 계 신 주 께 영 광 – 전 능 의 구 주

어 린 양 께 영 – 광 을 – 내 살 아 계 신 주 – 님 께

– 어 린 양 께 영 광

주 께 – 영 광 – 영 광 –

영 광 – 영 광 – – – 영 광 – 영 광 어 린

– 양 – 주 께 영 – 광 어 – 린 양 – –

메들리곡

- 기뻐하며 왕께 노래부르리(360)
- 생명 주께있네 (402)
- 오 주여 나의 마음이 (439)

(미 1362)

영광을 돌리세

421

(주님의 영광)

고형원

G C2 G
영 광을돌-리세- 우 리하나-님께-존 귀와위-엄과- 능력
C2 Dsus4 D7 G C
과아름다움 만- 방의모든신은 헛 된우상-이니- 오직
Am G2/B C D7 G Am7/D
하늘 의하 나님-그 영광 찬 양해 - 주님의
G G/B C D G G/B C D
영 광 모 든나라위에-주님의 영 광 온세계위에-하늘
Bsus4 B7/D♯ Em Em/D C D7
에계신-우리아버지 영광찬양해- 우리 주님나라영원하리라
Em Em/D Em/C♯ Am D7 G
- 우리 주님 뜻은 이뤄지리라 -

메들리곡
- 내 눈 주의 영광을 보네(375)
- 예수는 왕 예수는 주 (428)
- 하늘을 바라보라 (489)

422

영광 주님께

(Glory glory Lord)

Bob Fitts

영 광주 님께 - 주님 께영 광을 - -
3nd time to coda
영 광주 님께 -당신은능 력의 주 당신은능 력의
주 산위에올라가 서
넓은바다를 향해 거리한가운 데서
소리높여주찬 양 새노래로주찬 -양
땅 끝 까 - 지 주이름높 여- 모든열방 들나
- 와 소리높여 주찬 양
D.C.

C/D
G C D
Am7 D
G C D
-당신은능 력의 주
당신은능 력의 주
Am7 D
G C D
Am7 D
G C
D G
당신은능 력의 주
당신은능 력의 주 -

메들리곡 • 생명 주께 있네 (402) • 영광 높이 계신 주께 (421) • 왕의 왕 주의 주 (442)

(미 1210)

예수 나의 기쁨

423

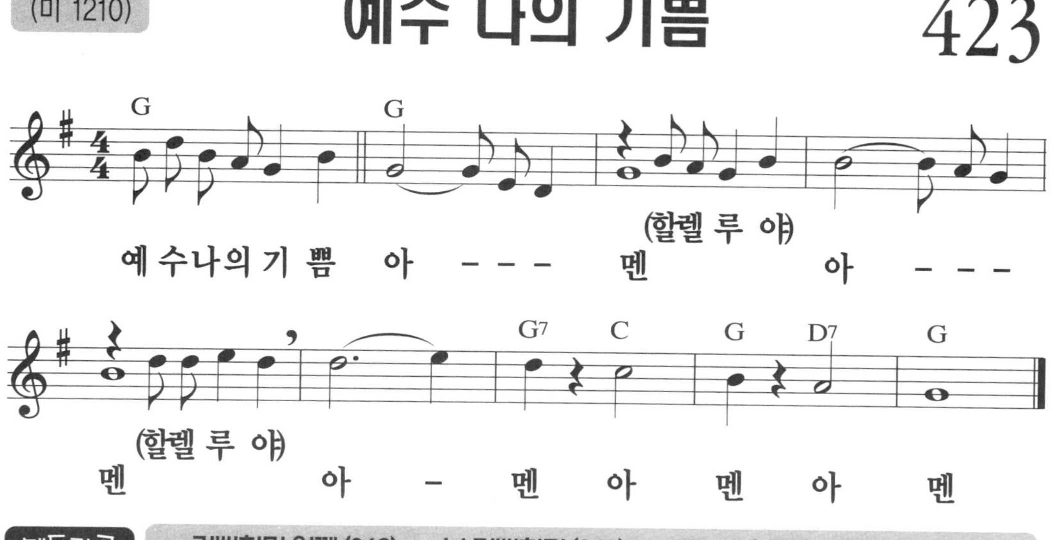
G
G
(할렐 루 야)
예 수나의 기 쁨 아 - - - 멘 아 - - -
G7 C G D7 G
(할렐 루 야)
멘 아 - 멘 아 멘 아 멘

메들리곡 • 기뻐하며 왕께 (360) • 나 기뻐하리 (361) • 예수님 찬양 (550)

424 영원한 생명의 주님

(Through it All)

Reuben Morgan

영원한생 -명의주 --님- 한결 -같이- 날보 -시네-
주 손 길 -덮-으 --사- 의의- 길로-인도 -하네주-를
- 바라--네 - 주를 - 기다 리 - -네-사
랑의노-래-드리 - 리라- 신실 하신주-님께 --- 영
원하 --신- 주님의 - 품에 - 나 를거하-도 록 - 하소서 -
Fine
할 렐- 루야- 할 렐- 루야- 할 렐-
루 야- 할 렐- 루 야- 루 야 - 사
D.S.

메들리곡 • 나의 가는 길 (363) • 내가 주인 삼은 (371) • 오직 주님만 (441)

예수 나의 견고한 반석 425

(Firm foundation)

Nancy Gordon & Jamie Harvill

G C Dsus4 G C D
예 -수 나의 견 고한반 석- 나 주안에서 - 있네 -
G C Bsus4 B C G
예 -수 나의 견 고한반 석- 내소망주말씀에
D Em7 C G D G
- 있네 - - - - 내소망주말씀에 - 있네 -
Fine
G D/G G D/G G C D G
내 겐- 소망있네 내 겐 - 소망있네 내 겐 - 미래있네
신 실- 한주말씀 신 실 - 한주말씀 능 력 - 의주말씀
C/E D/F# G Em7 Gmaj7/D C2
내 겐 - 미 래있네 주 계 - 획하시 네 주 계 - 획 하시네내
능 력 - 의 주말씀 날 구 - 원하시 네 날 구 - 원 하시네나
C2 G/B Am7 C/D
미 래 를 - - 내 소 망 을 - - - -
는 믿 네 - - 나 는 믿 네 - - - -
D.C.

메들리곡

- 예수는 왕 예수는 주 (428)
- 주의 이름 높이며 (475)
- 하늘위에 주님 밖에 (593)

426 예수는 왕 예수는 주

(미 1330)

(He is the King)

Tom Ewig, Don Moen & John Stocker

𝄋 G G/B C G/B Am7

예 수 는왕 - 예 수 는주 - 예 수 는날

C Em7 F C/D D G G/B

- 구 원하 신 주- - - 예수 는왕 - 예수는주

C G/B Am7 G/D Em7 Am9 D G C/D D

- 예수는날 - 구원하 신 - 주 왕께만세

G G/B C G/B Am7 G Em7

- 주께만세 - 날 구 원 하신 주님께 만

F C/D D G G/B

세- - - 왕 께만세 - 주 께 만세

C G/B Am7 G/D Em7 Am9 D G (C/D)

- 날구원 하 신 주 님 께 만 - 세

Fine

G G/B Am/C Am Bm/D Bm Em
강 하 고 능 하 신 왕 세 상 모
Am7 D Bm7 Am7 D G G/B Am/C Am
-든 나 라 다 - 스 리 시 네 소 리 높 여
Bm/D Bm Em Am7 Am/G
찬 양 해 그 는 만 - - 유 의 주 - 그
Fmaj9 Dsus4 D
는 만 왕 의 왕 예 수 는 왕
D.S.

메들리곡 • 문들아 머리들어라 (392) • 영광을 돌리세 (422) • 하늘 위에 주님 밖에 (593)

427 예수님 가신 길

(예수 전하세)

(미 1354)

G C G D7
1. 예수 님 가신 길 골고 다 의 언-덕 길
2. 거칠 고 험한 길 피흘 리 며 가-신 길
3. 길이 요 진리 요 생명 되 신 예-수 님
4. 주님 의 은혜 로 새생 명 을 얻었으 니
G C D7 G
우리 의 십자 가 대신 지 고 가-셨 네
우리 죄 때문 에 대속 물 로 죽으셨 네
죽은 자 가운 데 다시 사 신 예-수 님
감사 와 찬송 을 할렐 루 야 주-님 께
D7 G Em D7
전하 세 전하 세 우리 구 주 예-수 님
D7 C D7 G
구원 의 십자 가
보혈 의 은혜 를
부활 의 주님 을
생명 의 말씀 을
온세 상 에 전-하 세

메들리곡
- 내 눈 주의 영광을 (375)
- 모든 민족에게 (389)
- 저 죽어가는 내 형제에게 (452)

(미 1208)

예수님 십자가에 달리셨네 428

(그 모습 그대로 오시오)

김호성

예 수 님 십자가에달리 셨네 - 추악 한 나의죄때문 에
예 전 엔 어려운일많았 었고 - 괴롬 도 -컸었습니 다
당 신 은 무엇을-믿고 가나 - 무엇 을 바라며가는 가
괴 로 운 인생길을다버 리고 - 고통 도 괴롬도버리 고
당 신 도 이제는다알게 되리 - 예수 님 내짐을지심 을

예수 님 흘리신그- 피로 - 나의 죄 눈같이 씻겼 네
지금 의 나의삶속- 에는 - 기쁨 이 넘치네 넘치 네
고달 픈 인생에험한 길을 - 예수 님 내짐을 지셨 네
그모 습 그대로오- 시오 - 예수 님 그대짐 지셨 소
기쁨 이 넘쳐서찬양 하네 - 생명 을 -주신 주님 께

당신 도 오시 오 예수 님 품-으 로

그모 습 그대 로 새로 운 인생 길- 로

메들리곡

- 겟세마네 동산에서 (354)
- 경배하리 주 하나님 (355)
- 내 손을 주께 높이 듭니다 (373)

429 **예수님의 보혈로** (미 814)

박혜영

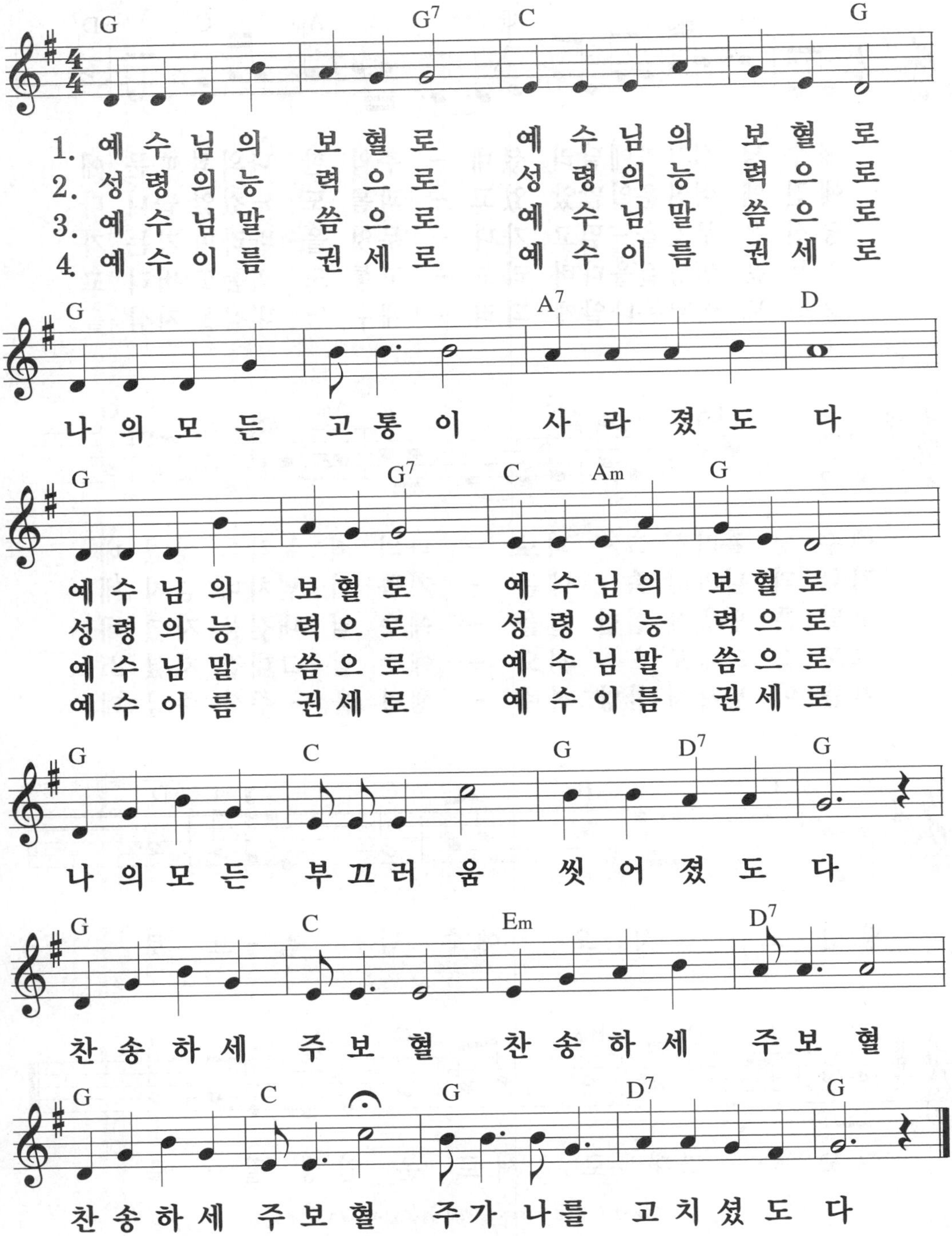
G G7 C G
1. 예수님의 보혈로 예수님의 보혈로
2. 성령의능 력으로 성령의능 력으로
3. 예수님말 씀으로 예수님말 씀으로
4. 예수이름 권세로 예수이름 권세로
G A7 D
나의모든 고통이 사라졌도다
G G7 C Am G
예수님의 보혈로 예수님의 보혈로
성령의능 력으로 성령의능 력으로
예수님말 씀으로 예수님말 씀으로
예수이름 권세로 예수이름 권세로
G C G D7 G
나의모든 부끄러움 씻어졌도다
G C Em D7
찬송하세 주보혈 찬송하세 주보혈
G C G D7 G
찬송하세 주보혈 주가나를 고치셨도다

메들리곡 • 내게 강 같은 평화 (372) • 내 일생 다가도록 (378) • 예수 안에서 (432)

(미 907)

예수님이 말씀하시니

430

G C G D G C D7 G C G D7 G C G D7 G
예 수 님 이 말씀하시니 물 이 변 하 여
예 수 님 이 말씀하시니 바 디 매 오 가
예 수 님 이 말씀하시니 죽 은 나사로 가
예 수 님 이 말씀하시니 거 친 바 다 가
포 도 주 됐 네 예 수 님 이 말씀하시니 물 이 변 하 여
눈 을 떴 다 네 예 수 님 이 말씀하시니 바 디 매 오 가
살 아 났 다 네 예 수 님 이 말씀하시니 죽 은 나사로 가
잔 잔 해 졌 네 예 수 님 이 말씀하시니 거 친 바 다 가
포 도 주 됐 네
눈 을 떴 다 네
살 아 났 다 네
잔 잔 해 졌 네
예 수 님 – 예 수 님 –
나 에 게 도 말 씀 하 셔 서 – 새 롭 게 –
새 롭 게 – 변 화 시 켜 주 소 서

메들리곡 • 아름다운 이야기가 있네 (415) • 예수안에서 (432) • 찬송을 부르세요 (481)

431 예수 안에서

(미 1140)

G C G D7 G
예 수 안 에 서 - 우 리 *화 목 됐 네
G D7 G D7
예 수 안 에 서 - 우 리 *화 목 됐 네 -
G C A7 Am D7
하 나 님 의 영 광 함 께 누 릴 소 망 있 네 -
G D7 G
예 수 안 에 서 - 우 리 *화 목 됐 네

* 사랑하네
용서하네
기뻐하네
찬양하네

메들리곡
- 아름다운 사랑을 나눠요 (412)
- 아름다운 이야기가 있네 (415)
- 예수안에 있는 나에게 (433)

(미 944)

예수 안에 있는 나에게

432

구명회 & 박윤호
예수안에있는 나 에게 - 결코정죄함없 네 생명의성령
의 법이 - 해 방 하 였 네 해 방 하 였 네
예 수 예 수 오 직 예 수 - 예 수
예 수 오 직 예 수 죄 와 사망에서 - 나 를
구원했네 - - 죄 와 사망에서 - 나 를 구 원 했 네
해방되었네 해방되었네 죄와사망의 법에 서
해방되었네 해방되었네 죄와사망의 법에 서

메들리곡 • 내게 강 같은 평화 (372) • 예수 안에서 (432) • 해방되었네 (492)

433 예수 예수 거룩한

(Holy and anointed One)

John Barnett

G D C G D C
예 - 수 예 - - 수
G D C Am G D
1.3. G
거 룩 한 기 름 부음 받 은 예 - - 수
영 원 히 높 임 받 으 실 예 - - 수
Fine
2. G F/G C G
수 주이 름 내 입 술 의 꿀 - 같 고 - 주 성 령 내 영
C G C
혼 을 적 - 시 - 네 주 말 씀 내 길 에 빛 과 - 같 네
Em7 C Dsus4 G
- 예 수 주 님 - - 을 - 사 랑 해 요
D.C.

메들리곡

• 경배하리 주 하나님 (355) • 내 손을 주께 높이 듭니다 (373)
• 영원한 생명의 주님 (423)

(미 1245)

예수의 이름으로

434

(I will stand)

Chris A. Bowater

G Em Am7 D7
예 수 의 이 름 으 로 나는 일 어 서 리 라 주가
G G7 C Am7 D7
주 신 능 력 으 로 – 나 는 일 어 서 리 라 원수
G G7 CM7 Cm6
가 날 향 해 와 도 쓰 러 지 지 않 으 리 주가
G G7 C Am7 D7
주 신 능 력 으 로 주 가 주 신 능 력 으 로 주 가
G G7 C C/D G
주 신 능 력 으 로 일 어 서 리 –

메들리곡 • 오직 성령의 열매는 (440) • 인생길 험하고 (449) • 주님여 이손을 (463)

435 오소서

김영진

G D/F# Em7 Am7 D
오 소 서 - 오 나 의 성 령 이 여 -
G D/F# Em7 F Am7/E Dsus4
임 하 소 서 - 거 룩 한 성 령 - 의 - 불 길 로
CM7 D/C Bm7 Em7 C D Em7
헛 된 마 음 모 두 다 태 - 우 시 고 나 를 새 롭 게 - 하 소 서 -
CM7 D/C Bm7 Em7 C Am7 D
진 리 로 날 가 르 쳐 주 셔 서 내 영 자 유 롭 - 게 하 - 소 서
G D/F# Em7 C Am7 D
성 령 이 여 - 임 하 소 서 -
G B7/F# Em7 Am7 D G
내 삶 에 충 만 하 - 게 - 임 하 소 서 -

메들리곡
- 오 예수님 내가 옵니다 (437)
- 오직 주님만 (441)
- 정결한 마음 주시옵소서 (453)

(미 903)

오 예수님 내가 옵니다

436

고형원

G Em C G
오 예 수 님 내가옵 니 다
그 큰 사 랑 눈물에 겨 워
Am 1. C G 2. C G
못박히 신 십자가 앞 에 돌아옵니 다 주
울며울 며
Am G Am G
님손 과발 못박 혔고– –머 리엔 가시관박히셨 네 내
Am G C Dsus4 D
모든 죄 – 와허물 위해– 말없 이 피흘려주셨 네
G Em C G
오 예 수 님 나의손 잡 고 이제
C G C G
부터– 영원까 지 내구 주가 – 되옵소 서 이제
C G Em C C/D G
부터– 영원까 지 내구 주가 – 되옵소 서

메들리곡 • 내 손을 주께 높이 듭니다(373) • 오소서(436) • 오직 주님만(441)

437 오 이 기쁨

(미 770)

G
D7
1. 오 - 이 기쁨 - 주 님 - 주 신 것 -
2. 앞 뒤 동 산에 - 꽃 은 - 피 었 고 -
3. 높 은 하 늘에 - 종 달새우 짖 고 -
4. 오 - 친 구여 - 즐 겁게노래 해 -
5. 손 뼉 치 면서 - 즐 겁게찬양 해 -
D7
G
오 - 이 기쁨 - 주 님 - 주 신 것 -
내 - 맘 속에 - 웃 음꽃피 었 네 -
내 - 맘 속에 - 기 쁨노래있 네 -
오 - 친 구여 - 즐 겁 게노래 해 -
손 뼉 치 면서 - 즐 겁 게노래 해 -
G
G7
C
오 이 기쁨 - 주 님 주 신 것 - 주 께
G
Em
G/D
D7
G
영 광 할 렐 루 - 야 - 주 만 찬 양 해 -

메들리곡 • 나 기뻐하리 (361) • 기뻐하며 왕께 (360) • 예수 나의 기쁨 (425)

(미 764)

오 주여 나의 마음이

438

(시편 57편 / My heart is steadfast)

오 주 여 나 의마 - 음 이 주께로 정 해졌 - 으
니 나 - 는 주 찬 양 하 리라 -
깨어라 나 의영 - 혼 아 비파와 수 금들 - 어
라 이새 벽 에 내가 - 찬 양 하 리라 -
멜 - 로 디 - 멜 - 로
예 - - 수 - 예 - -
디 - 예 수 님 은
수 - 예 수 님 은
1. 나 의 노래 -
2. 나 의 노래 -

메들리곡

- 그리 아니하실지라도(357)
- 이스라엘 하나님 찬양(446)
- 일어나라 찬양을 드리라(450)

439 오직 성령의 열매는

(미 644)

(성령의 열매)

G Am/C C G/B A9 Dsus4 D G
오 직 성 령 의 열 매 는 사 랑 희 락 화 평 오 직
Am/C C A7/C♯ G/D D7 G
성 령 의 열 매 는 사 랑 희 락 화 평 인 내
E7 Am D7 G
와 자 비 와 양 선 충 성 과 온 유 절 제 니 오 직
Am/C C A7/C♯ G/D D7 G
성 령 의 열 매 는 사 랑 희 락 화 평

메들리곡 • 내가 주인 삼은(371) • 손에 있는 부귀보다 (408) • 주님여 이 손을 (463)

(미 1721)

오직 주님만

(Only You)

Andy Park

G Gsus4 D
오직- 주 님만- 나 의맘의-갈급-함채-우네
G C/D G Gsus4
- 오직- 주 께만- 더
D C D G D/F#
가 까이 -가 기 를원 -하 네 주 님
Em7 C D G D/F#
만 내 갈 급함 -채 우 -네 - 주 만
Em7 C D G D/F# Em7 C
내 게 새 생명-주 네 - 주 만 기 쁨 내 맘 에-주 시
D G D/F# Em7 C D G
-네 - 나 의 기 도 응 답 하-시 네

메들리곡

- 경배하리 주 하나님 (355)
- 내 영혼이 내 영혼이 (376)
- 영원한 생명의 주님 (423)

441 왕의 왕 주의 주

(미 1356)

(Lord of lords, king of kings)

Jessy Dixon, Randy Scruggs & John W.Thompson

C/G G C/G G Em Em7
왕 의왕- 주 의주- 하늘과땅- 과 모든것지으 신
의 로우신 하 나님- 거룩한주- 의 이름높여찬 양
C Am7 G/D D
주 --- - 영광돌 리 - --- 네
하 --며 - 영광돌 리 - --- 네
C/G G C/G G Em
주 여호- 와 하 나님- 귀하신 평강의왕 - 전 능 의
주 하나- 님 통 치자- 주님의 크신위엄 - 선 포 하
C Am7 G/D D
주 --- - 영광돌 리 - --- 네
며 --- - 영광돌 리 - --- 네
Am G/B Am/C A7/C♯ D Am G/B Am/C A7/C♯ D
주 - 께 영광 - 주 - 께 영광 -
Am G/B Am/C A7/C♯ D C/D Em D6
주 - 께 영 광 - 전 능 하
Cmaj7 G/D D7 G C/G G
신 주께영 - - 광 -

메들리곡

- 영광 높이 계신 주께 (421)
- 영광 주님께 (424)
- 주님의 영광 나타나셨네 (467)

(미 2023)

왜 슬퍼하느냐

(왜)

442

최택헌

G D/F♯ Em Em7/D C G/B Am D
왜 슬퍼하느 냐 왜 걱정하느 냐 무
G D/F♯ Em Am C D
얼 두려워하느 냐 아무 염려 - 말아 라
G D/F♯ Em Em7/D C G/B Am D
큰 어려움에 도 큰 아픔있어 도 이
G D/F♯ Em Em7/D C D7 G
젠 아무걱정하지 마 내 가 널붙들어주 리
C D7/C Bm Em7 C D G G7
내가너와항상 함께하리-라 내가너를지키 리 라
C G G Bm/F♯ Em D7 C Dsus D7 G
실망치말고- 나를 보아라 나는 너의하나님 이 라

메들리곡

- 기도할 수 있는데 (359)
- 보라 너희는 두려워 말고 (395)
- 캄캄한 인생길 (486)

443 우리 함께 걸어요

(미 1225)

(우린 주 안의 한가족 / All thing work togather for God)

Peter Jacobs & Hanneke Jacobs

G D/F♯ Em Em/D C Am Dsus4 D
우리함께걸어 요 주의인도하심따 라
Bm7 Em Am Am7 D C2/D
손을잡고 하 나가되어요 주의사랑 우 리안에있네
G D/F♯ Em Em/D C Am Dsus4 D
우리서로섬기 며 주의사랑 나눌 때
Bm7 B7/D♯ Em Am C/D G2
모든사람 다 알게되 - 리라- 우리주의 -가족임을 -
G C Am7 C6/D D C/D
우린주안- 의한가족 - 주우릴하나되- 게했 네
G A7 C D7 G
주의사랑 - 나누며 서로섬- 길 - 때 주의나라 - 이뤄지리 -

메들리곡 • 때로는 너의 앞에 (386) • 여기에 모인 우리 (417) • 축복하소서 우리에게 (484)

(미 774)

우리 함께 모여

444

(We're togather again)

Gordon Jensen & Wayne Hilton

D7sus G G7 C C/B
우리함께모여 – 주의이름찬 양
Am7 Dsus4 D7 G Em
우리함께모여 – 주를부르세 – – – – –
Am7 D7sus D7 G2 G C/D G
– 위 대 한 일행하셨 네 우 리 소 망충만 해
C A/C♯ Am7/D D7 3 G
– 우리함께모여 – 주의이름찬 양

메들리곡

• 그리 아니하실지라도(357) • 다와서 찬양해 (382)
• 승리 승리 나에게 주셨네 (410)

445 이 땅 위에 오신

(미 1686)

(Hail to the King)

Larry Hampton

G
Em11
이 땅 위에 – 오신 – 하 나 님의 – 본체 –
우 리 고대 – 하네 – 주 님 오실 – 그날 –
Cmaj7
Dsus4
D7
십 자가 – 에달 – 리사 우리 죄 사하 – 셨네 –
다 시 사신 – 왕의 – 영광 이 땅 을비 – 추네 –
G
Em11
하 나 님이 – 그를 – 지 극히 – 높여 –
사 단 의권 – 세는 – 주 앞 에무 – 너져 –
Cmaj7
Dsus4
D
모 든이름 – 위에 – 뛰어 – 난 이 름을 – 주 사 –
생 명과진 – 리의 – 주권 – 세 가 장높 – 도 다 –
C
Dsus4
D
Em11
Dsus4 D
C
우 리 예 수 이 름 앞 에 절 하 고 모 든 입 이
B7/D#
Em11
Dsus4
D
C
Dsus4
D
주 를 시 인 – 해 영 광 중 에 오 실 주 를

Em7 D C Dsus4 D G Bm G/B C
보 리 라 선 포 - 해 - 왕 께 만 세
G/B Am7 G Dsus4 D Em7 D
- 존 귀 와 위 엄 - 을 찬 양 해 왕 의 왕
C G/B Am7 G C D C/G G
께 만 세 주 - 예 - 수 하 나 님 -

메들리곡 • 내 눈 주의 영광을 보네 (375) • 영광을 돌리세 (422) • 예수는 왕 예수는 주(428)

446 이스라엘 하나님 찬양

(미 1568)

G G C G C G C F G
이 스라 엘 하 나님 찬 양 – 그
C D G G7
백 성 돌 아 보셨 – 네 – – 놀
C D7 G Em
라 우 신 능 력의 구세 주 세 우사 – – 참
C Cmaj7 D7 G C G C G C F C
자 유 주 셨 – – 네 –
G G C G C G C F G
예 수 이 름 찬양 – –
C D7 G Em
항 상 동일 – –하고 변 치 않는 –주–
C D7 G Em
위 대하신 – –하나 님 의 구원 – – 참
C Cmaj7 D7 G C G C G C G
자 유 주 셨 – – 네 –

메들리곡 • 나 기뻐하리 (361) • 영광 높이 계신 주께 (421) • 오 이 기쁨 (438)

이젠 고난의 끝에 서서 447

김종순 & 석명호

G C Am D
이젠 고 난의 끝에 서서 저 축복의땅바라보세 요 당신
이젠 고 난의 끝에 서서 저 소망의땅바라보세 요 당신
이젠 고 난의 끝에 서서 저 평화의땅바라보세 요 당신
이젠 고 난의 끝에 서서 저 복락의땅바라보세 요 당신
G Am D G
의 아픔 당신 의 고난 주님 이 다지고가신 다오 –
의 눈물 당신 의 쓴잔 모두 잊 은바될것이 라오 –
의 아픔 당신 의 고난 주님 이 다지고가신 다오 –
을 통해 축복 을 이를 우리 주 님의 – 그계 획을 –
눈물
C G A D
없이 받을수 없어요 고난 없이 미래또한 없 지 – 요 당신
G C Am G D7 G
의 마음중심에 거 하시는 주님 을 기억해봐 요

메들리곡 • 경배하리 주 하나님 (355) • 때로는 너의 앞에 (386) • 왜 슬퍼하느냐 (443)

448 인생길 험하고 마음 지쳐

(미 886)

(예수님 품으로)

조용기 & 김보훈

G D7 G C
1. 인 생 길 험 하 고 마 음 지 쳐 살 아 갈
2. 평 생 의 모 든 꿈 허 물 어 져 세 상 의
3. 어 둔 밤 지 나 면 새 날 오 고 겨 울 이
C G D7 G G7 C
용 기 없 어 질 때 너 홀 로 앉 아 서 낙 심 치 말
친 구 다 떠 날 때 어 둠 에 앉 아 서 울 지 만 말
가 면 봄 이 오 듯 이 세 상 슬 픔 이 지 나 고 나
C G D7 G
고 예 수 님 품 으 로 나 - 오 시 오
고 예 수 님 품 으 로 나 - 오 시 오
면 광 명 한 새 날 이 다 - 가 오 네
G Em C A D
예 수 님 은 나 의 생 명 믿 음 소 망 사 랑 되 시 니
G G7 C
십 자 가 보 혈 자 비 의 손 길 로
G Em D7 G
상 처 입은 너 - 를 고 - 치 시 리

메들리곡 • 겟세마네 동산에서 (354) • 예수의 이름으로 (435) • 주님여 이 손을 (463)

(미 771)

일어나라 찬양을 드리라 449

(Arise and sing Ye children of Zion)

Mel Ray Jr.

G C D7 G Am7 C D7sus D
일 어 나라 찬 양 을드리라우릴 구 원하신주 께 일
G C D7 G Am7 D G
어 나라 찬 양 을드 리라 우릴 구 원하신 주 께
C G D7 G C G D7 G
마음열고주 님앞 에 기뻐해 마음열고주 님앞 에 기뻐해
C G D7 G Am7 D7 G
마음열고주 님앞 에 기뻐해주님 은 우 리 왕

메들리곡 • 기뻐하며 왕께 (360) • 나 기뻐하리 (361) • 오 주여 나의 마음이 (439)

450 저 죽어가는 내 형제에게

(미 1635)

(메마른 뼈들에 생기를)
고형원
G Em C Am D7
저 죽어가는-내형제 에게 -생명 을 주소 서 흑
G Em C Am D7
암의권세-에매여 - 내일 을빼앗긴-저들에 게 저
G Em C Am D7
소망없는-텅빈가 슴에 - 새날 을 주소 서 고
G Em C Am Dsus4 D
통의멍에-에매여 - 신음 하고있는-저들에 게 -아버지
G Em C Am D7
여 이백 성 다 시 살게하소 서 묶였
G Em Em/D C Am Dsus4 D
던 자 자유케되 는 영 광 의날을주-소 서 아버지
G Em Em/D C Am D7
여 이나 라 주 의 것되게하-소 서 영원

G B7 Em C D7 Gsus4 G Fine
하 신 하늘아버 지 다 시 섬 기게하소 서
E♭ F/E♭ B♭/D Cm F
메 마른뼈들에- 생 기 를 부어주소서-아버지
B♭ E♭ F/E♭ B♭/D
의 긍휼- 주 의 군 대 로 - 서 계 하 소 서
Cm D sus4 D7 D.S.
성 령 의 바 람 - 이제불어 와 - 아 버 지

메들리곡
- 모든 민족에게 (389)
- 세상 모든 민족이 (405)
- 이 땅의 황무함을 보소서 (559)

451 저 멀리 뵈는 나의 시온성

(미 1162)

(순례자의 노래)

G G7 C G Em
저 멀리뵈는나 의 시 온 성 오 거룩한곳
아 득한나의갈 길 다 가 고 저 동산에서
A D D7 G G7
아 버 지 집 – 내 사 모하는 집 에
편 히 쉴 때 – 내 고 생하는 모 든
C G Am D7 G G7
가 고 자 한 밤 을 새 웠 네 –
일 들 을 주 께 서 아 시 리 –
C G D7
저 망망한 바 다 위 에 이 몸 이 상
빈 들이나 사 막 에 서 이 몸 이 곤
D7 G G7
할 지 라 도 – 오 늘 은이곳 내 일 은
할 지 라 도 – 오 내 주예수 날 사 랑
C G C G D7 G
저 – 곳 주 복 음 전 하 리 –
하 – 사 날 지 켜 주 시 리 –

메들리곡

• 예수님 가신길 (427) • 저 죽어가는 내 형제에게 (452)
• 주님 나라 임하시네 (568)

(미 843)

정결한 마음 주시옵소서 452

(Create in me a clean heart)

G D C D
정 결 한 마음주시 옵 소 서– 오 – 주 님
G D C/G 1. G C/D 2. G G7
정직한영을 새 롭게하소 서 – – 나를
C D G B7 Em /D
주 님앞 에 서 – 멀리 하 지 마 시 고 – 주 의
C D G F/G G7
성 령을 거 두지 마 옵 소 서 – 그
C D7 G B7 Em Em/D
구 원 의 기 쁨 다 시 회 복 시 키 시 – 며
C D7 G C/G G
변 치 않는 맘 내 안에 주 소 서 –

메들리곡 • 오소서 (436) • 나는 찬양하리라 (511) • 내 모든 것 나의 생명까지 (524)

453 죄 많은 이 세상은

(미 958)

(이 세상은 내 집 아니네)

G G7 C G
1. 죄 많은이 세상은 내집아니네 내 모든보화는 저
2. 저 천국에서모두 날기다리네 내 주예수피로 죄
3. 저 영광의땅에나 길이 살겠네 손 잡고승리를 외
A7 D D7 G G7 C
하늘에있네 저 천국문을열고 나를부르네
씻음받았네 나 비록약하나주 님날지키리
치는성도들 이 기쁜찬송하늘 울려퍼지네
G D7 G
나는 이 세상에 정들 수 없도다
G G7 C G
오 주님같은친구없도다 저 천국없으면 난
A7 D D7 G G7 C
어떻게하나 저 천국문을열고 나를부르네
G D7 G
나는 이 세상에 정들 수 없도다

메들리곡 • 내게 강 같은 평화 (372) • 내 일생 다 가도록 (378) • 예수 안에서 (432)

(미 905)

죄악에 썩은 내 육신을 454

(주님의 빚진 자)

김석균

죄악에썩은 내 - 육신을 주님이 쓰시려했 네 - -
먹물로칠한 내 - 육신을 주님이 희게하셨 네 - -
평생갚아도 빚진자 되어 주님의 빚진자되 어 - -

죽 음의덫에 걸려있는몸 주님이 쓰시려 했 네
십 자가보혈 증거하라고 주님이 살 - 리 셨 네
주 님가신길 택하였건만 눈물만 솟 - 구 치 네

속죄하는손 치유하시고 속죄하는발 치 유하셨네
기도할때에 음성주시고 찬송할때에 기 쁨되시네
생명주신이 주님이시라 능력주신이 주 님이시라

새생 명얻은 이 몸다바쳐 주님께 영광 돌리 리
내작 은입이 내 작은몸이 주님의 붙들 린자 라
말씀 전하여 복 음전하여 주님의 빚을 갚으 리

메들리곡

- 내게 강 같은 평화 (372)
- 예수 안에 있는 나에게 (433)
- 죄 많은 이 세상은 (454)

455 주께 가까이 더욱 가까이

(미 1651)

최덕신

G C Am Dsus4 D7 Bm7 Em
주께가-까이 - 더욱가-까이 - 가기원-해요 -
F Dsus4 D7 G C Am Dsus4 D7
내마음 - - 주님의-모습 - 그 아름다-운모 -습-
Bm7 Em Am Dsus4 D7 G Fine
닮기원-해요 - 나-의 - - 소 망 -
Am D7 G Bm/F# Em Am D7 G
내맘다-하여 - 내힘을다-하여 - 주님을-사랑합-니다
E7 Am D7 G D/F# Em
워 - - - 나의평-생에 - 주 님만을섬-기며 -
Am F Dsus4 D7 D.C.
주와함께- 거 하기-원해요 - -

메들리곡 • 사랑하는 나의 아버지 (27) • 주의 긍휼로 (242) • 주님과 같이 (458)

(미 865)

주님 가신 길

456

김영기 & 최형섭

G G7 C G
1. 주님가신 길 십자가의 길 외롭－고
2. 머리－에 는 가시면류 관 허리－엔
3. 마르는눈 물 타는목마 름 피로찌든
4. 우리의생 명 주께드리 네 나의자랑
Em A7 Am D7 G G7
무거웠던 길 － 골고다의
굵은창자 욱 － 손과발목
십자가위 에 － 하늘향해
십자가일 세 － 나의생애
C G G D7 G G7
거친언덕 길 지치－신 주님의음 성 －
다－찔리 신 지치－신 주님의모 습 －
호소하시 는 버림받은 주님의영 혼 －
주님가지 사 주님영광 나타내소 서 －
C G Em
오나의주님 용서 하 소 서 － 죄인위해
A Am D7 G G7
고난받으셨 네 － 이세상에
C G G Em D7 G C G
생명주시 길 그렇게도 원하셨던 길 －

메들리곡 • 죄악에 썩은 내 육신을 (455) • 우리 주의 성령이 (503) • 예수님 찬양 (550)

457 주님 내 길을

(미 1988)

(나의 가는 길 / God will make a way)

Don Moen

주 님내 - 길 을 - 예비 하 여주 - 시 리 - 내
갈 길없- 어 보 여 도 - 주 님 인 - 도 하 - 시 리 -
주 의곁 - 으 로 - 나를 인 도하 - 시 며 - 그
사 랑과 - 능 력 으로 - 주 님내 - 길 을 -
예 비 하 - 시 리 - 광 야 에 서 주 - 님 날
Fine
- 지 켜 - 주 시 - 니 사 막 에 - 서 강
- 물 을 - 보 리 - 천 지 사 라 - 져 도 - - - 주 말

Bm B/D♯ Em C D Bsus4/E E
D.C.
씀 영원 – 하며 – 새일을 – 이루 시 – 리라 – –

메들리곡 • 감사해 (353) • 나 주님의 기쁨되기 원하네 (365) • 내가 주인 삼은 (371)

(미 1243)

458 주님과 같이

(There is none like You)

Lenny LeBlanc

G D/F♯ C/E G/D C G/B Am D7
주님과 같 – – 이 – 내 마음 – 만 지는 분은 없네 –
G D/F♯ G/F C/E G/D G/D D G
Fine

오랜세 – 월 찾아 난 알았네 – 내겐 – 주밖에 없 – – – 네 –

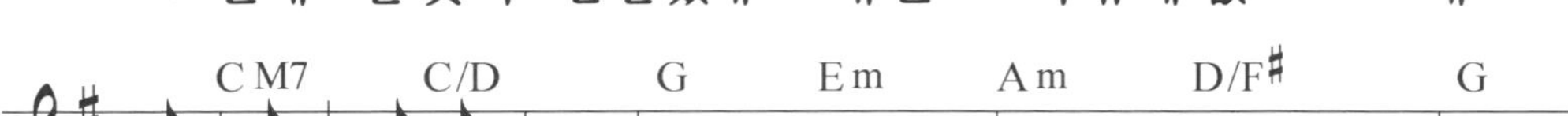
CM7 C/D G Em Am D/F♯ G

주 자비 강 – 같이 흐르 – 고 주 손길 치 – 료 – 하 – 네

CM7 C/D G Em Am C/G D/F♯ C/E D
D.C.
고통 받는 – 자 녀 품 – 으 – 시 – 니 주 밖 에 없 네

메들리곡 • 경배하리 주 하나님(355) • 내가 주인 삼은(371) • 하늘의 나는 새도 (490)

459 주님께서 주시는

(미 1224)

(Oh, how He loves you and me)

Kurt Kaiser

G D/F♯ Em G/D
주 님 께 서 주 시 는 –
C D7 D7(♭9) G C/D D
그 사 랑 놀 라 워 라 –
G D/F♯ Em Cm6
그 의 생 명 주 – 시 기 까 지
G/D C/D G/D C/D
널 사 랑 하 네 날 사 랑 하 네
G/D Am7 D C/G G
너 와 날 사 랑 하 네 –

메들리곡 • 오직 주님만 (441) • 주님 내 길 예비하시니 (461) • 예수 안에서 (432)

(미 765)

주님께 찬양하는 460

현윤식
주 님께 - 찬 양하는 우리의마 음
얼마 나 아 름 다 운 지 -
주 님 께 - 찬 양하는 모 든순 간
내마음 천 국일 세 - 찬 양
찬 - - - - 양 주님 께 찬양 드려 요 -
두 손을 - 높 이들고 마 음을모 아
주 님 께 찬 양 드 려 요 -

메들리곡
- 경배하리 주 하나님 (355)
- 오직 주님만 (441)
- 하나님께로 더 가까이 갑니다 (487)

461 주님 내 길 예비하시니

(미 772)

(여호와 이레)

홍정표

1. 주 님 내 길 예비하시니 나 기뻐합니 다
2. 주 님 내 게 평화주시니 나 기도합니 다
3. 주 님 내 게 승리주시니 나 찬송합니 다
4. 주 님 나 를 치료하시니 참 감사합니 다
5. 주 님 나 를 사랑하셨네 날 구원하셨 네
주 님 내 길 예비하시니 나 기뻐합 니 다
주 님 내 게 평화주시니 나 기도합 니 다
주 님 내 게 승리주시니 나 찬송합 니 다
주 님 나 를 치료하시니 참 감사합 니 다
주 님 나 를 사랑하셨네 날 구원하 셨 네
여 - 호 와 이 레 여 - 호 와 이 레
여 - 호 와 샬 롬 여 - 호 와 샬 롬
여 - 호 와 닛 시 여 - 호 와 닛 시
여 - 호 와 라 파 여 - 호 와 라 파
할 렐 루 야 아 멘 할 렐 루 야 아 멘
주 님 내 길 예비 하시니 여 - 호 와 이 레
주 님 내 게 평화 주시니 여 - 호 와 샬 롬
주 님 내 게 승리 주시니 여 - 호 와 닛 시
주 님 나 를 치료 하시니 여 - 호 와 라 파
주 님 나 를 사랑 하셨네 할 렐 루 야 아 멘

메들리곡
- 내 일생 다가도록 (379)
- 누구든지 목마르거든 (381)
- 예수안에 있는 나에게(433)

주님 너를 항상 인도하시리 462

(물댄동산)

나강후

G D/F♯ Em Em/D C G/B
4/4
주님 너 를항 -상 - 인도 하시 리- 메 마른땅에서 -도 -너를
Am D G D/F♯ Em Em/D
만족 시 키 리 - 너 는 물 댄 동산 같 겠 고 - 마 르 지
C Am D G D/F♯
않 는 샘 - - 같 으 리 - 너 는 물 댄 동 산 같 겠
Em Em/D C D G
고 - 마 르 지 않 는 샘 - - 같 으 리 -

메들리곡

- 때로는 너의 앞에 (386)
- 세상이 당신을 모른다 하기에 (407)
- 우리 함께 걸어요 (444)

463 주님여 이 손을

(미 854)

Anonymous

G
Em
Am
C
주님 여 이손 을 꼭잡 고 가소 서 –
인생 이 힘들 고 고난 이 겹칠 때 –
G
Em
Am/D
D7
약하 고 피곤 한 이몸 을 –
주님 여 날도 와 주소 서 –
Gmaj7
Em
Am
C
폭풍 우 흑암 속 헤치 사 빛으 로 –
외치 는 이소 리 귀기 울 이시 사 –
G
D6
D7
C/G
G
손잡 고 – 날인 도 – 하소 서 –

메들리곡
• 나의 사랑 나의 생명 (362장) • 예수의 이름으로 나는 일어서리라 (435)
• 인생길 험하고 (449)

(미 1821)

주님은 신실하고

(Sweeter Than The Air)

Scott Brenner & Andre Ashby

주 님 - 은 - 신 실 하 고 - 항 상 거 기 - 계 - 시 네

- 주 사 랑 을 뭐 - 라 할 까 - 주 사 랑 - 이 내 생

명 보 다 귀 - 하 - 고 - 주 사 랑 - 이 파 도 보 다 더 강 - 해 - 요

- 세 월 이 - 가 고 꽃 이 시 들 어 도 - 주 사 랑 - 영 원 해 - 주 님

메들리곡

- 내가 주인 삼은 (371)
- 내 손을 주께 높이 듭니다 (373)
- 사랑합니다 나의 예수님 (400)

465

주님의 손으로

(Hold me Lord)

(미 741)

Danny Daniels

G C2 G Am7 D Em D
주님의- 손으로- 나-를- 붙드소서
주님의- 사랑으로- 나-를- 만지소서
G D Em D/F# G Am7 D Em D G C/G G
주님의- 성령으로 나-를- 채워주소 서-
내삶을- 드림으로 주님께- 영광돌리 리-
C G D C G D
찬양 할 렐 --루- 야 - 찬양 할 렐 --루- 야 -
C G D C D6 D7 G
찬양 할 렐 --루- 야 - 찬양 할 렐루 야
C2 G C2 G
할렐루 야 할렐 루 할렐루 야 할렐 루

메들리곡
- 기도할 수 있는데 (359)
- 세상의 유혹 시험이 (406)
- 이젠 고난의 끝에 서서 (448)

(미 1573)

주님 한 분 만으로

박철순
G Bm Em/D C
주님 한분만으로-나는 만족-해- 나의 모든것 되신- 주님
G/D D G Bm Em Em/D
찬양-해- 나의 영원한생명- 되신 예수-님- 목
C C/D D7 G C/D G D C D G
소리높-여찬양 해 주님의크신 사랑찬-양해-나의
C G D D7 Am D
힘 과 능력-이 되신-주- 나의 모든삶- 변화
Bm Em Am7 D G
되었-네- 크신 주의사랑 찬 양 해

메들리곡 • 문들아 머리 들어라 (392) • 주의 이름 높이며 (475) • 영광을 돌리세 (422)

467 주님의 영광 나타나셨네

(미 762)

(The Lord has displayed His glory)

David Fellingham

주 님 의－영 광 나－타 나 셨네 － 권

능 으－로 임 하－셨 네 － 죽

음 에서날 － 살 리 신 주 성령 － 놀

라 우－신 주 하 나 님 －

(형제)

할렐

(자매)

눈먼 자 는－ 눈을 뜨 며－

루 야 주 의 나라 가－ － － 할렐

Am7 G Em7 Bm E
- - 저는 자 는- 걷게되리-
루야 임 하 소- 서- - - -
Am D6 D7 Bm7 E7
나는선포하 - 리 만왕의왕예 - 수
Am9 D7 G C/G G
주 의나 라 임하시네 - -

메들리곡

- 영광 높이 계신 주께 (421)
- 영광 주님께 (424)
- 일어나라 찬양을 드리라 (450)

468 주를 높이기 원합니다

(I give You my heart)

Reuben Morgan

G D/F# Em C/G C D/F#
주를 높 - 이 기 - - - - - - 원 합 니 다
내안 의 - 모 든 - - 것 - - 찬 양 하 리
Em D/F# G 1.Fsus2 F C C/D
온 마 음 - 다 해 - - - 경 배 하 리 - -
오 직 주 - 님 만 - - - - 높 이 리
2.Fsus2 F C C/D G D/F# Am7
- - 나의맘과영혼 - 다 주께드 - 려 - - 주
C/D G D/F#
위 해 살 리 라 나의모든호 - 흡 - 삶의모든순 - 간에
Am7 C/D G
- - 주 뜻 이 루 소 서 -

메들리곡 • 내가 주인 삼은 (371) • 내 손을 주께 높이 듭니다 (373) • 주님과 같이 (458)

주 예수 기뻐 찬양해

469

(Celebrate Jesus)

Gary Oliver

주 예 수 기 - 뻐 찬 -양해
주 예 수 기 - 뻐 찬 -양 해
주 예 수 기 - 뻐 찬 -양 해
주 예 수 기 - 뻐 찬 -양 해 부활 하
- -신 우리 주 - - -님 - 영 원
히 다스 리네 - 부 활
하 -신 우리 주 - - -님 - 다와서찬
-양 해- 부활하신 -주 찬 - 양 - 해 - -

메들리곡 • 나 기뻐하리 (361) • 마지막 날에 (387) • 주님의 영광 나타나셨네 (467)

470 주 예수의 이름 높이세

(미 1558)

(We want to see Jesus lifted high)

Doug Horley

G D Em C
주예수의이 - 름높 - 이 세 - 온땅을덮는 - 깃발 - 처럼
G D Em C
- 모든사람진 - 리를 보 며 - 길되신주 - 를알 - 리
G D Em C
주예수여 주예수여 높임을받으 - 시 옵 - 소 서
1. G D Em C
- 주예수여 주예수여 높임을받으 - 시 옵 - 소 서
G D Em D
- 한걸 음 씩전 - 진 하 - 며 이땅을 정복 해 - 가 네
Em D Em C
- 기 도 로 무기 - 삼으 - 면 원수 는 무너지리
D
- 무너 - 지 리 - - 라 -
D.C.
2. G C/G G
- -

메들리곡
- 이스라엘 하나님 찬양 (446)
- 주의 이름 송축하리 (476)
- 주의 인자하심이 (477)

(미 766)

주 우리 아버지

(God is our Father)

471

Alex Simon & Freda Kimmey

G
Em
C
D7sus
D7
주 우 리 아 버지 - 우 리 는 그분의자 - 녀
G
Em
C2
C
D6
D7
G
예 수 우 리 형 제 - 손에 손 잡고하나되어 함 께 걸- 어 가 리
G7
C
D7
G
C/G
주 께 찬송 해 탬버 린 으로
G7
C
D7
G
C/G
주 께 찬송 해 손뼉 쳐
G7
C
D7
G
C/G
주 께 찬송 해 춤을 추 면 서
G7
C
D7sus
D7
G
주 께 찬 송 해 - 목 소리 로 랄 랄 라
Em
C
D7
G
라 랄 라라 랄라 랄 라 라 라랄라라 - 라 랄 랄 라
Em
C2
C
D6
D7
G
C/G
G
라 랄라라랄라 랄 랄 랄 랄 랄 라라 - 라 랄 라 -

메들리곡 • 다 와서 찬양해 (383) • 주 예수 기뻐 찬양해 (469) • 주의 인자하심이 (477)

472 주의 나라 이 땅 위에

(Days of heaven)

David Fellingham

G D Em7 Bm7
주 - 의 나 라 이 땅 위 에
경 배 드 리 며 주 뵈 오 리
C2 G/B Am7 D
능 - 력 으 로 임 하 네
놀 라 운 주 의 은 혜 로
G D Em7 Bm7
말 - 씀 과 성 령 으 로
위 - 엄 의 주 예 수 여
C2 G/B Am7 D
주 께 서 축 복 하 시 네
우 리 기 도 를 들 으 소 서
C/G G C/G G D/F# Em D Cmaj7
부 으 소 서 성 령 의 단 비 주 영 광 을
Am7 D C/G G C/G G D/F#
위 해 부 으 소 서 성 령 의 단 비 큰 능
Em D Cmaj7 Am7 Dsus4 D G C/G G
력 으 로 이 땅 을 덮 으 소 서 -

메들리곡 • 모든 민족에게 (389) • 세상 모든 민족이 (405) • 주님나라 임하시네 (568)

주의 사랑 신기하고 놀라워 473

G
Em
주의사랑 신 - 기하고놀라워 주의사랑 신 - 기하고놀라워
Cmaj7
D
Dsus4
D7
주의사랑 신 - 기 하고 놀라 워 오! 놀라워라 - - -
G
Em
주의사랑 신 - 기 하고놀라워 주의사랑 신 - 기하고 놀라워
Cmaj7
D
D7
G
주의 사랑 신 - 기 하고놀라 워 오! 놀라 워라 -
G
Em
하 늘 그 보다 - 높고 바 다 그 보다 - 깊고
C2
D
Dsus4
D7
우 주 그 보다 - 넓 어 오! 크신 사랑 - - -
G
Em
하 늘 그 보다 - 높고 바 다 그 보다 - 깊고
C2
D
D7
G
우 주 그 보다 - 넓 어 오! 놀라 워라 -

메들리곡
- 내 일생 다가도록 (378)
- 아름다운 이야기가 있네 (415)
- 찬송을 부르세요 (481)

474 주의 십자가 지고

(예배)
김영표
주의 십자가지고-나그곳 에 가리니- 모든
영광을위해-나그곳 에 가리니- 주님
땅의끝-이-기근이라도 주님 그곳에- 나보내-셨
의손이---보호하시네 내삶 은--- 나그네-삶
으니- 주님의뜻구하며-찬 양 하리라
이니- 주오 실날바라며-선 포 하리라
- 주의 - 주의십 자가-그 땅에-꽂 으며-주의
이름으로 세례를-주 고 내 영혼 살아도-주를
위함 이며 죽어도 주를위한것-이니 성
령이여 -임하소 서 이땅위에 임하소 서

메들리곡
- 경배하리 주 하나님 (355)
- 영원한 생명의 주님 (423)
- 하나님께로 더 가까이 (487)

(미 2111)

주의 이름 높이며

(Lord I lift Your name on high)

475

Rick Founds

G C2 D C C/D G C2
주의 이름높 - 이 며 주를 찬양하 - 나
D C G C2 D C C/D
이 - 다 나를 구 하러 - 오 신
G C2 Dsus4 D C/D D G C D
주를 기 뻐하 - 나 이 - 다 하 늘영 광 버 리고
C D G C D C D
- 이 땅 위에 - 십자가 - 를 지시고 - 죄 사 - 했
G Am7 D Em7 G/B
네 무 덤에 - 서 일 어나 - 하 늘 로 - 올 리셨네
Am7 D C/D G C/G G
- 주 의 이 름높 - 이 - 리 - -

메들리곡

- 문들아 머리 들어라 (392장)
- 주님 한분 만으로 (466장)
- 죽임 당하신 어린양 (478장)

476 주의 이름 송축하리

(미 1222)

(The name of the Lord)

Clinton Utterbach

G C/G D/G
1. 주의 이름 송축하리 - 주의이름 송축하리 - - -
2. 거룩하신 주의이름 - 거룩하신 주의이름 - - -
3. 영광스런 주의이름 - 영광스런 주의이름 - - -
1. G G/B C Am7 D Dsus4 D Gsus/D
지존하신 주의 이름 - 찬 - 양 - -
거룩하신 주의 이름 - 찬 - 양 - -
영광스런 주의 이름 - 찬 - 양 - -
2.3. G/B G7 C Am/D G F/G
지존 하신 주의 이름 - 찬 - 양 - -
거룩 하신 주의 이름 - 찬 - 양 - -
영광 스런 주의 이름 - 찬 - 양 - -
Fine
C/G G C/G Am/G
주님의 이름 - 은 강한 성
G Am/G G D
- 루 그 곳에달려 - 간 - 자
C/D C Am/G G
안 전 - 하리 - - 주님의 이름

G C/G Am/G G Am/G G
- 은 강 한 성 - 루 그 곳 에 달 려
D Am/D G/D D7 G F/G C/G G Am/G
- 간 - 자 안 전 - 하 리 - -
D.C.

메들리곡 • 주 예수 기뻐 찬양해 (469) • 주예수의 이름 높이세 (470) • 주 우리 아버지 (471)

477 주의 인자하심이 생명보다

(미 760)

정종원
주의 인자 - 하 심이 생명 보다 - 나으 므 로 내 - 입 술은
주 를 찬 양 주의 인자 - 하 심 이 생 명 보 다 - 나 으
므 로 내입술은주 찬양 - 찬양 - 이러므 로 내 평 생
에 주 를 송 축 하 며 주의 이 름 으 로 - 인
하여 내손을 들리 - 라 - -(들-리-라) 주의 인자 - 하심이
생 명 보 다 - 나 으 므 로 내 - 입 술 은 주 를 찬 양
주의 인자 - 하 심이 생명보다 - 나으 므 로 내 입술은주 찬양 -

메들리곡 • 기뻐하며 왕께 (360) • 나 기뻐하리 (361) • 영광 주님께 (424)

(미 2227)

죽임 당하신 어린 양

478

고형원

죽 임 당 하 신 어 린 양 모 든 족 속 과 방 언 백 성
임 당 하 신 어 린 양 우 리 들 을 나 라 와 제 사

과 나 라 가 운 데 서 – 우 리 를 피 로 사 서 하 나
장 삼 아 주 셨 으 니 – 우 리 는 주 와 함 께 이 땅

님 께 드 리 셨 네 죽 리 죽 임 당 하 신 어 – 린
에 서 다 스 리

양 능 – 력 과 부 와 지 혜 힘 과 존 귀 와 영 광

찬 송 받 으 시 – 기 에 합 당 하 신 어 린 양

메들리곡 • 문들아 머리 들어라 (392) • 예수는 왕 (428) • 하늘 위에 주님 밖에 (593)

479 지존하신 주님 이름 앞에

(미 1341)

(Jesus at Your name)

Chris A. Bowater

G B7/F# Em Em/D C G/B
지존 하신 주님 이 름앞에 모두 무릎 꿇고 다
Am7 Dsus4 D G B7/F# Em Em/D
경 배 해- 거룩 하신 주님 보 좌앞에 엎
C Am7 D7 C/G G B7/F#
드 려 절 - 하 세 예 수 는
Em Em/D C G/B Dsus4 D G B7/F#
그리스도 예 수 는 주 하 나 님의
Em7 C Am7 G/D D7 C G
영 으 로 - 경 배 드 - 리 리 -

메들리곡
- 경배하리 주 하나님 (355)
- 나 주님의 기쁨되기 원하네 (365)
- 하나님께로 더 가까이 (487)

지치고 상한 내 영혼을

480

(주여 인도하소서)

최인혁

지 치고 - -상 한 -내영 혼을 - 주여 받아주소서 - 내
가 주께 로 지금 가 - 오 니 버림
받고 - -깨 진 -나의 마음을 - 주여 받아 주소서 - 내
가 주 께 로 지금 갑 니 다
험한 세 상에 나 혼자 있 게 마 시 고 오
주여 - 나 를 인 도 하 소서 - - 거 친
비바람 - 불어 올 때 나 를보호 하 시고 - -오
주여 - -나 를 인도 하 -소 서

메들리곡

- 나 주님의 기쁨되기 원하네 (365)
- 예수의 이름으로 (435)
- 하나님께로 더 가까이 (487)

481 찬송을 부르세요

(미 1083)

G C A D7
1. 찬 송 을 부 르 세 요 찬 송 을 부 르 세 요
2. 기 도 를 드 리 세 요 기 도 를 드 리 세 요
3. 서 로 사 랑 하 세 요 서 로 사 랑 하 세 요
4. 말 씀 을 들 으 세 요 말 씀 을 들 으 세 요
5. 항 상 기 뻐 하 세 요 항 상 기 뻐 하 세 요
6. 모 두 용 서 하 세 요 모 두 용 서 하 세 요
G Am C G D7 G
놀 라 운 일 이 생 깁 니 다 찬 송 부 르 세 요
놀 라 운 일 이 생 깁 니 다 기 도 드 리 세 요
놀 라 운 일 이 생 깁 니 다 서 로 사 랑 해 요
놀 라 운 일 이 생 깁 니 다 말 씀 들 으 세 요
놀 라 운 일 이 생 깁 니 다 항 상 기 뻐 해 요
놀 라 운 일 이 생 깁 니 다 모 두 용 서 해 요

메들리곡
• 아름다운 이야기가 있네 (415) • 예수님이 말씀하시니 (431)
• 예수 안에서 (432)

(미 914)

찬양하라 내 영혼아

(Bless the Lord, oh my soul)

Margaret Evans

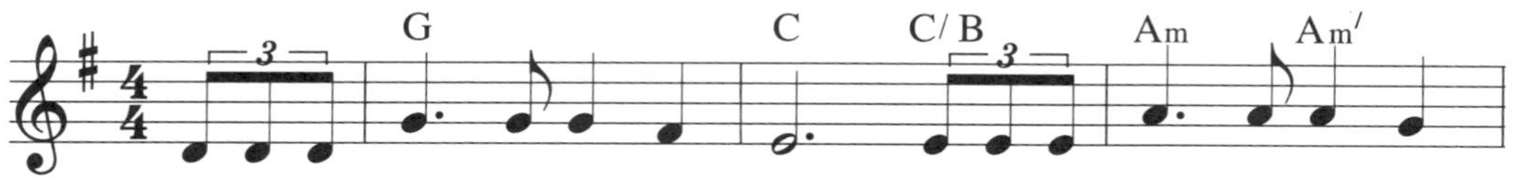
G
C
C/B
Am
Am/

1. 찬양하라 내 영혼아 찬양하라 내 영혼
2. 감사하라 내 영혼아 감사하라 내 영혼
3. 기뻐하라 내 영혼아 기뻐하라 내 영혼
4. 사랑하라 네 형제를 사랑하라 네 형제

Dsus4
D7
G
C
C/B
Am7
G
D7
G
아 내 속에 있는 것들아 다 찬양하라
아 내 속에 있는 것들아 다 감사하라
아 내 속에 있는 것들아 다 기뻐하라
를 네 형제를 네 몸같이 다 사랑하라

메들리곡
- 내 손을 주께 높이 듭니다 (373)
- 보라 너희는 두려워 말고 (395)
- 아버지 주 나의 기업 되시네 (414)

483 창세기 출애굽기 레위기

(미 859)

(성경 목록가)

1. 창 세 기 출 애 굽 기 레 위 – 기 민 수 기
2. 에 스 라 느 헤 미 야 에 스 – 더 욥 기 –
3. 다 니 엘 호 – 세 야 요 – – 엘 아 모 스
4. 마 태 – 마 – 가 – 누 가 요 한 사 도 –
5. 데 살 – 로 – 니 가 전 후 – 서 디 모 데
6. 유 다 서 요 – 한 – 계 시 – 록 구 약 –

신 명 기 여 – 호 수 아 사 – 사 기 룻 기 –
시 편 – 잠 언 전 도 서 아 – 가 – 이 사 야
오 바 댜 요 – 나 미 가 나 – 훔 – 하 박 국
행 전 – 로 – 마 – 서 고 – 린 도 전 후 –
전 후 – 디 – 도 – 서 빌 – 레 몬 히 브 리
삼 십 – 구 – 권 에 다 신 – 약 – 이 십 –

사 무 엘 상 하 열 – 왕 기 상 – 하 – 역 – 대 상 하
예 레 미 – 야 예 레 미 야 애 – 가 – 에 – 스 – 겔
스 – 바 – 냐 학 – 개 – 스 가 랴 – 말 – 라 – 기
갈 라 디 아 서 에 – 베 소 빌 – 립 보 골 – 로 – 새
야 – 고 – 보 베 – 드 로 전 – 후 – 요 한 일 이 삼
칠 – 권 으 로 성 – 경 – 육 – 십 – 육 – 권 이 라

메들리곡
• 내게 강 같은 평화 (372) • 누구든지 목마르거든 (381)
• 주님 내 길 예비하시니 (461)

축복하소서 우리에게

이천

G
Am
D
G
축복 하 소서 – 우 – 리 에 게 –
Em
Am
Dsus4
D
1. G
2. G
Fine
날마 다 새롭 게– 태 어나도 록 록
Am7
D
G
Bm7/F#
Em
주는 아 버지 – 우 – 리 – 는주 의 자 녀
Am7
D
Gmaj7
D.C.
주님 두 팔로 – 안아 주 소서 –

메들리곡
- 때로는 너의 앞에 (386)
- 주님 너를 항상 인도하시리 (462)
- 천년이 두 번 지나도 (485)

485 천년이 두번 지나도

(미 1937)

전종혁 & 조효성

G Am7 D G
천년 이두번 -지 나도 -변하 지 않는건- 당신
C G/B Am D
을향한 -하나님의- 사 랑 이 예 요 - 천년
G Am D G
이두번 - 지나 도 -바꿀 수 없는건 - 당신
C G/B Am7 D G
을향한 -하나님의- 마 음 이 예 요 - 당 신
G Am7 D7 G
의 삶 을 -통 해 하나 님 영 광 받 으시 고 -우리
C D/C G G7
가하나 -될 때 주님나라 이 뤄 지 죠 -당 신 을
C D D#° Em
향 한하 나 님 의- 선 하 신 계 획- 우 리 의

천년이 두 번 지나도

C G/B C Am7 D7
섬김과-나눔으로-아름 답게열매맺어 요 하나-
G Am D G C
님은당-신을-통해- 그의마-음을- 그의 사랑과-그의
G/B Am D G C
용서를- 나타내기원해요-천년 이두번지나도 -당신
D D/F♯ G D/F♯ Em Am D7 G
은하나님의사람-이죠 - 천년 이가도-영 원 히

메들리곡 • 때로는 너의 앞에 (386) • 우리 함께 걸어요 (444) • 축복하소서 (484)

486 캄캄한 인생길

(미 963)

(달리다굼)

현윤식

G C G D7
1.캄캄 한 인-생 길 홀 로 걸어가 다 지치
운 죄-악 의 길 을 걸어가 다 상하
2.주님 을 떠-나 서 세 상 을향- 해 맘대
의 어-려 움 절 망 가운- 데 눈물
G C G/D D7 1.G
고 곤 하-- 여 내영혼 깊 은잠이 들었었 네 어두
고 찢 기-- 어 내영혼 깊 은잠이 들었었
로 고 집-하 며 내영혼 먼 곳으로나 갔었 네 인생
과 한 숨-- 과 내영혼 슬 픔속에 잠이드
2.G C G D7/A D7 G
네 내-영 혼 어 둠속에 방 황할 때
네 주-님을 떠나-서 방 황할 때
C G D/F# A7 D7
어 디 선 가 들 려오는 주 님 음 성
G C D7 G
깨어 라 일어나 라 달 리 다굼 일어나 라

캄캄한 인생길

일 어나 라 죄악에 잠 자 던영 혼-- 아
달 리다 굼 깨어 라 일 어 나 걸-어라 어
둠 은물러가 고 새날 이 다가오 네 주님
오 실날 멀잖았 네 어둠속 에 잠자 던 영 혼 일어나 라
일 어 나 걸-어 라 달 리 다 굼 일어나 라

메들리곡

- 기도할 수 있는데 (359)
- 왜 슬퍼하느냐 (443)
- 주 너를 항상 인도하시리 (462)

487 하나님께로 더 가까이

(미 1674)

(Nearer to God)

Stephen Hah

G Am7 G/B C C/B

하 나 님께 로 더 가까 이 갑니 다

Am A/C♯ Dsus4 D7

고 통 가운 데 계 신주 님 - 변함

G B7/F♯ Em G/D

없 는주님 의 크 신사 랑 - 영원

C D7 C/G G

히 주 님만 을 섬 기 리 -

메들리곡

- 경배하리 주 하나님 (355)
- 예수의 이름으로 (435)
- 지존하신 주님 이름 앞에 (479)

(미 1163)

하나님께서는 우리의 만남을 488

(우리 함께 / Together)

Rodger Strader

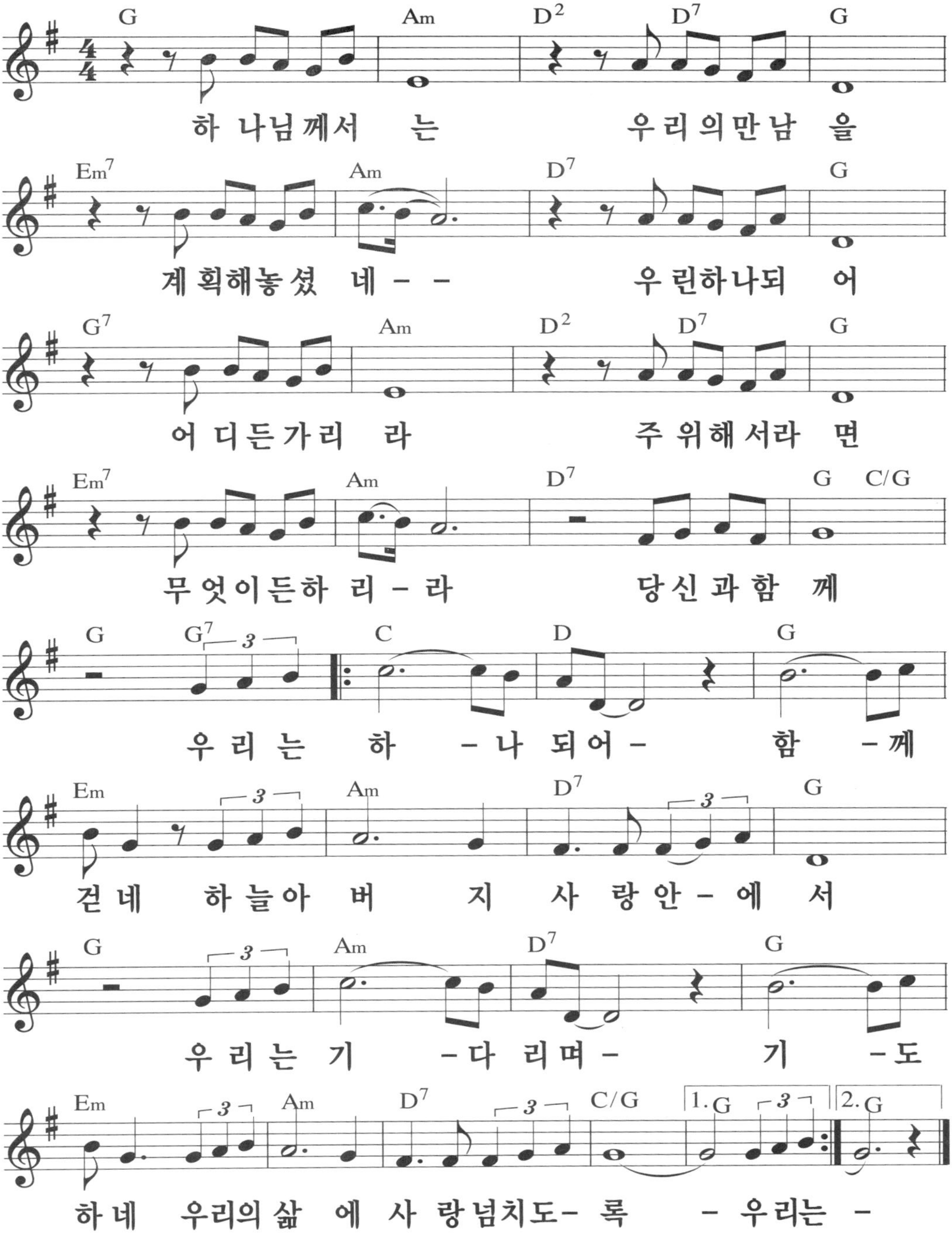
G Am D2 D7 G
하 나님께서 는 우리의만남 을
Em7 Am D7 G
계 획해놓셨 네 - - 우 린하나되 어
G7 Am D2 D7 G
어 디든가리 라 주 위해서라 면
Em7 Am D7 G C/G
무 엇이든하 리 - 라 당신과함 께
G G7 3 C D G
우 리 는 하 - 나 되어 - 함 - 께
Em 3 Am D7 3 G
건 네 하 늘아 버 지 사 랑안 - 에 서
G 3 Am D7 G
우 리 는 기 - 다 리며 - 기 - 도
Em 3 Am D7 3 C/G 1. G 3 2. G
하 네 우리의 삶 에 사 랑넘치도 - 록 - 우리는 -

메들리곡 • 때로는 너의 앞에 (386) • 우리 함께 걸어요 (444) • 축복하소서 (484)

489 하늘을 바라보라

(미 759)

(주님의 솜씨)

이유정

하늘 을바라보라 - 드넓 은저바다도 - 온 세상지으신 - 주
들에 핀꽃을보라 - 하늘 을나는새도 - 만 물을지으신 - 주

님의솜씨라 - 먹구 름이다가와 - 태 - 양을가려도 - 만
님의솜씨라 - 눈보 라가닥쳐와 - 온 - 땅을덮어도 - 만

물을주관 하시는 -주 님의 섭리라 모두 고개를들고 어둔
물을주관 하시는 -주 님의 섭리라

마음을열어 크신 주님의 - 능력 을바라보라 - 너

와나지으신 주의 놀라 운손길 - 우리다함께 - 주를

찬 양- 해 찬양 해 - 온

하늘을 바라보라

Em B7/D# Em Em/D C G/B Am7 D7 Bm7 E
하 늘과 땅 위의만물아 - 겸손히무릎꿇 고
Am7 C/D D7 C/G G
주 의위엄 앞에 경 배 하 라 -

Word and Music by 이유정.

메들리곡 • 내 눈 주의 영광을 (375) • 영광을 돌리세 (422) • 예수는 왕 예수는 주 (428)

490

하늘의 나는 새도

(미 1849)

(주 말씀 향하여 / I will run to You)

Dalene Zschech

하늘 - 의나 - 는새도 주손길 - 돌보 - 시네 - 온땅에
- 충만한 - 주사랑 - 으로 - 내마음을덮으 - 소서 -
주나 - 를부 - 르셨네 주의 - 영광 - 위해 - 모든사
- 람 - 이 끄소 - - 서 - 주의 영 - 광 - - 으로 - 주말씀향
- 하 - 여 - 달려가 - 리 - 라 - 힘도아닌 - 능 - 도아
- 닌 - 오 - 직성 - 령 - 으로 - 주얼굴향 - 하 - 여
- 달려가 - 리 - 라 - 오주의영 - 광 - 안에
- 살게하 - 소서 - - 주나 - 주말씀향 -

메들리곡

- 내가 주인 삼은 (371)
- 이 땅 위에 오신 (447)
- 정결한 마음 주시옵소서 (453)

(미 1559)

할렐루야 주가 다스리네

(Hallelujah, the Lord, our God reigns)

Anonymous

G D C G D C G D C
할렐 루 야 주가다스리 네 할렐 루 야 주가 다스리
G C D G D/F♯ G D G Am7 D B7/D♯
네 주 는 위대하 시고 큰일하셨네 할렐
Em Am7 Am/D 1. G C/D 2. G D.S. G
루 야 주님이다스리 네 할렐 네 주 네
Fine

메들리곡 • 문들아 머리 들어라 (392) • 영광을 돌리세 (422) • 예수 안에서 (432)

492 해방되었네

박윤호

G C Am7 D7 G
해방되었네 해방되었네 죄와사망의법에 서
G C Am7 D7 G
해방되었네 해방되었네 죄와사망의법에 서
G C Am7 D7 G
예수안- 에 있는나에게 결코정죄함없나 니
G C D7 G
예수안- 에 생명의법 이 나를해방하였 네

메들리곡 • 나 기뻐하리 (361) • 예수 안에 있는 나에게 (433) • 호산나 (494)

(미 850)

해 아래 새 것이 없나니

(새롭게 하소서)

493

이종용

G C/G G C Am D
해아 래 새것 이- 없나니 이 죄 인살 리신 주
G C/G G C A/C♯ Dsus4 D7
보라 새 롭게 된이 피조물 주 의 놀라 운권 능
G D D7 G D/G G
찬 양 하세 우리 주 오 주 여영 광받 으 소 서
G D D7 G
새 롭게 하소 서 새 롭게 하소 서
G D Am/D D7 G
새 롭게 하소 서 늘 새 롭게 하소 서

메들리곡
• 먼저 그 나라와 (21) • 나를 향한 주의 사랑 (189)
• 낮엔 해처럼 밤엔 달처럼 (367)

494 호산나

(Hosanna)

(미 1236)

Carl Tuttle

G D Em C D
호 산 -나 호 산 -나 호 산나높은곳에 서
영 -광 영 -광 왕의왕께영광 을
G D Em C D
호 산 -나 호 산 -나 호 산나높은곳에 서
영 -광 영 -광 왕의왕께영광 을
C D7 G G7 C D7 G G7

주의 이름 높여 - 다 찬양 하라 -
주의 이름 높여 - 다 찬양 하라 -

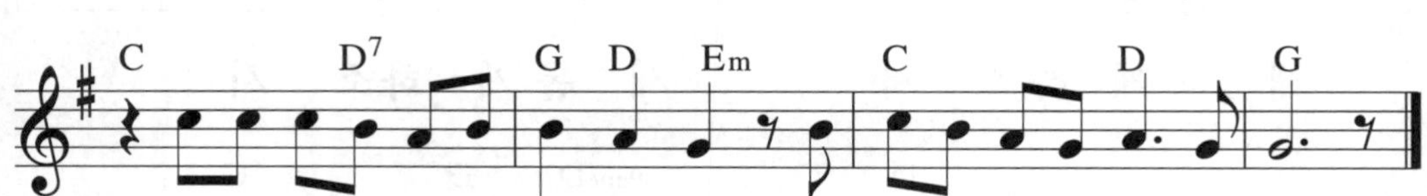
C D7 G D Em C D G

귀하 신주 나의 하 나 님 호 산나 높이 외 치 세
귀하 신주 나의 하 나 님 주 님께 영광 돌 리 세

메들리곡 • 영광 높이 계신 주께 (421) • 주 우리 아버지 (471) • 주의 인자하심이 (477)

(미 690)

그가 찔림은 우리의 허물을 495

노문환
그 가 찔 림은 우리의 허 물을 인 함이 요
그 가 멸 시와 천대를 받 음이 웬 말이 요
그 가 상 함은 우리의 죄 악을 인 함이 라
그 는 추 함도 사악한 죄 악도 없 음이 라
그 가 징 계를 받음으 로 우리가 나음을 입었도 다
그 가 조 롱을 받음으 로 우리가 귀함을 얻었도 다
우 리 는 다 양같아 서 그 릇 행하 여
각 기 제 길로 갔거 늘 각 기 제 길로 갔거 늘
여 호 와 께서 우리의 죄 악을 그에 게 담당 시켰도 다

메들리곡 • 오소서(436) • 오 예수님 내가 옵니다(437) • 오직 주님만(441)

496 그는 여호와 창조의 하나님

(미 690)

(창조의 하나님 / He is Jehovah)

Betty Jean Robinson

B7sus Em B7 Em D7
1. 그는여 호-와 창조의 하나님 그는여
2. 지존의 하나님 아브라함의 하나님 여호와
3. 여호와 이-레 그는나의 공급자 구원의
G B Em B7
호와 전능의 하나님 길르앗의 향료요 반석의
샬롬 평강의 하나님 이스라엘의 하나님 영원한
하나님 구주의 하나님 아들을 보내어 그를증거
Em B7 Em/B B7 Em
하나님
하나님 그는여 호 와치료의하-나 님
하셨네
D7 G Em D7
찬양- 하세 할렐- 루야 찬양-
G B7 Em B7
하세오- 할렐루야 그는여 호-와 전능의
Em B7 Em/B B7 Em
하나님 그는여 호 와치료의하-나 님

메들리곡

- 기쁜 노래 주께 드리자 (498)
- 온 땅이여 주를 찬양 (502)
- 우리 주의 성령이 (503)

(미 763)

글로리아

497

(Glory to God)

Stephen Hah

Em
G
B7
글로 리 - 아 글로 리 - 아
Am
Em
B7
Em
E7
아 바 아 바 아 버 지 - -
Am
Em
B7
Em
아 바 아 바 아 버 지

메들리곡
- 나 주님의 기쁨 되기 원하네 (365)
- 낮엔 해처럼 밤엔 달처럼 (367)
- 주님여 이 손을 (463)

498 기쁜 노래 주께 드리자

(미 1276)

(Make a joyful noise unto the Lord)

Russell L. Lowe

Em G Am Em C D Em C D
기 쁜 노 래 주 - 께 드 리 자 찬 양 받 으 실 주 님 께
Em G Am Em B sus4 B7 Em
신 령 한 노 래 와 손 뼉 쳐 서 크 신 하 나 님 찬 양 해
Em G Am Em Cmaj7 D Em C D
존 귀 존 귀 찬 양 받 으 실 주 님
Em G Am Em B sus4 B7 Em
할 렐 루 야 크 신 하 나 님 찬 양 해

메들리곡

- 그는 여호와 창조의 하나님 (496)
- 온 땅이여 주를 찬양 (502)
- 우리 주의 성령이 (503)

목 마르고 지친 영혼

499

Adhemar de Campos

Em D
목 마-르고지-친영 -혼- 주 님-앞에나아오면 - 영
C 1. Am7 B7sus4 B7
원히 마르지않는샘 - 을 마음 속에 얻게되리 - - 목
2. Am7 B7sus4 B7 Em
- 을 마 음속에 얻게 되리- - 생명의샘 되 신예 수님
되 신예 수님
D C
- 나의영 혼 위로하시며 - 내 계영원한 생 명주 시니
- 나의삶 을 인도하시며 - 그 기쁨으로 나 를채 우니
Am7 B7 1. Em Am/F♯ B7 2. Em
- 주원 -합니 - 다 - - 사랑 의영 - 다 -
- 주원 -합니

메들리곡 • 오 예수님 내가 옵니다 (437) • 오직 주님만 (441) • 주님여 이 손을 (463)

500 수 없는 날들이

(미 1355)

(참회록)

최용덕

수 없는 날-들 이 나에 게 주어 졌-지 만
수 없는 많은사 람 만나 고 헤어 졌-지 만
주 앞에 엎-드 려 나의 인 생길 돌아보 니
이 제와 돌아보 니 모두 허 무함 뿐-이 라
아 무도 나-에 게 영원 한 만족 주지못 해
눈 물만 하염없 이 나의 무 릎을 적-시 네
수 많은 재-물 들 부 귀권 세 도
이 한몸 위-하 여 젊 음바 쳐 도
불 쌍한 이-웃 들 가 난한 이 들
어느 것 하나 나-에 게 행 복을 주지못 해
어느 것 하나 나-에 게 참 기쁨 주지못 해
아무 리 그들 보-아 도 내 것만 찾은인 생
이 제 와 후회하 여 용 서비 오 니
이 제 야 돌-아 와 엎 드리 오 니
주 님께 엎-드 려 용 서비 오 니
불 쌍한 이몸 을 주여 용 서하 소 서
부 끄런 이죄 인 주여 용 서하 소 서
영 죽을 이영 혼 주여 구 원하 소 서

메들리곡 • 나의 사랑 나의 생명 (362) • 오소서 (436) • 주님여 이 손을 (463)

(미 867)

얼마나 아프셨나

501

조용기 & 김성혜

Em B Em

얼마나 아프셨나 못박힌 그 손과 발
도 모든 땅도 초목들도 다 울고
너의 죄 너희의 죄 우리의 모든 죄를
과 손과 발에 흐르는 그 귀한 피

Am Em B 1.

죄없이 십자가에 매달리신 예수님 하늘
해조차 힘을 잃고 온누리 비치잖
모두 다 사하시려 십자가 달리신 주 얼굴
골고다 언덕 위에 피로 붉게 적셨

2. Em G Am B

네 아 아 끝없어라 주의 사랑 언제나

C B Am B Em

아 아 영원토록 구원의 강물 흐르네

메들리곡 • 경배하리 주 하나님 (355) • 예수의 이름으로 (435) • 그가 찔림은 (495)

502 온 땅이여 주를 찬양

(미 694)

(Sing to the Lord all the earth)

Miles Kahaloa & Kari Kahaloa

Em B7 Em
온 땅이여 주를 찬양 – 날마 다 주를찬 양하 세 – – 주
Em B7 Em
의 기사와 주의 영광 – 온땅 에 널리알 려졌 네
Fine
Am D7 G B7 Em
위 대 하신 주 그의 힘 과– 위 엄 을 기

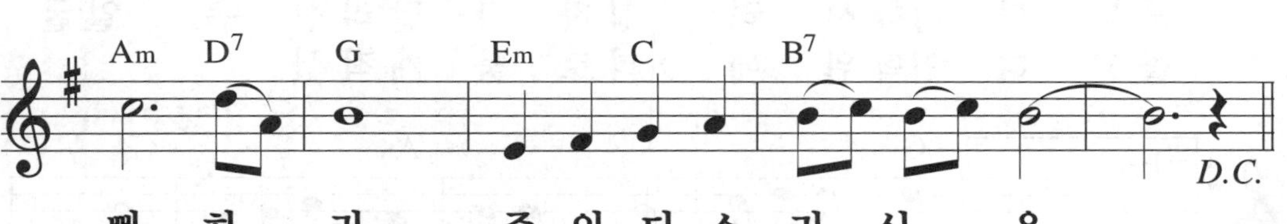
Am D7 G Em C B7
빼 하– 라 주 의 다 스 리– 심– 을 –
D.C.

메들리곡

- 그는 여호와 창조의 하나님 (496)
- 기쁜 노래 주께 드리자 (498)
- 온땅이여 주를 찬양 (502)

(미 682)

우리 주의 성령이

(When the spirit of the Lord)

Margaret DP. Evans

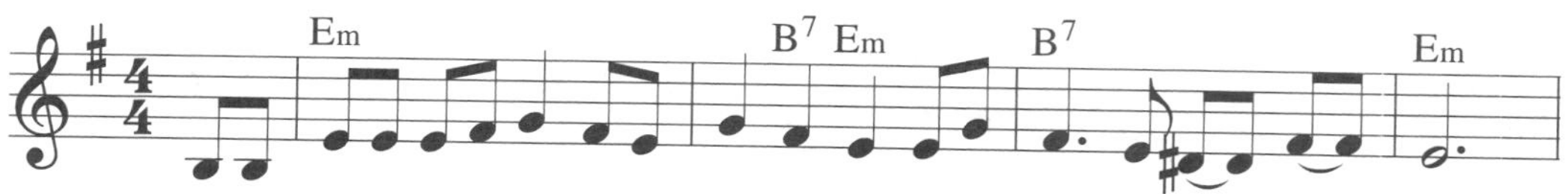

1. 우리 주의 성령이 내게 임하여 주를 찬 양합-니- 다
2. 우리 주의 성령이 내게 임하여 손뼉 치 며 찬양합니 다
3. 우리 주의 성령이 내게 임하여 소리 높 여 찬양합니 다
4. 우리 주의 성령이 내게 임하여 춤을 추 며 찬양합니 다

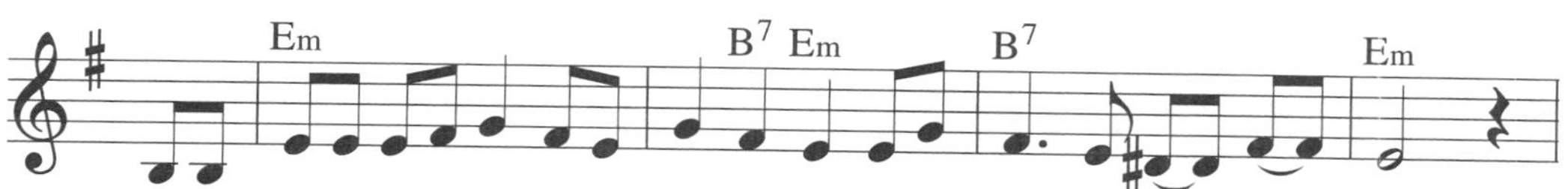

우리 주의 성령이 내게 임하여 주를 찬 양합-니- 다
우리 주의 성령이 내게 임하여 손뼉 치 며 찬양합니 다
우리 주의 성령이 내게 임하여 소리 높 여 찬양합니 다
우리 주의 성령이 내게 임하여 춤을 추 며 찬양합니 다

찬양 합 니다 찬양 합 니다 주를 찬 양합니 다
손뼉 치 면서 손뼉 치 면서 주를 찬 양합니 다
소리 높 여서 소리 높 여서 주를 찬 양합니 다
춤을 추 면서 춤을 추 면서 주를 찬 양합니 다

찬양 합 니다 찬양 합 니다 주를 찬 양합니 다
손뼉 치 면서 손뼉 치 면서 주를 찬 양합니 다
소리 높 여서 소리 높 여서 주를 찬 양합니 다
춤을 추 면서 춤을 추 면서 주를 찬 양합니 다

메들리곡

- 그는 여호와 창조의 하나님 (496)
- 기쁜 노래 주께 드리자 (498)
- 온 땅이여 주를 찬양 (502)

504 주님의 쓴 잔을 맛보지

(미 1203)

(쓴잔)

송명희 & 김석균

Em
Am
B7
Em/B
G
D
C
D7
B7sus4
주님 의 쓴잔을맛보지 않 으면 주님 의 쓴잔을 모르 리
주님 의 괴로움당하지 않으면 주님 의 고통을 모르 리
주님 의 십자가져보지않으면 주님 의 죽으심 모르 리
주님 의 쓴잔은내것이 며 주님 의 괴로움내것이 며
주님 의 십자가내보물 이 라 - 또한 그의부활내영광이리라

메들리곡 • 경배하리 주 하나님 (355) • 오소서 (436) • 오 예수님 내가 옵니다 (437)

(미 1292)

한걸음 또 한걸음

505

김석균
1. 한걸음 - 또한걸음 무거운 발길 옮길 때 저들
2. 한마디 - 또한마디 용서의 기도 드릴 때 저들
3. 한방울 - 또한방울 뜨거운 눈물 흘릴 때 저들
모두큰소리로 소리치며 뒤 - 따랐네 지치
모두조롱하며 십자가에 못 - 박았네 골고
모두큰소리로 희롱하며 비 - 웃었네 옆구
어 - 쓰러질 때 살을 찢는 채찍 소리 고난
다 - 언덕위에 살을 찢는 망치 소리 쓰리
리 - 창에 찔려 흘러내린 저 붉은 피 죽음
의 - 십자가를 누굴 위해 지셨나요 - 주님
고 - 아픈 고통 누굴 위해 참았나요 - 주님
의 - 골고다를 누굴 위해 가셨나요 - 주님
의 무거운 걸음 내가 어찌 알리요 주님
의 용서의 기도 내가 어찌 알리요 주님
의 뜨거운 눈물 내가 어찌 알리요 주님
의 무거운 발길 내가 어찌 알리 - 요
의 용서의 눈물 내가 어찌 알리 - 요
의 뜨거운 눈물 내가 어찌 알리 - 요

메들리곡
- 나 주님의 기쁨되기 원하네 (365)
- 오 예수님 내가 옵니다 (437)
- 오직 주님만 (441)

506 갈릴리 마을 그 숲속에서

(미 1166)

(가서 제자 삼으라)

최용덕

1. 갈- 릴 리 마을 그 숲 속 에서 - - 주 님
2. 미 류 나 무 우 거 진 숲 속 에서 - - 주 님
그 열 한 제자 다 시 만나시사 - - 마지 막 그들에게
그 열 한 제자 다 시 부르시사 - - 마지 막 그들에게
말 씀 하 시 기 를 - 너희 들은 - 가라 저 세상으 로 -
부 탁 하 시 기 를 - 너희 들은 - 가라 저 세상으 로 -
가 서 제 자 삼 으 라 세 상 많 은 사 람 들 을
세 상 모 든 영 혼 이 네 게 달 렸 나 니 -
가 서 제 자 삼 으 라 나 의 길 을 가 르 치 라
내 가 너 희 와 - 항 상 함 께 하 - 리 라 -

메들리곡
- 그 날이 도적 같이 (509)
- 당신은 지금 어디로 가나요(527)
- 많은 사람들 (530)

(미 2099)

감사하신 하나님

507

(에벤에셀 하나님)

홍정식

A C♯m D A/F C♯7/F F♯m7 D/E E7
감사하신하나 님 – 에벤에셀하나 님 –
A C♯m D E7 A G/A
살아계신하나 님 – 에벤에셀하나 님 –
D M7 C♯m D B 7/D♯ E sus4 E
여기까지인도 하셨네
장래에도인도 하시리
감사하신하나 님 –
D M7 C♯m F♯m7 B 7/D♯ E sus4 E7
여기까지인도 하셨네
장래에도인도 하시리
살아계신하나 님
A C♯7/G♯ F♯m B m D M7 G E sus4 E7
감 사하신 하나 님 – 에벤 에셀 하 – 나 님
3
A C♯7/G♯ F♯m B m A/E E A
살아 계신하나 님 에벤 에셀 하 나 님

메들리곡 • 고개들어 (508) • 내 모든 것 나의 생명까지 (524) • 모든 능력과 모든 권세 (535)

508 고개들어

(미 790)

(Lift up your heads)

Steve Fry

A Amaj7 A7 D E D/E E7 A D2/E
고 개 들 어 주 를맞 이 해
A Bm7 A7 D Esus4 E E7
엎 드리 어 경 배하 며 찬 (찬 양주님께영 광) 양
A Amaj7 A7 D E D/E E7 A D2/E
왕 의 위 엄 을 신 령과 진 정 한
A Bm7 A7 D Bm7 A E7 A
찬 양으 로 영 광돌 려 만 왕 의 왕 께

메들리곡 • 나는 찬양하리라 (511) • 나의 영혼이 잠잠히 (519) • 예수 우리 왕이여 (551)

(미 1073)

그 날이 도적 같이

김민식

A Amaj7 Bm Bm7 Esus4
그 날이 도 적같이 이 를 줄 너희는
평 강의 하 나님이 너 희 를 거룩하
E A A7 D Dmaj7
모 르느 냐 – 늘 깨 어 있 으라–
게 하시 고 – 온 몸 과 영 혼이–
A F♯m Bm7 E7 A
잠 들 지 말 아라– 주 님 과 동 행 하 라
주 오 실 그 날에– 흠 없 기 원 하 노 라
A7 D A
– 항 상 기 뻐 하 라– 쉬 지 말 고
F♯m E E7 A G/A A7
기 도 하 라 – 범 사 에 감 사 하 라 –
D A
이 는 예 수 안 에 서 – 너 희 에 게
F♯m Bm E7 A D/A A
향 – 하 신 – 하 나 님 뜻 이 니 라 –

메들리곡
- 갈릴리 마을 그 숲속에서 (506)
- 당신은 지금 어디로 가나요 (527)
- 주 하나님 독생자 예수 (583)

510 나 가진 재물 없으나

(미 968)

(나)

송명희 & 최덕신

나 가진재물 없으나- 나 남이가진지식 없으나 -
나 남에게있는건강있지 않으나- 나 남이없는것 있으 니
나 남이못본것을 보았고- 나- 남이 듣지못한음성
들었고- 나 남이받 지못-한사랑 받았고 - 나
남이모르는것 깨 달 았네- - 공 평하신 -
하 나님이- 나 남이가진것나 없지만- 공 평하신-
하 나님이 - 나 남이없는것 갖게 하 셨네 -

메들리곡 • 똑바로 보고 싶어요 (528) • 주께 가까이 (563) • 주님 한분 밖에는 (575)

(미 807)

나는 찬양하리라

(I sing praises to Your name O Lord)

Terry MacAlmon

나는찬양하리 라 주 - 님 그이름찬 양 예 - 수
리 주 - 께 영광의이 름 예 - 수

크신 주 이름 나 찬 양 하 리 라 나는찬양하리 라
크신 주 이름 나 찬 양 하 리 라 나는영광돌리 리

주 - 님 그이름찬 양 예 - 수 크신 주 이름
주 - 께 영광의이 름 예 - 수 크신 주 이름

나 찬 양 하 리 라 나는영광돌 리 라 -

메들리곡 • 고개들어 (508) • 나의 영혼이 잠잠히 (519) • 선포하라 (541)

512 나의 가장 낮은 마음

(미 1490)

(낮은 자의 하나님)

양영금 & 유상렬

A F♯m7 Bm/D E
나 의가－장－ 낮은마－음－ 주 님께－서－ 기 뻐하－시고
내 가지－쳐－ 무 력할－때－ 주 님내－게－ 힘 이되－시고
A F♯m7 Dmaj7 E7 A E7
작 은일－에－ 큰 기 쁨－을－ 느 끼게하시 는도－다－
아 름다－운－ 하 늘나－라－ 내 맘에주시 는도－다－
D E/D C♯7 F♯m
우리에게－ 축 복 하신－ 하 나 님 사랑 －
D E A G/A A7
낮은자를－ 높 여 주 시고 － －
D E/D C♯7 F♯m
아름다운－ 하 늘 나라－ 허 락 하 시고 －
D B7/D♯ Esus4 E7
내모 든－것－ 예 비 하 시네 － －
A F♯m F♯m7 D Esus4 E
찬 양 함 에 기 쁨을－ 감 사 함 에 평 안을－

C♯
F♯m
D
간 구 함 에 하 나 님 - 알 도 록 -
Dm
1. A
D/E
2. A
D/A
A
A+
하 셨 네 - 네 -

메들리곡

- 나의 반석이신 하나님 (515)
- 무화과 나뭇잎이 마르고 (53장)
- 예수님 찬양 (550)

513 나의 모든 기도가

(주께 드리는 나의 시)

김성조

A E/G♯ F♯m Dm/F
나의 모든기도가- 주님 께드려지는- 아름
모든생각이- 주님 께올라가는- 향기
Bm/E E7 AM7 C♯m
다운시가되-게하여 주소서- 나의 모든찬양이-아름
로운향이되-게하여 주소서- 나의 모든행실이-하-
1. F♯m /E D Bm Esus4-3
다운노래가- 되 기를- 원하나이다 - 나의
2. F♯m /E D E7 A
나의예배가- 되 기 를원하나이다 - 당-
F♯m C♯m/E D Bm7
신의- 크고도 놀라운- 사 랑을의지하-며경배
Esus4-3 A E/G♯ F♯m /E
드 리니 나- 의 고통과 나-약함을- 사랑
D Bm7 Esus4-3 A E/G♯ F♯m /E
으로- 감싸주소서 - 오- 전 능하 신주여 -

나의 모든 기도가

D Bm7 Esus4-3 A E/G#
나의 영혼을- 깨끗하게하 - 시고 주여 당신의- 영광을
F#m /E D E A
위하여- 날마다 찬양하게하-여주소서 -

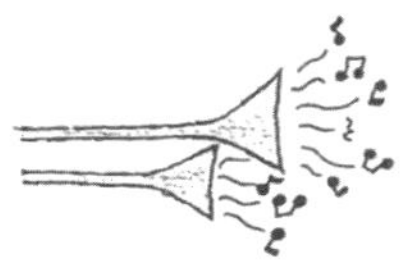

메들리곡
- 나는 찬양하리라 (511)
- 내 모든 것 나의 생명까지 (524)
- 전능하신 나의 주 하나님은 (561)

514 나의 모든 행실을

(미 855)

1. 나의 모 든행실 을 주여 기 억마시 고 바른길 로인도
2. 나의 모 든실수 를 주여 용 서하시 고 바른길로인도
3. 이땅 위 의모든 것 마지 막 날될때 에 주여나 를받아

하 소 서 – 기쁠 때 나슬플 때 나와 동 행하시 며
하 소 서 – 주의 크 신사랑 과 하늘 나 라영광 을
주 소 서 – 주의 얼 굴대할 때 귀한 상 급주시 고

밤낮 으 로인도 하 소 서 –
나도 전 파하게 하 소 서 – 내 모 든형편 을
면류 관 을쓰게 하 소 서 –

다 기 억하시고 늘 나 와동행 하 옵 소 서 –

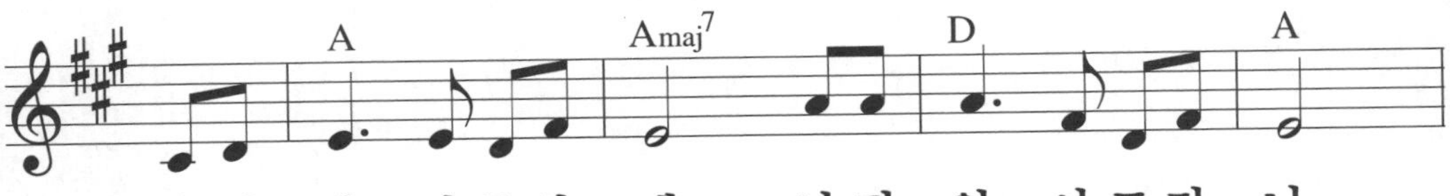

나의 생 명주앞 에 남김 없 이드리 니

주여 나 를지켜 주 소 서 –

메들리곡
- 똑바로 보고싶어요 (528)
- 우물가의 여인처럼 (557)
- 주님 한분 밖에는 (575)

(미 575)

나의 반석이신 하나님 515

(Ascribe greatness)

Mary Kirkbride & Mary Lou Locke

A C♯m D Bm
나 의 반 석 이 신 하 나 님 행 하 신
A/C♯ D Esus4 E7 A
모 든 것 완 전 하 시 니 – 나 의
C♯m D Bm A/C♯
생 명 되 신 하 나 님 내 게 행 하 신 일
D Esus4 E7 Amaj7 C♯m
찬 양 합 니 다 – 신 실 하 신 하 나 – 님
D E Bm E A
실 수 – 가 없 으 –신– 좋 으 신 나 의 주 – – –
A C♯m D
– 신 실 하 신 하 나 – 님 실 수 – 가
E Bm E Esus4 E7 A D/A A
없 으 –신 – 좋 으 신 나 의 주 –

메들리곡 • 갈릴리 마을 그 숲속에서 (506) • 나의 가장 낮은 마음 (512) • 찬양하세 (589)

516 나의 백성이

(미 839)

(Heal our land)

Tom Brooks & Robin Brooks

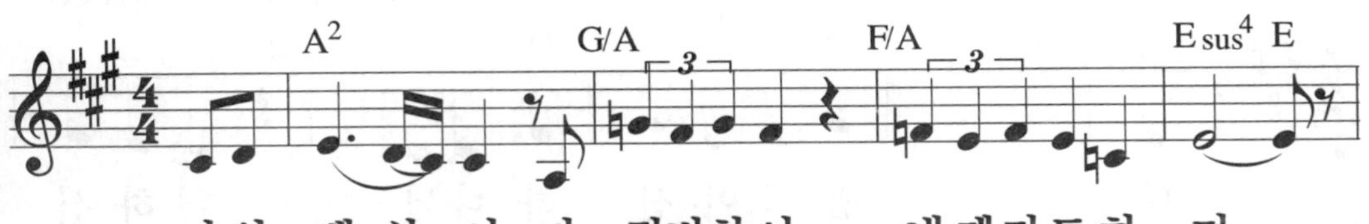

나의 백 성-이 다 겸비하여 내게기도하 며 -
무릎 꿇 --고 다 겸비하여 주께기도하 리 -

나의 얼 굴-을 구하여서 그 악한길떠나 면
주의 얼 굴-을 구하여서 그 악한길떠나 리

하늘에서든 -고 죄를 사 하 며
주님의자비 -로 죄를 사 하 며

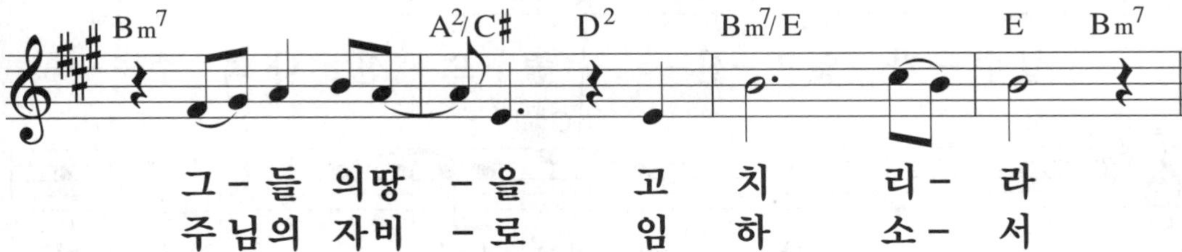

그-들 의땅 -을 고 치 리- 라
주님의 자비 -로 임 하 소- 서

아 버 지여 - 고 쳐 주 소서 -

나의 백성이

A/B Bm7 Bm7/A G Bm/F♯ E Bm7
이 나라 주 의 것 되 게 하 소- 서
E E/A A E/A A E/A E/ F♯ F♯m C♯m7
주 하 나님 간절히기 도 하 오니 –
Bm7 A2/C♯ D D/E D/A A
상 한 이 땅 새 롭 게 하 - 소 - 서 –

메들리곡
- 사망의 그늘에 앉아 (540)
- 이 땅의 황무함을 보소서 (559)
- 주님 당신은 사랑의 빛 (570)

517 나의 안에 거하라

(미 2081)

류수영

A A7 D Bm
나의 안에 거하라- 나는네 하나 님이니- 모든
E E7 A E E7 A A7
환난 가운데-너를 지 키 는자라- 두려 워 하지말라- 내가널
D Bm E E7 A E7
도와 주리니- 놀라 지말라- 네손잡아 주리라 - 내가너를
A A7 D E
지명하-여 불렀나-니너는 내 것이라- 내 것이라- 너의
A E E7 A A7
하나 님이라 - 내가너를 보 배롭 - 고 존 귀하 - 게
Bm E E7 A
여 기노라 - 너를 사 랑하 - 는 네여 호와라 -

메들리곡

- 나의 힘이되신 여호와여 (518)
- 하나님은 우리의 피난처가 되시며 (591)
- 하나님의 사랑을 사모하는 자 (592장)

(미 809)

나의 힘이 되신 여호와여

518

최용덕

나의 힘이되신여 호와 여 내가 주님을사랑합니 다 주는
나의 생명이신여 호와 여 내가 주님을찬양합니 다 주는

나 의 반－석이 시며－ 나의 요 새－ 시 라 주는 나를 건 지시
나 의 사－랑이 시며－ 나의 의 지－ 시 라 주는 나를 이 끄시

는 나의 주 나의하나 님 나의 피할 바－ 위시 요 나의
어 주의 길 인도하시 며 나의 생의 목자 되시 니 내가

방 패 시 라 나의 하 나 님 나의 하 나－ 님
따 름 이 라 나의 하 나 님 나의 하 나－ 님

구 원의뿔－ 이시 요 나의 산 성 이 라 나의 하 나 님
생 명 의 면류관으 로 내게 씌 우 소 서 나의 하 나 님

나의 하 나－ 님 그는 나의 여호 와 나의 구 세 주

메들리곡

- 나의 영혼이 잠잠히 (519)
- 전능하신 나의 주 하나님은 (561)
- 주님 한 분 밖에는 (575)

519 나의 영혼이 잠잠히

(미 805)

(오직 주만이)

이유정

나의영혼이- 잠잠히 하나님만바람이여 -
나의영혼이- 간절히 여호와를갈망하며 -
나의구원이- 그에게-서- 나-는도 다
나의입술이- 여호와-를- 찬-양하 리
나의영혼아- 잠잠히 하나님만-바라라 -
나의영혼이- 즐거이 여호와를따르리니 -
나의소망이- 저에게-서- 나-는도 다 오직
나의평생에- 여호와-를- 송-축하 리
주만이- 나의 반-석- 나의 구-원- 이시 니 오직
주만이- 나의 산-성 내가 요동치아니하 리 리
Fine

F F/G G7 C G/B Am Dm7 G7 C C/B
나의구원나의 영 광 하나님께있으 니 내
Am Am/G Am/F♯ B/D♯ Esus4 E7 D.S.
힘의- 반 석과- 피난처되시 네 - 오직

Word and Music by 이유정.

PRAISE THE LORD

메들리곡 • 내가 만민중에 (522) • 모든 상황 속에서 (534) • 평강의 왕이요 (590)

520 나 자유 얻었네

(미 940)

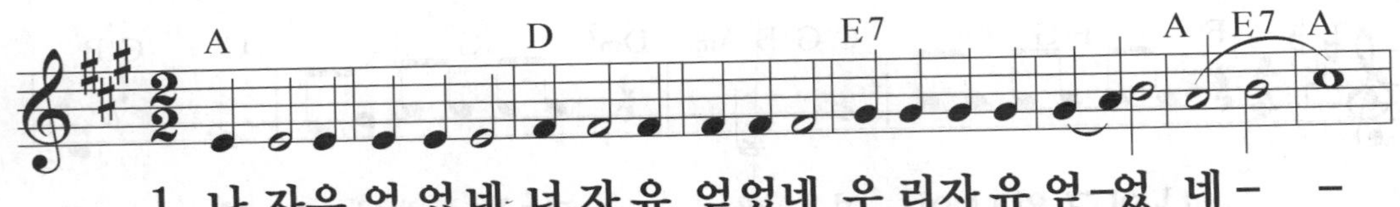
A
D
E7
A E7 A

1. 나 자유 얻 었네 너 자 유 얻었네 우 리자 유 얻-었 네- -
2. 나 구원 받 았네 너 구 원 받았네 우 리구원 받-았 네- -
3. 나 성령 받 았네 너 성 령 받았네 우 리성령 받-았 네- -
4. 나 기뻐 하 겠네 너 기 뻐 하겠네 우 리기뻐 하-겠 네- -
5. 나 은혜 받 았네 너 은 혜 받았네 우 리은혜 받-았 네- -
6. 나 믿음 얻 었네 너 믿 음 얻었네 우 리믿음 얻-었 네- -
7. 나 감사 하 겠네 너 감 사 하겠네 우 리감사 하-겠 네- -

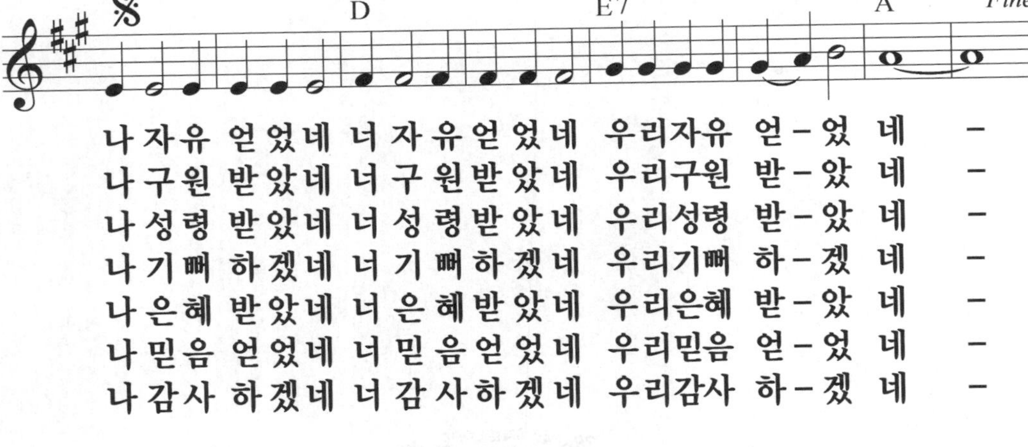
D
E7
A
Fine
나 자유 얻었네 너 자 유얻 었네 우리자유 얻 - 었 네 -
나 구원 받았네 너 구 원받 았네 우리구원 받 - 았 네 -
나 성령 받았네 너 성 령받 았네 우리성령 받 - 았 네 -
나 기뻐 하겠네 너 기 뻐하 겠네 우리기뻐 하 - 겠 네 -
나 은혜 받았네 너 은 혜받 았네 우리은혜 받 - 았 네 -
나 믿음 얻었네 너 믿 음얻 었네 우리믿음 얻 - 었 네 -
나 감사 하겠네 너 감 사하 겠네 우리감사 하 - 겠 네 -

D
A
B7
E7
D.S.

주 말씀 하시 길 죄사슬 끊겼네 우리 자유 얻 -었 네 할렐루야

메들리곡
- 갈릴리 마을 그 숲속에서 (506)
- 나의 반석이신 하나님 (515)
- 예수님 찬양 (550)

(미 1601)

날 구원하신 주 감사 521

(Thanks for God for my redeener)

Arr. Roy Brunner & John A Hultman

A Bm E A
1. 날구 원하신주 감사 모든 것 주심감 사
2. 응답 하신기도 감사 거절 하신것감 사
3. 길가 의장미꽃 감사 장미 꽃가시감 사
A D E A
지난 추 억인해 감사 주내 곁 에계시 네
헤쳐 나 온풍랑 감사 모든 것 채우시 네
따스 한 따스한 가정 희망 주 신것감 사
D A F♯m B7 E
향기 론 봄철에 감사 외론 가 을날감 사
아픔 과 기쁨도 감사 절망 중 위로감 사
기쁨 과 슬픔도 감사 하늘 평 안을감 사
C♯/E♯ F♯m A/E D Bm A/E E7 A
사라 진 눈물도 감사 나의 영 혼평안 해
측량 못 할은혜 감사 크신 사 랑감사 해
내일 의 희망을 감사 영원 토 록감사 해

메들리곡

- 감사하신 하나님 (507)
- 나는 찬양하리라 (511)
- 너의 하나님 여호와가 (525)

522 내가 만민 중에

(미 794)

(Be exalted)

Brent Chambers
내가 만 민중 에 오- 주 께감 사 하-며 주님
을 찬양하 리 열방 중 에-서 - 주의
인 자는 커 서 커서 하 늘에 미 치-고 주의
진 리는 넓은 궁창에 이르 나 니 - 하 늘
위 에 주- 는 높이들 리 며 주의
영광은 온 세계 위- - 에 - 하늘 영광은 온
세 계 위- - 에 - 내가 영 광 은 주의
D.S.

A C#7 F#m Bm7 E Esus4 E7 A D/A A
영 광 - 은 주의 영광은 온 세계위 - - 에 -

메들리곡
• 나의 영혼이 잠잠히 (519) • 모든 민족과 열방들 가운데 (533)
• 하나님은 우리의 피난처가 되시며 (591)

523 내 마음에 주를 향한 사랑이 (미 1608)

(십자가의 길 순교자의 삶 / The way of cross the way of martyr)

하 스데반

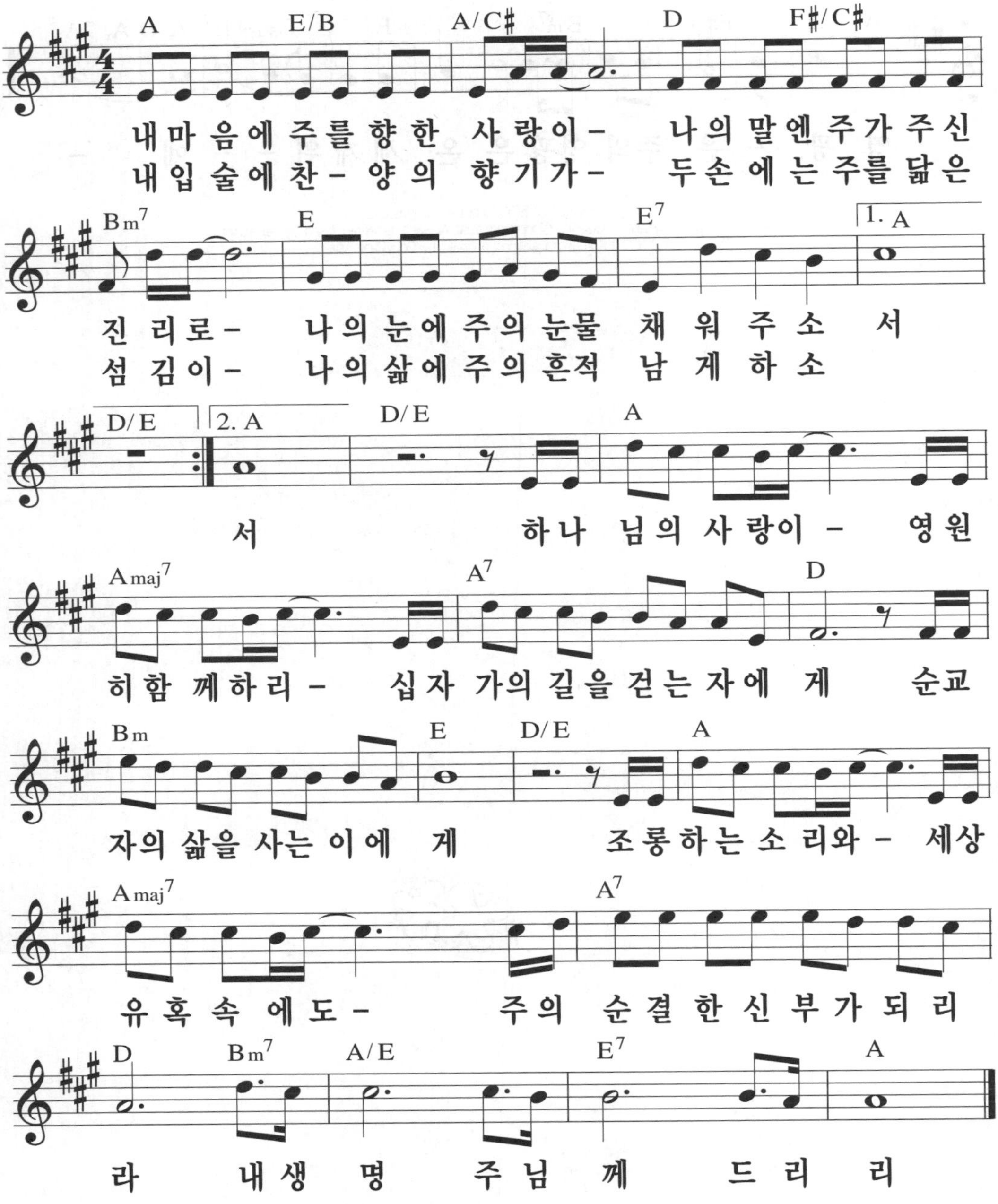
A E/B A/C♯ D F♯/C♯
내마음에주를향한 사랑이- 나의말엔주가주신
내입술에찬-양의 향기가- 두손에는주를닮은
Bm7 E E7 1. A
진리로- 나의눈에주의눈물 채워주소 서
섬김이- 나의삶에주의흔적 남게하소
D/E 2. A D/E A
서 하나 님의사랑이- 영원
Amaj7 A7 D
히함께하리- 십자가의길을걷는자에 게 순교
Bm E D/E A
자의삶을사는이에 게 조롱하는소리와- 세상
Amaj7 A7
유혹속에도- 주의 순결한신부가되리
D Bm7 A/E E7 A
라 내생 명 주님 께 드리 리

메들리곡
- 내 모든 것 나의 생명까지 (524)
- 주의 도를 버리고 (581)
- 하늘이여 외치라 (594)

내 모든 것 나의 생명까지 524

(주 임재 안에서)

설경욱

내 모 든 것 – – 나 의 생 명 – 까 지
다 주 님 앞 에 – – 드 립 니 다
주 임 재 안 에 서 – 이 제 내 영 혼 – 자
유 – 해 – 내 가 주 의 거 룩 한 이 름 을 높 이 며
예 배 하 리 어 린 – 양 찬 양 하 – 리 – – 내
평 생 그 하 나 로 – 충 분 해 요 – – 어 린 – 양 찬 양
하 – 리 – – 내 가 주 의 임 재 안 에 서

메들리곡 • 나는 찬양하리라 (511) • 주의 도를 버리고 (581장) • 평강의 왕이요 (590)

525 너의 하나님 여호와가

(미 598)

(스바냐 3장17절)

김진호

A A7 D A E E7
너의하나 님여 호와가 너의가운 데 계시니 -
A A7 D E E7 A
그는구원 을 베 푸실전능 자 전 능 자 시 - 라 -
E E7 A A7 Dmaj7 A
그 가너로 인하여 기 쁨 을 이 기지 못하시 며 -
D Esus4 E E E D/E E
너 를잠 잠 - 히 사 랑 하 시 - - 며
Amaj7 A7 Bm D E Esus4 E7 A D/A A
즐 거이 부르며 기 뻐 기 뻐 하시리 라 -

메들리곡
- 나의 안에 거하라 (517)
- 날 구원하신 주 감사 (521)
- 물결 일어 파도치는 (538)

(미 1076)

너희가 회개하고 예수 이름의 526

(성령을 선물로)

현요한

너희가 회개하고 예수이름의 세례를받으면
너희가 믿을때에 주가약속한 성령받았느냐

죄사함받은내게 우리주님은 성령으로선물주시리
그의약속을믿고 주께구하면 성령으로충만케하리

오 할렐루야 – 오할렐루야 – – 나의죄를회개하니
오 할렐루야 – 오할렐루야 – – 성령충만함받으라

오 할렐루야 – 오할렐루야 – 보혜사가오셨네
오 할렐루야 – 오할렐루야 – 성령충만받으라

메들리곡 • 마지막 날에 (387) • 나 자유 얻었네 (520) • 예수님 찬양 (550)

527 당신은 지금 어디로 가나요 (미 873)

(예수 믿으세요)

김석균

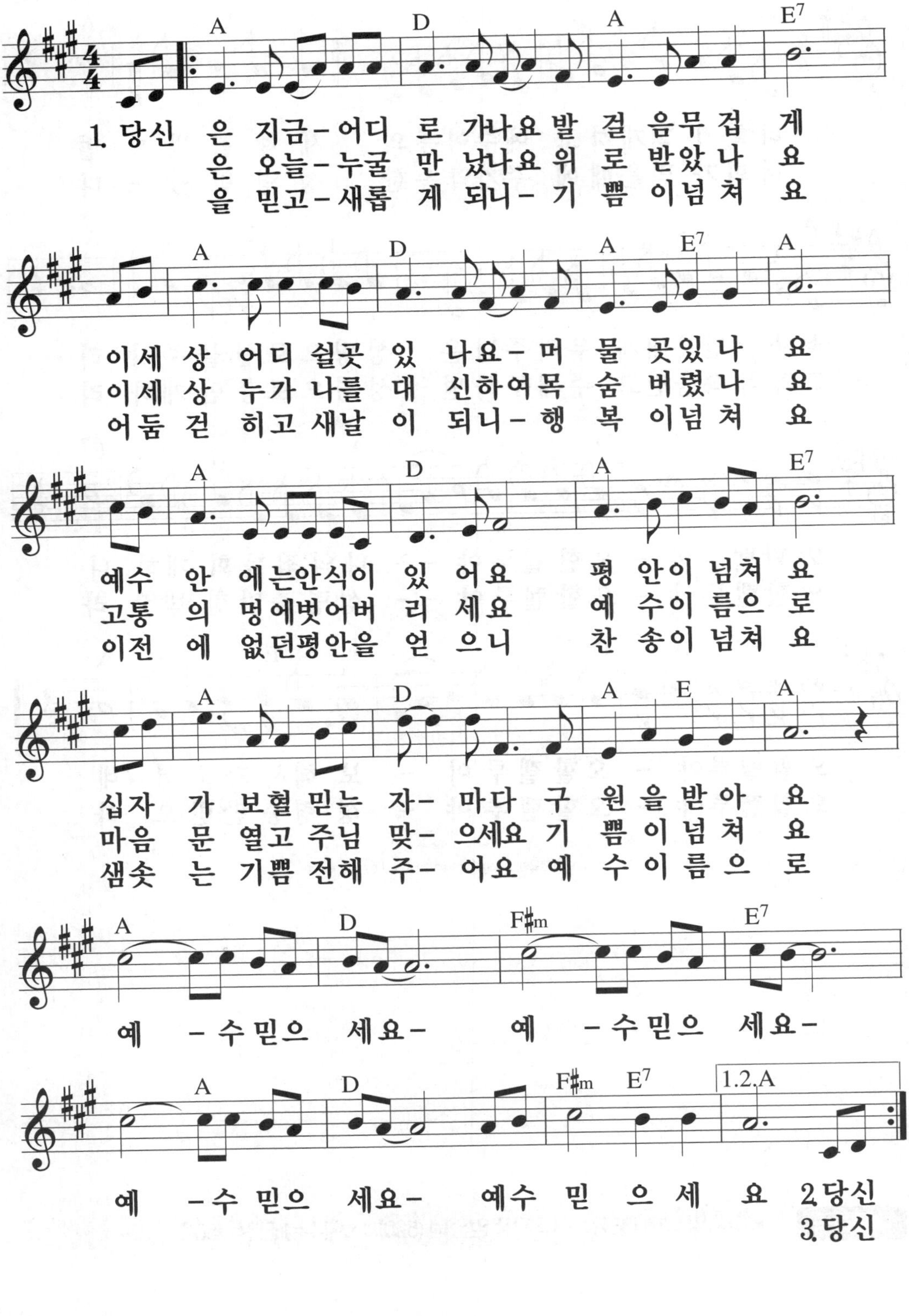
A D A E7
1. 당신 은 지금-어디 로 가나요 발 걸 음무겁 게
은 오늘-누굴 만 났나요 위 로 받았나 요
을 믿고-새롭 게 되니- 기 쁨 이넘쳐 요
A D A E7 A
이세 상 어디 쉴곳 있 나요-머 물 곳있나 요
이세 상 누가 나를 대 신하여목 숨 버렸나 요
어둠 걷 히고 새날 이 되니-행 복 이넘쳐 요
A D A E7
예수 안 에는안식이 있 어요 평 안이 넘쳐 요
고통 의 멍에벗어버 리 세요 예 수이 름으 로
이전 에 없던평안을 얻 으니 찬 송이 넘쳐 요
A D A E A
십자 가 보혈믿는 자- 마다 구 원을받아 요
마음 문 열고주님 맞- 으세요 기 쁨이 넘쳐 요
샘솟 는 기쁨 전해 주- 어요 예 수이 름으 로
A D F♯m E7
예 -수믿으 세요- 예 -수믿으 세요-
A D F♯m E7 1.2.A
예 -수 믿으 세요- 예수 믿 으 세 요 2.당신
3.당신

3. A
A D F♯m E7
주를 믿 는자 그는 행복 해요- 영원 한 생명 얻으니 하나
A D F♯m E7
요 할 -렐루야 아멘- 할 -렐루야 아멘-
A D F♯m E7 1. A 2. A
님 나라 그의 것이 라- -어서 예수 믿으 세 요 주를 요
A D F♯m E7 A A
할 -렐루야 아멘- 아멘 할 렐루 야 야

메들리곡

- 갈릴리 마을 그 숲속에서 (506)
- 그 날이 도적같이 (509)
- 주 하나님 독생자 예수 (583)

528 똑바로 보고 싶어요

최원순

똑바로보고싶어 요 주님 온전한눈 짓으 로
똑바로걷고싶어 요 주님 온전한몸 짓으 로

똑바로보고싶어 요 주님 곁눈질하긴싫어 요
똑바로걷고싶어 요 주님 기우뚱하긴싫어 요

하지만내모습은 온전치않아 세상이보 는눈 은

마치날죄인처럼 멀 리하며 외면을하 네 요

주 님 이 낮은 자를통하여 어 디에쓰시려 고

이 렇게 초라한 모 습으로 만들어놓으셨나 요

똑바로 보고 싶어요

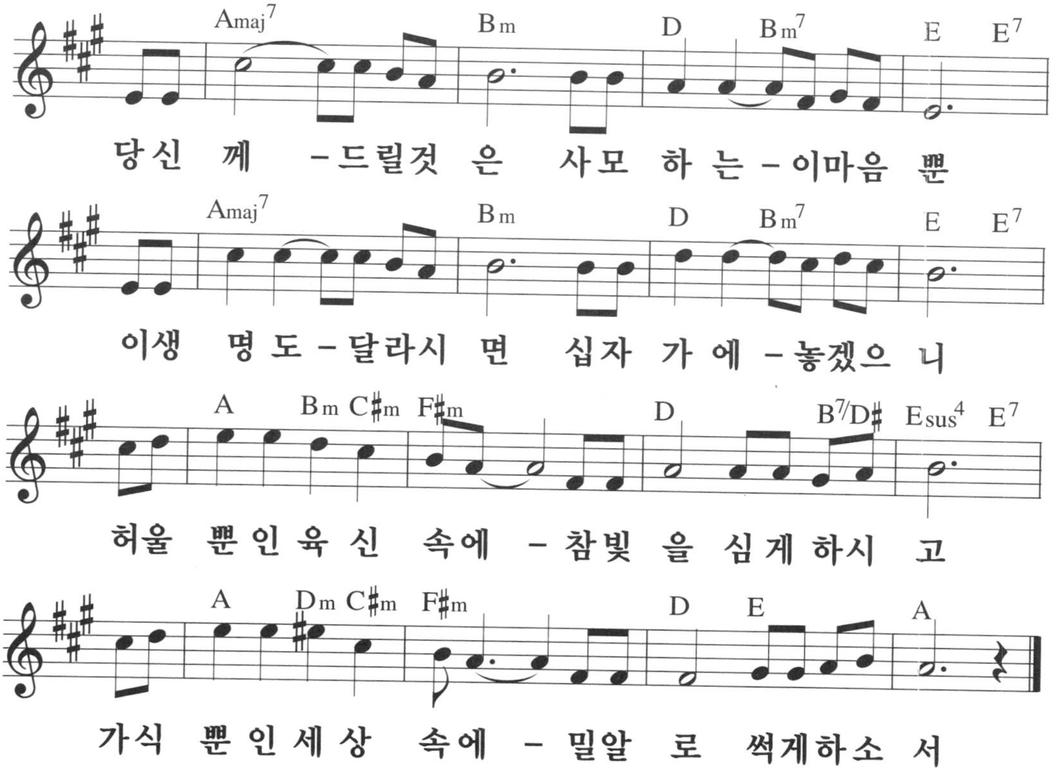

당신 께 -드릴것 은 사모 하 는 -이마음 뿐

이생 명 도 -달라시 면 십자 가 에 -놓겠으 니

허울 뿐 인 육 신 속에 -참빛 을 심 게 하시 고

가식 뿐 인 세 상 속에 -밀알 로 썩게하소 서

메들리곡

• 나의 안에 거하라 (517) • 내 마음에 주를 향한 사랑이 (523)
• 전능하신 나의 하나님은 (561)

529

당신의 그 섬김이

(해같이 빛나리)

(미 1854)

김석균

A F#m D Esus4
당신의 - 그섬김이 천국 에서 해같이빛나 리
당신의 - 그순종이 천국 에서 해같이빛나 리
E A D E A
당신의 - 그겸손이 천국 에서해같이빛나 리
당신의 - 그사랑이 천국 에서해같이빛나 리
E A F#m D Esus4
당신의 - 그믿음이 천국 에서 해같이빛나 리
당신의 - 그찬송이 천국 에서 해같이빛나 리
E A D E E7 A
당신의 - 그충성이 천국 에서해같이빛나 리
당신의 - 그헌신이 천국 에서해같이빛나 리
E A D E7
주님이기억하시면 족하리 예수님사랑으로 가득한 모습
주님이기억하시면 족하리 불타는사명으로 가득한 모습
A D Dm/F A E A
천사도흠모하는 아름다운 그모습 - 천국 에서해같이빛나 리
천사도흠모하는 아름다운 그모습 - 천국 에서해같이빛나 리

메들리곡
- 나의 안에 거하라 (517)
- 나의 영혼이 잠잠히 (519)
- 너의 하나님 여호와가 (525)

(미 891)

많은 사람들 530

(난 예수가 좋다오)

김석균
많은 -사람들 - 참된 진리를모른채 - 주 님곁을
무 거운짐진자 - 다- 내 게 -로오라 - 내 가너를
그 대 -가만일 - 참된 행 복을찾거든 - 예 수님을
떠 나 갔 지 만 - - 내가만난주-님은 - 참
쉬 게 하 리 라 - - 이길만이생명의길 - 참
만 나 보 세 요 - - 그분으로인-하여 - 참
사 랑-이었 고 - 진 리 였 고 소 망 이 었 소 - -
복 된-길 이 라 - 항 상 내 게 들 려 주 셨 소 - -
평 안을얻으 면 - 나 와 같 이 고 백 할 거 요 - -
난 예 수 가 좋 다 오 - - 난--
예수가좋다오 - - 주를 사 랑 한 다 던 - 베 드로
고백처럼 - 난 예 수를사랑한다 오 -

메들리곡 • 갈릴리 마을 그 숲속에서 (506) • 머리들라 문들아 (531) • 찬양하세 (589)

531 머리들라 문들아

(미 2197)

Graham Kendrick

A
머 리 들 라 문 들 아 너 희 영
죽 음 에 서 사 셨 네 모 든 권
Esus4 E7 1. A D2/E 2. A E
원 - 한 문 들 아 머 리 들 라 영 광
세 - 이 기 셨 네 죽 음 에 네 하 늘
A D A E F♯m A D A
의 왕 들 어 가 시 네 - 영 광 의 왕 들 어
높 이 주 임 하 시 네 - 너 희 문 을 넓 게
E A D A E F♯m
가 시 네 - 영 광 의 왕 들 어 가 시 네 - 영 광
열 어 라 - 하 늘 높 이 주 임 하 시 네 - 너 희
A D A E A
의 왕 들 어 가 시 네 -
문 을 넓 게 열 어 라 -

메들리곡 • 찬양이 언제나 넘치면 (587) • 찬양 찬양(588) • 찬양하세 (589)

(미 921)

멀고 험한 이 세상 길

(돌아온 탕자)

김석균

멀고험 한 -이세상 길 소망 없 는나그네- 길
무거운 짐 -등에지 고 쉴곳 없 어애처로운 몸
눈물로 써 -회개하 고 아버 지 의품에안기 어

방황하 고 -헤매이 며 정처 없 이살-아왔 네
쓰러지 고 -넘어져 도 위로 할 자내겐없었 네
죄악으 로 -더럽힌 몸 십자 가 에못-박았 네

의지 할 곳없 는이 몸 위로 받 고살 고파 서
세상 에 서버 림받 고 귀한 세 월방 탕하 다
구원 함 을얻 은기 쁨 세상 에 서제 일이 라

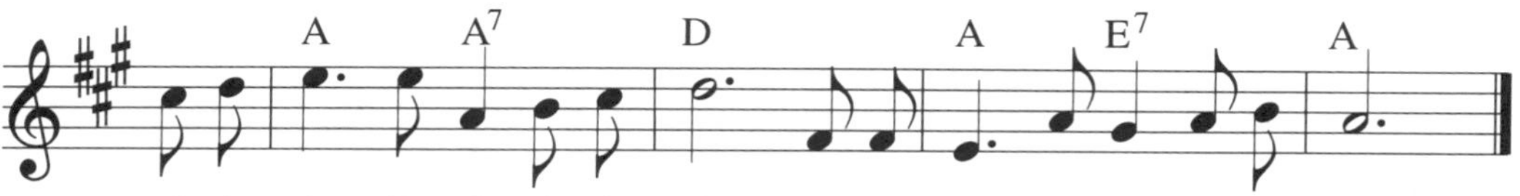

세상 유 혹따라가 다 모든 것 을다 잃었 네
아버 지 를만났을 때 죄인 임 을깨 달았 네
영광 의 길허락하 신 내주 예 수찬 양하 네

메들리곡

- 나 가진 재물 없으나 (510)
- 나의 힘이되신 여호와여 (518)
- 똑바로 보고 싶어요 (528)

533 모든 민족과 방언들 가운데

(미 1578)

(Hallelujah to the Lamb)

Debbye Graafsma & Don Moen

모 든민족과방언들 가 운데 수 많은주 - 백성 모였-
어 린양피로씻어진 우 리들 은 혜로주 - 앞에 서있-

네 주의 - 보 혈과 그사랑 - 으 로 친 백 - 성
네 주이 - 름 으로 자녀된 - 우 리 겸 손 - 히

삼 - 으셨네 주를향 한 감 사와 - 찬 양 - 을 말로다
구 - 하오니 주의능 력 우리게 - 베 푸 - 사 주를더

표 현할수 없네 - - 다만 - 내 소리높여 - 온 맘을다 해-
욱 닮게하 소 서 - - 그때 - 에 모든나라 - 주 영광보며-

찬 양 - 하리라 - 할렐 루야 할렐루야 할렐
경 배 - 하리라 -

루야 어린양 할렐 루야 할렐루야 주의 보혈덮으

사- 모든 족속 모든방언 모든 백성 열방이 모든

A A/C♯ D Esus4 E 1. A F♯m E Esus4
영광 모든존귀 모든 찬양주께드 - 리네 -
2. A F C2/E G F C2/E
- 무릎꿇 - 고서 - 다함께 - 고백해
G D/E E D/E E Coda D Esus4 E A Fine
D.S. al Coda
만유의주님 - 할렐 찬양 주께 드 - 리네 -

메들리곡
- 모든 능력과 모든 권세 (535)
- 이 땅의 황무함을 보소서 (559)
- 하나님은 우리의 피난처가 되시며 (591)

534 모든 상황 속에서 (미 2102)

김영민
D2 A G/A A7 D2 A
모든상황속-에 서 주를찬양할-지 라
D2 A F#7/A# Bm D/E E7
주는너의큰-상 급 큰도-움이-시 라
D2 A G/A A7 D2 A
주의얼굴구-할 때 주의영을부-으 사
D2 A F#7/A# Bm D/E
크신사랑안-에 서 주를보게하-소 서
E7 A E/G# F#m A/E D A/C#
내 영혼이-확정되고확 정되었-사오-니 -믿 음의눈들-어-- 주를
Bm D/E E7 A E/G# F#m A/E
바라봅--니다 내 영혼이-확정되고-확 정되었-사오-니 -믿

D
A/C♯
Bm
D/E
A
1.
Fine
음의눈들- 어 - - 주를 바 라봅 -니 다
2. A
A
Bm
A/C♯
D
주를 찬양할 - 때 주의나 -라 이미임 -했네 그의
Bm
A
B7
D/E
E
E7
D.S
영원한-나라- 보 게하 -소 서 - - 내

메들리곡
- 나의 영혼이 잠잠히 (519)
- 주의 도를 내게 알리소서 (580)
- 하나님은 우리의 피난처가 되시며 (591)

535 모든 능력과 모든 권세

(미 1648)

(Above All)

Lenny LeBlanc & Paul Baloche

A E/D D Esus4 E A A/C♯ E/D D
모든능 - 력 - 과 모든권 - - 세 - 모든것 - 위 - 에 뛰어
Esus4 E A A/G♯ F♯m Amaj7/E D A/C♯
-나신 - 주님 - 세상이 측량 - 할수 - 없는 - 지혜 - - - 로
Bm7 D/A E/G♯ A A/C♯ E/D D Esus4 E
모든만 - 물창 - 조하 - 셨네 - 모든나 - 라 - 와 모든보 -
A A/C♯ E/D D Esus4 E A A/G♯
-좌 - 이 세상 - 모든 - 경이 - 로움 - 보다 - 이 세상
F♯m Amaj7/E D A/C♯ Bm7 D/A
모든 - 값진 - 보물 - 보다 - - - - 더욱귀 - 하신 - 나의 - 주님
C♯sus/G♯ C♯ A Bm7 E/G♯ A Bm7
- 십 자가 - 고통당 - 하사 - 버림받고 - 외
E/G♯ A A/G♯ F♯m Amaj7/E D A/C♯
면당하 - 셨네 - 짓밟힌 - 장미꽃 - 처럼 - - -
Bm7 A/C♯ D2 Esus E A
나를 - 위해 - 죽으셨네 - 나의 - 주

메들리곡
- 모든 상황 속에서 (534)
- 우리 보좌 앞에 모였네 (552)
- 우리 죄 위해 죽으신 주 (555)

(미 1254)

무화과 나뭇잎이 마르고

536

(Though the fig tree)

Tony Hopkins

A A7
무 화 과 나 뭇 잎 이- 마 르 고 - 포 도
D A
열 매 가 없 으 며 - - 감 람 나 무 열 매
F#m B7 E7
그 치 고 논 밭 에 식 물 이 없 어 도 - 우 리
A A7 D
에 양 떼 가 없 으 며 외 양 간 송 아 지
D A F#m
없 어 도 - - 난 여 호 와 로 즐 거 워 하 리
Esus4 E7 D A
난 여 호 와 로 즐 거 워 하 리 난 구 원 의
A F#m B7 E7 A
하 나 님 을 인 해 기 뻐 하 - 리 라 -

메들리곡 • 나의 가장 낮은 마음 (512) • 나의 반석이신 하나님 (515) • 찬양 찬양 (588)

537

민족의 가슴마다

(미 1880)

(그리스도의 계절)

김준곤 시, 박지영 정리 & 이성균

A E/G# F#m C#m/E
민 족의 - 가 슴 마 다 피묻 은 그 리 스 도를 - 심
D Bm E A F#m
어 이 땅 에 푸 르 고 - 푸 른 - 그 리 스 도의 계절 - 이 - -
G9 Esus4 E7 G9 Esus4 E7
오 계 하 소 서 오 계 하 소 서
A E/G# F#m C#m/E
이 땅에 - 하 나 님 - 의 나 라 가 - 이 뤄 지 게 하 옵 - 소
D Bm E A C#7/G# F#m
서 모 든 사 람 의 마 - 음 과 - 교 회 와 가 정 - 에 도 - - 하 나 님
Bm E
나 라 가 - 임 하 게 하 여 주 - 소 - 서 - 주 의
A F#m D
청 년 들 이 - 예 수 의 꿈 을 꾸 고 - 인 류 구 원 의 - 환 상 을
E A F#m
보 게 하 - 소 - 서 - 한 손 엔 복 음 들 고 - 한 손 엔 사 랑 을 들 고 - 온 땅

민족의 가슴마다

D
E
F M7
구석 구석 누비 - 는 나라 - 되게 하소 서 이땅
E m
F M7
E m
구석구 - 석에 - 서 - 예수를주로고백 하게하 - 소 - 서 -
F M7
E m
D m
하늘의뜻이땅에 이뤄주 - 소-서 - 주의 나라- 되게하 소 -
G sus4
G 7
C
A m
서 - - 주의 청 년들이 - 예 수의 꿈 을꾸고 - 인 류
F
G sus4
G 7
C
구원의- 환상을 보게하 - 소 - 서- 한손엔복음들고 - 한손엔
A m
F
G sus4
G 7
C
사랑을들고 - 온땅 구석 구 석누비 - 는 나라 - 되게하소 서

메들리곡

- 모든 민족과 방언들 가운데 (533)
- 사망의 그늘에 앉아 (540)
- 주님 나라 임하시네 (568)

538

물결 일어 파도치는

(주님)

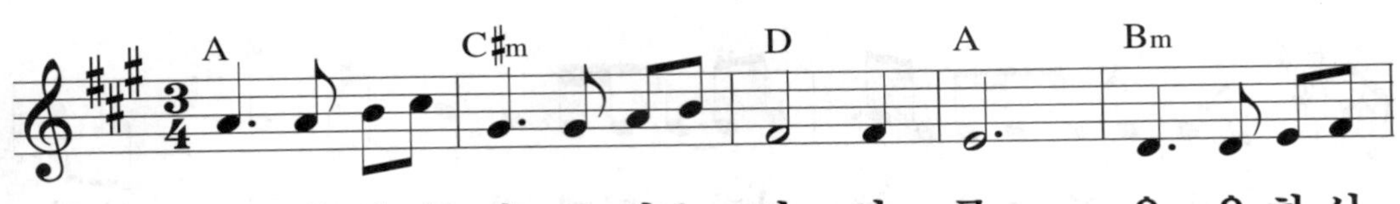

A C♯m D A Bm
물 결 일어 파 도 치는 바 다 를 온 유하신
우 리 소원 친 히 들어 주 시 고 저 하늘에

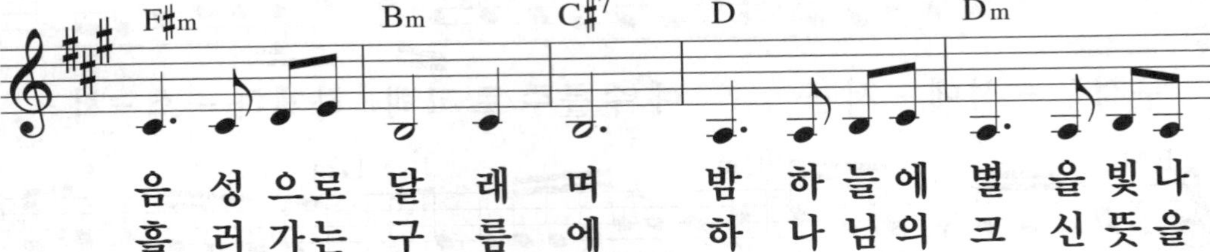

F♯m Bm C♯7 D Dm
음 성 으로 달 래 며 밤 하 늘에 별 을빛나
흘 러 가는 구 름 에 하 나 님의 크 신 뜻을

A F♯m G♯ C♯m Bm E7
게 하 사 어 두운밤 밤 길을돌 보 신 다
보 이 사 찬 란하게 무 지 개를 세 우 며

A F♯m Bm E7 Bm
언 제 나그 보 좌 위에 앉 으 사 낮 고 천한
단 풍 잎에 고 운 채색 하 시 고 너 와 나의

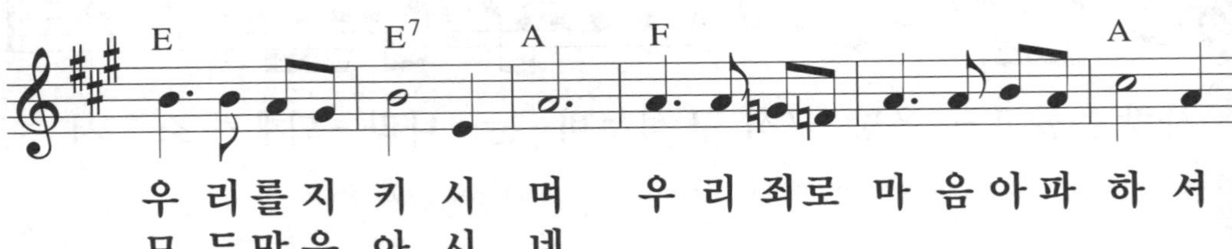

E E7 A F A
우 리를지 키 시 며 우 리 죄로 마 음아파 하 셔
모 든맘을 아 시 네

E Bm E E7 1. A Bm7 A 2. A D A D Dm A
도 우리에 게 용 서 를 – 를 – 주 시 네

메들리곡

- 내 모든 것 나의 생명까지 (524)
- 너의 하나님 여호와가 (525)
- 모든 상황속에서 (534)

(미 885)

볼찌어다 내가 문 밖에 539

김지현

볼-찌-어다- 내가 문밖에서서 두 드리노 니
볼-찌-어다- 그의 음성을듣고 맘 문열- 라
볼-찌-어다- 내가 문밖에서서 두 드리노 니 -
볼-찌-어다- 그의 음성을듣고 맘 문열-라 -
누구든지내 음성 듣고 - 문 을열 면---
주의크신사 랑을 믿고 - 문 을열 면---
누구든지내 음성 듣-고- 문 을열- 면 - 내가
주의크신사 랑을 믿-고- 문 을열- 면 - 나의
들어가 -그로더불어 먹-고 그는나로더불어살- 리 - 내가
하나님 -생명의반석 되시니 나와항상함께하시- 리 - 나의
들어가 -그로 더불어 먹-고 그는나로더불어살 리
하나님 -생명 의반석 되시니 나와항상함께하시 리

메들리곡
- 나의 영혼이 잠잠히 (519)
- 주님 당신은 사랑의 빛 (570)
- 하나님은 우리의 피난처가 되시니 (591)

540 사망의 그늘에 앉아

(미 1598)

(그날)

고형원

사망의 그늘에앉 아 죽어 가는 나의백성 들 절망

과굶주림에 갇힌저들은 내마음의-오 랜슬 픔

고통의멍에에매 여 울고 있는 나의자녀 들 나는

이제일어나-저들의 멍에를꺾고 눈물씻기기-원하는 데

누가내게부르-짖 어 저들을구원케-할 까

누가나를위해-가 서 나의사랑을전-할 까 나는

이 제보기원하 네 나의 자녀들-살아나는-그 날 기쁜

찬 송소리하늘 에 웃음 소리온-땅가득한-그 날

메들리곡 • 민족의 가슴마다 (537) • 우리 오늘 눈물로 (554) • 주님 나라 임하시네 (568)

(미 785)

선포하라

541

(All heaven Declares)

Noel Richards & Tricia Richards

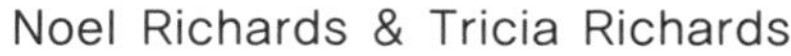

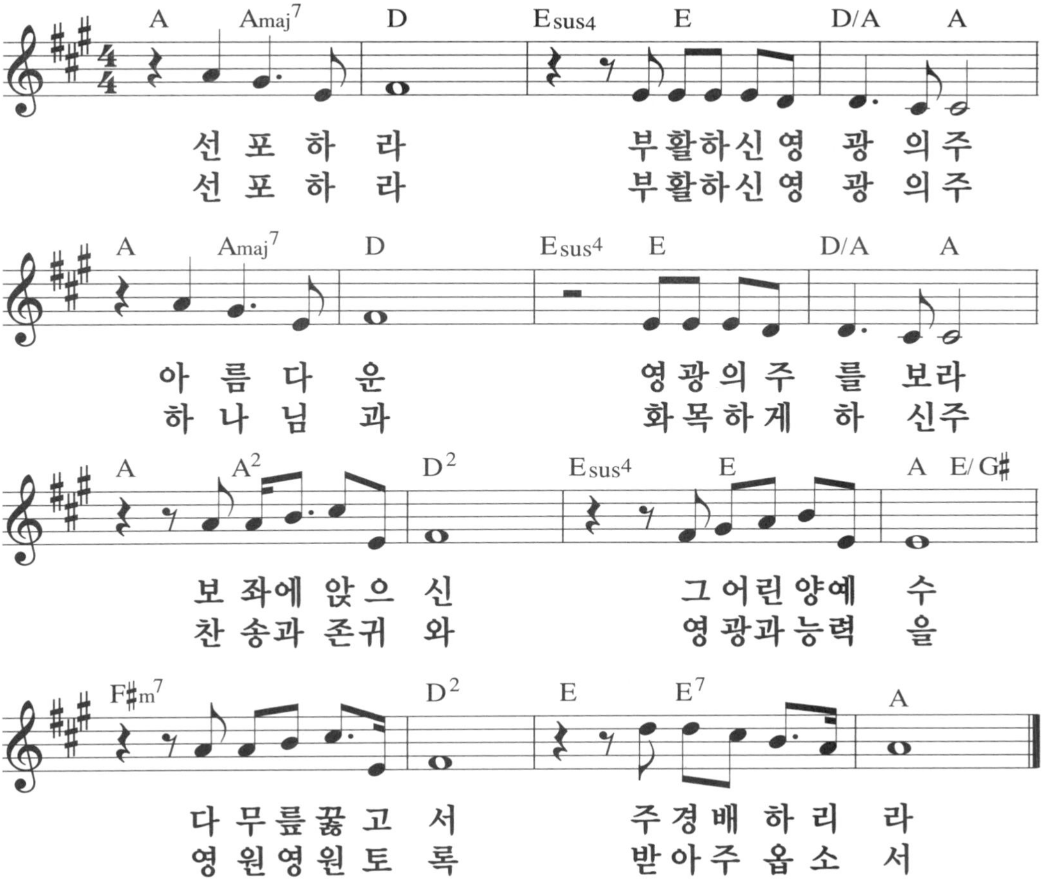
A Amaj7 D Esus4 E D/A A
선 포 하 라 부활하신영 광 의주
선 포 하 라 부활하신영 광 의주
A Amaj7 D Esus4 E D/A A
아 름 다 운 영광의주 를 보라
하 나 님 과 화목하게 하 신주
A A2 D2 Esus4 E A E/G#
보 좌에 앉으 신 그어린양예 수
찬 송과 존귀 와 영광과능력 을
F#m7 D2 E E7 A
다 무릎꿇고 서 주경배하리 라
영 원영원토 록 받아주 옵소 서

메들리곡 • 나는 찬양하리라(511) • 예수 우리 왕이여(551) • 평강의 왕이요(590)

542 성령이여 내 영혼에

(Come and fill me up)

Brian Doerksen

A Asus4 A Asus4 A Asus4 A Asus4
성령이여 내영혼 에 넘치도 록 채워주소서
E D A Asus4 A Asus4
– 채워주 소서 – –
A Asus4 A Asus4 A Asus4 A Asus4
주의사랑 주의자 비 간절하 게 기다리오니
E D A Asus4 A Asus4
– 채워주 소서 – –
Bm7 E A F♯m
크신자비 –로–내–죄–를 – 씻으소서 –
Bm7 E A F♯m E
순전하신 –주의사–랑을– – –새롭게 – –
D A D Esus4 E
간절히 원하네 주임재 하 심을
D A/C♯ D Esus4
간절히 원하네 주 님의임재 하 –심

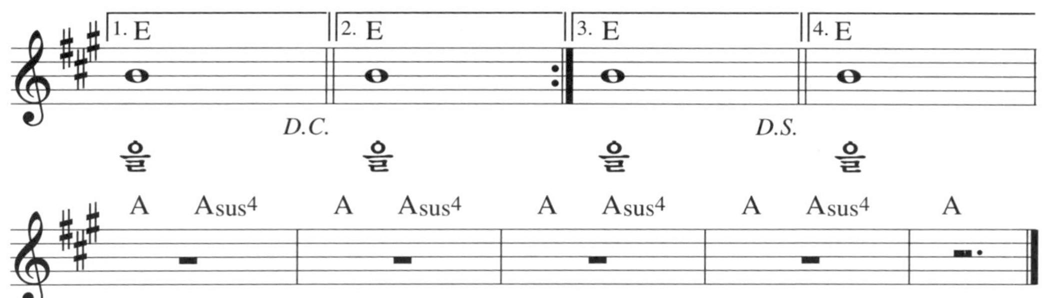

메들리곡

• 예수는 왕 예수는 주 (428) • 하늘 위에 주님 밖에 (593)
• 형제여 우리 모두 다함께 (596)

543 순전한 나의 삶의 옥합

(삶의 옥합)

오세광

A E/G♯ F♯m9 F♯m Bm Bm/A Esus E7
순전 한 나 의 삶 의 옥 합 깨 뜨 려 주 께 모 두 - 드 리 리
A E/G♯ F♯m9 F♯m D E7 A D/E
나의 가 장 귀 한 것 주께 드 리 리 나 의 주 님 - 예 수
A E/G♯ F♯m9 F♯m Bm Bm/A Esus E7
순 전 한 나 의 삶 의 옥 합 깨 뜨 려 주 께 모 두 - 드 리 리
A E/G♯ F♯m9 F♯m D E/D A G/B A/C♯
나의 가 장 귀한 것 주께 드 리 리 나 의 주 님 예 수
D E/D C♯m D E/D C♯9/F F♯m D A/C♯
내 가힘을다하 여 주 의날 을 - 예 비하리 니 주가보고 - 그
Bm E7 Bm A/C♯ E7 A D/E A E/G♯
사 랑으로 - 주 의 것 삼 으 시 네 이것이 나 의기도나의소망
F♯m A/E D A/C♯ Bm E7 A
나 의모든것 눈 물 로주님께 간 구 하오니 - 이것이 나의기도
E/G♯ F♯m /E B/E♭ D9 A/C♯ E7 1.A D/E 2.A
나의소망 나 의모든것 주여 나를 기 억하소 서 이것이 서

메들리곡
- 나의 영혼이 잠잠히 (519)
- 내 모든 것 나의 생명까지 (524)
- 주의 도를 내게 알리소서 (580)

십자가 군병들아

544

(Stand up, Stand up for Jesus)

G. Duffield & G. J. Webb

A D A E
십 자 가 군 병 들 아 주 위 해 일 어 나
십 자 가 군 병 들 아 주 위 해 일 어 나
십 자 가 군 병 들 아 주 위 해 일 어 나
십 자 가 군 병 들 아 주 위 해 일 어 나
A D A E A
기 들 고 앞 서 나 가 굳 세 게 싸 워 라
그 나 팔 소 리 듣 고 곧 나 가 싸 워 라
네 힘 이 부 족 하 니 주 권 능 믿 어 라
이 날 에 접 전 하 고 곧 개 가 부 르 리
E A D A E
주 께 서 승 전 하 고 영 광 을 얻 도 록 –
수 없 는 원 수 앞 에 주 따 라 갈 찌 니 –
복 음 의 갑 주 입 고 늘 기 도 하 면 서 –
승 전 한 군 사 들 은 영 생 을 얻 으 며 –
A D A E A
그 군 대 거 느 리 사 늘 이 김 주 시 네
주 예 수 힘 을 주 사 강 하 게 하 시 네
너 맡 은 자 리 에 서 충 성 을 다 하 라
영 광 의 주 와 함 께 왕 노 릇 하 리 라

메들리곡 • 그 날이 도적 같이 (509) • 예수님 찬양 (550) • 찬양 찬양 (588)

545 아름답고 놀라운 주 예수

(I stand in Awe)

Mark Altrogge

A E/A Dsus2/A
아름 답고놀라운 주예 - 수 - 말 로할수- 없네
A E/A Dsus2/A
- 그 측량할수 없는위 - 엄 - 주 님과같은분없네
E C# F#m7 B9
- 한없 는 그지혜와사 - 랑 그누
D Esus4 E7 A
구도 다알수없네 - 아름 답고놀라운 주예
E/A D Esus4 A Esus4 E A E/A
- 수 보좌에 - 앉으- 셨네 - 주님 앞 에내 가
Dsus2/A A E/A Dsus2/A
서있네 - 주 앞 에 내 가 서있네 - 주는
C#7sus4 C#7 Dmaj7 D#m7 Bm7 E D/A A
거 룩하 신 하 나 님 그 앞 에 서 있 네

메들리곡
- 모든 능력과 모든 권세 (535)
- 주께 가까이 (563)
- 주 여호와는 광대하시도다 (578)

(미 1346)

엠마오 마을로 가는

(엠마오의 두 제자)

546

김두완
A D Bm B7 E7
엠 마 오마을로 가- 는 -두제 자
이 세 상사는길 엠- 마 -오의 길
A D A E7 A
절 - -망과 공 포에잠 겨 -있을 때
끝 - -없는 근 심이앞 길 -막으 나
E7 A E7
주 예 수그-들- 에 -게 나 - 타나-시- 사
주 예 수우-리- 에 -게 나 - 타나-시- 사
A D A E7 A
참 되 - - 신 소 망을보 여 - 주셨 네
새 소 - - 망 주 심을믿 사 - 옵니 다

메들리곡
- 갈릴리 마을 그 숲속에서 (506)
- 내가 만민중에 (522)
- 모든 상황 속에서 (53장)

547 언제나 강물 같은 주의 은혜로

(창조의 하나님이 나의 아버지)

김석균

A Amaj7 F#m D A
언제나 강물같은 주의은 혜로- 내영혼새 롭 게빛 는
독생자 예수님을 이땅에 보내- 내죄를대 속 케하 신
Bm D Esus4 E7
창 조 의 -하 나 님 이 나의아버 지 -
창 조 의 -하 나 님 이 나의아버 지 -
A Amaj7 F#m D A
지치 고 상한마음 싸매주 시고- 품안 에 안아 -주시 는
절망 의 순간마다 찾아오 셔서- 능력 의 손으로일하 신
Bm E7 A E7
위 로 의 -하 나 님 이 나의아버 지
기 적 의 -하 나 님 이 나의아버 지
A Amaj7 D
신실하 신 -하나님 이 나의아버 지 - 실수하지
Bm G Esus4 E7
않으 시는 하 나 님 이 나의 아버 지 -

A
A7
D
Dm
복주시 고 -지 키시 며 은혜와평 강 을베푸시 는
A
E7
D
A
축복 의 -하 나 님 이 나의아버 지 -

메들리곡

- 당신의 그섬김이 (529)
- 주님 한 분 밖에는 (575)
- 하나님은 우리의 피난처가 되시며 (591)

548 여호와는 선하시며

(미 2289)

(시편 118편 / Psalm 118)

Stephen Hah

A Amaj7/G♯ A7/G F♯7
1.여 호 와는선 하 시 며 그 인자하심이 영
호 와여구 하 오 니 – 구원하소서 이
Bm7 D/E A E9sus4 E7
원 영 원 하 심 이– 라 – 열
제 온 전 케 하 소– 서 – 주
A Amaj7/G♯ A7/G F♯7
방 이 – 별 과 같 이 나를 에 워 쌌 으 나 여호
님 의 – 이 름 으 로 오는 모 든 자 에 게 여호
Bm7 D/A 3 G D/E E D/E E7
와 의 이 름 이 – 저희 를 끊으리 라 여
와 의 축 복 이 – 영원 히 함께하 리 주
A Amaj7/G♯ A7/G
호 와는– 내편 이 시라 – 내게 두려 움이전 –혀 없으
가 심히– 경책 하 셔도 – 죽음 에는 붙이지 –않 으시
F♯ Bm7 D/E
리 사람 이내 게어 찌할꼬 주는 나를 돕는 자중에 – 함께
니 내가 죽지 않고 살아서 여호 와의 크신 행사를 – 선포

여호와는 선하시며

D/A A D/E E D/E E7 A
계 시 네 - 내가 주께 피 함이 - 사 람을
하 리 라 - 내게 문을 여 소서 - 주 님의
Amaj/G# A7/G F#7
신뢰 함 보다 - 방백을 의지 함 보다 -더 나으 니 나의
의로 운 문을 - 그곳에 내가 들 어가 -감 사하 리 주가
Bm7 D/E E7 1. A
능력 되신주 - 나의 찬송 나의 구원되 -시 네 - 2.여
응답 하시니 - 내가 여호 와께 감사하 -리
2. A A/G F G C F G
라 이날 은 주 님의 날 이 라 기 뻐하 -고 즐거 워하
A Dm7 G Em7 Am7
라 주는 나의 하나님 나의 하나님이 라 내가
D.S. al Fine
F Dm7 Esus D/E E D/E E7
영 원토 록 주 를 높 이 리 - 여

메들리곡
- 나의 안에 거하라 (517)
- 나의 영혼이 잠잠히 (519)
- 전능하신 나의 주 하나님은 (561)

549 여호와 이스라엘의 구원자

(미 1932)

(Jehovah saviour of Israel)

Stephen Hah

여호와 이스라엘-의 구 원자-처음과 나중되-신
주 그가 널 지명하-여 부르사- 주의 종삼아주-셨
네 너를 그 의손바닥-에 새기사-결코 잊지않으시-리
라 환난 중 에피난처-가되시며- 항상 인도하-시
리 너는일 어나 주의빛-을 발-하라-
땅끝까지 - 주 선포 하라- 그가 너 로이-방-의
빛을 삼아- 구 원 을 베푸시-리 라

메들리곡
- 사망의 그늘에 앉아 (540)
- 우리 죄 위해 죽으신 주 (555)
- 이 땅의 황무함을 보소서 (559)

예수 결박 푸셨도다

A D E7 A
1. 예 수 결 박 푸 셨 도 다 –
2. 소 리 높 여 할 렐 루 야 –
3. 모 든 영 광 하 나 님 께 –
4. 찬 양 하 리 영 원 토 록 –
5. 기 뻐 하 네 내 영 으 로 –
A E7 A
모 든 결 박 푸 셨 도 다 –
소 리 높 여 할 렐 루 야 –
모 든 영 광 하 나 님 께 –
찬 양 하 리 영 원 토 록 –
기 뻐 하 네 내 영 으 로 –
A D E E7
나 의 결 박 푸 셨 도 다 –
소 리 높 여 할 렐 루 야 –
모 든 영 광 하 나 님 께 –
찬 양 하 리 영 원 토 록 –
기 뻐 하 네 내 영 으 로 –
A E7 A D A
나 는 자 유 – 해 –

메들리곡
- 나 가진 재물 없으나 (510장)
- 주님 한 분 밖에는 (575)
- 주 예수보다 귀한 것은 없네 (579)

551 예수님 찬양

Charles Wesley & R.E.Hudson
A D A E7
1. 예 수님 찬양 예수 님 찬양 예수 님찬 양 합 시 다
2. 예 수이 름을 부르 는 자는 구원 을얻 으 리 로 다
3. 예 수이 겼네 예수 이 겼네 예수 사탄 을 이 겼 네
4. 예 수이 름을 높이 는 자는 새힘 을얻 으 리 로 다
5. 예 수님 권세 예수 님 권세 예수 님권 세 내 권 세
A D A E7 A
예수님찬양 예수님 찬양 예수님찬양 합 시 다
예수이름을 부르는 자는 구원을얻으 리 로 다
예수이겼네 예수이 겼네 예수사탄을 이 겼 네
예수이름을 높이는 자는 새힘을얻으 리 로 다
예수님권세 예수님 권세 예수님권세 내 권 세
E7 A D A
할 렐루 야 할 렐루 야
1. A E7 2. A A
예수님찬양 합 시 다 예수님찬양 합 시 다
구원을얻으 리 로 다 구원을얻으 리 로 다
예수사탄을 이 겼 네 예수사탄을 이 겼 네
새힘을얻으 리 로 다 새힘을얻으 리 로 다
예수님권세 내 권 세 예수님권세 내 권 세

메들리곡 • 나 자유 얻었네 (520) • 십자가 군병들아 (544) • 찬양 찬양 (588)

(미 796)

예수 우리 왕이여 552

(Jesus, we enthrone You)

Paul Kyle

A F♯m F♯m/E
예 수 - 우 리 왕 이 여 -
D Esus4 E
이 곳 에 오 소 서 -
F♯m C♯m
보 좌 - 로 - 주 여 임 하 사 -
Dmaj7 Bm7 Esus4 E7
찬 양 을 받 아 주 소 서 -
F♯m C♯m F♯m F♯m/E
주 님 을 찬 양 하 오 니
D E7 A F♯m
주 님 을 경 - 배 하 오 니
D E/D C♯7 F♯m
왕 이 신 예 수 여 오 셔 서 좌 정
D E6 A Bm/A A
하 사 다 스 리 소 서 -

메들리곡 • 고개들어 (508) • 선포하라 (541) • 주께 가까이 (563)

553 온 세상 창조 주

(Winning All)

심형진

A2
F♯m7
온세-상- 창조-주- 온세-상- 구원-자-
하나-님- 열방-을- 우리-게- 주셨-네-
E
D2
모든-것- 이기-신- 능력-의- 하나-님-
그명-령- 따라-서- 열방-을- 취하-리-
F♯m
E
A2/C♯
D2
모든-만-물-주--를-찬-양-해 - -
F♯m
E
A2/C♯
D2
모든-민-족-주--께-경-배-해 -
A
F♯m7
모두승리하-리- 열방얻게되-리-
찬양할렐루-야- 찬양할렐루-야-
D
E
하나님-께-서 --통치하 - 시네 -
A
F♯m7
모두승리하 -리- 열방얻게되 -리 -
찬양할렐루 -야- 찬양할렐루 -야 -

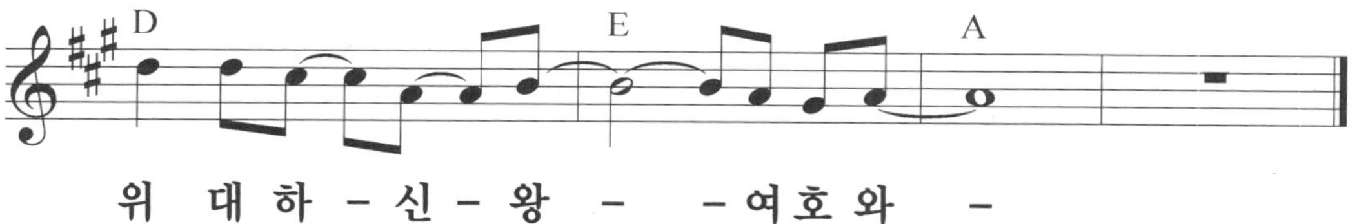
D
E
A
위 대 하 - 신 - 왕 - - 여 호 와 -

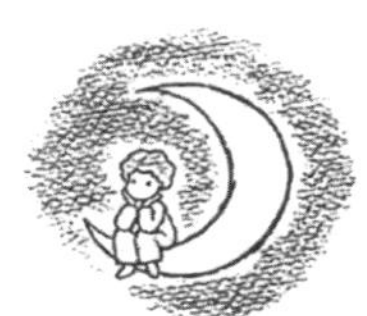

메들리곡 • 많은 사람들 (530) • 주님 같은 반석은 없도다 (566) • 찬양 찬양 (588)

554 우리 보좌 앞에 모였네

(미 1352)

(비전 / Vision)

고형원

우리 보좌앞에 모 였 네 함께 주를찬양-하 며
하 나님의사랑 그 아들주셨네 그의피로우린 구원받았 네
십자 가 에서쏟으신그 사 랑 강 같이온땅에-흘 러
각 나라와족속 백 성방언에 서 구 원 받 고주
경배드리 네 구 원하심이-보 좌에 앉으신 우
리하나님과 어 린양께있도 다 구 원하심이-보
좌에 앉으 신 우 리하나님과 어 린양 께 있 도 다

메들리곡
- 모든 능력과 모든 권세 (535)
- 이 땅의 황무함을 보소서 (559)
- 주님 큰 영광 받으소서 (574)

(미 1620)

우리 오늘 눈물로 555

(보리라)

고형원

우 리 오늘 눈 물 로 - 한 알 의 씨 앗 을 심 - 는 다
꿈꿀수없어무너진가 슴 에 저들 의푸른꿈- 다시돋아나도록-
우 리 함 께 땀 흘 려 -소 망 의 길 을 만 - 든 다
내일 로가는길을 찾지못했 던 저들 노래하며 달려갈그 길
그날에- 우리보 리 라 새벽 이슬-같은저들-일어 나
뜨거운- 가슴사 랑의손으로- 이땅 치 유하며- 행 진할 때
오래 황폐하였던-이땅어 디 서 나 순결 한 꽃들 피 어 나고-
푸른 의의나무가- 가득 한 세 상 우리 함께보리 라

메들리곡

- 민족의 가슴마다 (537)
- 사망의 그늘에 앉아 (540)
- 이 땅의 황무함을 보소서 (559)

556 우리 죄 위해 죽으신 주

(Thank you for the cross)

Mark Altrogge

A2 A/C# D2 D A/C# Bm7 Bm/A
3
우리죄위해 - 죽으 - 신주 - 십자가그사랑 - 감 - 사하
E/G# E A2 A/C# D A2/C# Bm7
네 날마다주의형상대로 변화 되리라 - - 십
D/E E A D/F# E/G# E/A A A/C# D Bm7
자가우 - 릴 새롭게하 리 놀라 운사랑 - 찬양하 - 리라
Bm7/E A E/A A E/F# F#m7
우 리를위해 생명주셨 - 네 - 놀라 운사랑 - 찬양하
A/D Bm7 D/E E D/E E F#m F#m7 Bm7 C#m7 D E A
- 리라 십자 가의그 능 력 십자 가의 그능 력

메들리곡

- 내 모든 것 나의 생명까지 (524)
- 모든 능력과 모든 권세 (535)
- 선포하라 (541)

(미 1161)

우린 이 세상에서 할 일 많은 557

(우린 할 일 많은 사람들)

고재문
A F♯m Bm E7
우 린 - 이세상에서 - 할 일 -많은사람 들-
A F♯m Bm E7 1.A 2.A
우 린 -이세상에 서 - 할 - 일 많은사 람 - 들 우 들
A F♯m D E7
주님 이 명령하신그말씀을 모두 에 게전해야하 는
이 하신그 - 말씀 따라 우린 밝 은빛이 되어 서
A F♯m E7 1.A
우린주 의 사랑전하 는 - 주님의 증인이라 오
어두워 져 가는이세 상 에 밝음을 전해야하
A F♯m Bm E7
우 린 -이세상에서 - 한 줄 -기의밝은빛-
A F♯m Bm E7 A 2.A
우 린 -이세상에서 - 한 - 줄기의밝은- 빛 주님 오

메들리곡

- 사망의 그늘에 앉아 (540)
- 이 땅의 황무함을 보소서 (559)
- 주님나라 임하시네 (568)

558 우물가의 여인처럼

(미 906)

(Fill my cup Lord like the woman at the well)

Richard Blanchard

1. 우 물 가 의 여 인 처 럼 난 구 했 네 - 헛
2. 많 고 많 은 사 람 들 이 찾 았 었 네 - 헛
3. 내 친 구 여 거 기 서 - 돌 아 오 라 - 내

되 고 헛 된 것 들 을 그 때 주 님 - 하 신
되 고 헛 된 것 들 을 주 안 에 감 - 추 인
주 의 넓 은 품 으 로 우 리 주 님 - 너 를

말 씀 - 내 샘 에 와 생 수 를 마 셔 라
보 배 - 세 상 것 과 난 비 길 수 없 네 오 -
반 겨 - 그 넓 은 품 에 안 아 주 시 리

주 님 - 채 우 소 서 - 나 의 잔 을 높 이 듭 니 다 하 늘

양 식 내 게 채 워 주 소 서 넘 치 도 록 - 채 워 주 소 서

메들리곡 • 나의 모든 기도가 (513) • 나의 안에 거하라 (517) • 예수 우리 왕이여 (551)

(미 1896)

유월절 어린양의 피로 559

(Under the blood)

Martin Nystrom & Rhonda Gunter Scelsi

유월 절어린양 - 의피 로 나의 삶의문이 - 열렸 네 - 저
어둠의권 - 세는 힘이없네 주 보혈의능 - 력으로 - - 원
수가 날정죄할 때 - 도 난 의롭게살 수있 네 - 난
더이상정죄함 없 - 네 난 주보혈아 - 래있네 - 난
주보혈아 - 래있네 - 그 피로내죄 - 사했 - 네 -
하 나 님의긍휼 날 거룩케하시었 네 - 난
주보혈아 - 래있네 - 난 원수의어 - 떠한 공격에도
더이상넘 어 지지않네 난 주보혈아 - 래있네 - -

메들리곡

- 나의 영혼이 잠잠히 (519)
- 주 예수보다 귀한 것은 (579)
- 하나님은 우리의 피난처가 되시며 (591)

560 이 땅의 황무함을 보소서 (미 1361)

(부흥)

고형원

A E/G♯ F♯m F♯m/E D Dmaj7

이땅의황무함을 보소서- 하늘의 하나님- 긍휼을

E E7 Amaj7 E/G♯ F♯m F♯m/E Bm/D G/D

베푸시는주여 우리의 죄악 용서 하소서- 이땅 고쳐 주소

E E7 A E/G♯ F♯m F♯m/E D Dmaj7

서 이제우리모두하 나되어- 이땅의 무너진- 기초를

E E7 Amaj7 E/G♯ F♯m Bm/D G/D Esus4

다시쌓을때 우리의우상 들을태우실- 성령의불-임하소 서

A2 F♯m Bm

부흥의불길-타오르게 하소서- 진리의말씀-이땅새롭게

Esus4 E A2 F♯m Bm

하소서- 은혜의강물-흐르게 하소서- 성령 의바람

Esus4 Amaj7 C♯m/G♯ F♯m F♯m/E D Bm

-이제불어 와 오- 주 의-영 광 가 득한 새 날주소

E E7 Amaj7 C♯m/G♯ F♯m F♯m7 Bm/E E7 A

서 오- 주 님-나 라 이 땅에 임 하 소 서

메들리곡

- 모든 민족과 방언들 가운데 (533)
- 우리 보좌 앞에 모였네 (552)
- 우리 오늘 눈물로 (554)

(미 1929)

이 시간 너의 맘 속에

김수지

이 시 간 너 의 맘 속 에 하 나 님 사 랑 이 가 득 하 기 를
진 심 으 로 기 도 해 간 절 히 소 망 해 하 나 님 사 랑 가 득 하 기 를
하 나 님 은 너 를 사 랑 해 얼 마 나 너 를 사 랑 하 시 는 지 너 를 위
해 저 별 을 만 들 고 세 상 을 만 들 고 아 들 을 보 냈 네 오 래
전 부 터 널 위 해 준 비 된 하 나 님 의 크 신 사 - - 랑
너 의 가 는 길 - 주 의 사 랑 가 득 하 기 를 축 복 - 해 -
Fine
힘 든 일 도 있 겠 지 만 나 그 때 마 다 늘 함 께 할 께
하 나 님 보 이 신 - 큰 사 랑 으 로 - 나 또 한 너 - 를 사 랑 - 해 - 오 래
D.S.

메들리곡
- 나의 힘이 되신 여호와여 (518)　너의 하나님 여호와가 (525)
- 하나님은 우리의 피난처가 되시며 (591)

562 전능하신 나의 주 하나님은

(미 2066)

(Nosso Deuse poderoso)

Alda Celia

전능 하신나-의주-하나--님은- 능치 못하실-일 전 혀-

없-네- 우리 의 모든-간구--도 우리 의모든-생각--도 우리

의모든-꿈과-모든-소망--도- 신실 하신나-의주-하나--님은

- 우리의 모든괴-로움-바꿀-수- 있-네- 불가

능한일-행하-시고 죽은 자들일-으키-시니 그를 이길자-아무-도

없--네 - 주의말씀 의지 하 여- 깊은곳에 그물 던져- 오늘

그가놀 -라운- 일을-이루 -시는-것보라 - 주의말씀 의 지 하여 -

믿음으로 그 물 던져 - 믿는 자에겐- 능치- 못함 - 없네 -

메들리곡

• 나는 찬양하리라 (511) • 내 모든 것 나의 생명까지(524)
• 하나님은 우리의 피난처가 되시며 (591)

(미 2126)

주가 보이신 생명의 길

563

박정은
주가 보이신- 생명의- 길- 나 주님과함 께 -
상한 맘 을드 리 며 - 주님 -앞에 - 나-가리 -
나의 의로움-이 되 신주- 그 이름 예 수 -
나의 길이되-신 이 -름- 예 - - - 수 -
나의 길 오 직그-가 아 -시나니 - 나 를
단 련하신 후- 에 - 내 가 -
정 금 같 이 나-아 오 리 라 -

메들리곡 • 나는 찬양하리라 (511) • 주께 가오니 (564) • 주의 도를 내게 알리소서 (580)

564 주께 가까이 날 이끄소서

(미 2126)

Adhemar de Campos

A Bm7
주 께 가 까이 – 날 이 끄 소 서 – – – – 간
D E A E A
절히주– 님만–을 원합니 –다–– 채 워 주소서– 주
Bm7 D E
의 사 랑을 – – – –진 정 한찬– 양 드 –릴 수 있 도
A Esus4 A Bm7
–록 목 마–른 나 의영혼– 주 를 부 르니––
D E A E/G♯ F♯m
나의맘–만져–– 주–소서 – –주님만을 원 합니다 – 더
Bm7 D E A
원 합 니다–– 나 의맘– 만져–– 주소 –서 –

메들리곡
- 내 모든 것 나의 생명까지 (524)
- 주께 가오니 (564)
- 주님 곁으로 날 이끄소서 (567)

(미 1535)

주께 가오니

565

(The power of Your love)

Geoff Bullock

A E/G# F#m C#m7 F#m E
주께가 오니 - 날새롭게 하 시고 - 주의은혜
나의눈 열어 - 주를보게 하 시고 - 주의사랑
D E F#m E E/G# A E/G# F#m
를 부어주 - 소 서 내안에발견한 -
을 알게하 - 소 서 매일나의삶에 -
C#m7 F#m E D E D/E
나의연약 함 모두 - 벗어지리 라 - 주의사랑 으로
주뜻이뤄 지 도록 - 새롭게하소 서 -
D/A A E/G# D F#m E D/A
- - - - 주 사랑 - 나를붙드 시 - -
A E/G# D F#m E A Bm7 A/C# Em7 A
고 주 곁에 - 날이끄소 - 서 - -
D F#m E D/A A E/G#
독 수리 - 날개쳐올라 가 - - 듯 나주님과함
F#m E D D/E D/A A
께 일어나걸으 리 주의사랑안에 - - - -

메들리곡
- 내 마음에 주를 향한 사랑이 (523)
- 주께 가까이 (563)
- 주의 도를 내게 알리소서 (580)

566 주께 구속된 자들이

(미 1264)

Anonymous

A A+ Amaj7 A7 D

주 께 구 속 된 자 들 이 돌 아 오 네 시 온 으 로 오 며

D♯dim A/E F♯m Bm7 E7 A

노 래 하 네 - - 그 머 리 위 에 영 영 한 기 쁨 을 쓰 겠 네

Fine last time

A7 D A

즐 거 움 과 기 쁨 얻 고

F♯m B7 B7/D♯ E B7

- 눈 물 - 근 심 은 사 라 지 리

D.C.

메들리곡

- 그 날이 도적같이 (509)
- 당신은 지금 어디로 가나요 (527)
- 햇빛보다 더 밝은 곳 (595)

(미 1734)

주님 곁으로 날 이끄소서 567

(Draw me close to You)

Kelly Carpenter

A D/A E/A A
주님곁-으로 - 날이끄-소서 -
나의참-소망 - 그무엇-과도 -
E2/G# D/F# F#m9 F#m9/E
내모든것-다드-리며- 주음성듣-기원
바꿀수없-는주-사랑- 그품안에-나안
Dmaj7 D6 A/E D/E E A D/E E
-하네- 주님의-길로 - 인도하-소서 -
-기리-
A E/A D2/A A E/G# D2/F# E7sus4 E7
주님 - 만이 - 내모- 든것 - 되시-니-
A E/A D/A Esus4 E A
주님 - 만을 - 더알게하소서 -

메들리곡
- 내 모든 것 나의 생명까지 (524)
- 전능하신 나의 주 하나님은 (561)
- 주께 가까이 (563)

568 주님 같은 반석은 없도다

(미 1751)

(만세 반석 / Rock of Ages)

Rita Baloche

A D/A A D/A A D/A A D/A
주님같은 – 반석 은없 – 도 다 –

D G/D D G/D A D/A A D/A
찬양받기 – 합 당 하 신 – 이 름 – – 변

E F#m D
치않으시 – 는 구 원의반석 – 신 실하시 고 – 진실하 – 신 주 –

Bm D 1. A D/A 2. A
주 님같 은 – 반석은없 – 도 다 – –

F#m D A
만세반 – – 석 – 예 수 내 – 반 – 석

E/G# F#m D A
– 만세반 – – 석 – 예 수 내 – 반 – 석

주님 같은 반석은 없도다

E/G#
F#m
D
A
- 만세반 - - 석 - 예 수내 - 반 - 석
E
G
D
A D/A A
- 주님같은- 반석은없 - 도 다 - -

메들리곡 • 나의 가장 낮은 마음 (512) • 온 세상 창조주 (553) • 찬양하세 (589)

569 주님 나라 임하시네

(미 1345)

고형원

A2 F#m D2 E
주님 나라임하 시네- 주의날은멀지않았 네 너는
F#m C#m F#m/C# Bm/D B7/D# Esus4 E7
일어나 주를따-르라 하나님널부르-시 네 세상
A2 F#m D2 E
은 아직어둠 속에- 빛되신주보기원하 네 너는
F#m C#m/E D D#dim A/C#
일어나 그 빛을발-하라 주님의영광 네게임-했
Esus4 E D/A A F#m7 D A/C#
네 일어나 주 위해서라- 강한용사-여 - 주님이너와 -너와
Bm Esus4 E7 D/A A F#m7
함께하-시네 주께서 다 시오실길- 그 길예비하-라 -
D A/C# Bm Esus4 E E7sus E D/A A
영광의주님 -오 만왕의왕 곧 오 시 네 -

메들리곡
- 사망의 그늘에 앉아 (540)
- 우리 오늘 눈물로(554)
- 이 땅의 황무함을 보소서 (559)

(미 797)

주님 당신은 사랑의 빛 570

(비추소서 / Shine Jesus, Shine)

Graham Kendrick

A D/A A E/A A D/A A E/A

주 님당신은 사 랑의-빛 어 둠가 운데 비 추소-서

D E/D C♯m7 F♯m D E/D C♯m7 F♯m

세상의빛예수 우리를비추사 당신의진리로 우리를자유케

G Esus4 E G Esus4 E

비 추 소 서 우 리 위 에

A E/A D/A A Bm Bm/A D/E E D/F♯ E/G♯
비 추 소 서 - 주 님 의 영 광 온 땅 위 에

A E/A D/A A Bm Bm/A G E7sus E7
부 으 소 서 - 내 게 성 령 의 불 을

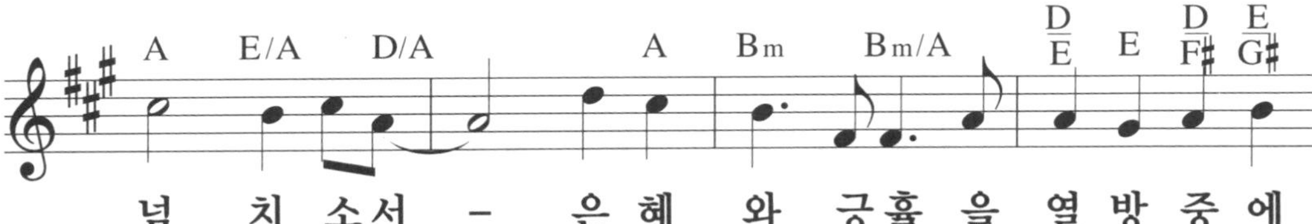

A E/A D/A A Bm Bm/A D/E E D/F♯ E/G♯
넘 치 소 서 - 은 혜 와 긍 휼 을 열 방 중 에

A E/A D/A A Bm E7 A
전 하 소 서 - 빛 되 신 주 의 말 씀

메들리곡

- 모든 민족과 방언들 가운데 (533)
- 민족의 가슴마다 (537)
- 주님 나라 임하시네 (568)

571

주님 나를 택하사

(미 2267)

(보내소서 / Send Me)

하스데반

주 님 나 를 - 택 하 사 - 잃 어 버 린 - 자
성 령 으 로 - 임 하 사 - 소 망 없 는 - 자

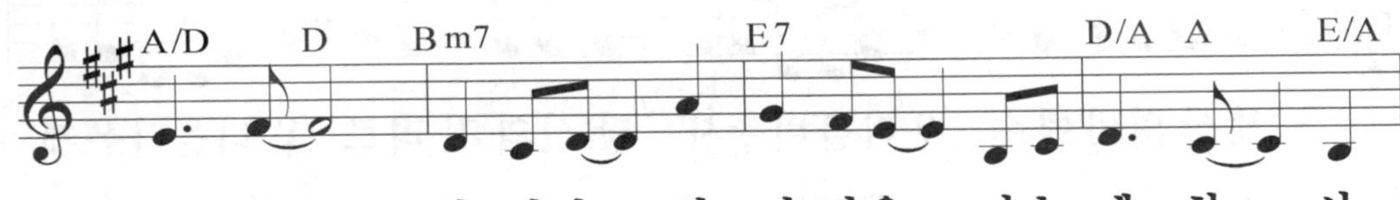

에 게 - 아 버 지 - 의 사 랑 을 - 나 누 게 하 - 시
에 게 - 생 명 의 - 그 말 씀 을 - 전 하 게 하 - 시

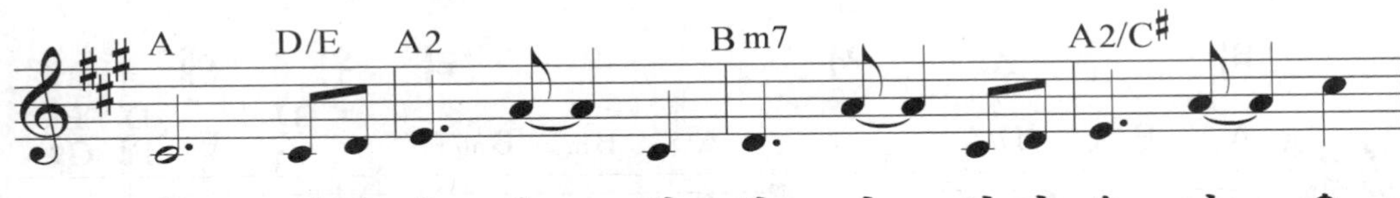

네 어 두 움 을 - 밝 히 며 - 차 가 운 마 - 음
네 목 자 없 는 - 양 같 이 - 방 황 하 는 - 저

녹 이 는 - 진 리 의 빛 전 - 하 게 하 소 서 -
들 에 게 - 주 의 사 랑 전 - 하 게 하 소 서 -

보 내 - 소 서 - 시 련 이 찾 아 - 올 때 도

주 님 의 눈 - 물 - 기 억 하 게 하 - 소 서 -

A C♯m7 F♯m7 B m7/E
보 내-소서 - 주 께-서가 - 신 길을나
A/E E7 A
도 걸어 가게 - 하 소 서 -

메들리곡 • 나는 찬양하리라 (511) • 민족의 가슴마다 (537) • 사망의 그늘에 앉아 (540)

572 주님 보좌 앞에 나아가

(미 1724)

(Lord I come before Your throne of grace)

Robert & Dawn Critchley

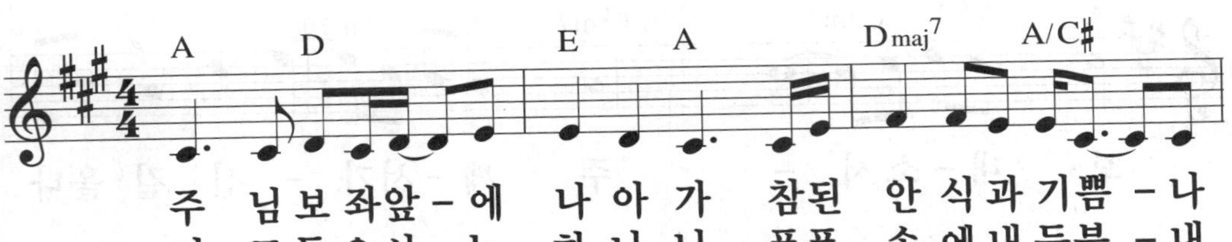
A D E A Dmaj7 A/C#
주 님보좌앞-에 나아가 참된 안식과기쁨-나
기 도들으시-는 하나님 폭풍 속에내등불-내

Bm7 Esus4 E7 Amaj7 D E E7 A F#7/A#
누리-겠네 경 배하-며주의얼-굴 구할때 신실
노래-시라 주의 날개-아래서내-맘 쉬리니

Bm7 Esus4 E7 A Bm7
하신주-님찬 양해 신실하-신 하나님-

D6/E E A D2/A A F#m
- 신실하-신 -주- 나의주-하

Bm7 D/E Esus4 E7 1. A D/E 2. A D/A

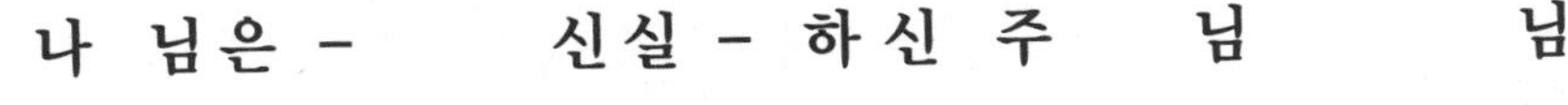
나 님은- 신실-하신 주 님 님

A D2/E A D E A Dmaj7 A/C#
평 화내려주-신 하나님 나로고통받-는자-를 위로

Bm7 Esus4 E7 Amaj7 D E
하게하-소서 나의 평생에-주의 사랑 을 전하

F♯sus4 F♯ Bm7 Esus4 E7 A G/A A7
D.S.
리 - 신실 하신주- 님찬 양 해 신실하 - 신
D/E Esus4 E7 Bm7 Esus4 E7 A
신실 - 하신 주 님 -

메들리곡 • 선포하라 (541) • 주 여호와는 광대하시도다(578) • 평강의 왕이요 (590)

573 주님의 은혜가 아니면

(나의 나됨은)

주숙일

1. 주님의 은혜가 아니면 사랑을 할수 있을까 있을까 –
2. 주님의 은혜가 아니면 전도를 할수 있을까 있을까 –
3. 주님의 은혜가 아니면 이런일 할수 있을까 있을까 –

주님의 은혜가 아니면 용서를 할수 있을까 있을까 –
주님의 은혜가 아니면 구제를 할수 있을까 있을까 –
주님의 은혜가 아니면 저런일 할수 있을까 있을까 –

나의 나됨은 주님의 은혜니 나는 아무것 아니요 –

나의 나됨은 주님의 은혜니 오직 주님의 공로라 –

메들리곡
- 갈릴리 마을 그 숲속에서 (506)
- 머리 들라 문들아 (531)
- 주 하나님 독생자 예수 (583)

(미 1845)

주님이 주신 땅으로 574

(이 산지를 내게 주소서)

홍진호

주님 이 주신 땅으로 - 한걸 음씩 - 나아
갈 때에수많 은 적들과 견고한성이 - 나를
두렵게 - 하지 만 주님 을 신뢰
함으로 - 주님 을 의지 함으로- 주님
이 주시는 담대함 으로 - 큰 소리 외치며 - 나아가
네 이산지 를 내게주 소-서- 그날 에 -주께서
말 씀-하신 이제내 가 주 님의 이 름으로- 그땅
을 취하 리 니 이산지 을 취하 리 니 -

메들리곡
- 주님 나라 임하시네 (568)
- 주님 당신은 사랑의 빛 (570)
- 주의 도를 내게 알리소서 (580)

575 주님 큰 영광 받으소서

(미 811)

(Jesus shall take the highest honor)

Chris A. Bowater

A Bm7 C#m7 G/A A7 Dmaj7 E/D C#m7 F#m7
주님큰영광받-으 소서- 홀로 찬양받으-소서 모든
Bm7 E7 A F#m7 Dmaj7 B7/D# E E7
이 름위에- 뛰어 난그이름- 온 땅과하- 늘이다찬-양 해
A Bm7 C#m7 G/A A7 Dmaj7 E/D C#m7 F#m7
겸손하-게우리무-릎꿇고- 주 이름앞-에영광돌-리 세 모
Bm7 E7 Amaj7 F#m Dmaj7 B7/D# E E7
두절하세- 독생자예-수- 주님께 - 찬양드-리리 모든
A E/G# F#m A/E D A/C# Bm7 Esus4 E7
영광 과존귀 와 능력- 받으소서- 받으소서-
A E/G# F#m A/E D A/C# Bm7 Esus4 E7
영광 과존귀 와 능력- 받으소서- 받으소서-
C#/F F#m Bm D/E E6 A D/A A
그리 스도 살아 계신- 하나 님 -

메들리곡
- 모든 민족과 방언들 가운데 (533)
- 주님 보좌 앞에 나아가 (572)
- 주 여호와는 광대하시도다 (578)

(미 949)

주님 한 분 밖에는

576

(나는 행복해요)

김석균
주 님 한 분 밖 에 는 아 는 사 람 없 어 요
주 님 한 분 밖 에 는 사 랑 할 이 없 어 요
가 슴 깊 이 숨 어 있 는 주 를 사 랑 하 는 맘
작 은 가 슴 뜨 거 웁 게 주 님 피 가 흘 러 요
주 님 한 분 밖 에 는 기 억 하 지 못 해 요
주 님 한 분 밖 에 는 약 속 한 이 없 어 요
처 음 주 를 만 난 그 날 울 며 고 백 하 던 말
나 를 믿 고 따 르 는 자 반 석 위 에 서 리 라
나 는 행 복 해 요 죄 사 함 －받 았 으 니 아 버
나 는 행 복 해 요 사 랑 이 －샘 솟 으 니 이 세
지 －품 안 에 서 떠 나 살 기 싫 어 요
상 －무 엇 이 든 채 우 고 도 남 아 요

메들리곡
- 감사하신 하나님 (507)
- 나의 영혼이 잠잠히 (519)
- 나 가진 재물 없으나 (510)

577 주 보혈 날 씻었네

(미 1221)

(It's Your blood)

Michael Christ

A E/G♯ F♯m7 A/E D Bm/D Esus4 E

주 보 혈 날 씻 었 - 네 내게 생명을주 - 셨 - 네

Dmaj7 E A C♯m7/G♯ F♯m F♯m/E

주보 혈 나의죄 를 구속 하 신어 린 양 ——

D Dm6 Bm7 A E/G♯ F♯m7 F♯m/E

날씻었 네 - 흰눈보다 더 희 - 게 하셨 네

Bm D/E E7 A

예 수님 - 귀 하신 어 린 양

메들리곡

- 나 가진 재물 없으나 (510)
- 주님 한분 밖에는 (575)
- 하나님은 우리의 피난처가 되시며 (591)

(미 2248)

주 앞에 나와

578

(온전케 되리)

Andrew Ulugla

주 앞 에 나 와 - 제 사 를 드 - 리 네 - 마 음 열

어 - 내 삶 을 드 - 리 네 - 주 를 봅 니 다 - 끝 없 는 사 랑 날

- - 회 복 시 - 키 네 - 이 제 눈 들 어 주 보 네 그 능

력 날 새 롭 게 해 주 님 의 사 랑 날 - 만 지 시 니 - 내

모 든 두 - 려 움 사 라 지 네 폭 풍 속 에 도 주 붙 들 고 믿 음

으 로 주 와 걷 네 갈 보 리 - 언 덕 너 머 그 어

- 느 날 - 주 안 에 온 전 케 되 리

메들리곡

- 나는 찬양하리라 (511)
- 내 모든 것 나의 생명까지 (524)
- 모든 능력과 모든 권세 (535)

579 주 여호와는 광대하시도다 (미 798)

(Great is the Lord)

Steve McEwan

주 여호 와는광대하시-도 다 그 거룩한하나님성에
서 찬 양할지-어 다 -
주 승리 우리에게주셨-도 다 모 든원수물리치-셨
네 엎 드려절-하세 - 다
주의크-신이-름 높이 며 우 리에게-행하-신 위대
한일감-사하-세 오 주의신-실하-신그사 랑 온
땅과하-늘위에계-셔 홀로 영원하신 이 름--

메들리곡

- 선포하라 (541)
- 주님 보좌 앞에 나아가 (572)
- 주님 큰 영광 받으소서 (574)

주 예수보다 귀한 것은 580

(예수보다)

심형진

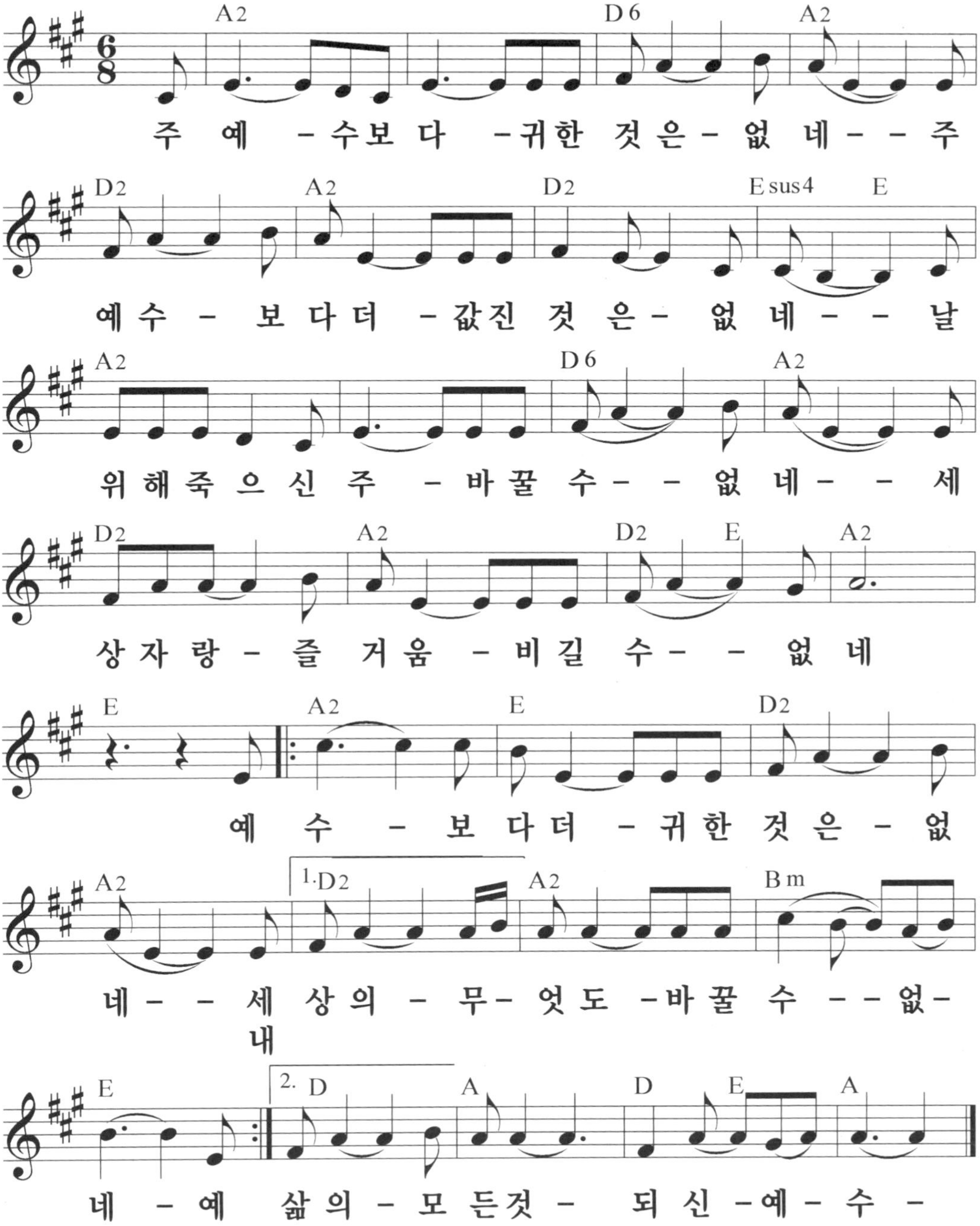
A2 D6 A2
주 예 -수보다 -귀한 것은- 없 네--주
D2 A2 D2 Esus4 E
예수 - 보다더 -값진 것은- 없 네--날
A2 D6 A2
위해죽으신 주 -바꿀 수-- 없 네--세
D2 A2 D2 E A2
상자랑- 즐 거움 -비길 수-- 없네
E A2 E D2
예 수 - 보다더 -귀한 것은 -없
A2 1.D2 A2 Bm
네--세 상의 - 무-엇도 -바꿀 수 --없-
내
E 2.D A D E A
네 -예 삶의 -모든것- 되신 -예-수-

메들리곡
- 나 가진 재물 없으나 (510)
- 나의 영혼이 잠잠히 (519)
- 주님 한 분 밖에는 (575)

581 주의 도를 내게 알리소서

(미 1265)

(주의 도를 / Purify my heart)

Eugene Greco

A A/G♯ F♯m7 Bm7 Esus4 E
주의도를 - 내게알 - 리소 서 - 진
Bm7 Esus4 E A/C♯ A/D F♯m E F♯m2
리 의 길 로 행 하 - 리 주 님의이
F♯mmaj7 F♯m7 F♯m6 Bm7 C♯m7
-름을- 경 외하-리라 - - 내 마 음
Dmaj7 D♯dim D/E C♯m7 Dmaj7 E/D
다 하 - 여 - 나 의마 음을 -
C♯m7 F♯m7 A Bm7 A2/C♯ C♯m7
씻 어주 시 고 - 내 발 걸음을 주 - 의 길 로
Dmaj7 E Dmaj7 E/D
인 도하 소- 서 - 나 의마 - 음 을 -
C♯m7 F♯m7 Bm7 A2/C♯ C♯m7
씻 어주 - 시 고 - 내 발 걸음 을 주 - 의길 로
Dmaj7 E Esus4 E7 A D/A A
인 도하 - 소 - 서 - 주 께 로 -

메들리곡 • 나의 안에 거하라 (517) • 주께 가오니 (564) • 평강의 왕이요 (590)

(미 1982)

주의 도를 버리고 582

Stephen Hah

주 의도를버리 고 헛된 꿈 을 좇던우리 들
심 한고난을받 아 살소 망 까 지끊어지 고

거 짓과 교만 한마음을 용서하여주소 서
죽 음과 같은 고통에서 주를보게하셨 네

하 나님의긍휼로 부끄 러 운 우리삶-을 덮어주소서-
용 서받을수없는 나를 위 해 십자가-에 달리셨으니-

우 리의-소망 우리의-구 원 주 께 간구합니 다
주 사랑-에서 그 어느누-구 도 끊 을수는없으 리

성 령의-불 로 나의 맘을태워 주소서-

성 령의-불 로 나의 영혼새롭게하소 서

메들리곡
- 내 모든 것 나의 생명까지 (524)
- 예수 우리 왕이여 (551)
- 주님 곁으로 날 이끄소서 (567)

583 주 하나님 독생자 예수

(미 780)

(Because He lives)

Gloria Gaither/Bill Gaither & William Gaither

A A E A7 D A E7
1. 주 하 나 님 독 생 자 예 수 날 위 하 여
2. 주 안 에 서 거 듭 난 생 명 도 우 시 는
3. 그 언 젠 가 주 뵐 때 까 지 주 를 위 해
A Bm7 E7 A E7 A7 D
오 시 었 네 내 모 든 죄 다 사 하 시 고
주 의 사 랑 참 기 쁨 과 확 신 가 지 고
싸 우 리 라 승 리 의 길 멀 고 험 해 도
Bm7 A E7 A D
죽 음 에 서 부 활 하 신 나 의 구 세 주
예 수 님 의 도 우 심 을 믿 으 며 살 리
주 님 께 서 나 의 앞 길 지 켜 주 시 리
A E7 A Amaj7 C#7 D Bm7 A E7
살 아 계 신 주 나 의 참 된 소 망 걱 정 근 심
A B7 E7 A E7 A D
전 혀 없 네 사 랑 의 주 내 갈 길 인 도 하 니
Bm7 A F#m B7 E7 A D A
내 모 든 삶 에 기 쁨 늘 충 만 하 네

메들리곡
- 갈릴리 마을 그 숲속에서 (506)
- 많은 사람들 (530)
- 주 하나님 독생자 예수(583)

(미 1691)

지극히 높으신 주님 안에 584

(He who dwells)

Chris Bowater

A2 Bm7 A2 Bm7 E
지 - 극 히 - 높 - 으 신 - 주 님 안 에 거 - 하 는 자
A2 Bm7 A2 Bm E
지 - 극 히 - 높 - 으 신 - 주 님 안 에 거 - 하 는 자 그
Dmaj7 C#m Dmaj7 1. C#m7
는 전 능 자 의 - 그 늘 아 래 - 거 하 리 라 - 그
2. E7 A A/G# F#m C#m/E D
리 라 주 는 나 의 피 난 처 가 - 되 시 며 -
D/C# Bm7 E E7 A2
- 주 는 나 의 능 력 이 되 - 시 네
Bm7 A A/G# F#m C#m/E D
- 주 님 계 신 곳 에 나 거 - 하 리 - 라 -
D D/C# Bm7 Esus4 E C#
- 주 는 나 의 하 - 나 님 주 나 의 하 - 나
F#m Bm7 E7 A
님 내 가 의 뢰 하 는 하 나 님 이 라 -

메들리곡
- 나는 찬양하리라 (511)
- 모든 민족과 방언들 가운데 (533)
- 주님 나라 임하시네 (568)

585 지금 우리는 마음을 합하여

(미 1898)

(일어나 새벽을 깨우리라)

조동희

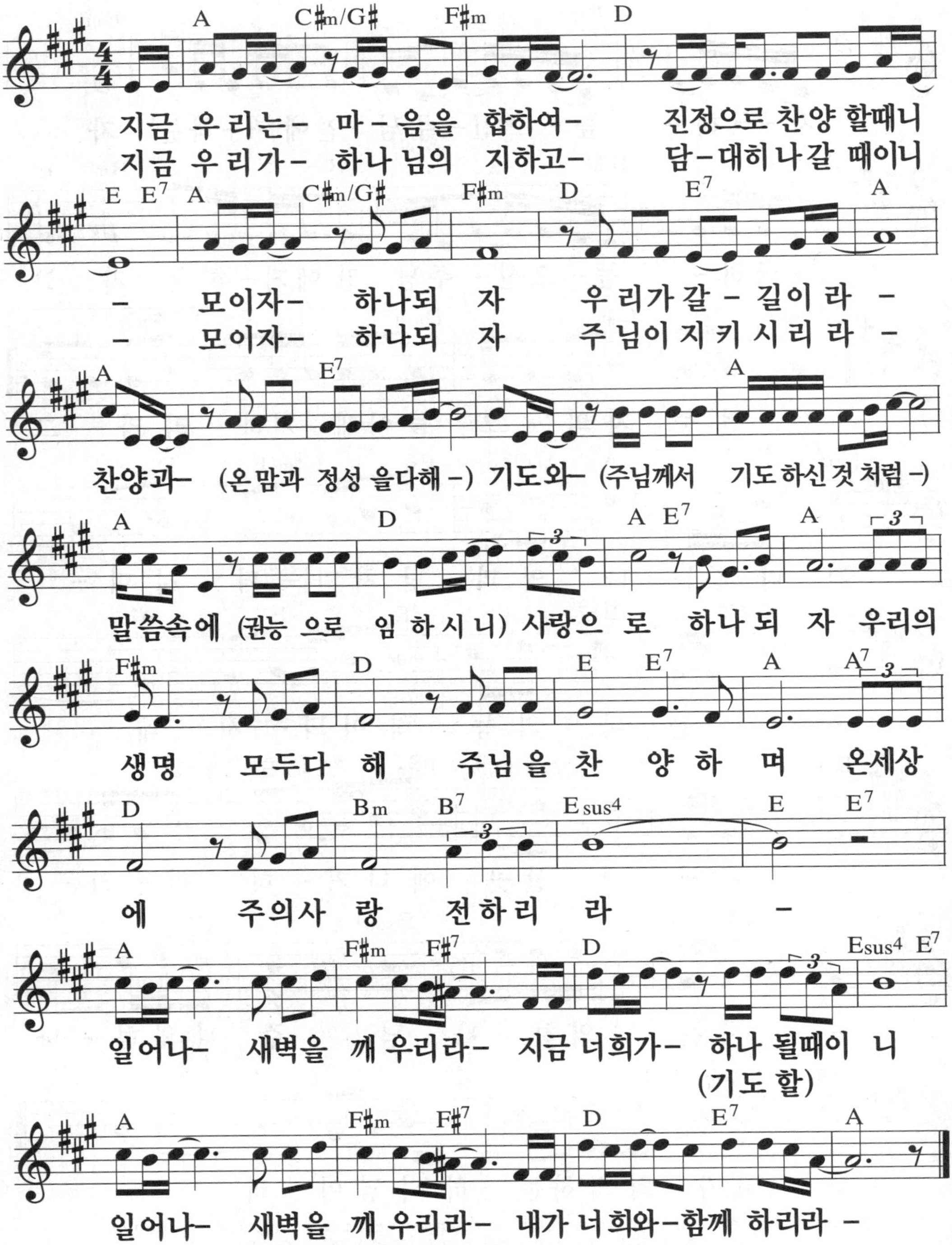
A C#m/G# F#m D
지금 우리는- 마-음을 합하여- 진정으로 찬양 할때니
지금 우리가- 하나 님의 지하고- 담-대히나갈 때이니
E E7 A C#m/G# F#m D E7 A
- 모이자- 하나되 자 우리가갈-길이 라 -
- 모이자- 하나되 자 주님이지키 시리 라 -
A E7 A
찬양과- (온맘과 정성 을다해-) 기도와- (주님께서 기도하신것처럼-)
A D A E7 A
말씀속에 (권능 으로 임 하시 니) 사랑으 로 하나 되 자 우리의
F#m D E E7 A A7
생명 모두다 해 주님을 찬 양 하 며 온세상
D Bm B7 Esus4 E E7
에 주의사 랑 전하리 라 -
A F#m F#7 D Esus4 E7
일어나- 새벽을 깨 우리라- 지금 너희가- 하나 될때이 니
(기도 할)
A F#m F#7 D E7 A
일어나- 새벽을 깨 우리라- 내가 너희와-함께 하리라 -

메들리곡
- 민족의 가슴마다 (537)
- 사망의 그늘에 앉아 (540)
- 주님 나라 임하시네 (568)

(미 1706)

지금은 엘리야 때처럼 586

(Day of Elijah)

Robin Mark

지금-은엘리야때 처럼- 주 말씀-이선-포되고 - 또
에스-겔의 환상 처럼- 마 른뼈-가살-아나며 - 또
주의-종모세-의 때와- 같이- 언약-이 성취-되 네 비록
주의-종다윗-의 때와- 같이- 예배-가 회복-되 네
전쟁-과기근-과 핍박- 환 난날-이 다가-와 -도- 우
추수-할때가-이 르러- 들 판--은희어-졌 -네-
리는-광야-의외 치는- 소리-주 의 길을예 -- 비하라
우리-는추-수할 일꾼- 되어-주 말 씀을선 -- 포하라
- 보라 주- 님 구름 타시고 - 나팔 불때에
- 다시오 -시 네 모두 외 치- 세 이는은 혜의 해니
- 시온에서 구 원이 임 하 네 또 네

메들리곡
- 문들아 머리 들어라 (392)
- 예수는 왕 예수는 주 (428)
- 하늘 위에 주님 밖에 (593)

587 찬양이 언제나 넘치면

(미 802)

김석균

A D A E
찬 양이 언제나 넘 치면 - 은 혜로 얼굴이 환 해요-
감 사가 언제나 넘 치면 - 은 혜로 얼굴이 환 해요-
사 랑이 언제나 넘 치면 - 은 혜로 얼굴이 환 해요-
기 도가 언제나 넘 치면 - 은 혜로 얼굴이 환 해요-
A D A E7 A
성 령의 충만한 모 - 습을 - 서로 가 느 - 껴 요
A D A E
할렐루 할렐루 손뼉 치 - 면서 할 렐루 할렐루 소리 외 - 치며
A D A E7 A
할 렐루 할렐루 두 손을 - 들고 주님을찬양해 요

메들리곡 • 많은 사람들 (530) • 주님 같은 반석은 없도다 (566) • 찬양하세 (589)

(미 782)

찬양 찬양

(Praise Him, praise him)

588

Mike Herron

A
G2
D
A
찬 - 양 찬 - 양 소리높여 주께찬양 -
D
A
E
A
그 는 영 광 - 의 - 주 그 는 만 왕의 왕
D
A
E
3
A
나를구 속 하 시 었 - 네 내영혼찬 양 해

메들리곡 • 온 세상 창조주 (553) • 주 하나님 독생자 예수 (583) • 찬양하세 (589)

589

찬양하세

(미 779)

(Come let us sing)

Danny Reed

E7sus A D2/A A Bm Bm7
찬 양 하 세 - 찬 양 하 세 - 왕 께
D 1. E A 2. E A
소 리 높 - 여 찬 양 드 리 세 찬 양 드 - 리 세
G/A D E/D C#m F#m7
찬 양 받 기 에 합 당 하 신 주 님 -
Bm7 E A G6/A
언 제 나 동 일 하 신 주 -
D E/D C#m7 F#
무 릎 꿇 고 서 주 이 름 외 치 세
Bm A/C# D Bm A/C# D
예 수 나 의 왕 예 수 나 의 왕
Bm A/C# D E7 A D/A A
예 수 나 의 왕 아 멘 -

메들리곡 • 나의 가장 낮은 마음 (512) • 찬양이 언제나 넘치면 (587) • 찬양 찬양 (588)

(미 793)

평강의 왕이요

590

(I extol You)

Jennifer Randolph

A E/G♯ G Bm7 Esus4 E
평강의- 왕이요- 자비의- 하나님 -
A E/G♯ G
만 군 의- 주 시 요- 다 시 오- 실
Bm7 D/E A F♯m7 E
영 원 하 신 왕 - 주 를 찬 - 양 주 님 을 찬 - 양 온땅
Dmaj7 A/C♯ Bm7 D/E E A D
위 에 높 - 으 신 - 주 를 모 든 만 - 물 찬 양 주 를 찬 - 양 주 님 을
E Bm7 A/C♯ D E A
찬 - 양 나 의 여 호 와 께 찬 - 양

메들리곡 • 고개들어 (508) • 선포하라 (541) • 예수 우리 왕이여 (551)

591 하나님은 우리의 피난처가 (미 1870)

(Psalm 46)

Stephen Hah

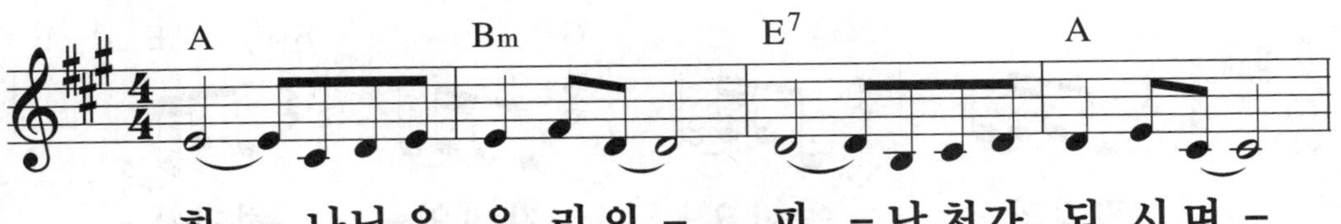
A
Bm
E7
A
하 -나님은 우리의- 피 -난처가 되 시며-

C♯m
F♯m
D
Bm
E
A
환 -난중에 우 리의- 힘 -과도움 이 시라-

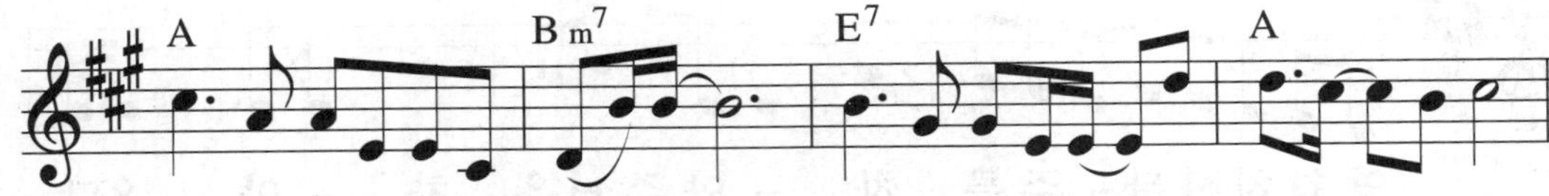
A
Bm7
E7
A
너 희는가만히 있-어- 주 가하나님-됨 알지-어다

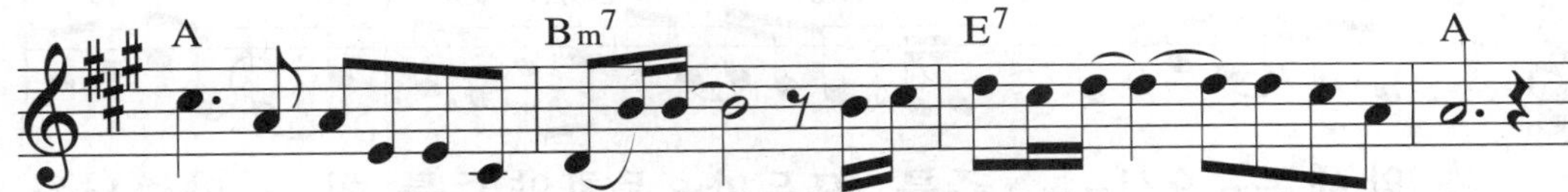
A
Bm7
E7
A
열 방과세계가 운-데- 주가 높임을- -받으리 라

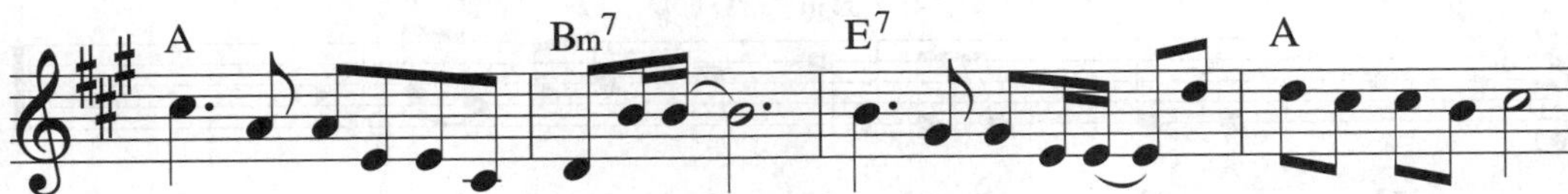
A
Bm7
E7
A
사 랑합니다내 아버지- 찬 양합니다-내 온맘다하여

A
Bm7
E7
A
선 포합니다예 수그리스도 주님 오심을- -기다리 며

메들리곡
- 나의 안에 거하라(517)
- 나의 영혼이 잠잠히 (519)
- 이 땅의 황무함을 보소서 (559)

(미 1285)

하나님의 사랑을 사모하는 자 592

(주만 바라 볼지라)

박성호

A Amaj7 F♯m D Bm7/D Esus4 E
하나 님의 사-랑을 사모하는자 하나 님의 평-안을 바라보는자
님께 찬-양과 경배하는자 하나 님의 선하심을 닮아가는자
D E C♯m/E F♯m 1. Bm7 Esus4 E7
너의 모든것창조하신 우리주님이 너를 얼마나사랑하시는 지 하나
2. Bm7 E A E7 A F♯m
자 녀 삼으 셨 네 하나 님 사랑 의 눈으로-
D B7/D♯ E E7 A F♯m
너를 어느때나바라보시 고 하나 님 인자 한 귀로써-
D B7/D♯ Esus4 E7 Amaj7 F♯m
언제 나너에게 기울이시 니 어두 움에 밝은빛을 비춰주시고
Bm Bm7/D Esus4 E Amaj7
너의 작 은 신음에도 응답하시니 너는 어느곳에 있- 든지
F♯m Bm7 E 1. A E7
주를 향하 고 주만 바 라 볼 찌 라 하나
2. A F♯m D Esus4 E D/A A
라 주 만 바 라 볼 찌 라 -

메들리곡
- 나의 안에 거하라 (517)
- 나의 힘이 되신 여호와여 (518)
- 하늘이여 외치라 (594)

593 하늘 위에 주님 밖에

(미 1603)

(God is the strength of my heart)

Eugene Greco

A E/A D A D D/E
하늘위 에주 - 님 - 밖에 - 내가
A E/A D/A G6/A A
사모할자 이세상 - 에 - 없 - 네 -
DM7 3 A/C# Asus4/B E7 A
내맘과힘 은 믿 을수 - 없 네 -
DM7 3 A/C# Asus4/B D6/E
오직한가 지 그 진리를 - 믿네 주는나의
D A/C# Bm7 Bm7/E A
- 힘이요 - 주는나의 - 힘이요 -
D C#m7 F#m
주는 나 의 - 힘이 요 - 영 원 히 - 주 를
Bm7 A/C# D6 D6/E 1. 2. D6/E A
의 지 - 하 리 주는나의 영 원 - - 히 -

메들리곡

- 성령이여 내 영혼에 (542)
- 지금은 엘리야때처럼 (586)
- 형제여 우리 모두 다 함께 (596)

(미 2172)

하늘이여 외치라

594

하 스데반

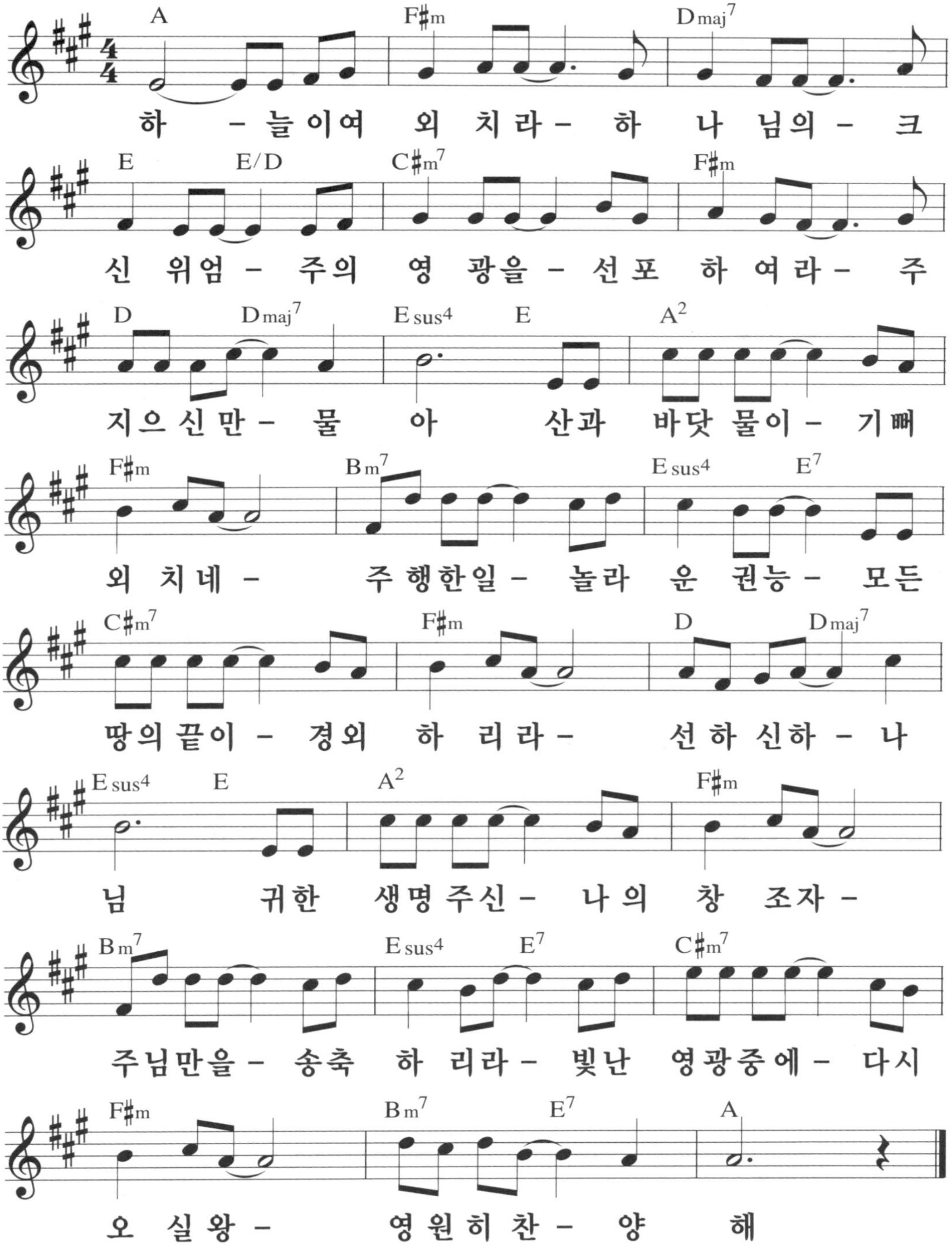
A F♯m Dmaj7
하 -늘이여 외 치라- 하 나 님의- 크
E E/D C♯m7 F♯m
신 위엄- 주의 영 광을- 선포 하 여라- 주
D Dmaj7 Esus4 E A2
지으신만- 물 아 산과 바닷 물이- 기뻐
F♯m Bm7 Esus4 E7
외 치네- 주행한일- 놀라 운 권능- 모든
C♯m7 F♯m D Dmaj7
땅의끝이- 경외 하 리라- 선하 신하 - 나
Esus4 E A2 F♯m
님 귀한 생명주신- 나의 창 조자-
Bm7 Esus4 E7 C♯m7
주님만을- 송축 하 리라- 빛난 영광중에- 다시
F♯m Bm7 E7 A
오 실왕- 영원히찬- 양 해

메들리곡 • 나는 찬양하리라 (511) • 선포하라 (541) • 주님 곁으로 날 이끄소서 (567)

595 햇빛보다 더 밝은 곳

(미 1188)

햇빛보다더밝은곳 내집 있네 햇빛보다더밝은곳 내집 있네
예수믿고구원됐네 예수 믿어 예수믿고구원됐네 예수 믿어
예수님은다시오네 다시 오네 예수님은다시오네 다시 오네

햇빛보다더밝은곳 내집 있네- 푸 른하늘 저 편
예수믿고구원됐네 예수 믿어- 예 수믿으 시 오
예수님은다시오네 다시 오네- 우 리데려 가 리

내주여내주여 날 들으소서 내주 여내주여 날 들으소서

내주여내주여 날들으소서 - 푸 른하늘 저 편

메들리곡 • 나 자유 얻었네 (520) • 예수님 찬양 (550) • 주께 구속된 자들이(565)

(미 799)

형제여 우리 모두 다 함께 596

정종원

형제여- 우리 모두다함께- 주님을- 높이 부르세
자매여 -우리 모두다함께- 주님께- 사랑 드리세
주님은- 우리 모 일때 늘 임하 시 는주 맘과
뜻-다해- 주를 높-이세- 주님은 기 뻐 하시 네 오
주님을찬양 - 주님을찬양- 우리주님을- 찬양 해
주 님 을 주 님 을 주 님 을 찬 양
주님을찬양- 주님을찬양- 우리주님을- 찬양 해
주 님 을 주 님 을 주 님 을 찬 양

메들리곡
- 성령이여 내 영혼을 (542)
- 지금은 엘리야 때처럼 (586)
- 하늘 위에 주님 밖에 (593)

597 오 나의주님

(미 2193)

(날마다 / Everyday)

Joel Houston

E B G#m F# E B G#m F#

E B G#m7 F#7 E B

오 나의 - 주님 내게생-명주-시니 당신은- 내게

G#m7 F#7 E B G#m7 F#7

얼마나-소중-한지 날구원하-신 주께 나의모 -든것-드려

E B G#m7 F#7 E B

나날마다 - 주를 전파 하-기 원-하 네

G#m7 F# E B G#m7 F#

E B G#m7 F#7 E B

날 마다 - 주님 말씀 위 - 에 서 - 기 를 주님을 - 더욱

G#m7 F#7 E B G#m7 F#7

알기위-해 기-도해 내발걸음 - 마다 주님날-인도-하시-니

E B G#m7 F#7 B E G#m7 F#7

세상가- 운데 빛이되-기원-하 네 날마다- 주 위 해 살리

오 나의 주님

B E G♯m7 F♯7 B E G♯m7 F♯7

날마다 - 주 따라 가리 날마다 - 주 함께 걸으

E B G♯m F♯ 1.E B G♯m F♯

리

2.E B G♯m F♯ B E

나 주만 - 위 - 해 - 살

G♯m7 F♯ B E G♯m7 F♯

- 겠 네 - 나 주만 - 위 - 해 - 살 - 겠 네 - 나

B E G♯7 F♯7 E B G♯m F♯

주만 - 위 - 해 - 살 - 겠네 - - -

메들리곡

- 주님이 홀로 가신 (82)
- 나 주님의 기쁨되기 원하네 (365)
- 성령이여 내 영혼에 (542)

598 목적도 없이

(미 1155)

(험한 십자가 능력있네 / The old rugged cross made the difference)

William J. Gaither

목적 도 없이 나 는방황 했네 – –
소망 도 없– 이 살았 네 –
그때 에 못자 국난 그 손길– –
나에 게 새생 명 주 셨 네 –
험한 십 – 자가 에 – 능력 있 네 – –
거기 서 나의 삶이 변했 네 –
찬양 하– 리 주 이 름 영 원 – 히 –
주의 십 자 가 능 력 있 네 –
나는믿 네 갈보 리 언 덕 십자가 –

Gm C7 F F7
나는믿 네 그 누 가 뭐 라 해도 –
B♭ D7 Gm C7
이 세 상 다 지 나 고 끝 날 이 와 도
F F7 B♭
험 한 십 자 가 붙 들 겠 네 –
B♭7 E♭ B♭ E♭ B♭
나 는 믿 네 십 자 가 에 서 못 박 힌 주
F B♭maj7 B♭7
오 늘 도 새 삶 을 주 시 네 –
E♭6 E♭m B♭ Gm Dm
날 새 롭 게 하 셨 네 나 는 새 피 조 물
Cm F7 E♭ F B♭ B♭7
십 자 가 잡 고 살 아 가 리 –
E♭ B♭ D.S
나 는 믿 네 갈 보 리 언 덕 십 자 가 – 나 는 믿
E♭ F7 B♭
– 험 한 십 자 가 붙 들 겠 네 –

메들리곡

- 내가 처음 주를 만났을 때 (13)
- 세상에서 방황할 때 (29)
- 오늘도 하룻길 (182)

599 하늘에 계신 아버지

(미 1200)

(주기도문 / The Lord's Prayer)

Albert malotte & Peter Henry Mooney

B♭ B♭ Cm7 F7 B♭ E♭m7 B♭
하 늘 에 - 계 신 아 버 지 - 이 름 거 룩 하 사
Gm D7 A7 D7 Gm E♭ B♭ E♭ B♭
주 님 나 라 임 하 시 고 뜻 이 이 루 어 지 이 다
E♭ B♭ Gm7 F7 B♭ Gm A7
일 용 할 양 식 주 시 고 우 리 들 의 큰 죄 - 다
Gm A7 B♭ Gm7 C7
용 - 서 하 옵 시 며 또 시 험 에 들 게 마 시 고 악 에 서
F7 B♭ Cm7 C7
구 원 하 소 서 대 개 주 의 나 라 - 주 의 권 세 -
E♭m B♭
주 의 영 광 - 영 원 - 히 - 아 - - 멘 - -

메들리곡

- 내 모든 것 나의 생명까지 (524)
- 예수 우리 왕이여 (551)
- 주의 도를 내게 알리소서 (580)

감당 못 할 고난이 닥쳐와도 600

(내가 승리 하리라)

김석균

Gm F B♭ D7

1. 감당못할고 난이 닥쳐와도- 나는두렵지않 네
2. 소돔같은재 앙이 온다해도- 나는두렵지않 네
3. 원치않는질 병이 찾아와도- 나는두렵지않 네
4. 부귀영화명 예가 떠나가도- 나는두렵지않 네

Gm E♭ F Gm

여호와의손 잡고 일어나- 반드시승리하리 라
여호와는내 방패 이시며- 피난처되시는도 다
여호와의치 료의 손길이- 내 몸을감싸주시 네
여호와로인 하여 감사와- 기 쁨이넘쳐나도 다

Gm D7

여 호와- 만군의하-나님이 나 에게- 능 력을-주시니
여 호와- 구원의하-나님이 나 에게- 새 힘을-주시니
여 호와- 창조의하-나님이 나 에게- 새 생명-주시니
여 호와- 전능의하-나님이 나 에게- 지 혜를-주시니

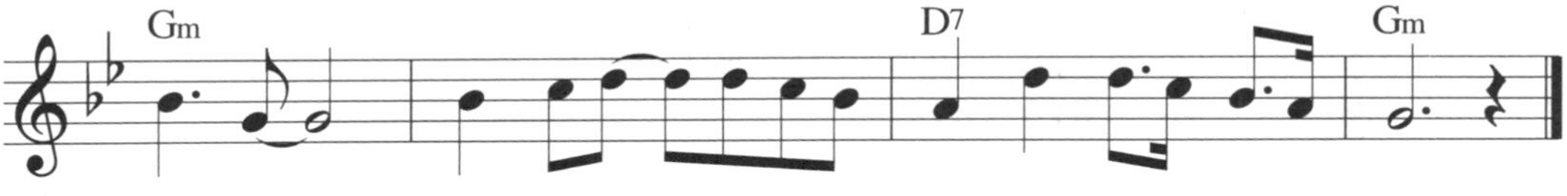

Gm D7 Gm

무 슨- 일 을만 -나든지 내 가 승리하리 라
무 슨- 일 을만 -나든지 항 상 찬송하리 라
무 슨- 일 을만 -나든지 항 상 기뻐하리 라
무 슨- 일 을만 -나든지 항 상 감사하리 라

메들리곡 • 당신은 지금 어디로 가나요 (527) • 찬양찬양 (588) • 목적도 없이 나는 (598)

경배와 찬양

2017년 5월 1일 2판 2쇄 발행
펴 낸 이 : 김수곤
펴 낸 곳 : 도서출판 선교횃불(ccm2u)
출판등록 : 1999년 9월 21일 제54호
악보편집 : 노수정, 김종인
표지디자인 : 김은경
업무지원 : 기태훈, 김한희
주 소 : 서울시 송파구 삼전동 103번지
전 화 : (02) 2203-2739
F A X : (02) 2203-2738
E - mail : ccm2you@gmail.com
Homepage : www.ccm2u.com